市民による我孫子史研究

我孫子市史研究センター四〇周年記念誌

慶祝　市史研四〇周年

我孫子市史研究センター会長　柴田　弘武

我孫子市史研究センター（略称市史研）が誕生してから四〇周年を迎えることになりました。お互いに慶び合いたいと思います。

思えば一九七四年、市教委の中に市史編さん室が設けられ、「市史」作りが始められました。そのときのスローガンが「市民の手で創ろう我孫子の歴史」であり、それを実現するために、一九七五年、小熊勝夫氏を会長として二百余人の市民が結集して我孫子市史研究センターが発足したのでした。以後毎月「会報」を発行すると共に、毎年『我孫子市史研究』を発行し、行政と市民が一体となって市史作りが進行していきました。しかし『市史研究』誌も、一九九一年の一五号でいったん途切れてしまいます。そして一九九八年に第一六号を発刊して、その歴史を閉じることとなってしまいました。その間の事情について私はつまびらかに致しませんが、一六号の斎藤博先生の巻頭論文や、『我孫子市史　近現代篇』の大濱徹也先生の「監修を終えて」などを読むと、「理念の先行と行政当局の思惑のズレ」が生まれていたようです。そして二〇〇一年には「会報」も三〇七号をもって閉じ、一期の歴史は終了しました。しかし『我孫子市史』三巻は二〇〇四〜五年に完成し、そこには市民が多数執筆し、当初の理念は生かされたと思います。

さて行政と一体となっていた市史研は市史編さん室の解体と共にその一期を終了し、二〇〇一年に純然たる市民グループの研究会としてその名を継続することになりました。「会報」も新しく一号（六三号からは通算号数も記入）から始めました。会員の多くは従前からの方でしたが、その後新人も徐々に増え、現在は一二〇余人となりました。そして部会も、歴史・合同・古文書解読日曜・同火曜・歴史探訪・井上家文書研究の六部会と多彩となり、各部会月一回の恒例研究会を開いています。また、市民に対し市教委との共催で年一回の歴史講演会、市教委後援の古文書解読講座、史跡見学バス旅行などを催して好評を博しています。

なお歴史部会は中尾嘯花句集『いほ里のちり』、合同部会では『新四国相馬霊場八十八ヶ所を訪ねる』を編集・発刊しました。そしてこの『四〇周年記念誌』には、ご覧のように二二人の論文、三三人に及ぶ方々の回想文を戴き、「市民の手で創ろう我孫子の歴史」を実現しつつあることは誠に喜ばしいことと思う次第です。

最後になりましたが創立当初の役員・顧問の方々は殆ど鬼籍に入られてしまいましたが、その諸先輩のご奮闘があってこその現在であることを確認して、御礼申し上げたいと思います。

我孫子市史研究センターの創立四〇周年を祝して

足立史談会名誉会長　安藤　義雄

我孫子市史研究センターが創立して四〇周年を迎えられ、まことに慶賀に耐えません。心からお祝い申し上げます。

現在の社会情勢は、かつての高度成長期にみられた、郷土研究や地方史編纂の気運が、大方の自治体で、後退の傾向がみられます。地域開発に伴う、考古学的発掘調査にはじまって各種の文化財、地方史調査の活発なる動きや、それに相挨って進められた博物館・郷土資料館の建設ブームもなんとなく一段落した観があり、社会教育関係、文化財行政に低迷すら見られるのは、まことに残念という思いを否めません。

そうした中で、我孫子市においては、常に新しい課題に取り組み、行政と市民が一丸となって、貴会を軸に活動されていることは、私どもの足立史談会でも、見習うべきこと多く敬服しております。かつて我孫子市在住で貴会とも御縁の深かった岡田源治先生は、足立区の小学校長をご勇退後、当区教育委員会に非常勤として勤務され、文化財関係の指導に当たられてきましたが、いつも我孫子市と貴会の刊行物を提供され、我孫子の活動について子細にご教授いただきました。私は「我孫子に学べ」が口癖になったほど、皆様の活動には敬服し、足立史談会の指針としてまいりました。

貴会では、現在、古文書解読、研究等の三部会、寺社・文化財・民俗の調査研究部会、関連地域の研究部会等六部会が、それぞれ独自の共同研究をされていることは、毎月ご寄贈の会報で、いつも拝見しており、なにかにつけて参考にさせて頂いています。

当史談会も、平成二〇年に四〇周年を迎え、現在は「千住の森鴎外碑保存会」「足立の学童疎開を語る会」を立ち上げて、共働で事業を推進しております。

地域史という分野は、終わることはない調査研究活動と存じます。つねに後継者を育成しつつ、たゆまず前進していくことが、肝要だと考えていますので、ますますのご発展を祈念し、かつ今後とも密接な友好関係と調査研究の協力関係を切にお願い申し上げ、お祝いのことばといたします。

これからも我孫子市史研究の先導役に

我孫子の文化を守る会会長　美崎　大洋

我孫子市史研究センター創立四〇年、誠におめでとうございます。
歴史をひも解くことは現状の再認識といわれます。歴史的問題について時代をずらせば、自らが生活している現実社会との関連がわかります。また過去の歴史を勉強することは、その歴史が決して過去の遺物ではなく現実の我々の日常生活の内に脈々と生きている事実を再認識することであり、その歴史を認識することで我々が確立すべき未来像を明確化していくときのひとつのヒントになります。

今から四〇年以上も前、我孫子市教育委員会の市史編纂室が「市民の手で創ろう、我孫子の歴史」運動を市民の間に押し広げて市史研究センターができた際、多数の積極的な市民参加があり、大学などで教鞭をとった学者・先生たちの指導のもと、実地調査や集団討議の活動が始まったと聞きます。

当時、全国の各自治体などでは、市民歴史の創り手の学者・教授・文化人が、受け手である市民に働きかけるという形で市民歴史講座が行われていました。しかし、市民が創り手となる我孫子市での事例は画期的な試みとして注目を集め、かつ将来への雄大な展望をもつことが期待されました。それから四〇年、この運動は市史編纂室と表裏一体となり『我孫子市史』『我孫子市史研究』の発行として成果を表し、貴会が平成一三年独立後もいくつかの貴重な刊行物を提供し、我孫子市民の中に定着してきたのではないかと思われます。貴会の我孫子市研究のリーダーとしての活動に対して、ともに市民活動を続けている者として、羨望とともに畏敬の念を感じています。

昭和五四年に志賀直哉邸跡の建売り分譲計画を聞き込んだ市民有志が結集して保存運動を展開し、我孫子の市有地として買い上げが決まりました。「我孫子の文化を守る会」は、その運動の結果保存が決定したあと、有志が中心になって結成されました。その背景には、すでに市史研究センターの発足により醸成されていた我孫子市民のまとまりと郷土愛があったといえます。現在でも我孫子市は、近隣自治体に比較して市民活動団体の数も多く、活動も活発と聞きます。

今後とも、我孫子市史研究のみならず市民活動団体のよき先導者としての活躍、活動を期待するものであります。

創立四〇周年記念によせて

取手市郷土史研究会会長　石塚　肇

我孫子市史研究センターが、創立四〇周年を迎えられましたこと、まことにおめでとうございます。皆様のたゆむことのない活動と次元の高い研究による数々の成果に、心から敬意を表するものであります。

さて、今から七五年前、『日本文化私観』や『堕落論』を著した坂口安吾は、昭和一四年（一九三九）五月から同一五年一月まで取手市内に居住しております。作品の『居酒屋の聖人』で「我孫子市から利根川を一つ越すと、ここはもう茨城県で、上野から五十六分しかかからぬのだが、取手という町がある。昔は利根川の渡しがあって、水戸様の御本陣など残っている宿場町だが、今は御大師様の参詣人と鮒釣りの人以外には立寄らぬ所である」と紹介しております。現在でも市街には、新四国相馬霊場札所の長禅寺や旧水戸街道の取手本陣があり、その景観が残されています。

川は陸上交通の障害といわれ、江戸幕府の政策で軍事的な配慮から大河川に橋を架けなかったため、渡し舟などで通行しています。利根川の対岸関係にある我孫子と取手間にも「七里ヶ渡」、「取手の渡」、「小堀の渡」、「戸田井の渡」などがみられ、これらの渡しが対岸との間を往来することで、川の流れは障害どころか重要な交通路となり、村々の唯一の出入口でもありました。

上田篤著『橋と日本人』には、「ドイツの哲学者ゲオルゲ・ジンメルが《橋はわれわれの意志の領域が空間へ拡張されてゆく姿》というように、西洋や中国の橋は、川をへだてた二つの世界をつなぐ連結器という意味をもっている」とされ、日本の橋は「二つの世界を分け隔てる境界、またはシンボル的存在であって、神社の鳥居のように越えようとおもえば安易に越えられる結界である」旨を記しています。

私たちは川と橋の存在について、生活空間を分離させ別々な世界を創っているという潜在的な意識をもっています。架け橋のない当時の利根川では、渡し舟が日常生活の上では不可欠のもので、新四国相馬霊場の巡礼者にとっては精神的な連結器でありました。その意味では、両岸が下総地域の共同体として、その結びつきは現代よりも強いものであったと考えられます。

これからも、取手市と隣接する我孫子市史研究センターの皆様が、下総国全体の歴史事象を俯瞰しつつ地方史研究の深耕を図られ、さらなる伸展をされることを祈念して、祝辞に代えさせていただきます。

目次

コラム・我孫子史散策

座談会　我孫子の近・現代の変容——市民による歴史研究の課題を探る

（二〇一五年二月一五日　我孫子南近隣センター）

出席者　石井英朗（元我孫子市助役　東日本国際大学名誉教授）
小熊興爾（八坂神社総代　元剥製職）
柴田弘武（元都立高等学校教員　我孫子市史研究センター会長）
安本正道（観音寺住職）
司会　荒井茂男（元我孫子市役所職員　我孫子市史研究センター副会長）

〔＊会話文中の（　）内は編集注〕

司会　おはようございます。本日はありがとうございます。

本年は、我孫子市史研究センターの創立四〇周年という節目の年です。そこで、記念事業として「四〇周年記念誌」の編纂に取り組むことになり、我孫子の近現代の変遷の姿を座談会で語り合うという企画を入れることになった次第です。

我孫子の、主に昭和三〇年代以降の暮らしの姿の変容を、我孫子地区（旧我孫子町の領域）・湖北地区・布佐地区に分けて、この地で生まれ育った皆さんにお話しいただきながら、市民の手による歴史探究の課題を探っていきたい、このような趣旨でございます。

本家とはつぶれるもの！

司会　では、我孫子の小熊さんから、昭和五〇年代を思い出していただきましょう。

小熊　その当時は私は会社勤めのバリバリでして、三〇半ばの年齢でした。職場は柏で、朝から晩まで働きづめでした。使われるという意識ですと疲れてしまいますから、仕事を覚えたらそれを自分の仕事に、道楽にすると、こんな心づもりでしたね。そんな生き方で今日まで。人間はすべて遊び人のはずでしょうと、そんな考えなのですよ。（笑）

司会　その頃は、我孫子の町中の旧水戸街道沿いにお住まいだったのですね。

小熊　ええ。平成になって区画整理があって今の住まいに移りましたが、それまで、分家として構えてから百数十年、一度も引っ越ししたことはありませんでした。本家はすぐ近くに、小熊惣兵《そうべ》衛《え》という屋号で問屋を営んでいました。今はありません。村役は、今はその分家がやはり街中にありますが、本家の甚五兵衛《じんごべえ》さん、この家も今はありません。甚五兵衛さんができなくなって、その後は甚左衛門《じんざえもん》さんがやるようになったのでしょう。

　昔はね、本家はたいてい潰れると、こんなことを言っていたものです。本家は、何かというといちばんの上座に座って出すものを出さなければならない、借金しても出さなければならない、それで、傾いてしまうと。どこの村でもそうだったでしょうね。その点、分家は助かるのですよ。

司会　剥製屋という家業は、どなたの時からですか。

小熊　祖父が始めまして、その祖父は戦争中（昭和一八年）に亡くなり、その後を、祖母、そして父と叔母が、そして私。私が実質三代目です。

石井　白樺派の文人たちに剥製をつくったというのは、小熊さんの家だったのですか。

小熊　祖父です。祖父は岡発戸《おかほっと》から婿に入った人で、町通りに面して店を開いていましたので、けっこう、訪れる人はいたのでしょう。志賀直哉なども、おもしろい商売があるということで、注文したんでしょう。

　ずっと後、我孫子野鳥の会ができたのが昭和三五年の頃で、初代会長の渡辺義雄さんもよく来ていました。

司会　教材としての標本作りもされていたとか。

小熊　元々、祖父太郎吉《たろきち》は我孫子小学校の教員＝訓導で、今でいう指導主事と悶着を起こして辞めたのですが、当時の理科教育それも生物教育では、現物を使って教えることが多く、その標本作りを、商売になると考えてしたのです。たいした商売にはならなかったようです。例えば、稲の害虫の標本ですと、一〇種、二〇種を揃えたセットにしなければならず、たくさん採れるものとごく少ししか採れないものがあって、セットに作れる数は少ないのです。同業者はごく少なく、東京に卸していました。今でも家に標本がたくさん残っています。珍しいものでは手賀沼のゲンゴロウ、4㎝もある大きさです。ミズカマキリもあります。ただ、データが、いつどこで誰がどのようにして採ったかの記録がないので、価値がないのです。

　私も、昭和二〇年代には、よく手賀沼に採りに行きました。この写真集『我孫子　みんなのアルバム』に載っているふんどし姿の少年たちは、ほとんど私の同級生。今の第四小学校のいたずら坊主たちです。干拓する前の手賀沼は広く、魚がたくさんいて、藻の中に泳ぐ魚がたくさん見えました。

司会　懐かしいふんどし姿ですね。子どもたちの目が生き生きしていて、きれいですね。今は、若い女性にふんどしが流行りだそうですが。（一同笑）

里の寺の住職

司会　では、日秀《ひびり》の安本さんの昭和五〇年代は、どうだったでしょうか。

安本　昭和五〇年は一八歳で、大学に入った時ですね。

　私の生まれる前のことですが、たまたま湖北の観音寺―曹洞宗ですが、伯父・父の兄が野田のお寺と兼務することになりました。野田が正住職地で、湖北の方が留守になってしまうため、父が管理を依頼されたのです。ですので、父は、サラリーマンをしなが

ら観音寺を維持していました。そんななかで私はこの観音寺で生まれ、育ちました。

中学・高校生の頃には、寺の僧侶になるのかなと思っていました。迷いもあったのですが、ずっと地元の人たち、檀家さんたちに守られてきましたので、やはり自分は寺を継いでその方たちに応えようと思い、曹洞宗の大学である駒澤大学に入ったのです。

大学に入ってもまだ、迷いはありましたが、大学最初の夏休みに、麻布の永平寺別院で特殊安吾《あんご》という修業を一か月体験させていただき、また、同年代の僧侶たちとのふれあいなどを通じて、次第にお坊さんになることの決意が固まったのです。卒業式には出ず、永平寺に修業に入りました。修業募集の時期が卒業式と重なったのです。

我孫子には曹洞宗の寺が多いのですが、永平寺系は私の所だけで、他は総持寺《そうじじ》系です。

司会　大学へは我孫子から通ったのですか。

安本　ええ、通っていました。二時間半くらいかかりましたね。当時は現在の東急の田園都市線はなく、渋谷からバスでした。成田線も本数が少なくて、一本乗り遅れると遅刻でした。昭和五二年に新玉川線が開通し、駒澤大学駅ができて、少し楽になりましたね。一年生の時は、週に一度は砧《きぬた》まで通いました。

司会　昭和五〇年の頃は、安本さんにとっては人生の転機だったのですね。

安本　ええ、そして今、息子二人が僧侶の資格を持っていて、どちらが跡を継ぐかという、これが今の転機ですね。(笑)

とびきり若い収入役・助役

司会　布佐の石井さんはその頃は。

石井　昭和五一年四月一日に我孫子市の収入役から助役になったのですね。その頃は高度成長期で、我孫子も一足遅れでそれを迎えたという時期です。地下鉄千代田線が大手町直通となり、千葉ニュータウン(注1)もでき、成長・成長・成長の時期で、四九年には第一次オイルショックが起こっていたのですが、成長が無限に続くと誰もが思っていました。大手デベロッパーによる平和台団地・つくし野団地がつくられ、市の人口もどんどん増えていって、学校を毎年一校ずつ作るというような具合でした。その後、県でも、印西・白井地区にニュータウンを作り始めたのですね。

　収入役室に菓子がいっぱいあるんですよ。私は収入役に三八歳でなったので、部長や課長は私より年上なのですが、会計課長に「なんでこんなに菓子が」と聞くと、「早く支払ってもらいたいからですよ」と言うんです。支払伝票を上の方に重ねて欲しいからということでした。当時は利子も高く、早い入金は今よりもずっと有利でした。その菓子、効き目があったようなのです。それで私は、振込支払いにしたのです。それも早く支払うようにと。それと職員の給料の銀行振込、これは市労組に反対されましたね。「お前はインテリゲンチャではない、インチキゲンチャだ」と。団交を何度もやりましたよ。

小熊　その頃は現金を本人にみせて支払うものだったのです。

石井　そう、学校の給食作りの職員にも、市役所の職員が毎月給料を持っていって渡す。そんな効率の悪いことでどうするのかと、ガンガンやりましたね。

　布佐は、木下《きおろし》・六軒（大森）と同じく商人の町で、戦前の旧制中学校に進む人も多い地域でした。柏に東葛飾中学校ができるまでは、茨城県の龍ヶ崎中学校に通っていました。他には、成田中学校ですね。これは、利根川の河岸《かし》としての伝統によるものでしょう。それで、我孫子地区とはいささか距離感がありました。我孫子の市民文化活動にインパクトがあったのは、参議院副議長をなされた加瀬完先生にもお力添えをいただいて、市民会館の大ホールができたことです。市民オーケストラや合唱グループ活動も、とても盛況をみせてきました。

どんどん金を使えた時代

石井　当時の我孫子駅前の区画整理、トロトロしてなかなか進まない。ＮＥＣを誘致したのですが、これは画期的なことでした。最大時では協力工場も合わせて七〇〇〇人の雇用者がいました。昭和五七年一〇月一日にＮＥＣの我孫子事業場がオープンしたのです。取手市になっている小堀《おおほり》地区が、ＮＥＣ工場進出には、メッキを使うから公害が出るということで全員反対でした。納得のいく対応策に苦労しましたが、上水道の供給を軸に、皆さんの理解と協力で解決することができました。

　当時は、「Ｃ＆Ｃ」＝コンピューター・アンド・コミュニケーションというキャッチコピーが新鮮でした。東京ドーム一〇個分の敷地を持つこの大事業場は、地元経済にたいへん効果をもたらしました。このこと、我孫子の現代史研究で採り上げるべきでしょうね。毎年、新卒の高校生・短大生を採用したのです。今も四〇〇〇人くらいの雇用者がいますよ。

小熊興爾氏

　学校の新設工事では、地元の企業の育成にもなるように、大資本と地元企業とが対等の条件でジョイントして取り組むことも始めました。地元から東京に通う大企業の役職員と話し合い、「あなた方の孫や子どもさんたちをあずかる学校を作るのですから、ぜひ知恵と力をサポートしてください」ということで、説得力がありました。このへんが、地元であることの特質ですね。けっこうずけずけと提案でき、実行できましたね。

　当時は、地元企業では鉄筋コンクリートの建物が作れないという状況でしたが、それができる企業を育てていくことにつながったわけです。どんどん人口は増えていくと思っていましたから、それに応えられる企業を地元で育成する、こういう思いでした。こんなことで、行政というのもおもしろいと思ったのです。

　市史研究も、現代史に関わる大小さまざまな民間企業の動向、これにもっと注目しないといけないでしょう。我孫子市史研究センターは、市民として私は誇りに思っている団体で、布佐の井上家文書の研究などたいへん貴重な事業で、布佐の人間として感謝の念があります。だが、民間の動きの視点がまだまだ欠けている、この辺を充実させて欲しいと。特にＮＥＣなどをね。中央学院大学・川村学園女子大学がきたことなども視野に入れて欲しいですね。経済効果という面だけでなくてね。日立精機も、戦後、我孫子町に金がない時に貸してくれたというんですね。

　我孫子市も、貴重な公共財としての記録・文書を扱う市史研に適切な援助をすべきだし、市史研の方ももっと訴えるべきですよ。役人世界は特殊な世界で、通り一遍の申請だけでは難しい。日頃から遠慮なく実を示して訴えることですよ。

小熊　史料が民家にあって、それが散逸しやすいのですね。お寺さんにはたくさん残っていたのですが、知られるとまずいとする人もいて、燃やしてしまえと、それでなくなってしまう例も多いですね。公の組織が関与しないといけませんね。

安本　人別帳や過去帳、縁起書、普請時の歓募帳のような史料が寺にはありますね。ただし、火災で消失してしまったりすることはあります。私のところは、住職の入れ替わりが世襲ではなく、寺の史料等がほとんど散逸してなくなっています。

司会　石井さんは、高度成長期のたいへんな時期に助役をやっていたことになりますね。昭和四六年に千代田線の乗り入れがあって、東京に近いから人口がどんどん増えて、国家公務員・自衛隊幹部も我孫子に住んでいましたね。今でもそのＯＢが多いです。その人の中から叙勲者が出ていますね。

　この頃の市役所職員は、いずれ悪くなるという想像はしなかったのでしょうかね。

石井　いやあ、人間はね、今のいい時がいつまでも続くと思ってしまうものだし、また、その時の記憶がとれないものですね。だから、悪くなる時に備えてという発想はまずしないものです。私も、あの頃の記憶がまだ生き続けていますよ。

司会　オイルショックの時などは市役所職員の採用を止めたのですが、その後バブル経済となって成長を取り戻しました。それがはじけて成長が期待できない時代に入り、これからはどうやっていこうかというのが現在でしょうね。

石井　鎌ヶ谷と沼南にまたがって海上自衛隊の基地がありますね。飛行機が飛んでくるので防音工事費をと申請すると—実際には騒音というほどでもないのですが、すぐOKされて補助金が出る。それを防音工事に加えて、他でも使う、こんなことが楽にできた時代でした。

　話は変わりますが、この昭和四〇年代にできた住宅公団（湖北台）のはたらきも大きいですね。まだ、この研究は未着手のようですね。

司会　できたのは昭和四三年頃ですね。それがあって、我孫子は昭和四五年に市制施行したのですね。

小熊　湖北台中学校の所に担い塚(注2)があったのですが、いつのまにか、宅地造成でなくなってしまいましたね。

柴田　この『みんなのアルバム』の写真、これが担い塚です。昭和三七年の撮影とあり、団地造成のための整地をし始めている様子が写されています。ところがです。私はたまたま昭和四二年に訪ねたのですが、この時にはまだ担い塚がありました。整地もまだ始まっていない。整地が始まったのは、少なくとも昭和四二年以降ということになります。昭和三七年撮影というのはまちがっているのです。

小熊　その写真集の年代は、メチャメチャです。

柴田　その頃に私の写した写真をお見せします。当時の湖北駅です。駅というより停車場ですね。

小熊　養魚場があった頃ですね。干拓のため漁業保障がなされた時代でした。高校のクラブ活動で、採集に行って中野治房《はるふさ》(注3)先生にどんな藻・水草か教えて貰いに行ったりしました。採った魚は、ほんの少し標本にして、あとは、実際にためすのだ、実験だといって食べてしまいます。昭和三〇年代でした。

　この頃に南柏駅（昭和二七年）北松戸駅（昭和二七年、三三年に常設駅に）ができ、柏に光ヶ丘団地が昭和三二年にできました。柏というとピンとこなくて光ヶ丘というとピンときたんです。北松戸の駅からは競輪場が見えていましてね、土日に東京から帰ってくる時はちょっと怖かったですね。競輪でオケラになってしまった人がたむろしていまして。取手もそうでした。道路の脇の畑が荒らされました。オケラの人が、腹ぺこだから畑のものを採って食べるんです。

　我孫子の駅も停車場という感じでした。この頃は、駅舎の柱はレールを曲げて作っていたのです。

昭和三〇年、我孫子町ができた

司会　昭和三〇年の二月六日に町を二分する町長選挙がありましたね。手賀沼の競艇場建設問題ですね。選挙の結果、前職が敗れましたね。その直後の四月二九日に我孫子町が、二町一村合併してできています。

　この昭和三〇年代の町の様子をお聞かせ下さい。

石井英朗氏

私は土地っ子ですので、三〇年代の手賀沼周辺の美しさを覚えています。沼の水が透き通っていて、泳ぐ魚が見えました。今は「ハケの道」と呼ばれる「沼べりの道」はよい風景でした。沼も大きかったのです。アビスタ前の道路（手賀沼ふれあいライン）はもちろんなく、信号付近にヘルスセンターがありました。

柴田　その頃は少年時代で、町の大事には疎くて、町・村の全体の印象は持てなかったので、記憶もないでしょうね。

石井　自分が勉強するのに精一杯で、まわりのこと、頭に入っていませんので、語れませんね。

小熊　私らの親の時代です。

司会　競艇場問題がきっかけで、住民運動や市民運動が起こってきたのでしょうか。

石井　そう言えるでしょうね。加瀬完先生や子之神の野田弘一さんに伺ったことがあります。

司会　我孫子を別荘地のようにしていた白樺派、この白樺派が残した影響ということも考えられるのでしょうか。

石井　それはないでしょうね。昭和三〇年頃の我孫子に住む知識人・文化人たちが住環境の悪化を嫌って反対したというのが、核になったのでしょう。

司会　戦前に白山《はくさん》に住宅がつくられますね。ここの住民たちが、今の住民運動につながっているのでは。

小熊　多少ありますね。戦前から桜を植えたりという運動をしました。香取神社の桜などもその一つです。アヤメを植える会の活動もありました。

柴田　坂西志保《しほ》(注4)さんが戦後に我孫子に来ていますね。この人の影響はなかったですか。

小熊　あまり強いものではないでしょうね。我孫子一小でPTA活動を展開しましたが（第二代会長）。

司会　PTA活動に都会風なやり方、バザーの開催など持ち込んで、あまり共感を得られなかったようです。

柴田　アメリカ風すぎて受けつけられなかったのでしょう。

小熊　人の情けを受けることはみっともないという感情があったのでしょう。いまでも、こういう感覚の人は多いですよね。

　我孫子の大きい事件といえば、昭和三六年九月七日の我孫子中学校の火事ですね。自衛隊の大きな消防車が来て消したのです。水が得られないので、当時は蒸気機関車の時代でしたから、駅に給水タンクがあってその水を使いました。二階建ての木造校舎が丸焼けになりました。

司会　あとになって放火とわかったのですね。当初はタバコの不始末かといわれて、宿直した方はつらい思いをしました。犯人は学校荒らしで、その挙げ句の放火ということでした。

湖北は正に農村そのものだった

安本　私は昭和四五年頃中学校に入りましたが、湖北小の高学年時、五年生か六年生の時でしたが、私の妻の母がある程度都会の学校から転任してきました。後に聞いたのですが、その頃の湖北はほんとうに田舎で、子どもたちが裸足《はだし》で遊ぶのに驚いたと言っていました。

小熊　そのころ、校舎の入り口には足洗い場があって、校舎に入る際には足を洗ってよく拭いて、そして入りました。

安本　昭和三九年頃でしたか、成田街道で交通事故に遭いました。助かったのは、道路が舗装されていなかったからです。

小熊　その頃は車は歩行者に気を遣うということはなかったのです。ただ砂利道なので、スピードは出ない。

安本　下水も土を掘っただけのどぶでしたし、風呂水は毎日は換えなかった。道も整備されてなくて、学校に行くにも遊びに行くにも、人の庭を突っ切って行ったものです。

布佐は全体が商店街

司会　石井さんの子どもの頃、布佐はたいへん賑わっていたようですが。

石井　布佐は、商店街でしょう。子ども心では、商店は一〇〇円で買った物を一二〇円で売るという悪いことをしている、と感じていたのですよ。うちは肥料と米を扱う問屋でしたので、農業が正業だという感覚ですね。それで大学に行って農業論を学んで農民の味方になろうなどと考えたのです。大阪市立商科大学に行って、農業論を受講する人がごく少ない中、農業論を軸にした経済学を学んで、衣食住といった生活資料を産むという実体経済ではないにせよ、金融や商業は、マイナスをマイナスするサービス経済として社会の効率化に大きく寄与していることを知ったのです。資本主義というのは、人間の労働力までも商品化した市場経済として効率が軸になった社会です。マルクスの『資本論』は革命のイデオロギーではなく、資本主義のシステムとしての効率を解剖して見せたものであるとかを学んだのです。

小熊　農業というのは骨が折れるばかりで効率が悪いのですね。

石井　現実的にはそうですね。土地や環境に関わりますから。

父の商売を助けて働いたのは昭和三〇年代の後半、法政大学の大学院に入って週二回通い、他は土日も含めて、家業に励んだのです。私は浪曲の広沢虎造《とらぞう》(注5)のスライドと連動するテープを持って農家の人を公民館などに集め、聴かせて肥料の小売りをする、本来卸商ですから、他の小売商より安く売れるわけですね。そんなことで父の商売を少し替えたんです。損保の代理店やガソリンスタンドも始めました。

司会　商人としてもなかなかだったのですね。石井さんの家系のことですが、石井源左衛門《げんざえもん》さんの家は、石井さんの分家なのですか。

石井　本家です。私の家が源左衛門家の分家です。

司会　そうでしたか。石井さんの祖父の英《えい》さんは町長をされたのですね。英さんのお父さんも首長をされていますね。松岡鼎さんの前の町長です。

石井　曾祖父の英次郎《えいじろう》ですね、私の家＝石井分家の初代です。

私は大学院に通って宇野弘蔵《こうぞう》というたいへんな学者の指導を得て、「学問に何よりも大切なことは、対象の本質に迫る問いを持つことだ。知らないことを恥じるな」と言われたことは、鮮烈な教えでした。考える力・判断する力・論理的に展開する力をつけるのが学問なんだと、教えられたのです。それで、商売よりも学問の方がおもしろくなってしまったんですね。それで、研究職の空きを待っていたというのが当時の私でしたね。

市役所に入るという考えは全くなかったのですが、我孫子市の収入役への誘いを受けたのです。友人からは「田舎で収入役とは立派なものじゃないか」と言われてなったわけです。地域の事情には疎かったのですが。

司会　当時の布佐の町の様子はどうでしたか。

石井　すべて商家で、商店街ですよ。東京に近いから、洪水を防ぐ高水《こうすい》工事（注6）が早くから始まって、町並が利根川からずれていきましたね。土手を高く太くするために、移転したのです。昭和の初期には今の商店街になっていたのでしょう。

延命寺から下の方が町並で、県道を挟んで町中は家がびっしりでした。住宅を造れる土地がなくなって、人口が限られていたというのが布佐ですね。

戦前の、旧制中学校へ進学する少年たちは、柏に東葛飾中学校（大正一四年創立）ができてからは、そこへ通うようになりました。私の父は、東葛飾中の二回生です。女性は松戸の高等女学校か野田の高等女学校でした。

小熊　農家の子では、今の取手一高の取手農学校か今の成田市の松崎《まんざき》の八生《はぶ》農学校＝今の県立成田西陵高等学校でしたね。

河岸の文化がある地　岡田武松のことなど

司会　布佐の柳田国男や岡田武松《たけまつ》（注7）などを意識して上の学問を目指したということはあるのでしょうか。

石井　東葛飾高等学校（略称は東葛高校、前身は旧制東葛飾中学校）で岡田武松先生のおそらく最後の原稿をもらったのは、編集長だった私です。若い頃の英語を学んだことを書いてもらえませんかと。当時は、「東葛高校新聞」は千葉新聞社で印刷したものです。その原稿に、小学校の高等科で「ナショナルリーダー」の1を習ったと書いてありました。「ナショナルリーダー」、イギリスが英語を世界に広めるためにつくったテキストです。2・3・4は日比谷中学校、府立一中ですね（現都立日比谷高等学校）。布佐小学校にこのテキストを持っている先生がいて、それを小学生の岡田武松に貸したということですね。僕の想像ですが、岡田の母親は江戸生まれの人で、仕入れ先に―岡田の家は呉服商だったのです―岡田を下宿させて府立一中に通わせたのでしょう。第一高等学校、東京帝国大学の青春時代は安い寮生活で、休みの日には上野から歩いて布佐まで帰ってきたのです。みんな健脚でしたね。柳田国男と一緒に歩いて、筑波・水戸・銚子・鉾田《ほこた》と。旅の楽しさを初めて知ったと、柳田の『故郷七十年』にあります。

布佐は、岡田と柳田と井上二郎が、一年違いくらいで東京帝国大学に入っているのですね。河岸町だから情報が集まり、学問への気運があったのでしょう。近世の小林一茶がいちばん訪ねたのは対岸の布川の古田月船《つきふね》（げっせん―とも）の家です。

司会　「ナショナルリーダー」は井上家にも残っていましたね。

石井　そうですか。知識人はそういうものを買い求めたのですね。

岡田の家では、それを買ったという確証はないのです。先生が「この子は優秀だから府立一中に入れなさい」と言ったに違いない。それで、母が―父は婿さんなので発言権がない―仕入れ先に下宿の渡りをつけられるし、入れたのでしょう。柳田や井上は家庭環境が整っていますが、岡田の家は裕福でもありません。東京でごく安く下宿させたのでしょう。次男坊だから跡継ぎの心配はないしということで。こういう教師や親がいたということが河岸の文化だと思いますね。岡田武松は、百万都市である江戸・東京への基幹的物流ルートとなった利根川が生んだというのが、ゲスト・ティーチャーとして私が布佐の子どもたちに話す、まあ私の仮説ですね。

司会　石井さん、子どもの頃は岡田武松の文庫にはよく行ったのですか。

石井　それはもう、何しろ大戦中に総カラーの「キンダーブック」などがあって楽しいものでした。日曜日に、午前中は低学年生、午後は高学年生と分けていまして、勝手に見させてもらいました。東京からお客が来ると、私たちは食べたこともないお菓子を出してくれたのです。お二人だけの暮らしですから余るのですね。それをくれるのです。お菓子が出るのを待って外で遊んでいる子もいました。

岡田先生、風船爆弾(注8)の製造に関わっていたということで、戦後まもなくは、進駐軍の軍人がよく来ていました。子どもたちにチョコレートやチューインガムをくれるのです。アメリカはなんて豊かなんだ、と思いましたよ。

小熊　我孫子のゴルフ場にも進駐軍がよく来ていて、私らもお菓子をもらいましたね。来ていると子どもたちが寄っていくのです。今のグリーンの所にはジャガイモを植えていたのですが、空いているところでゴルフをしていました。欧米人たちが、これだけ広いところなら牛を飼えるといったと聞いています。あのゴルフ場、昭和の初期にできたものです。

石井　あのゴルフ場も、我孫子の近現代を考える上では貴重なものですね。

我孫子町・湖北村・布佐町比較

司会　我孫子・湖北・布佐と分けた場合、湖北は農村そのものだったようですが、町場の人が農村部の人たちをちょっと低くみる、農村部の人がいささか引け目を感じることがあったのでしょうか。また、我孫子と布佐では、町としての雰囲気とか気風が違っていたのでしょうか。

小熊　湖北は、我孫子と布佐の谷間という感じでしたね。布佐は隣の大森とともに町場で、繁華街でした。大森、今は印西市に入っていますが、狭い地域で戸数も少なかったのですが、町でしたね。

石井　確かに大森はごく狭い地でしたが、私たちは六軒といい、賑わっていましたね。

柴田　星野七郎さんの『村の記憶』を読むと、湖北地区は全くの農村でしたね。

私が湖北台二丁目に住み始めたのは、昭和四四年の暮れでした。家の周囲はまだ宅地造成半ばと言ったところで、野兎が跳ねていましたよ。先ほど安本さんのお義母さんの話がありましたが、私の子どもは小学三年生と一年生で転校してきたのです。当時、湖北台西小学校はまだ開校していませんで、一時的に湖北小学校へ通いましたが、子どもたちは、学校のトイレが汲み取り式だったことにひどく驚いていました。こんなことが思い出されます。

安本正道氏

石井　布佐は、ほんとうに商人の町で、それも商圏が広くて買物客も多く、気風は開放的で、農村部の人たちへの優越感などは全くなかったですね。それは、子どもの世界でもそうでした。むしろ、湖北のような農村が新鮮に見えていましたね。何しろ、大切なお客様たちなので、一段低く見るなどという気風はありませんでした。河岸のいいところですね。

小熊　今の千葉ニュータウンのあたりからも、布佐に買物に来ていましたからね。

司会　湖北の人たちは我孫子地区を町場といっていましたが、布佐を町場と言うことはあったのでしょうか。

石井　私らは町場という意識は持っていなかったですね。

　祭の時には、近郷からたくさんの人が来るのですが、朝の四時まで御輿《みこし》を担いでまわって、誰彼なく酒食を振舞います。この時とばかりに飲み食う人がたくさんいました。それもタダでできるわけですよ。まさしくハレの日です。

小熊　年に数度の飲み溜め、食い溜めでしたね。我孫子町の祭も同じようですが、布佐ほどの振舞いはしなかったですね。布佐は商圏が広かったですから。

石井　『増田實日記』を書いた増田實《みのる》、彼も私の家に現物を持って買物に来ていました。物々交換ですね。舟持ちが多くて、移動にも舟を使っていました。

柴田　布佐の隣が木下《きおろし》ですが、木下には商店は少なかったのですか。

石井　香取・鹿島・息栖《いきす》の三社めぐりの乗合船の発着場として飯屋・宿屋などが目立ちますが、いま、吉岡まちかど博物館にみる吉岡家など、汽船を持ち、利根運河に多大な投資をした問屋もありました。古くからの河岸ですが、新河岸の布佐のほうが発展したのです。進取の気風があったのです。

司会　我孫子の町は、柏・取手・松戸とかへのライバル意識があったのでしょうか。

小熊　いくらかはありましたね。柏は新しく開けた所でして、そうは意識していなかったのですが、小金は、近世の宿場町で古くからの町でしたので、意識していましたね。近世は小金牧が広がっていたので、耕作地は少なくて、小さい町という感じでした。

白樺派

司会　我孫子町では、白樺派の文人たちの影響、そう広くは及んでいなかったようですが。

小熊　今の白山、緑《みどり》、寿《ことぶき》の一部から子之神《ねのかみ》神社のあるところまでですね。その地域でもよそ者という感じで、水と油、ほとんどつき合っていなかったようですね。

石井　我孫子駅前のレストランの主、小熊覚三郎さんから聞いたのですが、杉村楚人冠《そじんかん》(注9)は一年間の薪を買ってくれた、御礼に剥製を差し上げたとかの話でした。薪炭を扱う商人は、東京の大金持ちの家とも取り引きがあったようで、羽振りがよくて、近所の子どもたちを舟に乗せて船頭に漕がせて遊ばせたというようなことも話してくれました。今八十何歳かですが、ヒヤリングしておくとよいでしょう。

小熊　東京と取り引きする人は現金収入が多くて羽振りがよかったのです。うちの爺さんが亡くなった時に、楚人冠が「ああ変わり者が一人いなくなった」と、『湖畔吟』(注10)に「はくせい屋」と題して載っています。

お寺の役割・御葬式の変容

司会　安本さん、寺院の役割の変遷ということで、昭和三〇年代以降のお話しを伺いたいのですが。

安本　私の寺は、日秀《ひびり》の人のお寺で、地域の集いの場＝公民館的な役割をずっと果たしていました。私が生まれてからずっとそうでした。隣の新木《あらき》などには村の集会所があったのですが、日秀にはなかったので、すべてお寺に集まりました。講ごとも青年団にしてもそうでしたし、農家の皆さんの集まりの場でした。

司会　曹洞宗のお寺ですが、念仏との関わりもあったのでしょうか。

安本　念仏はありましたね。お寺で御葬式があってもまずは念仏ですね。住職による法要の前に念仏講が呼ばれて念仏を唱えました。

司会　今はなくなったのでしょうね。

安本　なくなりましたね。

小熊　年金が出るようになってなくなりましたね。年金が出る前は、御葬式での念仏の謝礼が収入になっていたのです。我孫子でも昭和五〇年頃までは僅かに残っていたのです。五五年にうちも念仏を頼みました。五～六人しか来ませんでした。最後だったかと思います。

司会　女人講《にょにんこう》はあったのですか。

安本　ええ、子安講《こやすこう》、一六夜講《いざよいこう》などと、呼び方はさまざまでした。私の寺ではマツドッコ（待道講）といって、白泉寺《はくせんじ》に版木があってその刷り物、待道《まちどう》(注11)権現の掛軸をかけて農家のお嫁さんたちが集まり、夕方から夜にかけて、野良仕事が終わった若妻たちが安産祈願で集まります。年代ごとに集まりがありました。寺のある石塔を見ると、かつては月待や庚申講もあったようです。

柴田　御葬式で思い出したのですが、湖北では御葬式の時に赤飯を持っていくという習慣があるということですが、日秀でもそうなのですか。

安本　あります。赤飯と決まっていて、子ども心になぜ赤飯なのか不思議に思っていました。

小熊　我孫子にもありました。ごま塩をかけないで塩だけかけて食べます。あとは、ふかす前に塩水につけてしょっぱくしておいて何もかけないで食べるということもありました。

安本　当時の葬儀の流れは、葬家にまず念仏講のお年寄りが出向いてお念仏を唱え、次いで住職が行って葬儀を務めます。それから葬列を組んでお寺に行き、お寺の向背あたりの少し上がったところに棺を置いてまた念仏をします。そして本堂に上がってお経をあげ、焼香して葬儀を執り行い、それからまた行列を組んでお墓に行くという流れでした。お墓は、あらかじめ六道《ろくどう》（注12）によって穴が掘られていてそこに埋葬し、その後葬家にまた行って、会食ですね。料理も大体決まっていて、赤飯があって冷や奴にカジキの煮付けと魚の煮しめ。華美になってはいけないという申し合わせがあり、これが定番メニューになっていました。先ほど申し上げたとおり、何で赤飯なのかなとずっと思っていましたが、ハレとケという点では、葬儀はハレなのですね。だからふだんと違う赤い御飯を食べたのでしょうね。

柴田弘武氏

小熊　確かに、葬儀は実際にはハレなのです。

司会　葬儀が葬儀社の手で行われるようになったのは、いつ頃からでしょう。

安本　昭和五〇年頃からですね。それまでは、だいたい自宅でやったものです。

小熊　そのため、農家はぶち抜きの部屋をつくっていました。

安本　いまはほとんどが葬儀場でして、自宅葬もお寺の本堂ですることもありませんね。どんどん簡略化が進んでいて、親が生前に自分の葬儀は自宅でしてもらいたいと言い残していても、あるいは、「オヤジのジャンボン（葬儀）は家から出してやりたい」と言っても、やはり葬儀場を使います。参列者も車で来ますしね。

司会　花輪もどんどん減っていますね。

小熊　外《そと》花輪はほとんどありませんね。葬儀場でも外花輪を懸ける器具は揃えていますが、ほとんど使いません。葬儀用の造花屋さんはほとんどなくなり、開店祝いなどに出す祝儀用の花輪もなくなりました。

司会　若い人のお寺あるいは仏教への回帰という面ではどうでしょう。若者の間で、今、筑波山神社がパワースポットとして人気を集めていますが。

安本　ブームがあればということです。昭和五一年、ＮＨＫの大河ドラマで平将門を描いた「風と雲と虹と」があった年は、観音寺前にも観光バスが停車して見学者が多数いました。

　何かイベントをしませんとね。お寺でのコンサート、テラコンといっていますが、そんなこともあちこちで行われています。来た人たちを住職が如何に定着させるか、これがなかなかですね。

　お通夜も行わず、葬儀のみで済ませるということもあります。業者がユーザーの要望を聞き、お金をかけないようになってきているのです。通夜＝夜伽《よとぎ》は大切な行事なんですが……。

司会　自宅で儀式が行われていた時代で、祝儀などでの振舞料理には根菜、ゴボウや里芋を出すということを聞いていましたが、湖北ではどうだったのでしょうか。

小熊　確かに、ゴボウ、ニンジン、里芋などはハレの時に出していましたね。今でも成田山では、特別なゴボウ料理を振舞っています。ニンジンなども、今は当たり前に食べますが、ハレのものとして食べることが多かったのです。

司会　赤い華やかな色ということもあったでしょうかね。

小熊　それもあったし、生産量がごく少なかったのです。

司会　当時では根菜は高級食材だったのでしょうね。

小熊　そうですね。収穫のため掘るのだけでもたいへんですからね。ゴボウなどは一㍍ほど掘らなければならなかったのです。作るにも深く耕さなければならなかったし、山芋などは特にたいへんでしたから、とりわけの高級食材でしたね。

荒井茂男氏

地域の歴史研究のありよう

司会　昼食を挟んで、座談をもう少し続けます。地域の歴史研究のあり方を討議してみたいと思います。

石井　学校で地域のことを採り上げるようにしていくことが大切でしょう。

司会　我孫子市では、教員たちに地域の史跡廻りを勧めています。以前は、夏休みに一ヵ所での会議室の研修で済ませていましたが。こういうことを生活の中でしないと、地域の暮らしや文化というものがなかなか理解されないし、守れませんし、育たないでしょう。

我孫子ではいい副読本も作っています。平成二四年に『ふるさと我孫子の先人たち』という本も作り、身近な偉人を採り上げています。この先人たちのことを、私らよりも十歳年下の人で、もう知らないのです。日本の家庭がだんだん崩壊をたどっている、それと同様な歩みをしていると思います。

布佐はお祭りが盛んです。伝統行事を大事にしないといけないと思うのです。我孫子町の祭はどうも住民の共有になっていない向きがありますね。

小熊　我孫子町では七月にやっていますが、二つの小学校のうち一つは協力してくれますが、もう一つの方は、宗教行事だからということで、協力してくれません。確かに神社祭としてやっていますが、集まる人の九九・九％はイベントとして集まっているのです。

石井　宗教行事というのはちょっと疑問ですね。神道にはイデオロギーがなく、礼式だけですよ。

小熊　一部の宗教の方に抵抗があるのです。一〇〇〇年以上続いている祭です。

多神教で全部に神が宿っているという感覚ですから、無理に教義をつけるなんてことはない。そんなことは利根川の水を山に流すようなものですよ。（笑）

市民の歴史研究のあり方=構えることなかれ

司会　最後に市民の研究のあり方について話し合っていただきたいと思います。

柴田　若い人たちに関心を持ってもらえるようなことを模索しないとならないでしょうね。若い人たちに、地域の歴史にもっと関心を持ってもらいたいものです。疑問を持ってもらいたいし、その疑問を解く努力をするように持っていく、これに尽きるんじゃないでしょうか。

小熊　頭を若くして柔らかくならないと。幼稚園の児童が「これなあに?」という感覚です。もうちょっと野次馬根性になって貰いたいですね。

安本　小学校に、地域の話をしてくれと頼まれていったことがあるのですが、堅い話はせず、例えば石碑の話で「何か絵が彫ってあるよね。裏にはどんなことが書いてあるのだろう」といって、建てた年や建てた人の名前があることを知らせます。わざとお坊さんの格好をして、何で衣《ころも》やお袈裟などいくつも着るのか、持ち物がいくつもあるのかというような話をして興味を喚起しました。

司会　子どもたちにアニメが流行っていますね。この影響、けっこう大きいですね。

小熊　最初これを使うとイメージが狂っちゃうなと思いましたが、今の子どもたちにはこれから入った方がいいと思いましたね。

司会　私が白樺文学館に勤めていた時、雑誌『白樺』の表紙を写真で使わして欲しいとある出版社から電話があり、できた本を送ってもらったのですが、漫画の中にうまく取り込んでいました。文字ももちろんありますが、通常の歴史書よりもわかりやすくなっていました。しかし、これだけですと、本を読まなくなってしまうようで、よしあしですね。

小熊　フェイスブックとか電子書籍とか、ざーっと見る分にはいいのですが、あとで確かめようとするには不便ですね。

安本　お寺にも史料や貴重な建築物、仏像などがあるのですが、これをお寺だけで修理したり維持していくのはたいへんなのです。この間、中里の薬師堂の修理の話がありましたが、援助があれば直して後世に伝えていくことができるのですが。

小熊　金もかかりますし、職人さんもいなくなっています。檜皮《ひわだ》も手に入らなくなっています。

石井　歴史というのは誰もが関心を持つもので、何でも疑問を持つ、それを探究することで浸透が図れるのではないでしょうか。若い人に向けてということにこだわるより、広く疑問を持ってそれに応えていく、こんな姿勢が大切でしょう。そうであれば、若い人も加わってくるものだと思います。

　例えば、平和台だけで一級建築士が一一人います。こういう人たちも組み込んで、例えば遺跡の保存事業をするとか、市役所もこうなると一生懸命やりますから。大企業を退職した、技術・経験を持っている人たちに加わってもらう、こんなことをですね、取り入れていったらよいと思います。

　この普及の仕方が、市史研はどうも下手ですよ。コミュニティづくりとしては市史研は高度な役割を果たしています。もっと働きかけていくことですよ。学校へ地元の歴史の話をしに出向くとか、大学などでも、実は望んでいますよ。こういうところは礼を尽くして迎えますよ。

司会　地元の人たちからの聞き書きも取り入れたいですね。

今、若い人たちは、近世はもとより、近現代の史料を手にすることがないのですね。史料にじかに触れる機会も増やすことでしょうね。

石井　目先の賑わいだけを追求すると持続しないですね。持続性のあるものにしないとダメですね。料理の講習に一〇〇人来たからといって、料理とは個人でしっかりやるものでしょう。

地域というもの、そんなに甘いものではないですよ。

品田副会長の実物を示すということ、はっとしましたね。大切ですね。

小熊　地域に実在しているものですからね。生きています。

柴田　生活上の変容が激しいからといって、暮らしの歴史が無視されてよいということではありませんね。しっかり見つめていかないと、社会を住みよくする智恵が得られません。我孫子市史研究センターは、そのあたりのことをしっかり自覚していかないと、お話を伺ってさらにその思いを強くしました。

司会　まとめていただきました。皆さんのご発言をしっかり受け止めて、市史研の今後の活動に活かしますことをお約束して、今日の座談会、終わらせていただきます。ありがとうございました。

〔注〕

1**千葉ニュータウン**　千葉県北西部（船橋市・印西市・白井市）の大規模新住宅地。一九六六年に千葉県が単独で造成開始。一九七八年に宅地開発公団（現UR都市機構）が参画。

2**担い塚**　手賀沼畔にあった二つの小高い塚。寛永期に戦国末期にこの地で戦死した河村出羽守夫人を追悼する石碑が建てられた、との言い伝えが『湖北村誌』に書かれている。

3**中野治房**　一八八三〜一九七三　旧中里村出身。植物学者、東京帝国大学教授、戦後湖北村村長を務めた。

4**坂西志保**　一八九六〜一九七六　戦前にアメリカで哲学博士の学位を取得、終戦直後から我孫子に住み、住民運動・PTA活動を組織し一九四八年八月に転出。その後外務委員調査室〜評論活動。

5**広沢虎造**　一八九九〜一九六四　昭和のもっとも人気のあった浪曲師。次郎長ものが代表的な演目。

6**高水工事**　洪水を防ぐため堤防を築く工事。対して、水運のため川底を掘る等の舟の通りをよくするための工事は低水工事。

7**岡田武松**　一八七四〜一九五六　布佐生。わが国の気象学・気象観測事業の礎を築く。晩年、布佐に蔵書を開放した文庫を設けた。

8**風船爆弾**　第二次大戦末期に日本軍が作ったアメリカ本土攻撃目的の爆弾搭載の気球。九〇〇〇個放ったが、効果はほとんどなかった。

9**杉村楚人冠**　一八七二〜一九四五　朝日新聞の著名な記者。晩年は手賀沼湖畔に住み、俳句の会を地元の人を入れて主宰。

10**『湖畔吟』**　杉村楚人冠が我孫子に住んで、大正末から昭和初期にかけて湖畔の生活の中で思うままに書き綴ったエッセイ集。

11**待道**　利根川流域の下総地域に見られる安産祈願の女人講。我孫子市岡発戸の待道神社が発祥と伝えられる。祭神は待道権現。

12**六道**　本来は仏教で転生する六つの世界のこと。転じて、葬儀で棺を担ぎ、墓穴を掘り、埋葬を受け持つ人をいう。

研究論文集

我孫子の地勢

長谷川　一

はじめに

この稿は、我孫子市史研究センターの活動が始まって間もない頃の、栗原東洋氏の講演「手賀沼の自然・歴史と郷土史研究」で提案された具体的な研究方法（詳細は市史研究2号参照）を想い起こしてみようとするもので、氏の準備された講演会資料では「我孫子地域の地勢とその開発史」の項を設け、特に下総の谷津や河の中洲の地勢を採り上げておられる。また、氏が講演に際して、我孫子市域だけでなく、相馬御厨の四至の範囲までを一葉に収めた地図の作成配布を強く求めていた経緯があるので、この際、ぜひ皆さんにも見て頂きたく、その地図の写をここに添付する。（地図A）

1　中州

「河の中洲の地勢」に関連しては、栗原氏の講演とほぼ同じ時期に、三谷和夫会員が、『我孫子市史研究』3号（一九七八年）に、「河川敷区有金事件―明治末期小作農の住民運動―」という報文を発表されている。この事件の対象となった「長兵衛洲」近辺の、河川改修前（明治一四年）・後（昭和三年）の姿を対比できる一対の地図も掲載されているので、これも併せて皆さんに見ていただきたく、その写もここに添付する。（地図B・地図C）

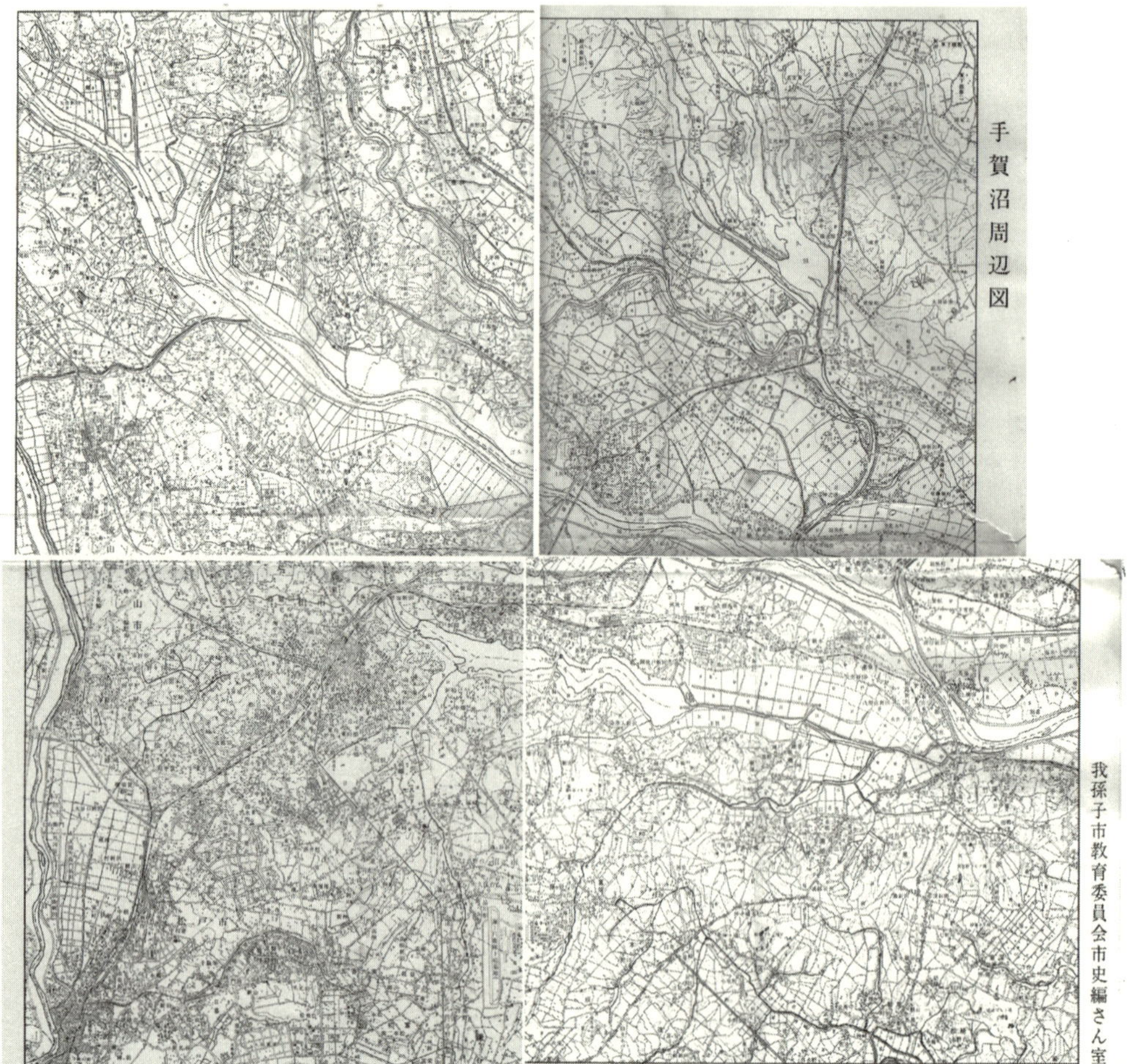

地図Ａ　手賀沼周辺図（我孫子市教育委員会市史編さん室）

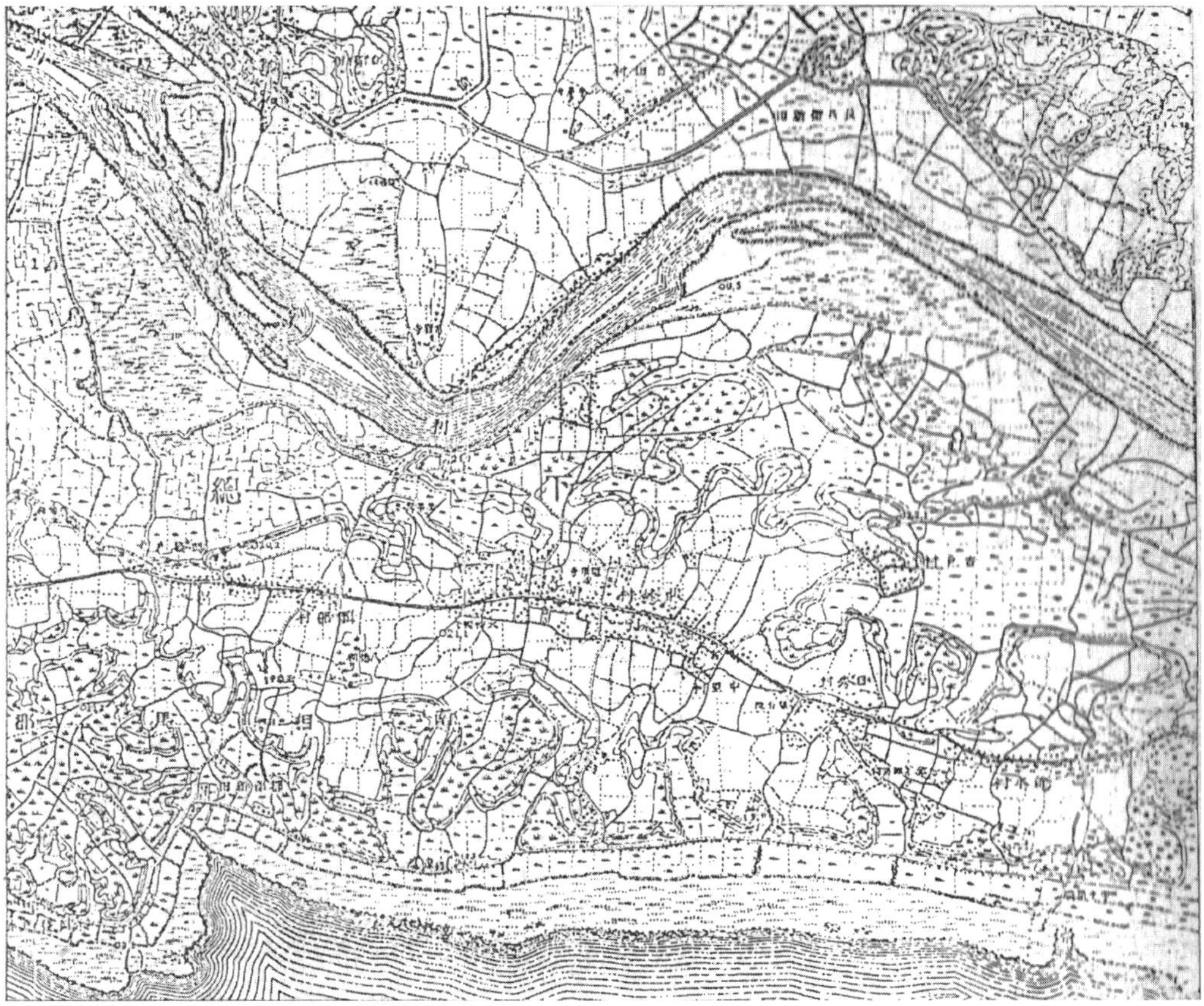

地図Ｂ　明治14年測量、取手駅（内務省地理調査所）

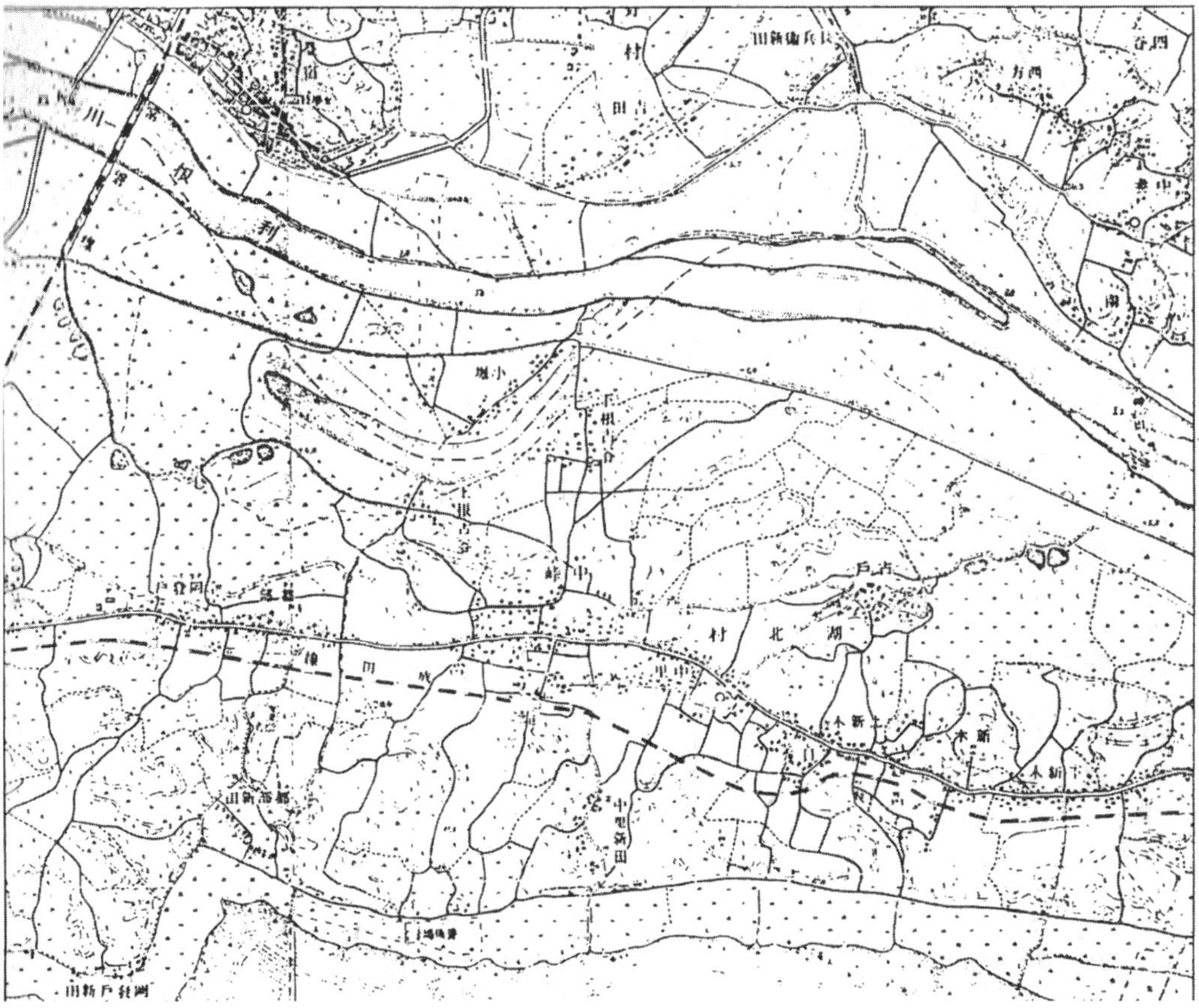

地図Ｃ　昭和３年測量、取手（内務省地理調査所）

上記の河川改修工事は、明治四〇年～大正三年に実施され、利根の南岸にあり堤外の草生地であった「長兵衛洲」などは、河川の流路変更で、利根の北岸に位置することとなった。また、この一対の地図の対比により、利根の北岸にあった「小堀河岸」は、「長兵衛洲」とは反対に利根の南岸に切り取られていることもわかる。親村の取手との交通には、現在でも渡船が利用されている。

なお、この一対の地図の範囲外ではあるが、布川との繋がりが密だった江蔵地は、利根の南岸の村として、布佐と新木を繋ぐ土手内に囲われ、明治一一年南相馬郡（千葉県）の村、後に布佐・我孫子の大字となって久しい。布川の赤松宗旦の手になる『利根川図志』（安政五＝一八五八年初版）は、「左利根川へりに布川の飛地なる江蔵地新田あり。」と紹介している。

2　谷津

一方、『谷津の地勢』については、『我孫子市史研究』3～5号に小生が報告している小字名の調査結果が示すように、市内のほぼ全大字に「谷津」や「谷」を含む小字が分布していて、その存在を証している。

布施：　土谷
久寺家：　谷端・中谷
根戸：　甲ケ谷
我孫子：　小谷津・海老谷津・上谷津・谷中
高野山：　滝前谷
柴崎：　天王谷・浅ノ谷
岡発戸：　仲谷津
中峠：　内谷津・外谷津・亀田谷津・黒古谷津
中里：　東谷津・房谷津
古戸：　谷下
日秀：　西谷津
布佐：　谷ツ山・浅間谷
江蔵地：　竜ケ谷

さらに、「谷津」に加えて、谷津田における稲作を象徴する「志多田」又は「シタ田」という小字では、苗代又は発芽前モミを浸しておく池が、通常、居住地のすぐ下に在るこの字内に設けられたので、この名がついたのでは、という由来を伺ったことがある。市内では、高野山・古戸・新木の大字にこの小字も見出される。

なお、栗原東洋氏が例示された地勢ではないが、柳田国男氏がその著書『地名の話』の第三一話、「峠をヒヨウということ」で、上総・下総に特徴的と指摘されている、この地勢を示す特有の地名は、我孫子市では、古くから「中峠」が旧村名、現大字名として使用されているだけではなく、「峠」の文字を含む小字名も少なくない。

我孫子：　稲荷峠　　中峠：　浅間峠
中里：　稲荷峠　　新木：　向峠

ご参考まで、「旧高旧領取調帳」については、国立歴史民俗博物館の手によりデータベース化されたものが、一九九〇年四月から一般に公開され、自由に検索可能となっていることは周知のことではあるが、「中峠村」について検索した結果は、我孫子市のものが唯一であり、類例がないことが瞬時に判明した。ここに、同博物館の関係者各位のご苦労に、改めて感謝申し上げたい。

また、すでにご存知の方も多いかも知れぬが、二〇〇二年には、山口仲美氏が『犬は「びよ」と鳴いていた』という著書を発表し、平安時代の「大鏡」に出てくる犬の声は「ひよ」と表記されており、調べてみると、江戸時代までは日本人は犬の声を「びよ」とか「びょう」と聞いていたという。さらに、江戸時代も中ごろを過ぎると、「犬の声をべうべうというは、彼遠吠するをいふなるべし。猿楽狂言にもみえたり。」とする。一方、「わん」も使われ出し、「びょう」の方は遠吠えに、「わん」の方はふつうの犬の声に使い分けられた時期もあったという。氏は、このような変化は、犬の鳴き声そのものの方に起こったのではないかと推測し、その根拠として、宮地伝三郎氏の著書『十二支動物誌』の記述、「野生のイヌは遠吠えをするが、「ワンワン」とは吠えない。「ワンワン」は家犬だけの性質で、これは生活が安定し、なわばりのできることと関係があるらしい。捕えて飼っておくと、オオカミもイヌに似た吠え方をするようになる。」をそのまま、引用されている。

さて、上総・下総に見られる、「びょう」地勢は、野生のイヌやオオカミが遠吠えするのに好都合な場所であった。草木の生い茂る、台地の先端部近く、人通りのなかったようなところを選んで、この地名がつけられたことは、極めて素直に納得できる。因みに、中峠の語源となったとされる河村出羽守の居城のあった辺りには、「下根古屋《しもねごや》」・「根古屋原」なる中世における下士の居住に因む小字も、また「デッビョウ」なる地形に因む呼称も現存し、中世末まで中峠城（改称前は芝原《しばら》城）があったことを示唆している。蛇足だが、かつて銚子市の犬吠埼で、灯台に登って付近を眺望したときの記憶では、内陸部に同様の地勢が認められたように想う。是非、もう一度訪ねて再確認したい。

コラム・我孫子史散策①　JR利根川橋梁の今昔

犬の散歩コースに利根川堤がある。対岸に取手駅のプラットホームが見える。土手を降り鉄橋をくぐって下流側へ出ると「河口まで85km」の表示があり、土手は延々と下流に向かって続く。鉄橋は現在架け替え工事中で、新旧四本の橋梁が架かっている。ここの橋梁工事の歴史は、と調べてみたら、次のようであった。

明治二九年（一八九六）日本鉄道土浦線（のちの常磐線）の開業に伴い初代の本橋梁が架けられた。

明治三九年（一九〇六）国有化により日本国有鉄道の橋梁となり、三年後に路線名称が常磐線となる。

大正六年（一九一七）複線化のため下り線の橋梁を架設し（二代目）供用を開始する。

大正一一年（一九二二）複線化のため初代橋梁を撤去し、上り線の橋梁を架設する（二代目）。

昭和三三年（一九五八）下り線（現快速上り線）の橋梁を架設する（三代目）。

昭和三七年（一九六二）旧下り線の橋梁（二代目）を上り線（現快速下り線）に転用、旧上り線の橋梁（二代目）が撤去される。

昭和五七年（一九八二）複々線化に伴い、緩行線用の橋梁が架設され、従来の橋梁は快速線用になる。六二年（一九八七）国鉄分割民営化によりJR東日本の橋梁となる。

平成二五年（二〇一三）快速上り線が新橋梁に切り替えられる。

完成までの段取り

平成二七年夏現在；下の写真のように旧橋梁は撤去の最中で、川中の部分が残されているのみ。電車は新しい鉄橋を走っているが、かつてのような轟音はなく、静かに頭上を走り行き、こちらも心静かに犬と散策できているこの頃である。

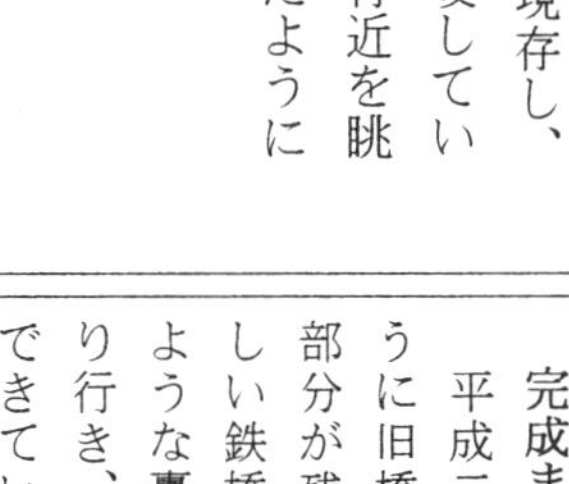

撤去されつつある旧橋梁

平将門《たいらのまさかど》・藤原秀郷《ふじわらのひでさと》伝説考
——高野山《こうのやま》村の通婚忌避について

三谷　和夫

はじめに

平将門伝説は全国的に広く残されており、関東地方では茨城県に最も多く、次いで千葉県に多いようだ。千葉県内では市原市に最も多く、次いで我孫子市に、柏市の旧沼南町《しょうなんまち》（以下沼南町と記す）にも多く残されている[1]。

藤原秀郷に関わる伝説は、将門伝説と比べてずっと少なく、藤原秀郷伝説という言葉は見られない。

我孫子市高野山には、藤原秀郷創建といわれる神社があり、千葉県内には同じく藤原秀郷創建といわれる寺社の例がある。

我孫子市高野山には、通婚忌避の風習が今も続いている。平将門の戦死以降続いているとすれば、他の地域に例を見ないものといえよう。沼南町には将門伝説に関わる風習が今も続いている。同町岩井には将門神社があり、将門信仰が今も息づいている。この岩井と我孫子市高野山の間の通婚忌避が続いているのである。

この全国的にも珍しい通婚忌避について、実態を調べ、なぜこの風習ができたかについて、現地の地理的状況や、地域周辺の歴史的変遷などから考察を試みようというのが、本稿のねらいである。

1　平将門・藤原秀郷伝説

藤原秀郷伝説

我孫子市内には将門伝説は多いが、秀郷伝説はほとんど見られない。例外的に、市内高野山の香取神社は、藤原秀郷が創建したと古老が言い伝えている[2]。将門伝説が多い地域に、秀郷が足跡を残したことを疑問視する向きもある。将門調伏のために建てたという伝説に対して、将門の戦死後の創建ではないかという人もいる。天慶三年（九四〇）二月一四日に将門は戦死したが、伝説では同年以前の創建としている。また秀郷の我孫子進出に関しては、「秀郷の基地　藤原秀郷が布施（柏市）の川をはさんで、決戦の基地を柏辺りに置き、平将門軍と相対した」という伝説[1]がある。

また秀郷の寺社創建について、「善光寺　船橋市海神　藤原秀郷の創建の寺で、桔梗の前がしばらく滞在していたという（この地では、桔梗の前は秀郷の姉となっている[1]）」、さらに、「根田神社　市原市根田　平将門追討後、秀郷が神威を尊び建立したという[1]。」の伝説がある。次に、藤原秀郷伝説にかかわって、高野山の香取神社（写真①）の氏子（現在約三〇戸）は、手賀沼の対岸の岩井の集落と嫁取りをしていないという（岩井の将門伝説は後述する）。

①香取神社（高野山・岩﨑孝次氏撮影）

高野山香取神社の氏子らは、沼南町の箕輪《みのわ》、鷲野谷《わしのや》、大井《おおい》から嫁取りをしており、根戸との通婚が多いようだ（高野山の古老鈴木哲夫氏談）。

平将門伝説

将門伝説は非常に多いので、我孫子市日秀《ひびり》、柴崎《しばさき》、沼南町岩井、大井について、『平将門伝説①』、及び聞き取りなどにより略記する。

我孫子市日秀地区には、将門伝説ががなり集中している。将門の井戸は、承平二年（九三二）将門が開き、軍用に供したと伝える。観音寺には、将門の守り本尊といわれる聖観世音菩薩像（写真②）があり、観音堂の前に立つ首曲《くびまがり》地蔵は、成田不動尊を嫌って首を曲げて作ったものだという。村人たちは成田山新勝寺に詣でない。将門を裏切った桔梗御前を嫌い、桔梗を植えず、また咲かないと言う。将門の紋所である九曜紋《くようもん》に似るのは恐れ多いと、キュウリを輪切りにしない。将門神社は、将門が朝日を拝した地に一字を建てたのが起こりという。

日秀の地名は、将門が朝日の昇るのを拝したことから日出《ひいで》村と言い、それが日秀となり、今では読みが「ひびり」と変わった。

②聖観世音菩薩像（観音寺・仙波志郎氏撮影）

柴崎地区には、村人が柴崎様と呼ぶ墓所がある。将門のころの土豪柴崎左馬《さま》督《すけ》が、天慶二年九月にここで斬られたといわれる。柴崎神社には将門が戦勝祈願をしたといわれる。柴崎天満宮は将門の臣久寺丹後が、将門戦死の翌年に菅原道真公を祠に祀ったようで、丹後の子孫といわれる大井家が守っている（写真③）。

沼南町岩井地区には将門神社がある。この岩井の地は将門が城を築いた所で、神社は千葉氏が建てたといわれる（写真④）。社殿には、放れ駒や隻眼の女性像など将門伝説を彷彿させる彫刻がある。平将門の死後、その次女如春尼が一族の菩提を弔ったという③。将門神社の境内に、如春尼の護持した地蔵尊を祀る地蔵堂がある（現在は如春尼ではなく如蔵尼とする説明が行われる④）。この地区に将門館址があり、将門が居館を設けた跡という。またこの地区には桔梗を植えず、成田詣でをしない風習がある。旧家の古老は次のように言う。屋敷という小字（将門神社もここにある）は、将門が佐倉から岩井に移って屋敷を構えた所といわれ、

③天満宮（柴崎）

④将門神社（岩井）

ここから大木戸へ幅ひろい直線道路を将門が作ったという。枡形という小字は、兵を入れて人数把握に供した所という。馬場口、駒込という小字も将門時代と関係するか。岩井の高齢者は今も将門様と呼ぶ。この地にある県立沼南高校の文化祭は将門祭と言う。鯉のぼりの先に矢車をつけない（将門が弓矢で討たれたから）。旅先で桔梗の間が当たり、頼んで部屋を交換してもらったともいう。家紋を「丸に九曜紋」とする家もある。自治会では町内に移ってきた人に、桔梗や矢車のしきたりを伝えて来たという。

大井地区にも将門伝説が多い。将門が王城を建てるに際し、京の大津になぞらえた地が大井の津だという。福満寺には将門の臣坂巻氏の守り本尊、火伏観音がある。境内に将門の愛妾車ノ前が顔を写したという井戸、鏡の井がある。妙見堂址に、この地方最古という五輪塔があり、車ノ前五輪塔と呼ばれる（写真⑤）。将門が乱を起こした時、車ノ前は懐妊していた。車ノ前の伯父中村才治の世話で、この地に逃れ男子を出産した。若松と名づけたが、二歳になった時、車ノ前は死去した。若松は良忠と名乗り、西国で勇者となったという。しきみ山は、将門の一族坂巻若狭守の宅址で、近くに若狭塚がある。この地の大井七人衆は将門の影武者であった。坂巻を始め、石原、石戸、吉野、富瀬、久寺家、座間の七家という。

2　将門の乱以降の社会の歴史的変遷

平将門の死後、我孫子市高野山、沼南町岩井の人たちは、いかなる世を生きたのであろうか。将門の戦死後、いわゆる残党狩りが厳しく行われただろう。高野山は秀郷側であり、それには無縁であった。将門ゆかりの日秀地区に追及の手がのびたなどの伝説はない。我孫子市久寺家《くじけ》に、将門の重臣久寺豊後・丹後兄弟がかくれ住んだというが、追及を免れ、無事に逃がれ得たらしい。一年後に柴崎に住み、天満宮を創建した弟の丹後も、追及を受けることはなかった。一方沼南町側はきびしく追及され、施設などが破壊されたようだが、詳細は不明である。

⑤車ノ前五輪塔

相馬の地は、将門の遺領を受け継いだ伯父平良文《よしぶみ》の支配するところとなる。戦乱が終結して関東の地は平和な世となっただろうか。

社会は決しておだやかではなかったらしい。長保五年（一〇〇三）には、平惟良《これよし》の乱が起きた。惟良は桓武平氏の繁盛流に属し、藤原道長に仕えた。上総介だった父とともに上総に居座り、勢力を伸ばす。惟良は下総国府（現市川市内）を焼き、官物を略奪する。乱は上総、下総、武蔵の三か国に及ぶ。追討使の派遣で、惟良は越後国へ逃亡し沈静化した。惟良の罪状審議は、藤原道長の介入により、うやむやにされたという。

その後まもなく平忠常《ただつね》の乱が起きる。忠常は、将門の乱の後関東に勢力を伸ばした平良文の孫にあたる。長元元年（一〇二八）に安房守惟忠を焼き殺し、上総国府を制圧した。朝廷は追討使を指名したが、忠常は山岳地帯にこもって抵抗し、長元三年には安房の国を再び侵略し、国守藤原光業《みつなり》は都に逃げ帰った。政府が源頼信《よりのぶ》を追討使に任ずると、忠常は直ちに頼信に降参した。両者は父子関係に近かったという。忠常の乱は長期に及び、上総、下総は疲弊した。長元五年には富士山の噴火もあった。

その二〇年後に、奥州で前九年の合戦があった。源義家が古代の東海道を石岡へ下り、奥州へ向かう。康平五年（一〇六二）に帰路の途次、我孫子の湖北で「八幡大菩薩」と書かれた白旗を残し、これを祀ったのが八幡神社だという。境内に八幡公旗立の松という古木があり、大正六年の大風で倒れたという。後に永保三年（一〇八三）義家が陸奥守鎮守府将軍として赴任するとき、勿来《なこそ》の関で、「吹く風を…」の名歌を詠んだ。この時義家の一行は我孫子を通行したと思われる。

大治五年（一一三〇）、平忠常の子孫で千葉氏の初代の千葉常重《つねしげ》が、相馬郡布施郷を伊勢神宮に寄進した。いわゆる相馬御厨《みくりや》の成立である。相馬御厨の範囲は、諸説があるが高野山が含まれることは確かである。この寄進は常重の外に、源義朝、千葉常胤《つねたね》、源義宗《よしむね》により何度か争って寄進が行われ、複雑な経過をたどる。

治承四年（一一八〇）、源頼朝は石橋山で敗れたが、安房を経て千葉常胤、同広常《ひろつね》らを従え、九月に下総国府に到着、ここで体勢を整えた。このとき我孫子の将門神社に戦勝祈願したとの説があり、子の神の柊《ひいらぎ》伝説、新木の「頼朝の松」伝説、布佐に頼朝坂の名が残っている。頼朝はこの年に常陸の佐竹氏を攻めたから、その軍勢が我孫子を通行したかもしれない。このとき前記の頼朝伝説が残されたことも考えられる。

文治五年（一一八九）、奥州合戦のため、千葉常胤が東海道軍を率いて太平洋岸を進んだから、このとき相当の軍勢が我孫子を通行したと思われる。

建保元年（一二一三）、鎌倉で幕府創業の重臣和田義盛《よしもり》が北条勢と戦い、和田一族は全滅。このとき上総に逃れた朝比奈義秀《よしひで》（実は木曽義仲の子、『吾妻鏡』参照）は、布佐へ逃れ来たとの伝説がある。このとき鎌倉勢に攻められた義秀は、衆寡敵せず敗北し去ったという。義秀が拠った龍崖《りゅうげ》城は旧観を留めていない。

鎌倉時代には、相馬郡は相馬氏の所領となる。相馬氏の初代師常《もろつね》は、将門の直系の子孫である相馬師国の養子になったといわれる。相馬氏は代が移るに従って相続が複雑になり、領地の譲渡分配、一族内の勢力の盛衰、本宗家の争い、また総州相馬氏と奥州相馬氏の分裂などがあり、全体として衰退していったとみられる。相馬氏の所領の譲渡状況と、相馬郡の支配体制、戦闘などの事件を年次順に記す。『我孫子市史　原始古代中世篇[5]』第五編以降より引用した。年号は略し、西暦のみで時代を示す。相馬氏については、「相馬氏系図[6]」を参照されたい。

一二二七年　手賀、布瀬、藤心（柏市）ほかを相馬義胤（以下相馬を略す）が娘とよ御前に譲与。

一二八五年　胤顕、泉を胤盛に譲る。この系統は岡田または泉を名乗る。

一三二三年　重胤、奥州下向。相馬氏分裂。

このころの総州相馬氏の動静はさだかでないが、胤村に子息五人があり、長男氏胤が守谷に、次男胤定が鷲谷に、三男胤光が根戸に、四男胤久が布施に、五男胤家が文間（取手市）にいたらしいことが系図から読み取れる。

一三三五年　重胤、次子光胤、岡田胤康ら相馬一族、足利尊氏側

として奥州から鎌倉へ従軍。　我孫子通過か。
一三三六年　重胤、鎌倉で北畠勢に敗れ自害。岡田胤康討死。光胤、南朝方に敗れ討死。藤谷相馬氏、南朝方となる。
一三三七年　親胤、南朝方と戦い功あり、鷲谷、藤谷、大鹿、高柳ほかを与えられる。
一三六三年　岡田胤家、泉ほかを胤重に譲る。
一三九五年　手賀、布瀬、鎌倉公方領となる。
南北朝期後、総州　相馬一族の多くは衰退に向かう。
一四三七年　高城清高、栗ヶ沢で討死。
以降約百年間に討死一六件六八人ほか多数、省略。
一四五四年より二九年間、享徳の乱（幕府と足利成氏の戦い）、関東戦乱となる。
一四五五年　千葉氏重臣原胤房、小金城に入る。
一四七〇年　原氏従者二木平七、我孫子にて討死。
一四七八年　太田道灌、根戸城築城（?）、千葉孝胤を境根原（柏市）にて破る。我孫子の野嶋入道討死。
一四八〇年　高知尾氏、我孫子にて討たれる。
一四八七年～　長享の乱（二〇年間）。翌年下総国内から参戦、我孫子彦二郎、原若狭、伊藤大和ら武蔵にて討死。
一四九三年　豊島次郎左衛門ら多数布佐にて討死。飯野尾左衛門太郎鷲谷にて討死。
一五〇五年　柴崎八郎四郎死去。柴崎氏は忽然と現れ、忽然と消えた。出自不明。
一五二一年　足利義明（小弓公方）、兄の足利高基（古河公方）と市川で戦い勝利。小金行人台の合戦にて高城氏家臣ら討死。
一五二五年ころ相馬守谷氏、布施を領有、水陸交通の要地を押さえる。
一五三二年　河村外記（中峠）野田にて陣没。
一五三八年　相模台の戦、小田原北条氏綱、足利義明・里見勢を破る。義明親子討死。
一五四〇年　北條氏康、柴崎に東源寺開基。（写真⑥）

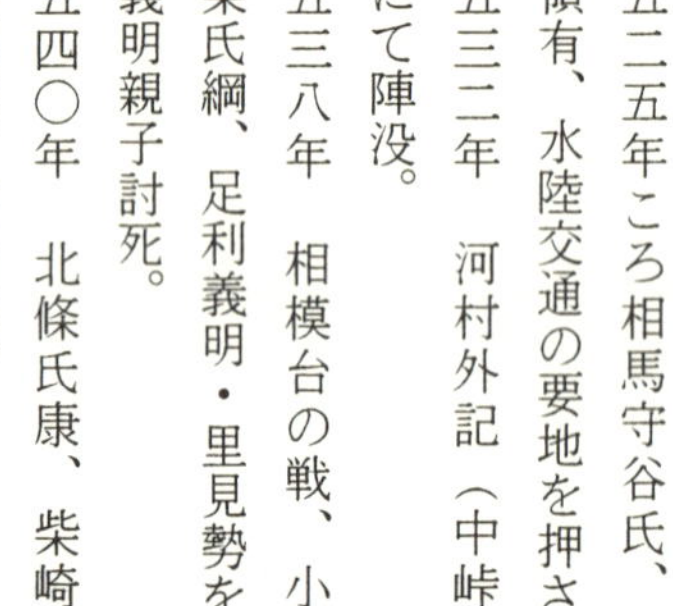

⑥東源寺

一五四一年　河村出羽守、中峠城と改名（『湖北村誌[7]』）
一五五四年　原胤親（一六歳）手賀城主となる。その跡を継ぐ胤次は一六四一年死去。
相馬守谷氏、北条に敵対する。
一五六四年　国府台の戦、北條氏康勢（小金城主高城氏協力）、里見義弘を破る。この後北条方、急速に房総を領国化。
一五六六年　相馬守谷治胤、上杉方として行動する。
一五七四年　我孫子市域周辺は戦線より遠ざかる。相馬守谷氏、北条方として行動する。
一五七八年　上杉謙信死去。関東は北条氏の勢力下に入っていく。
一五八二年　北条氏は実質的な関東将軍化。
一五九〇年　豊臣秀吉、小田原城攻め。武蔵、両総の諸城を攻め落とす。

小田原開城後、我孫子市域にあった十か所の城の城主家臣たちは多く帰農したのであろう。城主と家臣たちは、小金城の高城氏と家臣の例にみるように、その身分関係を長く保ったようだが、

詳細は不明。ただ何れにしても、城主や重臣たちは帰農した村で有力者となったことが考えられる。

江戸時代には、当地周辺に戦闘はなく、いわば天下泰平であった。我孫子市域は、幕府直轄領、藩領と旗本領に細分された。高野山村は旗本弓削田《ゆげた》氏領、元禄のころ石高四二石余。一方岩井村は、前期は旗本本多氏領、のち一ノ宮藩領だったようで、元禄に石高一二二石であった。我孫子には、水戸街道を参勤交代の諸大名が通行する宿場があった。農民に重い負担を強いた助郷には、沼南町側は指定を免れていた。手賀沼の新田開発は、高野山村、岩井村とも寛文年間（一六六一－七三）に始まり、新田は何れも印旛郡に属した。明治には手賀沼に渡船が始まり⑧、最初の許可は大井―我孫子町間に明治一四年であった。その後岩井―我孫子町間の屋敷下渡（岩井）が明治四四年に、また高野山新田―岩井・箕輪間の高野山下渡（許可年不明）が通じて、両岸から人も物資も運ばれる時代が到来した。

以降については省略したい。

3 考察

香取神社の創建とその後の住民感情

先ずなぜ高野山だったのか、すなわち藤原秀郷が高野山に神社を建てた理由を考えたい。端的に言えば、対岸の沼南町での平将門勢に対する前線基地を作ろうと考えたのではないか。高野山は、手賀沼と対岸を一望して見渡すことのできる高台の突端に位置し、対岸の状況を監視するための地理的条件に恵まれている。神社の北側に古屋《こや》という小字があり、中世の城跡の地名ではないかともいわれる⑤。土地の古老によれば、古くから渡辺、荒井、岡田の三家が古屋に住んで、古墳の世話をしてきたという。手賀沼と対岸を眺望しつつ古墳を守ってきたのだ。この地に神社を建てるとは、正に対岸に対する基地を築いたということになるのではないか。

次に秀郷勢がどのように進出したかを考える。柴崎神社には将門が戦勝祈願したといい、日秀には将門の井戸や将門の守り本尊を祀る観音寺があるが、西方の柏市内に秀郷の基地があったというから、そこから進出可能であったか。天慶三年（九四〇）一月下旬に将門は諸国の兵士を帰国させ、手薄になった将門を秀郷・貞盛勢が急襲しようとする。二月一日将門が討って出るが、川口村へ敗退した。このような状況の中で、秀郷勢が高野山進出を果たしたのではないか。前述の善光寺（船橋市海神）もこのようにして創建されたものであろうか。また前述の根田神社（市原市根田）は、将門追討後秀郷が建立したが、これは秀郷が出陣に臨み祖先鎌足公の神祖天児屋根命《あめのこやねのみこと》に、善く逆賊を討滅することができれば神霊を祭祀すべしと誓ってのことだから、事情が異なると考えられる。

神社創建に関して地域住民との関係について考えたい。山林を切り開き神社を建立するには、秀郷側から将門調伏の大義名分を説いたであろうし、住民も納得したのではないか。対岸の沼南町での将門勢の活動についても住民に説明したであろうし、協力要請もしたかも知れない。住民側も将門勢への対応を多少なりとも理解したのではないか。

二月一四日将門の戦死のあと、残党狩りの後には秀郷勢は引き上げたであろう。

その後は高野山の住民は自主的な判断で対応しなければならなかったと思われる。秀郷側から指示があったかもしれない。沼南町側の将門勢へのきびしい処置についても、高野山の住民は聞き知るということで、恐怖あるいは警戒感がかなり長く消えなかったのではないか。今日より沼幅が広く、交通未発達の当時は、対岸は無縁の異郷に近い状態であったかもしれない。将門の乱の後、平惟良の乱、さらに、平忠常の乱と、安定した平和が少なかった中では、高野山、岩井両村とも、それぞれ自らの生活を守ることに専心せざるを得ない時代がかなり続いたのではないか。忠常の乱では疲弊が長く続き、富士山の噴火があるなど、住民には苦しい時代であっただろうと思われる。

戦乱が無くても、前九年の合戦、また源頼朝の佐竹攻め、さらに奥州攻め、それから朝比奈義秀に対する北条方の攻撃など、古代の東海道をゆく軍兵たちの物々しい通行を、高野山の住民はどんな思いで見送ったものか。

源頼朝のころから相馬郡を所領とした相馬氏について、相馬氏の祖は平将門であると今日いわれることなど、村人たちがどれだけ理解していたであろうか。おそらく相馬氏と将門を結びつけて考えた村人は、ほとんどいなかったかと思われる。ただしかし、将門神社は将門を祀っていることは明らかであり、また紋所を見るなどして、直感的に将門に対する警戒心をもつことは、当然あったであろう。時代が移るにつれて、その警戒感も、今日の日秀地区への対応に見るように次第に薄れていったことも考えられる。

南北朝期や戦国時代には、敵味方が複雑で、また流動的であったから、住民にとって自衛の困難な時代であった。それぞれ苦しい判断に困惑することもあったものと思われる。

こうしてみると、江戸時代に到ってようやく安定した本当の平和の有難さに浸ることができたと言えよう。

ここで藤原秀郷について書きたい。もし秀郷による将門調伏がなかったら、秀郷の子孫が奥州に進出することもなく、従って平泉における藤原氏の繁栄もなかったことになる。頼朝の奥州攻めで軍兵の通行を見た村人たちは、恐らくこのことをほとんど知らずに過ぎたのではなかったか。

相馬の地名について書きたい。相馬といえば、相馬野馬追祭で福島県が有名だが、元は下総国相馬郡の地が相馬の始まりである。この地名を名乗った相馬氏が分裂したため、奥州相馬氏は歴史上名を残したが、総州相馬氏は衰退して歴史上から消え、相馬郡の地名も明治以降に千葉県で消滅してしまった。

通婚忌避について

高野山・岩井間の通婚忌避はなぜ生じたのか。まず将門のころは、交通機関未発達のため沼の対岸への交流は、ほとんどなかったであろうと思われる。将門の乱が起き、敵対関係が生じる。将門戦死のあとは、沼南町の将門勢に対してきびしい討滅が行われたであろう。その嵐のすぎたころか、将門の息女が庵を結び、父親たちの菩提を供養する、そこに将門神社が建てられた。岩井の住民の将門への思いが信仰となり、さまざまの伝説となったのではないか。

一方高野山では、対岸の将門勢の討滅、そして岩井の将門神社建立という流れの中で、沼南町への警戒感が岩井に集中的に残ったということか。忠常の乱など世の騒ぎと疲弊の中で、岩井への警戒感は消えなかったと思われる。両村互いに警戒し合う伏態で、交流がないまま経過すれば、伝説化し風習化して行ったと思われる。

江戸時代には世の中が安定し、交通手段も発達して陸路で我孫子から沼の西端を経て、沼南町大井への通行も容易になったであろう。対岸への船の利用も進んだであろう。いつか高野山の住民は、大井、箕輪、鷲谷から次第に嫁取りすることにもなっただろう。しかし依然として岩井だけは、嫁取りに至らなかったということになる。長い間持ち続けた住民感情が、容易に変わらないということに気づかされる。

将門信仰を強く残している我孫子市日秀地区で、成田山忌避などの風習がまだまだ消えないのも、やはり住民感情不変によるものであろう。またこの日秀に対して、高野山の住民に通婚忌避が見られないことについては、高野山の古老の言うように、「陸続きだから」ということであろうか。また岩井には将門の住んだ屋敷もあったといい、大井には将門が王城を築こうとしたことに対して、日秀にはそのようなものがなかったことによると言えるかもしれない。布施村の文化一〇年（一八一三）の五人祖改帳による検討結果⑨によれば、布施村の嫁入り、婿入りの縁組が、沼南町の岩井、鷲ノ谷、手賀と同様に行われたことがわかる。高野山は布施よりも沼南町側に近いから、同様に縁組が行われてもよいと言えよう。しかし、前述のように、高野山・岩井間に縁組がないのは例外的と思える。この例外的要因が遠い昔に始まる敵対関係、警戒心によると言わざるを得ない。

農村の通婚は、前記五人組改帳の例に見るように、労力調達型の近距離婚が多く、その傾向は昭和前期でもほぼ同じだっただろうし、いわゆる愛情型の遠距離婚は少なかった。敗戦後の民主化社会では、高野山の古老の言を待つまでもなく、愛情型の婚姻が高野山・岩井間にもありそうだが、目下のところそれは見られないようだ。

終わりに

至らぬ内容ながら一先ず結びとしたい。農業の機械化、農業団体の広域化、そして婚姻形態の愛情型への移行により、風習を残しながらも通婚忌避は弱まると考えられる。あるいは両者和解の新しい時代を模索することにもなるのであろうか。見守っていきたいと考える次第である。

本稿の執筆に当たり、『我孫子市史』ほかの書物の著者各位、聞き取りに御教示下さった方々、及び原稿を通読し意見をいただいた松本庸夫氏にお礼を申し上げる。

相馬氏　系図

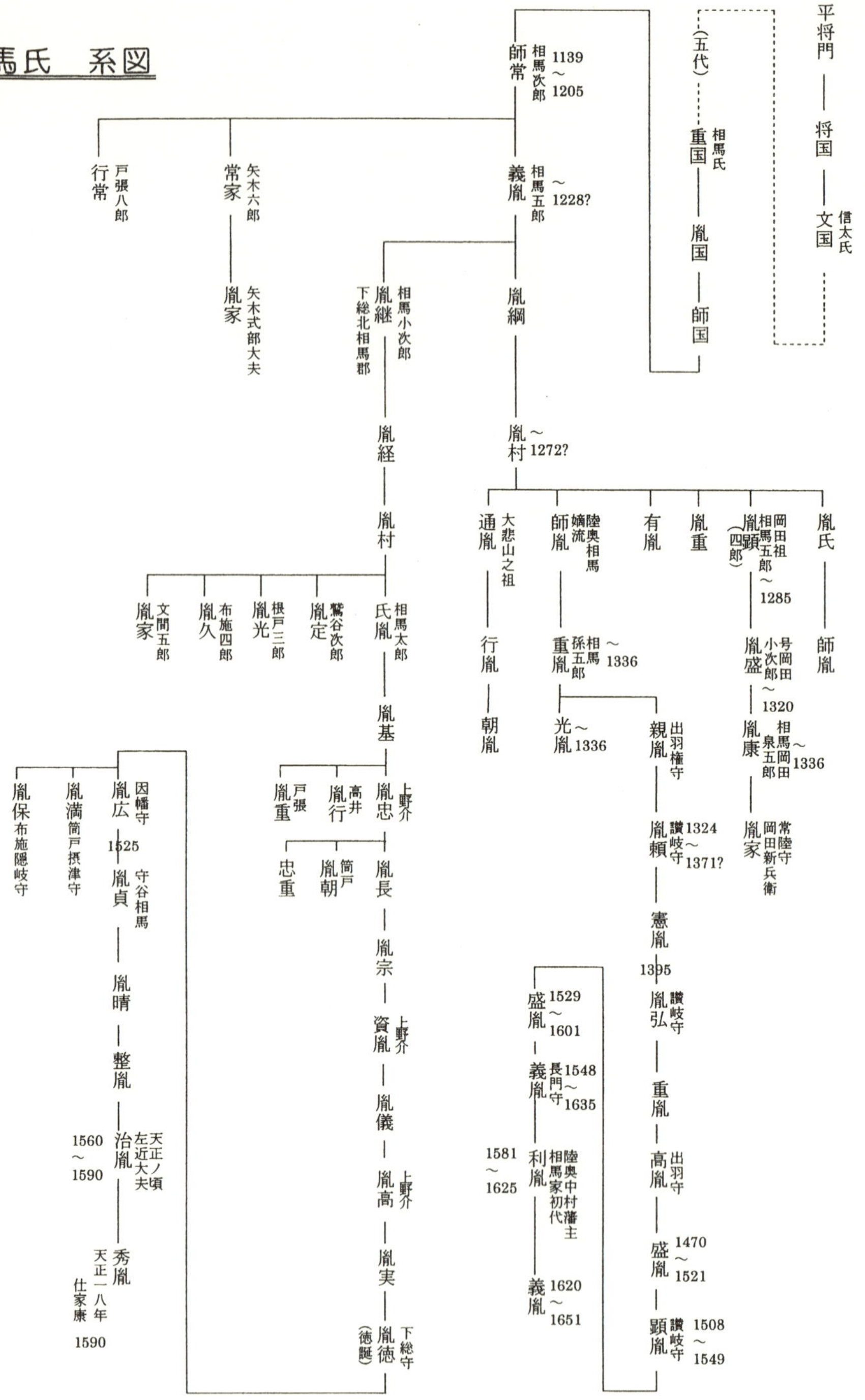

この系図は千野原靖方『中世の東葛城郭』「相馬氏略系図」から抽出して平将門よりとし、生年・没年のわかるものは書き入れ、承継の線上の数字は当年在世を示す。

【文献資料】

①村上春樹『平将門伝説』二〇〇一年、汲古書院　なお各伝説についての参照文献が次の書物に示してある。
村上春樹『平将門伝説ハンドブック』二〇〇五年　公孫樹舎
②『我孫子市史研究五号』所載・我孫子市立高野山小学校継続家庭教育学級「麦の会」稿「高野山香取神社」昭和五六年　崙書房
③千葉県東葛飾郡教育会『千葉県東葛飾郡誌』　大正一二年
④沼南町史編さん委員会『沼南町史（一）』　昭和五四年
⑤我孫子市史編集委員会『我孫子市史　原始古代中世篇』　平成一七年
⑥千野原靖方『東葛の中世城郭』　平成一六年　崙書房
⑦菅井敬之助『湖北村誌』　大正九年　湖北村役場
⑧『我孫子市史研究四号』所載・三谷和夫稿「手賀沼の自然と人生」一九七九年　崙書房
⑨我孫子市史編集委員会『我孫子市史　近世篇』　平成一七年

コラム・我孫子史散策②

楚人冠のベルギー国王への太刀献納

時は一九一四年、六月二八日のオーストリア皇太子夫妻殺害事件―〝サライェヴォ事件〟の一か月後の七月二八日、オーストリアは皇太子殺害犯の引き渡しを拒否する隣国セルビアに宣戦布告。すると、同じスラブ系国家のロシアがその四日後の八月一日にセルビア側についてオーストリアに宣戦布告、同日今度はゲルマン系国家のドイツがロシアに宣戦布告、二日後の三日にフランスがドイツに宣戦布告、翌日にはイギリスがフランス側について参戦といった具合に、瞬く間に戦火はヨーロッパ全域に広がった。

そんな中、ベルギー王国は一八三〇年の建国以来の伝統を守って中立を宣言。ところが、腹背に仏・露といった大国を敵にしたドイツは電撃的に中立国ベルギーを犯してなだれ込みねじ伏せ、一気にフランスに殺到パリを制圧して、返す刀でロシアを迎え撃たんとする〝シュリーフェン作戦〟をとった。しかし、ベルギーの意外に頑強な抵抗にあい、容易に国境を突破しえず冒頭から企ては頓挫した。この作戦のほころびで西部戦線は膠着、ロシアの東からの進撃でドイツは苦境に陥った。

このベルギーの果敢な健闘に、世間では戦線で指揮をとる国王アルベール一世を讃える声が溢れた。日本もその例外ではなく、朝日新聞社はベルギー国王に太刀拵えの日本刀一振りを贈ることにし、特派員としてロンドンにいた杉村楚人冠にこれを託した。指令を受けた氏は在ロンドンのベルギー公使館を通じて国王に拝謁のうえ献上せんとした。この時ベルギー政府はフランスのル・アーブルに避難していたが、国王は居場所を固く秘密にした上で戦闘の続くベルギー国内に残っていた。そこで楚人冠氏は軍の車で国王のいるラ・パンヌ村に入り、拝謁して太刀を献上したそうである。このことはロンドンの「ザ・タイムズ」紙でも報道され、楚人冠氏自身の筆で日本にも伝えられた。この時献上された太刀の写真は市内緑の杉村楚人冠記念館の館内に展示されている。

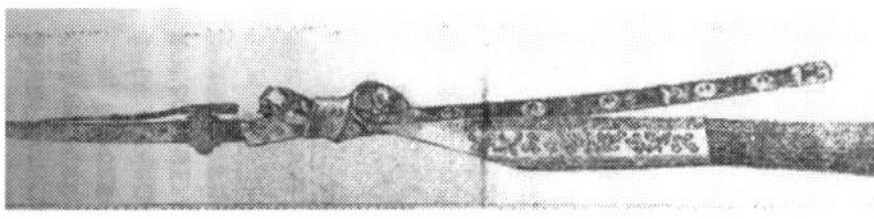
献上された太刀（『タイムズ』の切り抜き）

＊引用文献　司馬遼太郎著『この国のかたち（二）』文芸春秋社、「杉村楚人冠記念館展示目録」

中世の城——伝説はふくらむもの

谷田部隆博

はじめに

松戸・流山・柏・我孫子には、中世の城の遺跡とされる史跡が多い。私は、二〇一四年一二月に、ある歴史学会の分科会でこの地域の城伝説について発表したが、出席者は、城跡の多さに驚きをみせていた。千野原靖方氏の研究では、松戸市・流山市・柏市・我孫子市を合わせて、六〇ほどの数である（『東葛の中世城郭』二〇〇四年　崙書房）。

千葉県全体では、現在までに千か所の中世城館跡が確認されているということであり、日本全体では四万カ所は数えるというから、松戸・流山・柏・我孫子地域が極端に多いというわけではないが、狭い地域に点在している。中世の城は、このように、低地と台地が複雑に交錯している地域に多いのではないだろうか。

私の故郷の茨城県下妻市は、関東平野のど真ん中にあり、城とされる遺跡はごく少ない。よく知られているものでは、豊臣時代の城主多賀谷氏の居城の跡と、中世の南北朝期に歴史に登場する大宝《だいほう》城の跡（後に大宝神社となり今日も地元の大神社）ぐらいなものである。

〝城〟と言えば、日本では、武士の施設であり、軍事拠点および有力武士の居館、近世ではそれに政治・行政の役所という役割も重なるイメージであろう。多くの人が持つ、堀をめぐらし、天守閣に象徴される豪壮な館を持つ城郭というイメージは、近世・江戸時代の一国一城制下の城のイメージなら、ほぼ妥当といえる。中世以前の城であれば、その多くは砦というのがふさわしい、という認識も、多くの人に共有されている。

しかし私は、これまでに、東葛地域の城跡を折り折りに歩いてみて、その城のイメージと、目の前にみる城跡から受ける印象との間にはずいぶん隔たりを覚えてきた。城や砦というには簡素に過ぎるというのが私の印象であった。地形の変容、ことに開発による変容で城跡が小さくなったということは十分あり得るというより、すべてそうなっているであろうが、そのことを考慮に入れても、現代に残された城跡の多くが、武士の常設の戦争拠点とも思えず、まして武将の居住した城の跡とはどうにも受け取れなかった。

一方では、それらの小さな城跡についても、小豪族の城であり、有力豪族の支族が拠点としていたという言い伝えが、今日も説かれている。市の教育委員会の立てた城跡の説明板などにも、史実として書かれているわけではないが、「……といわれている」といういい方で書かれている。

私は、これらの説のほとんどは、後の人びとがふくらませて語りついでいった伝説であろうと考えている。この種の伝説は、平和になった時代に、往古を懐古する情、我が地を由緒ある地としたい情などによって語り継がれ始めたのであろう。いくらかは核になるような史実があるであろうことは否定できないが、ある程度のインテリ層も加わって装飾を施していったのだと思う。

近世の農村での一揆を調べていた時に、村の昔の英雄譚として語り継がれてきた一揆話で、参加者の数が実際の住民数よりはるかに多いことを知ったことがある。その一揆があったのは史実であるが、語り継がれる中で話はふくらんでいった。

城伝説は、それ以上にふくらみやすい伝説であろう。戦国の世が遠い昔となると、悲惨で残酷なできごとへの記憶は薄れ、地域の英雄譚として戦闘話が語り継がれていく。城伝説もそれと同じく、郷土の小英雄たちが活躍した城とする伝説が育まれふくらんでいったと考える。

近代になって、この城伝説は、よりふくらんで文字化され、語り継がれていった。滝廉太郎作曲・土井晩翠作詞の「荒城の月」（明治三四年＝一九〇一作曲）は、まことに城に寄せる人びとのロマンを象徴している。

このたび、機会を得て、この城伝説のフォークロア（民間伝承）を考察し、課題を小論にまとめた。なお、この小論での「城」は、軍事拠点あるいは有力武士の居住・統治の施設という、一般的な「城」の意味で使用している。

一　ほんとうに〝城〟の跡だろうか

私は、既述の通り、松戸・流山・柏・我孫子地域の城跡の多くは、一般の人のイメージにある城――それが砦のような施設を言っているにせよ――にはほど遠い施設であったろうと推測している。

この地域の〝城跡〟とされるものの形態上の特徴をあげてみる。

1　多くは丘などの頂部もしくは中腹にある。

松戸・流山・柏・我孫子地域の城館跡（出典＝千野原靖方『東葛の中世城郭』二〇〇四年二月　崙書房）総計59

①松戸市内
松戸城跡　相模台城（岩瀬城）跡　根本城跡
上本郷館跡　上本郷城跡　千駄堀館跡
中根城跡　馬橋城跡　馬橋龍房山城跡
幸谷城跡　栗ケ沢城跡　根木内城跡
行人台城跡　小金城跡　向台館跡
殿平賀城跡　中金杉《なかかなすぎ》城跡　幸田《こうで》城跡　〈計18〉

②流山市内
前ケ崎城跡　名都借《なずかり》城跡　花輪城跡
深井城跡　〈計4〉

③柏市内
増尾《ますお》城跡　幸谷城（館）跡　戸張城跡
戸張《とばり》用替《（要害）》城跡　高田城跡　松ヶ崎城跡
布施城跡　大室城跡　猪《い》ノ山《やま》城跡　〈計9〉

④沼南地域（現柏市）
高柳城跡　高柳谷中台城跡　殿山城跡
大井追花《おっけ》城跡　藤ヶ谷城跡　藤ヶ谷中上城跡
金山寺城跡　泉城跡　泉妙見山《みょうけんさん》城跡
柳戸《やなど》砦跡　手賀城跡　布勢城・館跡
松前館跡　高野館跡　箕輪《みのわ》城跡
箕輪如意寺城跡　鹿島城跡　鷲野谷《わしのや》城跡　〈計18〉

⑤我孫子市内
根戸城跡　法華《ほっけ》（花）坊《ぼう》館跡　久寺家城跡
我孫子城跡　柴崎城跡　中峠《なかびょう》城跡
新木城跡　羽黒前館跡　龍崖《りゅうげ》城跡
布佐城跡　〈計10〉

2　空堀とそれを掘ったときの土を盛った土塁がある。
3　曲輪《くるわ》と呼んでいる広場がある。

手賀沼と松ヶ崎城の歴史を考える会が二〇〇〇年七月に発行した『手賀沼が海だった頃―松ヶ崎城と中世の柏地域―』（たけしま出版）に、講演録として、次の一文がある。

「中世の城とは、どんなものですか」と聞かれた時には、「山の中に不自然に堀というか溝がある。あるいはその溝の向こうに変な土手がある。そういったものがあれば、まず城を疑ってみてもよいのではないでしょうか」と答えています。（千葉城郭研究会・遠山成一氏）

簡潔にこの地域の城跡の姿を述べている。

私は、この山の中にある人造の堀・溝と土手の遺構が、「すべて〝城〟である」とはいえない、城ではないものが多いであろうと考えるわけである。

この地域の城跡とされているものは、本来は何であったか。戦国期の用途として考えられることは、以下のようなものである。

Ⅰ　武士の常設の戦闘拠点・居住所＝狭義の城郭
　この地域では、この城郭であるものは少ない。
Ⅱ　その時だけの戦闘拠点＝塹壕、防塁、兵の集合場所等
Ⅲ　村人の避難場所・食糧家財の緊急の隠し場所
Ⅳ　商業施設＝略奪に備えて少々の防御機能を備えている。
Ⅴ　村人の集会施設＝同じく少々の防御施設を伴う。
Ⅵ　村人の防御陣地＝略奪・征服攻撃に対抗する戦闘の拠点
Ⅶ　有力者の屋敷
等々

以上のうち、Ⅰだけが日本人のイメージする城と言える。Ⅱ～Ⅶの跡かもしれないものもⅠと見なしているのが実態で、城跡を解説する本や碑文・説明板にも、このような認識が共通しているように思う。

目の前にある堀の跡や土塁の跡は、いったい何だったのか。どうやら戦国期の城跡らしいと見なすのはよいとしても、何のための城なのかを知るには、その当時のその地域の暮らしの姿を知ることがどうしても必要になるであろう。むしろ、暮らしの姿の変遷をよく知ることによって、いつ頃のものと推測できることも多いはずである。

私は、藤木久志氏（立教大学名誉教授）の優れた研究から、暮らしから城をみるということを学ぶことができた。

〇掠奪・奴隷狩りへの備え

戦国時代は、暴力による略奪と人さらいの横行した時代である。掠奪の対象は、おもに食糧であったろう。当時は、農村といえども十分な食糧を生産できた時代ではない。常に飢饉の恐怖が身近にあり、食糧の確保は、生存の根本条件であった。略奪者が村に向かっているという情報が入ると、村人たちは、食糧・貴重品をもって、ある程度の防御機能を持つ小高い丘に緊急避難し、侵入に対抗した。そこは、常に整備に努めている小要塞でもあった。これを城と呼ぶなら、それは、村の持つ城であった。

藤木氏の『飢餓と戦争の戦国を行く』（朝日選書六八七　二〇〇一年）から引用する。

……じつは戦国の村人たちは、それぞれが武装するだけでなく、村として小さな山城までひそかに造って、生命や財産を自力で守

っていたらしいのです。大友・島津戦争のさなか、豊後の野津の城塞に籠城した人びとは、襲ってくる島津軍に向かって、

この城塞には（我ら）が従わねばならぬ（というような）城主がいる（わけでは）ない。付近の者や友人仲間が（集まって）いるだけだ。たとえ全員（討）死しようとも、妻子を渡すことは、断じていたさぬ。（『日本史』8―一七四頁）

といい、この城に三、四〇〇〇人も集結して、強く抵抗したといいます。

引用文中のかっこ内の『日本史』は、イエズス会の宣教師ルイス・フロイスの『日本史』（全一二巻　中央公論社）で、引用文は、一五八六〜八七年の大友・島津間の戦争の証言である。三〜四〇〇〇人というのは多すぎる気がするが、民衆も自衛の城を持っていたことを物語っている。逃げる・隠れるだけではなく、戦闘も辞さないのである。これはまた、民衆が略奪者にもなることを示している。

戦国時代は、武士と農民の二層に分かれていたわけではなく、武士兼農民（農民兼武士）の時代であった。村どうしの合戦もあちこちで展開されたに違いない。江戸時代中期、利根川の草刈り場の利用をめぐって村どうしが乱闘を繰り広げ、幕府が裁いた事件が、『柏市史』に示されている。中世の村どうしの争いは、ずっと凄惨なものであったに違いない。

人さらいについて、さらに藤木氏の前掲書から引用する。

この大友・島津戦争と、それにつぐ秀吉軍による「九州征伐」のあと、秀吉も豊後で行われた悲惨な奴隷狩りのひどさに注目し、しばしばつぎのような指令を出していました。

D豊後で乱妨取りした男女は、島津領内をよく探して、豊後に帰せ。人の売買はいっさい止めよ。（島津義久宛て『島津家文書』一―三七一）

E豊後の百姓などで、さらわれて肥後に売られた男女や子どもは、すべてもとの豊後に帰せ。去年以来の人の売買は無効とする。（立花・小早川宛て『立花文書』四一一）

F大唐（中国）・南蛮（ポルトガル）・高麗（朝鮮）へ、日本人を売り渡すことを禁止する。日本国内での売買も停止せよ。（バテレン追放令、神宮文庫蔵『御朱印師職古格』）

乱妨取りとは乱取ともいい、人さらい・奴隷狩りのことである。この奴隷狩りは、関東の北条氏の戦場でも行われた。前掲書には次の史料が示されている。

玉村五郷の者共、この度、ことごとく取られ候、いかがすべく候や（『戦国遺文』後北条氏編五―四〇〇四）

「玉村」がどこか、「五郷」が玉村を構成する郷のすべてなのか、玉村とは別の五つの村ということなのかわからないが、その地の住民すべてが連れ去られたというのである。

北条氏が関東一円を支配する大大名であることを思えば、松戸・流山・柏・我孫子地域の戦国時代もまた、奴隷狩りが当たり前に行われていたか、少なくとも、その危険が常に身近にあったことは言える。

○交易所としての施設

常に自衛のための戦争に備える一方で、農村地域といえども、交易は行われる。戦争ゆえの需要もあるし、生活物資も、村の自

給でまかなえきれるものではない。村には、交易の施設も必要だったはずで、有力豪族との共同経営的な施設もあれば、有力豪族の保護下にある施設もあったであろう。

松戸・流山・柏・我孫子地域の〝城跡〟とされるものの多くは、水運の拠点に位置しており、交易所として使われたものも多いであろうことは、十分に考えられる。

その施設の遺構も、後世には城跡とされたのではないか。我孫子の法華坊館遺跡からは、多量の常滑焼が発掘されている。水運によって運ばれた常滑焼が、ここで交易されていた可能性が高い。この遺跡の役割は、市《いち》の常設施設であったとも考えられる。

○村の集会施設

また、戦国時代は、いわゆる惣村が形成されていく時代である。かなり広汎な地域からの農民が集まる集会施設も必要であったろう。多い場合は数百人から数千人まで集まれる集会施設が必要だったのである。

私は、十年前までは、何度も夏に、山深い愛知の設楽郡《したら》（現在は豊田市に属している）の旧家を尋ねた。これは江戸時代の後半のことであるが、その地域は、国学が根を下ろした地域であり、冠婚葬祭はすべて神式に切り替わった。その習俗は現代にまで続いていて、旧盆を迎える風習はみられなかった。であれば、寺は全くなくても不思議ではないが、一寺だけ残しているのである。国学熱がたいへん高かった江戸後期でも、村人は、集会所としての機能を認めて残し、維持し続けたということである。

このように、寺が仏教のための施設にとどまらない役割を果たしてきたのと同じく、今では城跡とされる施設もまた、集会所の機能も持っていた場合が多いのではないか。

○有力者の館

鎌倉時代晩期の「一遍聖絵《いっぺんひじりえ》」は、当時の情景を正確にえがいたものとしてよく引用される。その一つに、武士の館として御家人の家を描いたものが教科書にも掲載されている。周囲に堀をめぐらし、門の上には櫓がある。

戦国期であれば、なおさら要塞機能を持つ住居が営まれたであろう。現在城跡とされているものにも、館跡として説明されるものもある。館跡も城跡に入れていることになる。このことだけでも、城跡という語を広く採りすぎているように思うのである。

○〝城〟は、多目的機能を持つ施設

今、城跡とされている遺構の多くは、元々は多目的な機能を持っていたのではないだろうか。掠奪のために仕掛けられた戦いから避難するためでもあり、時には反撃する砦でもあり、食糧をはじめとする財産を隠すためでもあれば、交易の場でもあり、集会施設でもあった。明らかに戦国大名の城であったものが、戦争の際には、城下の民衆の避難所としても機能した例も多く、戦国大名の城も、多目的性を持っていたといえよう。

二　近世では口承伝説にとどまったのでは

一節で、東葛地域の小さな〝城跡〟は、権力者のものではなく、地場に住む民衆の施設であったもののほうが多いであろうとした。

柏市史編さん委員会参与の佐脇敬一郎氏に伺ったところ、江戸期では城跡と言わず古城と言っていた、当時の人の意識としては遺跡ではなく、再利用を前提としていた跡地であったということである。実際、何らかの形で再利用されていたものも多いのであろう。

江戸期は、平和の長く続いた時代である。地域に生きる人びとにも、痛々しい戦争の記憶は次第に薄れていった。郷土の由緒を尊ぶ想いが、昔、郷土にはこれこれの武将がいたという伝承となり受け継がれていったのであろう。この伝承の背景には、時折村を尋ねてくる芸人の講釈話もあずかったであろう。

全国各地に平家の落人が根を下ろしたとされる村が言い伝えられている。この伝承の起こりとして、中世の流浪芸人である琵琶法師が、「この村も実は平家の落人が造った村……」といったリップサービスが考えられている。これと同様のことが、近世にもあったであろう。それに、村の指導者層が、地域に存在した武将の話をふくらませて、我が地の支配者とし、我が家はその末裔とするような話に変化していったことも考えられる。

しかし、近世では、その範囲にとどまっていた。史実であるかのように編むということは、少なかった。

一九二三年に刊行された『千葉県東葛飾郡誌』中の「城跡」の項にしばしば引用されている「東国闘戦見聞私記」という記録、近世初期、最後は常陸府中藩（現石岡市）の藩主であった皆川広照《ひろてる》が書いたものとされている。ただし、信憑性は乏しく、また、他の人物による改作も加えられており、史料にはならないが、ここに書かれていることが城伝説の核の一つになった可能性は高いであろう。内容の一部が知られ、何代にも渡って口承され、膨らまされてきた、この可能性は考えられる。

近世の村人たちは、このような言い伝えを口承するにとどまり、古城の主が誰に該当するか、といった仮説を立てるまでは至っていなかったように思う。

三　近代に編まれた東葛地誌

山中の〝不自然な堀と土手〟をなべて城の跡だと考えるようになったのは、近代以降、さらには第二次大戦後ではないかとの疑問を深くする。

この地域の近代に編まれた地誌をいくつか取り上げて、城伝説の根もとに流れているものを探ってみる。

○『湖北村誌』

東葛地域に関する地誌は、明治末期から大正期に書かれたものが多い。このへんの事情の一端を物語るものとして、大正九年（一九二〇）年刊行・菅井敬之助著の『湖北村誌』の序を取り上げる。序が四文あって、そのうちの広瀬渉記の冒頭に次の記述がある。

地を誌すは難《かた》し、史を編むは更に難し、近来県郡市町村誌の刊行頗《すこぶ》る多しと雖《いえど》も、其《そ》の体裁を得たるもの極めて少なきは蓋《けだし》故なしとせす。

爾《ここ》に　今上御即位の大典を挙げるらるゝや、我《わが》東葛飾郡は記念事業として郡誌編纂の大業を企画し、同時に管下各町村一斉に其の誌を編む事とせり、而《しか》して其の成るもの、内、特に見るへきものを実に湖北村誌となす、（ふりがなは引用者による、旧漢字は新漢字に改めた。以下同）

大正になって、地誌編纂事業が各地で取り組まれたこと、東葛地域では、郡誌編纂事業と同時に郡下の町村に地誌の編纂に取り組ませたことがわかる。そして、編纂事業が困難で、多くは関係者自身が満足できないできばえであったようである。当時の湖北村長の序には「本村も亦《また》文献の徴すべきもの甚《はなは》だ少なく考証意の如くならざるは、幾《ほと》んと各町村と選ぶことなし」とある。文字史料がきわめて乏しいと認識されており、その探索・蒐集も極めて不十分であったようである。勢い、言い伝えを主にした内容および講釈本に近いような文献が多くなり、実証性の点で疑問が残る。

そのなかにあって、菅井敬之助は実証に強い執着をみせてまとめており、近代の村の研究にとって貴重な業績となる書に仕上げている。このことは高く評価されよう。その姿勢もあってであろう。城は中峠《なかびょう》城（芝原《しばら》城）のみの二頁ほどの文章量で、「城砦と称する程の規模はなかりしならん」としている。

菅井敬之助は湖北村（現我孫子市湖北地区）の医師で、都会で活躍したい意思を強く持っていたが、家庭の事情で父の跡を継いで村の医師となった人である。人格者であるが、田舎にこもらざるを得なくなった境遇に鬱屈した思いがあったようで、その思いが、郷土誌編纂への強い牽引力となったと思う。

○『富勢村誌』

次に、『富勢村誌』（大正九＝一九二〇）について触れる。

編纂者代表広瀬渉は富勢《とみせ》村（現在の我孫子市の一部と柏市の一部にまたがる地域）の富勢尋常高等小学校校長。明治四四年に上・中・下三冊で完成したが、同年千葉県共進会民政資料展覧会に出展して紛失。広瀬はその二か月後に市川小学校校長に転勤したが、努力を傾け、加筆して大正九年に完成させた。これが『改訂増補富勢村誌』で、大正九年九月までの事項が記されている。刊行されたのは四九年後の昭和四四年（一九六九）、『柏市史　資料編一』としてなされた。

城については根戸城跡・布施城跡の二つで、他に、御蔵屋敷、小田原北条氏陣地跡、豊後丹後屋敷の記述がある。史料としては、口碑、里伝のほか、文献史料では『東国闘戦見聞私記』が度々使われ、『鎌倉大草紙』『総陽概録』という史料も示されている。戦いの記述はやはり講談調。

広瀬渉は、前述のとおり『湖北村誌』の序の一つを書いた人であるが、後述する大著『千葉県東葛飾郡誌』の編纂委員の一人で、この地域では、地誌研究に欠かせない、地誌研究に情熱を燃やした人であったのであろう。

○『相馬伝説集』

ついで、『相馬伝説集』（大正一一年＝一九二二　寺田喜久）をみてみる。

著者の自家出版である。著者は茨城県の小文間《おもんま》の人で、自序に拠れば二三年間に仕事を何度も変え、その後の十数年を新聞の通信に従事したとある。地方紙もしくは地方版の記者あるいは記者とまではいかない通信員か。友人が寄せた序には、寺田はすでに『北相馬郡志』を編纂したとあるが、『北相馬郡志』は、大正七年（一九一八）刊の龍ヶ崎市を中心にした地誌で、著者は野口如月で寺田は発行人になっている。『相馬伝説集』の自序は、『北相馬郡志』のそれと文章が酷似しており、後者の文章の一部の語句を差し替えて前者が書かれていることは明白。

野口如月名の他の著書は大和新聞社（大やまと新聞社）刊とあ

り、二人ともこの新聞社に係わっていたことが考えられる。

『相馬伝説集』には目次がない。城跡の記述は茨城県の取手・守谷地区の城跡が多い。表に示した城跡では、布佐城跡・芝原(中峠)城跡・我孫子城跡・柴崎城跡・根戸城跡・布施城跡・手賀城跡、他に旧手賀村の三輪城跡の記述がある。中世の戦争の記述はこれも講談調で、まさしく伝説集という物語本で、史料にはなり得ない。

東葛地域の伝説紹介でよく使われる書物である。城伝説の維持・新たな形成にかなりの役割を果たしていよう。

○『千葉県東葛郡誌』

最後に、『千葉県東葛飾郡誌』(大正一二年=一九二三　東葛飾郡教育会)についてふれる。

二五〇〇頁ある大部の地誌で、大正四(一九一五)の大正天皇即位式の記念として計画された。序には、当時の社会主義あるいは自由主義の高まりに強い警戒感を示す文言があり、皇国史観的要素が強い。凡例に「由来本郡は郡誌なきのみならず之に関する資料すら極めて貧弱なり」とあり、『湖北村誌』と同じく、文字資料の少なさを述べている。

編纂委員は近隣の小学校校長がほとんどで、広瀬渉がその主任となっている。

城跡の記述も多く、三〇か所前後ある。先の示した表内の城跡のうち、栗ヶ崎城跡、増尾城跡、根木内城跡、小金城跡、前ヶ崎城跡、高田城跡(高田塁址)、戸張城跡、猪ノ山城跡(城の越)、花輪城跡(花輪の塁址)、深井城跡、我孫子城跡、柴崎城跡、中峠城跡、新木城跡、根戸城跡、布施城跡、布佐城跡、大井城跡、箕輪城跡、鷲野谷城跡、手賀城跡、泉城跡、藤ヶ谷城跡が載せられている。名都借城主という語も出ている。

○近代の地誌編纂を概観して

近代に編まれた地誌を概観してみて、明治末から大正期にかけて、日本各地で地域の歴史を探る熱が高まっていたことを実感する。柳田国男が民俗学の樹立に乗り出し『遠野物語』を刊行したのは、一九一〇年である。大正デモクラシーや大都市東京の西洋化の一方、日本回帰の気運も同時並行していたのである。この二方向、極端に走らなければ対立するものではなく、共存できるものである。

編纂委員に小学校校長が多いことからも、地元のインテリ層が担い手であった。『湖北村史』の菅井敬之助のような、中央で働きたかったが事情で田舎の生活を余儀なくされた人の情熱によるところも大きい。この地域の近代には、このような地域文化の土壌が備わっていた。江戸後期に国学が広まり、それを媒介のようにして文化活動が育まれたことも大きいし、水運のもたらす都市文化も大きいであろう。水運は、じかに都市や他地域の文化・風俗をもたらすものである。

四　結び―民衆の生活史から城をみることも

由緒のはっきりした城跡は別として、地域に点在する城跡をみる時、戦国期の村の生活を探ることと共にされなければならないと考える。

我孫子市史研究センターの活動に協力してくれた齋藤慎一氏の『中世東国の道と城館』(二〇一〇年五月　東京大学出版会)の

結びから引用する。

一九九〇年代の初頭、青森県浪岡町に所在する浪岡城のシンポジウムのなかで、石井進は次のような発言をしている。

中世の城とは決して単なる軍事的要塞というだけのものではない。むしろ中世における集落、都市の一種でもある。……（中略）……都市や集落がそのような性格を帯びざるを得なかった、中世という時代の特色が明らかになるのだと、私は申し上げたいのです。」

（中略）

無論、城館構造を軍事的に考察することの有効性は大である。今後も構造を考える上で進めるべき方法論であろう。今ここで確認しておきたい点は、軍事的視点のみに限定してしまうことは、研究史の逆行に繋がる点である。縄張を軍事的視点でのみ見ることでは、石井・網野が発した「〝城〟とは何か！」の問いには答えられないだろう。（引用者注　縄張とは城の構造の意）

この「〝城〟とは何か」の問い、本稿でも曖昧に出しているのだが、この回答を見つけるには、繰り返しになるが、戦国を生きた民衆の生活を、丁寧にみていかなければならないであろう。

近代になって半世紀の時点あたりで地域の旧跡を顧みる文化が興り、城跡の紹介もなされたのであるが、史実を正確に追おうとするものとは言い難い。講談調に走ってしまっている傾向が強い。第二次大戦後は、地域の武将たちの実在を確かめる努力は払われているものの、小さな城跡の城主としてそれら武将を当てはめる推定作業も行われ、その推定には牽強付会が目立つことは否めず、実証性はない。

重要なのは、城主捜しではなく、「山の中にある不自然な堀と土手」は、いったい何のために誰が作ったのか、の問いであり、回答探しの作業である。

七度の餓死に遭うとも、一度の戦いに遭うな

（『岩波ことわざ辞典』）

このことわざは、すでに触れた『飢餓と戦争の戦国を行く』の冒頭に引用されたもので、民衆の戦乱の世を生き抜く厳しさを如実に物語っている。戦国の城を考える時、このことわざの意味するところを、肝に銘じておきたい。

幕藩体制と「内川廻し」水運

―利根川河岸成立の必然性

石井　英朗

世界史の潮流は、「長い一六世紀」以来、五世紀におよぶ資本主義的商品経済社会の成立・発展・変質のプロセスを基軸として展開してきたといってよい。一九世紀の最終四半期にドイツやアメリカの経済的躍進をみるまで、その歴史の典型的具体性をもってこれを代表し、主導したのは、イギリスであった。

こうした世界史の文脈を前提にしてみると、極東の島国であった日本の江戸時代が二六〇余年もの間、これという戦乱もなく、平和で独自の文化を開花させるとともに、その経済的展開に特殊な後発性を刻印することになった仕組みというべき社会経済システムを解明せねばならないであろう。

それが、日本の近世封建社会に特有な徳川一門による国家デザインともいえる幕藩体制である。すでに織田信長(一五三四～八二)、豊臣秀吉(一五三七～九八)によって、中世的権力としての社寺公家などの下にある関所や座を廃し、自由な商業や交通を促進する楽市楽座や貨幣の鋳造といった進歩的政策も採用されていたし、刀狩りを押し進めて、武士を農村から城下町に移住させ、また全国的なローラー作戦とでもいうべき検地によって、統一的な度量衡で土地面積・収量・作人を調査し確認して、きまった計り方による石高表示というスタイルで大名のそれぞれの大きさが分かる構図がつくりあげられていた。

いわば、統一政権を志向しながらも、国家デザインとしては、大名の支配を基本にしていたのであり、それぞれ自治権を持つ各地の大名の勢力を示す大きさは、米の収量石高に一元化され、封建的な支配権力としても、中世紀的な、臣従する家臣の数によらずに、新たに無媒介的な数量による土地の広さに依存するようになってきたのであった。

一六〇〇(慶長五)年、関ヶ原の戦いに勝利し、一六〇三(慶長八)年、徳川家康(一五四三―一六一六)は、征夷大将軍となって江戸幕府を開府した。

この年、世界の西のかなたでは、二五歳からの在位四五年間、生涯独身のままに、一五八八年、一三〇隻の軍艦と二万人余の兵力を持つスペイン無敵艦隊を撃破して大英帝国のヨーロッパにおける国民国家の基盤を確保し、一六〇〇年には、東インド会社を設立して対アジア通商の拠点を構えるなど、初期絶対王政の名君であったイングランド女王エリザベス一世(一五三三～一六〇三)が、七〇歳の生涯を終えた。

彼女は家康より一〇歳の年長であったが、ほぼ同年代のリーダーとして、ユーラシア大陸の西と東に位置する島国でありながら、国づくりのデザインにおいて、両極端を構築したことは銘記されねばならないであろう。

家康は信長より九年、秀吉より六年しか若くない。ちなみに九州南方の種子島に鉄砲が入ったのは一五四三(天文一二)年で、奇しくも家康の生まれた年であったが、新時代のリーダーとして同世代の三人は、鉄砲や槍が効果を大きくする歩兵の集団戦を採用し、また内外の情報にも目配りして、対外通商の活用や鉱山開発にも積極性をみせていた。

家康も秀吉からうけた関東六か国―武蔵・相模・伊豆・上総・下総・上野に二四〇万三〇〇〇石を持つ大名のひとりであった。関ヶ原合戦とその最終処理としての大阪城攻防戦という二つの戦争による敵方よりの領地の没収高は、六八八万九〇九〇石に相当した。いわば、封建戦争として、家康が大名を統一するための恩賞としての土地は十分であったのである。それぞれの大名は、大名領国を基礎に自費で出兵していたからであった。

こうして、諸藩が相対的には自立した封建社会は、近世日本に独自な、石高制を根幹に据えた幕藩体制を確立したのであった。

この最終戦争が、エリザベス一世の対スペイン戦争のごとく、西欧のイギリス・オランダ・フランスなどにみる戦争の回を重ねて国民軍や国民国家を指向していく、こういう性格のものでなかったことは留意されねばならない。

一六三二(寛永九)年から三九(寛永一五)年に、長崎一港のみを幕府の直轄統制下におくオランダ船と中国船のみの限定的通商を例外として、幕藩体制の対外的政策の完成として鎖国が断行された。

これについて信夫清三郎は『江戸時代・鎖国の構造』(一九八七年・新地書房)で四つの条件を採りあげている。

1 幕府が対外戦争への衝動をもたなかったこと。

2 日本が農業社会であること。食料自給の自足社会であったこと。

3 外国市場に輸出を委ねる工業生産物を欠いていたこと。

4 国際情勢が有利に作用したこと。

江戸時代では元禄・享保に至るおよそ百年余は、開発ブームで人口も増加していたが、貿易・対外通商をみると、日本は、絹織物・陶磁器・香料・薬種・砂糖・書籍といった奢侈品を輸入し、いわばその決済手段として、金銀銅を輸出するという完全片貿易の構造を持続していた。いわば幕藩体制のもとでは、日本はシルクロードの終着駅とはなったが、その始発駅となることはできなかったのである。

しかし、戦国の世から江戸時代が社会の安定を得たことは、全国各藩において、唯一の戦闘集団である武士の城下町移住を完成させるものとして、これを補完する商工業者の集住とあわせ、都市建設が活況をつくりだした。とりわけ、幕藩体制の構築原理をなしていた石高制のもとでは、米の現物収取がいわば財政の根幹であったから、都市建設はたんなる用水土木を超えて、水害軽減はもとより、河川による物流インフラの確保策として、利根川、北上川、富士川、木曽川など大河川に対する巨大土木工事の集中展開をみたのであった。

これによって全国各地の沖積層平野がつくりかえられていくのであり、河川交通による物流中継基地としての河岸も成立してくるのである。

また耕地面積の推移をみても、江戸時代初頭一六三万町歩が、中期(一七二〇年ころ)に二九七万町歩と八二%も増加しているのに、一八七四(明治七)年には三〇五万町歩とわずか二%しか増加していないことで、時代のトレンドがみえてくる。

江戸時代初期がまさに大土木工事の時代を画したことは、鉱山開発が積極的に行われ、日本は世界有数の金銀銅の産出国となったことでも特記されねばならない。これが格別の輸出品をもたない日本の対外通商における決済資金となり、また商品経済の進展にともなって求められる流通手段としての通貨となっていったのであった。

ここで事実上、ロンドンやパリを超えて、世界最大級の人口を収容するに到った消費都市、行政都市としての江戸の都市計画ともいうべき、江戸城の大改築と一体的な江戸市街地建設の一端にふれてみたい。

当初はまだ本郷の方から張り出ていた湯島台が駿河台と続いており、江戸城を北からおびやかす形になっていた。そこで、天下普請によるいまの神田川にみるお茶の水の掘割が年月かけて形成され、湯島台と駿河台の間が切り離されるとともに、ここで発生した厖大な残土は、日本橋・室町方面の新市街地拡張の埋立てに供用されたのであった。石取船といわれた伊豆半島からの石材運搬船だけでも三千余隻が就業していたといわれる。

「江戸の総曲輪《くるわ》」と呼ばれる日本橋を起点として、東側は隅田川、南側は江戸湾に画された江戸城下町が、北から西側は、御茶の水から市ヶ谷、四谷、赤坂、溜池を通って浜離宮の北側まで連続した掘割に囲まれたデザインのもとで、基本的な完成をみせたのは一六三六(寛永一三)年であった。

つぎは、大消費都市としての江戸の構築とそれと併行せざるを得ない物流の大動脈としての、江戸からみた「内川《うちかわ》廻し」といわれる水運インフラ整備、これからの不可欠な要請として実現した利根川東遷事業と江戸川の創成的な改修工事についてである。

利根川は、新潟・群馬の県境に位置する大水上山《おおみなかみやま》(一八四〇メートル)に源を発し、関東平野の中央部を西北より東南にかけて貫いて犬吠埼を望む銚子河口で太平洋に接する、流長三二二キロメートル、流域面積一六八四〇平方キロメートルという、長さでは信濃川に四五キロ不足するが、二八五の支川を従え、流域では信濃川より四割余も広大な一都五県におよぶ巨大な利根川水系を形成している。

ちなみに、河口から標高二〇〇メートルに達するのが約二〇〇キロメートルという利根川であるのに、フランスのパリを流れるセーヌ河は同一条件を達するのに六〇〇キロを要するし、アジアの大河メコン河に到っては、なんと標高一〇〇メートルを確保するのに一〇〇〇キロ逆登るという自然条件があった。また台地と平地との比率としての平地率も、利根川流域においては水田開発に好都合な六割を占めていることも留意されてよい。

当時の世界史に特出したこの大土木河川事業に着手したのが、一五九〇(天正一八)年に江戸城入府した徳川家康であり、工事を指導したのが、家康の傑出した土木ブレインで関東郡代の要職を指名された伊奈《いな》備前守《びぜんのかみ》忠次《ただつぐ》(一五五〇〜一六一〇)とその子孫であった。

主な事業を年次的に略述する。

①一五九四(文禄三)年、会《あい》の川締め切りがある。これは、いま埼玉県羽生市上川俣・上新郷間で分岐していた利根川のうち南利根川(会の川)が忍《おし》藩により締め切られ、主流路は東利根川となったという工事であり、その意図については諸説ある。

②一六二一(元和七)年、新川通《しんかわどおり》および赤堀川《あかぼりがわ》開削がスタート

したが、事実上これが利根川東遷事業の本格的着手といってよい。いま茨城県古河市となっている中田村と五霞《ごか》町になっている川妻《かわつま》村の間を水海沼まで掘られた備前堀は止水となって流れず、一六二五（寛永二）年に拡幅されるものの、本格的な通水は、③一六五四（承応三）年の赤堀川三番割工事をまたなければならなかった。削られた関東ローム層によって河水が赤く濁ったことから、赤堀川と呼ばれたという。新川通というのは、いまの佐波（現・埼玉県大利根町）～栗橋間をいわば直線的に開削したもので、これによって渡良瀬川は利根川に結ばれ、赤堀川は本来の利根川の水流を、既存の中河川であった常陸川に結ぶことになった。

そしてこの間、新生の大動脈としての利根川の水運ネットワークを確保する二大工事が行われた。④一六二九（寛永六）年に完成されたのが、鬼怒川（奥日光を源とし全長一七六・七キロメートルで最大の支川）を小貝《こかい》川（全長一一一・八キロメートル）と分離し、ふたつの川を約三〇キロメートルの距離をもって別々に新しく利根川に付替えした工事であり、これによって利根川の水量を確保するとともに、両川とも水運による江戸直結の実現に寄与した。もうひとつは、⑤一六四一（寛永一八）年の江戸川開削竣工であった。これは、利根川と渡良瀬川が合流して、新しい江戸川の旧名である太日《ふとい》川に落ちていた流路を、権現堂の北で直角に東に曲げて関宿《せきやど》で江戸川の流頭と結び、その結節点から北に逆《さかさ》川を拡幅して関宿の北で利根川（赤堀川が常陸川の上流と結ばれた辺と結ぶという工事と、これと併行して着工され、一六四七（正保四）年に完成したといわれる太日川の中流、金杉《かなすぎ》（野田市西南）から北方の関宿に向かって新河道が開削されたことであった。

こうした工事経過は、スクリーンにでも投写して地図上で説明すればより具体的にイメージされるであろうが、ともあれ、「利根川を中心とする関東平野の河川改流工事をみてくると、元和七年（一六二一）頃に始まり、ほとんど寛永期に集中して行われたことが知られる。……

東北・北関東諸藩の江戸廻米が本格化するのも、この寛永期からであった。近世初期の関東河川の改流工事の問題を考えるとき、東廻り海運の発展、特に東北および北関東諸藩の江戸廻米の強い要請を抜きにしては論じられないことは明らかであろう」（川名登『河岸』二〇〇七年・法政大学出版局・六〇ページ）。

このころすでに、畿内の上方市場圏の中心を形成しつつあった大坂と江戸を定期的に結ぶ海運航路は、一六一九（元和五）年に、菱垣《ひがき》廻船組織として実現していたし、正保年間には樽《たる》廻船組織もできて、両者は近代の明治に至るまで続いていた。

また、一六七〇（寛文一〇）年、河村瑞賢《ずいけん》（一六一七～一七〇二）によって開発されたといわれる東廻り航路は、日本海沿岸から津軽海峡を経て八戸～石巻（北上川河口）～荒浜（阿武隈川河口）～小名浜～那珂湊～銚子～小湊、ここから通例は外房から直接東京湾には入らず、いったん伊豆下田まで帆走してから風待ちをした上で改めて東京湾に入り、品川沖を経て江戸の河岸に入るのがその海上ルートであった。

この外洋コースは、季節風が安房沖で南北逆になる難点もあり、また、浦賀水道辺の暗礁の危険も無視できなかった。

千石（二五〇〇俵）積の大船から、利根川筋で開発され、一七世紀半ば以降大活躍した四〇〇～八〇〇俵を積んで吃水深からず、三～四名で河川交通を可能とした高瀬船に銚子湊で積み替えて、東北諸藩のそして上・中流の各支川や霞ヶ浦・北浦などを経由する関東各地の持続的な江戸廻米を確保することを実現した。この「内川廻し」水運の確立は、海運と舟運を一体化させることによって、初期絶対王政の性格を強く内包しながらも、封建制の再編成に帰結する石高制―現物収取を根幹として兵農分離を実現した城下町経営を担うという、特殊な幕藩体制の相対的安定に寄与したのであった。

もちろん、現代的な都市計画の視点からみても、こうした列島全国的な物流インフラの整備に対応する江戸の諸工事も先行していた。江戸川河口に最近接する水陸交通の要所であった行徳河岸からは、新川《しんかわ》から中川番所を経て小名木川《おなぎがわ》を通り、墨田川に出てから道三堀や神田川など水運直行で江戸城に着荷が可能となっていたのである。蔵前や日本橋の河岸を目前にした行徳から新川・小名木川という総延長八・二キロメートルの人工運河こそ、東北諸藩や関東各地の米穀・木材などを主とする利根川全域の物資を江戸川を介して搬送する舟運の動脈として用意されていた。

一六九〇(元禄三)年、幕府は関東各地の河岸吟味を行った。天領として散在する各地からの廻米移送の状況把握と運賃不統一の是正を含めて、自然発生的に成立してきた河岸を統一的な運輸機構として体制的に把握したのである。

これによって、利根川では上州の河井河岸から下総の野尻河岸まで三一か所、霞ヶ浦、北浦、涸沼《ひぬま》の一六か所、鬼怒川・小貝川の一七か所、思《おもい》川の三か所、巴波《うずま》川の一か所、渡良瀬川・佐野川の五か所、江戸川の五か所と、合計七八か所が城米移出河岸として公認されたのであった。

順風と利根川中流部の適切な水量さえ確保されておれば、銚子河岸を出発した高瀬船は、布川・布佐辺を中間一泊地として、二日間で利根川を遡上し、境《さかい》・関宿などの河岸で一泊して、翌日八〇キロメートル余の航行―江戸川を下って小名木運河に入り江戸の蔵屋敷に入庫という、二泊三日の行程が一般化されていた。

こうしたグランドデザインを前提にしてみると、利根川河口の銚子からほぼ八〇キロメートルの行程に在り、小貝川の流入口にあって利根川の中流と下流部の境界に位置する河岸として、小堀《おおほり》・布川・布佐・木下《きおろし》の四つの河岸は、集落としてはそれぞれ別個の郷村制のもとにあったものの、いわば河川都市機能として重要な役割を果たしていたことが分かろう。四河岸がそれぞれが連帯し分担して、利根川舟運の基幹的中継基地として、一七世紀後半から明治時代後半の鉄道が河川物流に対する優位を発揮するにいたるまでの二〇〇年有余、賑わいのある独自の発展と文化的成熟をみせたことの意義が鮮明となってくるであろう。

以下紙幅の許すかぎり、四河岸について略述する。

①小堀《おおほり》河岸　小堀河岸は、水戸藩の蔵米搬出の中継指定河岸として特殊な役割を保持していた。その対岸のいま我孫子市中《なか》峠《びょう》の台地がいわば緑の壁となって南東からの強風を防ぐ環境にあって、往来する高瀬船には格別の休憩地となっていた。河川交通成立の要件は、荷物を満載した船の吃水を持続的に確保する水深の安定性であるにもかかわらず、特に冬期になると年貢廻米は増加するのに、関東地方の降水量は減少して、河川流水量が乏しくなり、利根川中流域では境河岸を起点として、鬼怒川や小貝川

の合流点まで、江戸川では、松戸河岸に至る区間に浅瀬の障害が連続して出現したのであった。

小堀河岸は、浅瀬の部分を乗り越える方法として、下流域から遡上して来る大型船の積み荷を配下の艀下《はしけ》船に分載して吃水を小さくすることによって、水深の制約を解除するという補助輸送船の手持ち準備や専任水夫の用意を常時整えていたのであった。

「このような艀下船を主に利用したのは、冬期減水期、年貢廻米を積み込んだ大型船が中心で、その艀下船を差配したのが小堀・関宿・松戸の三ヶ所河岸問屋たちであった。彼らは、利根川や鬼怒川と合流する地点を境にそれより上流部分を関宿河岸が、下流部分を小堀河岸が差配するといった具合に、それぞれの請け負い場所を決めて艀下船の調達から難船の処理に至るまでを取り仕切っていたのである。また、諸藩領主の側でも彼らを〈穀宿〉に指定し、藩船は勿論のこと自藩の年貢廻米を積み込んだ元船への艀下船の調達や、それらに関わる事件や事故の処理一切を請け負わせていた。したがって、これら三ヶ所の河岸問屋は、この地域を運航する船持・船頭に対しては船宿として、また諸藩領主に対しては穀宿としてそれぞれの立場から利根川水運の中継地としての役割を果たしていたのであった」（渡辺英夫『近世利根川水運史の研究』二〇〇二年・吉川弘文館・一一五〜六ページ）。

小堀は水戸藩の蔵米搬送にかかわることから、一七世紀末葉の元禄期にかけて利根川中流域における先駆的な河岸として成立していたのであった。

明治になって新政府が非常の緊急時に備え調査した『明治一〇年徴発物件表要覧』によると、北相馬郡井野村（小堀河岸）は五〇石以上の船が五七、以下が一〇、船大工五、舟夫一二〇となっているが、布川村は二四、三四、三、三六という対比も、両河岸の役割分担を示唆しているものであろう。

②布川河岸　布川河岸は、小堀より八キロメートルほど下流の利根川左岸に位置している。「下総国相馬郡布佐村・布河村右両村最寄村々舟持、諸事為取締組合相立、諸荷物江戸運送致候ニ付、川通リ小堀・関宿・松戸・江戸表迄四ヶ所船宿相定置候」（『松戸市史』史料編(二)所収、No.一一五「布佐村舟持行司松戸河岸の舟宿再願」）とある一八〇〇（寛政一二）年の文書に見られるとおり、「小堀のすぐ下流に位置する布佐・布川両村とその近辺の舟持たちは、諸物資の江戸廻送にあたって組合をつくると共に、江戸並びに小堀・関宿・松戸の三ヶ所河岸問屋を舟宿に指定して、川筋での事件や事故に備えていたのである」（渡辺英夫・前掲書・六九ページ）。

江戸へ来航した高瀬船は、「帰り荷」に再び関東・奥羽の各地へ行く荷物を積んだが、これらを取扱うのが「奥川筋《おくかわすじ》舟持問屋」であった。日本橋の「小網町三丁目布川屋庄左衛門は〈布川問屋〉といって、下総布川・藤蔵河岸・十里・木下・田川・布佐・取手を得意先として持っていた」（川名登・前掲書・九一ページ）。

私が幼少の頃、栄橋を渡って格別の賑わいを見せていた地蔵市に行くのは秋の楽しみであった。布川河岸が幕末近くに生んだ巨星の赤松宗旦《そうたん》（一八〇六〜六二）は、『利根川図志』のなかで「布川は一帯の丘山を背にし、前は利根川に臨みて街衢を列ね、人烟輻湊して魚米の地と称するに足れり（旧地は山の西北を遶るといふ）。殊に六月十四日の宵祭、八月十日の金比羅角力、十月廿一日の地蔵祭等は、詣人村々より来たりて雲の如し。燈は町々に照しつれて月の如し。魚は一帆の風を使ひて銚子より輸すべく、酒は一葉の力を借て江戸より運ぶべし」（岩波文庫版・一四八ページ）と、河岸の活況を伝えている。

この岩波文庫は一九三八（昭和一三）年に第一刷が発行されているが、一三歳からの三年間を、長兄である松岡鼎のもと、布川で生活した柳田國男が校訂したもので、一二ページにおよぶ長文の「解題」が付されており、明治中期の利根川と布川河岸辺のエキスが活写されている。

旅の俳人、小林一茶（一七六三〜一八二七）がその六五年の生涯において、その日記によるだけでも約五〇回、二九〇日間を数えるくらいもっとも多い滞在先が、布川河岸の廻船問屋、古田月船《つきふね》の屋敷であったことも特記されてよかろう。

一茶には「春立つや四十三年人の飯」と、立春の日、胸に溢れた一句などもあるが、藤沢周平の傑作『一茶』（一九八一・文春文庫・一七八ページ）をみると、すでに無縁となって布川の東、羽中の応順寺に墓のみを残す往時の古田月船の家の奥座敷から、眼をさまして池を眺める一茶の感懐を伝えるくだりなど、まさに裕福な経済力をもつ問屋の旦那たちと江戸の文人たちとの交流の一端が凝縮されている。

③木下河岸　木下河岸は手賀沼への入り口にあって、古くからの河岸として、当初の幕府による河岸公認においても、関宿より利根川下流部の右岸としては最初の指定を受けていた。

それはまず河岸本来の業務として、年貢廻米をはじめ周辺農村よりもたらされる諸物資を舟積みして送り出す機能であったが、やがてこれに加えて、主として江戸方面から行徳河岸を起点に八幡・鎌ヶ谷・白井・大森と木下街道（いわゆる江戸みち）を通行して、鹿島・香取・息栖《いきす》の三社参詣に出かける旅行客や霞ヶ浦や銚子方面に向う旅人の客船運行を地域的に独占する特権を持っていたことが注目される。

この木下河岸から出る定期的もしくは貸切り方式の乗合船・遊覧船は「木下茶船《ちゃぶね》」といわれた。一七七八（安永七）年から「一二年間の木下河岸出船数の平均をみると、一年間に約四三五〇艘、一日に約一二艘の乗合船や三社参詣船が出航していたことになる。またこの内で「茶船」は乗客定員を八人乗、「小船」は四人乗と定められており、それ以上の人数の乗船は禁じられていたので、平均四人としても、年間で約一万七四〇〇人の旅人が乗船したことになる」（川名登・前掲書・二二四ページ）。利根川通りで「旅人河岸」というのは、境河岸より下流では、木下河岸のみであった。

そして木下河岸はもうひとつ、鮮魚荷物の陸揚げと駄送を取り仕切る特権も認められていた。銚子方面から江戸へ向けて出荷される鮮魚類をここで荷揚げし、さきの木下街道を行徳河岸まで宿継ぎで駄送するというものであった。地の利を生かしたこうした複合的な機能をもって、郷村集落として本来の竹袋村《たけふくろむら》から離れていたにもかかわらず、木下河岸は独自の発展をみせ、明治期には、利根運河の開通によって銚子—東京日本橋間を四八キロメートルも短縮した航路に、外輪方式の定期蒸気船三艘も保有した富豪・吉岡家などを輩出する河岸都市としての繁栄をみせたのであった。

④布佐村　布佐村は、「下総国郷帳」によると石高が一七〇二(元禄一五)年に一〇〇七石七斗、一八三四(天保五)年に一〇六八石五斗の記載をみる(『我孫子市史資料・近世篇Ⅰ』二〇〇四年)が、北は布川河岸に直面し、東は木下河岸に二キロメートル余、南は若干の新田を経て手賀沼に面し、西は高台に連なるという平凡な農村であった。もちろん河岸問屋株は認められていなかったが、利根川水運が活況を呈し、用船需要が高まるなか、立地上の環境特性も手伝って、やがて、幕府の川船役所の極印を受けて特許料としての「船役永《ふなやくえい》」を上納し、運送業に従事する船持が集住する新しい河岸の様相をつくりだしてきていた。新しい船主たちは組合をつくり、布川河岸などと連携しながら用船や役務提供に応じたのである。

布佐が特殊な河岸として公式記録に立ち現れるのは一七一六(正徳六)年、鮮魚輸送に限定して、布佐村から松戸河岸に付《つけ》通し、つまり宿継なしの直送が許可された件である。

町方人口五〇〜六〇万、武家身分ほぼその同数といわれた大消費都市江戸に、海から送る生魚は鮮度が生命なのであるから、当然、短距離・短時間のルートが優先される。舟方三人にて銚子浦から快走したなま船は、未明に布佐に着岸し、これより発作《はっさく》―亀成―浦部―平塚―佐津間―金ヶ作―松戸と約7里半の松戸みち(行徳みちより2里短い)をノンストップの馬の背に乗せて松戸河岸の特約問屋に送られ、ここからは早船で当日中に江戸の魚市場に供せられたのであった。

このような新規ルートの開発とその鮮魚輸送権の独占は、商品経済の発展を背景にして、さまざまな事件や訴訟をひき起こし、またその解明が歴史的事実の確認に連鎖していくのであるが、今様にいえば、布佐村や近隣の中峠村などの農間駄賃馬による雇用の、多大にして持続的な拡大効果をもたらしたことも事実である。

俳人松尾芭蕉(一六四四〜九四)は、一六八七(貞享四)年八月、門人の曽良と宗波の二人を伴って、常陸国鹿島で月見をしようと旅に出た。行徳河岸からは徒歩で、一行が布佐に着いた頃には日はとっぷりと暮れていた。ここで鮭の網代を営む漁師の家に一食一休し、利根川の夜船に乗って鹿島に下っていった。この旅模様は小篇『鹿島紀行』に残されているが、この布佐の立寄り先は「いと生臭し」と記されている。

時はかなり過ぎて一八二五(文政八)年七月に、学者・画人の渡辺崋山(一七九三〜一八四一)は、江戸の自宅を出て芭蕉と同じ街道を通って白井宿・木下河岸に止宿するが、翌日は布佐新河岸の代表的問屋をなした榎本次郎右衛門家を訪ねて、豪華な昼食を供されたと記録している。

これは一七世紀末から一九世紀初頭に至る布佐村の経済的発展を著名な客人を迎える対応から伺えるエピソードとなるであろう。

幕藩体制は、土地については検地帳、人口については宗門帳、集落については郷村制という三つを別個に作り、それらを重ね合せるというスタイルでしか権力支配をすすめることができなかった。それは、石高制や武士の都市集中にみるごとく、この特異な身分社会そのものが、商品・貨幣経済の展開を不可欠とし、この流れに町民や農民を巻き込んで、封建制的共同体を崩壊させていく要因を自らに内包していたのであり、その自己保全を第一義としたため、世界史の潮流に視野を開けなかったのである。
それが典型的に表出したのが、河岸の盛衰でもあった。幕藩体制を前提に、これに寄生し、これを補完するものとして成立した商人資本は、やがて本百姓を根幹としていた農民層の分解を問屋制生産の展開と併せて押し進め、地域経済を新しく再編成する方向で、その一部は民富の形成に参画するに至った。
また江戸を媒介とする利根川流域文化圏の成熟は、幕末近くから明治近代国家に、偉大な人材を輩出していくのであった。私なりにその十傑を生年順に列挙して、この稿を締め括りたい。

1伊能忠敬（一七四五～一八一八）　佐原河岸問屋の出身。晩年に全国を測量して正確な日本地図を作製した。井上ひさし『四千万歩の男』（講談社文庫全五巻・一九九〇年）がお奨め。

2間宮林蔵（一七八〇～一八四四）　小貝川の畔、常陸国上平柳村（茨城県つくばみらい市）に農民の子として生まれる。間宮海峡を発見。吉村昭『間宮林藏』（講談社文庫・二〇一一年）。

3渋沢敬一（一八四〇～一九三一）　現在の埼玉県深谷市血洗島の農業と藍《あい》商売を家業とする家に生まれた。評伝は多いが、鹿島茂『渋沢栄一』上下二巻（文春文庫・二〇一三年）が格好。

4田中正造（一八四一～一九一三）　いま栃木県佐野市小中町となっている地に、中農の名主の子として生まれた。利根川上流における足尾鉱毒事件は忘れられない。小松裕『田中正造―未来を紡ぐ思想人』（岩波現代文庫・二〇一三年）。

5松岡　鼎（一八六〇～一九三四）　東大医学部別科を卒業した翌年、二七歳で縁あって布川で医院を開業し、一八九〇（明治二三）年、一五歳年下の実弟・柳田国男らと両親を布川に呼び寄せた。千葉県医師会長も務めたほか、布佐町長としては、組合方式で利根川に栄橋を完成させるなど、一身二世ないし三世という生活を送った。今後の研究が期待される。

6岡田武松（一八七四～一九五六）　気象分野における学者・行政事業者として文化勲章に輝いたふるさとの偉人。須田龍男『岡田武松』（岩波書店・一九六八年）は必見の名著。

7柳田國男（一八七五～一九六二）　布川と布佐の長兄松岡宅で生活したのは青春期の三年余であるが、この体験が彼の生涯に与えたインパクトについては、研究対象としてまだまだ魅力的である。

8井上二郎（一八七七～一九一五）　いま市史研の皆様の解読対象となっている歴史的公共財、〝井上家文書〟の近代篇の中核をなす、大規模水田造成事業を完成させた東大土木工学士である。注目される研究対象。

9長塚　節（一八七九～一九一五）　いま茨城県常総市国生となっている鬼怒川のほとりの大地主の子であった。名作『土』を生んだ三七年の短い生涯を、藤沢周平『白き瓶《かめ》・小説長塚節』（文春文庫・一九八八年）は活写している。

10茂木一族―野田醤油(株)―キッコーマン(株)　利根川流域史研究には不可欠の対象。市山盛雄『野田の醤油史』（崙書房・一九八〇年）はコンパクトだが、さらに『キッコーマン社史』にアクセスすることが大切であろう。

我孫子市域の近世村々と領主支配

金成　典知

はじめに

江戸時代に、我孫子市域にはどんな村々があって、どんな領主たちが支配していたのだろうか。それは、新しく我孫子に住んでいるが地域の歴史に興味を持たれた方や、前から我孫子に住んでいて地域の歴史をあまり知らなかった方が、最初に出す問いだろうと思われる。この小論は、その問いに答えるものである。

一　市域の村々

（一）　明治以降の合併の推移

表1は、我孫子市域の明治以降の町村合併の推移を示している。

明治二十二年四月に市制町村制が施行されたのを受けて、市域の町村は、東から、布佐町、湖北村、我孫子町、富勢村の四町村に統合された。第二次大戦後、昭和二八年に町村合併促進法が公布されたが、市域ではその前後にいくつかの動きがあり、結局、二九年一一月に富勢村が二つに分かれてその一つが我孫子町に合併し、翌三〇年四月にその我孫子町が、布佐町、湖北村と合併して新しい我孫子町になった。市になったのは昭和四五年七月である。

明治二二年四月まであった市域の村は、三三村である。ほとんどすべてが江戸時代から続く村である。村の名前は今も大字（おおあざ）の名前で残っている。

（二）　三三村の位置

図1は、『我孫子市史資料近世篇Ⅰ』の付図「下総国南相馬郡大字地図」によって、各村の位置を示したものである。「大字地図」は明治九年に内務省地理局が作成したものである。

（注）現在の市域とは、西側の布施村、根戸村、呼塚新田の一部が柏市になっていること、手賀沼が埋め立てられて南に陸地が広がったこと、北側も利根川の河川整備で広がっていることなど、少し違っている。

村名では、布佐村が布佐駅になっている。「駅」は街道の宿場町に使われる（たとえば明治初めの陸軍測量部の地図では、我孫子駅、取手駅）が、水運の拠点だった布佐村にも使われている。また、都部村新田が二か所ある。都部村が開いた新田は二か所あり、よ

図１　下総国南相馬郡大字地図による各村の位置

明治2.1葛飾県 → 明治4.11印旛県 → 明治6.6千葉県

近世相馬郡 → 明治11.11南相馬郡 → 明治30.4東葛飾郡

- 1 江蔵地新田 → 明治7江蔵地村
- 2 布佐村 → 明治21布佐町
- 3 布佐下新田
- 4 浅間前新田
- 5 大作新田
- 6 相島新田
- 7 三河屋新田

→ 明治22.4布佐町

- 8 中峠村
- 9 中里村
- 10 古戸村
- 11 日秀村
- 12 新木村
- 13 新木村下
- 14 日秀村新田※
- 15 中里村新田※
- 16 中峠村下※

→ 明治22.4湖北村

- 17 我孫子村新田※
- 18 高野山村新田※
- 19 都部新田※
- 20 都部村新田※
- 21 阿孫子村（我孫子宿）
- 22 高野山村
- 23 柴崎村
- 24 青山村
- 25 下戸村
- 26 岡発戸村
- 27 岡発戸村新田
- 28 都部村

→ 明治22.4我孫子町

- 29 久寺家村
- 30 根戸村
- 31 布施村
- 32 根戸村新田※
- 33 呼塚新田※
- 松ヶ崎新田※
- 宿連寺村
- 柏堀之内新田のうち一番割水神前

→ 明治22.4富勢村

明治22.4布佐町・明治22.4湖北村・明治22.4我孫子町 → 昭和30.4我孫子町 → 昭和45.7我孫子市

明治22.4富勢村 → 昭和29.11久寺家及び根戸・布施・根戸新田呼塚新田の一部 → 昭和30.4我孫子町

明治22.4富勢村 → 東葛市（現柏市） → 昭和31.4柏市 布施・弁天下の一部 → 昭和45.7我孫子市

（注）※を付した村は明治22年4月に印旛郡より南相馬郡に編入（新木村下、岡発戸村新田も※を付けるべきだが、原典のままとした。）〔出所 『我孫子市史 近現代篇』767頁〕

表1　我孫子市域の明治以降の町村合併の推移

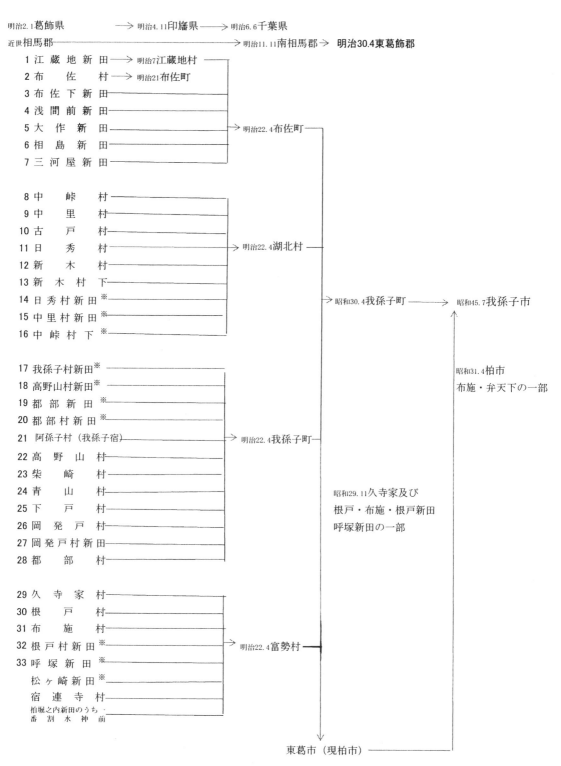

り大きな方は、江戸時代に都部村下↓都部村新田と称した村で、明治初年に都部新田と改称した村、もう一つ、小さい方は、江戸時代は都部村内の代官支配地だったが、明治になって都部村新田として立村したものである。

(三) 村々の概要

江戸時代、これらの村の人口や戸数などはどうだったろうか。残念ながら、江戸時代にこれらのすべての村について同一基準で作られた資料はないので、明治二二年時点のデータで見ることにする。千葉県地方課が編さんした『千葉県町村合併史』に、同年の各町村の人口、戸数、面積、国税額が出ている(表2)。明治になって二〇年余りが過ぎ、人口や戸数は増加しているが、江戸時代末の様子をうかがい知ることができよう。

それぞれの指標について、上位を抜き出して見ると、人口、戸数は、布佐町が最も多く、布施村、中峠村と続き、水戸街道の宿場町我孫子宿は四位に留まる。布佐町は利根川の水運で賑わっていた。面積は、布施村、中峠村、布佐町の順で、四位柴崎村、五位我孫子宿と続く。国税額(経済規模と見ていいだろう)は布佐町が最も大きく、布施村、中峠村と続き、我孫子宿は四位。布施村は大村で、利根川べりに河岸場が置かれるなど交通の要地であった。中峠村は、純農村である。

		旧町村名	人口(人)	戸数(戸)	面積(町)	国税額(円)
布佐町に合併の町村	1	布佐町	2,660	565	366.59	2,573
	2	江《え》蔵《ぞう》地《ち》村	150	23	85.16	77
	3	布佐下新田	156	31	14.30	76
	4	浅間前新田	216	23	57.44	94
	5	大作《おおさく》新田	17	3	22.84	42
	6	相島《あいじま》新田	28	3	7.11	57
	7	三河屋新田	16	5	7.00	41
湖北村に合併の村	8	中峠《なかびょう》村	1,260	215	418.05	1,555
	9	中里村	330	56	81.45	773
	10	新木村	729	139	215.70	871
	11	新木村下	—	—	29.98	46
	12	古《ふる》戸《ど》村	281	56	74.02	281
	13	日《ひ》秀《びり》村《むら》	126	20	32.07	119
	14	日秀村新田	—	—	37.70	44
	15	中峠村下	—	—	18.36	1
	16	中里村新田	—	—	40.56	50
我孫子町に合併の村	17	我孫子宿	1,031	194	297.29	1,539
	18	下《さ》ケ《げ》戸《と》村	393	70	99.22	497
	19	高《こう》野《の》山《やま》村	183	29	83.96	135
	20	青山村	398	91	195.15	363
	21	柴崎村	574	95	333.69	1,112
	22	我孫子村新田	65	9	17.42	58
	23	高野山村新田	63	9	14.58	44
	24	岡《おか》発《ほっ》戸《と》村	348	62	187.76	596
	25	岡発戸村新田	82	15	16.98	32
	26	都《いち》部《ぶ》村	202	37	69.43	251
	27	都部新田	108	15	20.52	—
	28	都部村新田	—	—	12.47	80
富勢村に合併した村のうち市域の村	29	根《ね》戸《ど》村	692	119	277.95	746
	30	布施村	1,571	259	715.28	1,990
	31	呼《よば》塚《つか》新田	53	7	16.64	57
	32	根戸村新田	15	2	14.22	49
	33	久《く》寺《じ》家《け》村	340	52	124.22	413

〔出所 『千葉県町村合併史 上巻』〕

表2 明治22年時点の市域村々の概要

(四) 江戸時代の村高

江戸時代、幕府は全国に国絵図《くにえず》と郷帳《ごうちょう》の作成を命じた。郷帳は、国—郡—村といった行政区画に従い、村名・村高などを書き上げている。村高とは、検地によって決められたその村の生産力を、米の石高《こくだか》で表したものである。

市域が属する下総国の郷帳は、元禄一五年(一七〇二)のものと、天保五年(一八三四)のものが残っている。表3は、両帳に書かれた市域の村々の石高である。

（注）この二つの郷帳には日秀村の記載がなく、新木村に含まれている。また、相馬郡と印旛郡それぞれに日秀村新田があるが、相馬郡の日秀村新田は、この後日秀村に合併している。

単位:石

郡名	村名	元禄郷帳	天保郷帳
相馬郡	江蔵地新田	—	17.2
	布佐村	1,007.7	1,068.6
	布佐下新田	—	97.3
	中峠村	683.0	922.8
	中里村	170.7	219.7
	都部村	218.0	230.0
	岡発戸村	256.2	402.1
	下戸村	178.5	374.8
	青山村	126.2	236.0
	柴崎村	189.8	499.3
	高野山村	42.8	98.1
	阿孫子村	455.4	777.6
	久寺家村	69.3	156.5
	布施村	451.2	765.3
	根戸村	286.0	511.4
	三河屋新田	—	50.5
	相嶋新田	—	27.9
	浅間前新田	—	52.2
	大作新田	—	42.9
	沖田新田	—	53.6
	日秀村新田	—	10.8
	新木村	464.4	497.3
	古戸村	241.6	246.1
印旛郡	新木村新田	—	7.6
	日秀村新田	—	6.2
	中里村新田	—	8.3
	都部村新田	—	33.4
	岡発戸村新田	—	10.5
	高野山村新田	—	2.1
	我孫子村新田	—	5.6
	根戸村新田	—	12.4
	呼塚新田	—	33.4
	合計	4,840.8	7,477.5

表3　江戸期の市域各村の村高
（出所　『我孫子市史資料 近世篇Ⅰ』）

元禄から天保までの一三〇年間に、各村で新田開発が盛んだったこと、新たに多くの新田村が成立したことから、全体で石高は二六〇〇石余り、五四%増加している。

天保郷帳によって個別に村高を見ると、高千石以上の大村は布佐村のみで、五百石以上千石未満は中峠村、阿孫子村、布施村、根戸村の四村となっている。一〇〇石に満たない小村が一八か村にのぼる。

（五）新田村

新田村は、江戸時代初めの総検地以後に開かれた耕地（新田）で成立した村である。

市域三三村のうち、新田村は、表4の一七か村である。江蔵地村は、明治七年まで江蔵地新田と称した利根川沿いの新田村である。享保四年に布川村（現茨城県利根町）から分村して成立した（平凡社『日本歴史地名大系千葉県の地名』）。江蔵地村以外は、手賀沼北岸の新田開発によって成立した新田村である。

	人口（人）	戸数（戸）	面積（町）	国税額（円）
江蔵地村	150	23	85.16	77
布佐下新田	156	31	14.30	76
浅間前新田	216	23	57.44	94
大作新田	17	3	22.84	42
相島新田	28	3	7.11	57
三河屋新田	16	5	7.00	41
新木村下	—	—	29.98	46
日秀村新田	—	—	37.70	44
中峠村下	—	—	18.36	1
中里村新田	—	—	40.56	50
我孫子村新田	65	9	17.42	58
高野山村新田	63	9	14.58	44
岡発戸村新田	82	15	16.98	32
都部新田	108	15	20.52	—
都部村新田	—	—	12.47	80
呼塚新田	53	7	16.64	57
根戸村新田	15	2	14.22	49
合計	969	145	433.28	848

表4　市内の新田村（表2から作成）

新田村は市域の村数の半数に上る。これが我孫子市域の特徴である。

人口、戸数がゼロの新木村下、日秀村新田、中峠村下、中里村新田、都部村新田は、本村から出作して耕作する、いわゆる無民家持添《もちぞえ》の新田村である。「無民家持添」とは、幕府領以外の農民たちが、開発・耕作して幕府領を維持し、幕府へ年貢も納入するが、幕府領固有の農民がいない村をいう（『千葉県の歴史　通史編　近世1』　三九〇頁）。

村数では五割を占める新田村だが、面積では一割、人口、戸数、国税額では一割に満たない規模である。

二　我孫子市域村々の領主

（一）　幕末時点の領主一覧

我孫子市域を含む地域は、天正一八年（一五九〇）に小田原北条氏が滅びるまで、小金城（現在の松戸市大谷口にあった）高城《たかぎ》氏の支配下にあったが、同年に徳川家康が関東に入って、その領地になった。順次検地が行われ、家臣団に所領として宛行《あてが》われ、また徳川氏の直轄領になった。市域での古い検地帳として、天正二〇年（一五九二）のものが、高野山村、布施村、古戸村に残っている。

江戸時代、我孫子市域の村々の領主はどうだったか。二六〇余年のうちにはもちろん変遷があるが、ここでは江戸時代末の状況を見る。明治政府が、明治の初めに各府県に提出させた「旧高旧領取調帳」がある。この資料は、信頼できる資料とされるが、誤りがいくつか見られるので、修正を加えたものが表5である。『我孫子市史資料　近世篇Ⅰ』八七～八九ページをもとにしている。

表中、領主名に代官支配所とあるのは幕府領（幕領また御料という）、個人名があるのは旗本領（知行所という）である。

（注）なお、この表の村名と表1の村名と比較すると、「新木村新田」と「沖田新田」が新出するが、「新木村新田」は「新木村下」と同じ。「沖田新田」は享保年間の新田開発で成立したが、明治九年に新木村と合併して消滅している。表1にある「中峠村下」は、明治になって成立した新田村。表5の都部村新田が表1の都部新田であることは前述した。

（二）　一給・相給《あいきゅう》

一つの村を一人の領主が支配するのを一給の村、複数の領主が支配するのを相給の村という。我孫子市域三三村のうち、一給の村が二〇村、二給の村が九村、三給の村が四村である。先に見た新田村は、ほとんど一給で、ほとんどが幕領である。青山村のように田中藩本多家の一給支配や、浅間前新田、日秀村の旗本一給支配、根戸村、久寺家村の幕府一給支配もある。

布佐村、新木村、古戸村、高野山村などは旗本と幕府の二給の村、下戸村、布施村は田中藩本多家と幕府の、江蔵地新田は淀藩稲葉家と幕府の二給の村である。

中峠村は旗本三家の、阿孫子村、柴崎村、都部村はそれぞれ旗本二家と幕府の三給の村である。

相給の村では複数の領主が村を支配している。村内の個々の百姓や土地はいずれかの領主に属し、領主ごとに村役人（名主・組頭・百姓代）が置かれる。村の中の地理的な配置は、領主ごとに必ずしもまとまっておらず、隣の家は別の領主の支配ということも多かった（『千葉県の歴史通史編　近世1』三六〇ページ）。

郡	村	領主名	石高	備考
相馬郡	布佐村	代官支配所	988.6	
		内藤鉢之丞	80.0	
		合計	1,068.6	
相馬郡	江蔵地新田	代官支配所	17.2	明治5年9月江蔵地村と改称
		淀藩領※1	155.1	年月不詳布川村より入る
		合計	172.3	
相馬郡	布佐下新田	代官支配所	97.3	
相馬郡	浅間前新田	野村丹後守	52.2	
相馬郡	大作新田	代官支配所	42.9	
相馬郡	相島新田	代官支配所	27.9	
相馬郡	三河屋新田	代官支配所	50.5	
相馬郡	中峠村	酒井勘解由	528.2	
		朝倉播磨守	276.9	
		三枝主税	117.7	
		合計	922.8	
相馬郡	中里村	三枝主税	59.3	
		内藤鉢之丞	160.4	
		合計	219.7	
相馬郡	新木村	代官支配所	32.8	
		依田駿河守	400※2	
		合計	432.8	
印旛郡	新木村新田	代官支配所	7.6	
相馬郡	沖田新田	代官支配所	53.6	明治9年新木村へ合併
相馬郡	古戸村	代官支配所	9.1※3	
		川口加士児郎	237.0	
		合計	246.1	
相馬郡	日秀村※4	中村達之助	64.4	年月不詳新木村から分村
印旛郡	日秀村新田	代官支配所	6.2	
相馬郡	日秀村新田	代官支配所	10.8	年月不詳日秀村へ合併
相馬郡	中里村新田	代官支配所	8.3	
相馬郡	阿孫子村	大沢四郎	327.9	
		山高石見守	268.2	
		代官支配所	181.5※5	
		合計	777.6	
相馬郡	下戸村	代官支配所	12.7	
		田中藩領	362.1	
		合計	374.8	
相馬郡	高野山村	代官支配所	37.5	
		弓気多誠之助	60.6	
		合計	98.1	
相馬郡	青山村	田中藩領	236.0	
相馬郡	柴崎村	新見増蔵	321.3	
		初鹿野河内守	85.9	
		代官支配所	92.1	
		合計	499.3	
印旛郡	我孫子村新田	代官支配所	5.6	
印旛郡	高野山村新田	代官支配所	2.1	
相馬郡	岡発戸村	小川汶庵	245.5	
		三枝主税	156.6	
		合計	402.1	
印旛郡	岡発戸村新田	代官支配所	10.5	
相馬郡	都部村	代官支配所	14.1	
		川口加士児郎	34.3	
		小川汶庵	181.7	
		合計	230.1	
印旛郡	都部村新田	代官支配所	33.4	
相馬郡	根戸村	代官支配所	511.4	
相馬郡	布施村	代官支配所	24.1	
		田中藩領	741.2	
		合計	765.3	
印旛郡	呼塚新田	代官支配所	33.4	
印旛郡	根戸村新田	代官支配所	12.4	
相馬郡	久寺家村	代官支配所	156.5	

（注）※1 取調帳では徳満寺領になっている。　※2 取調帳では40になっている。　※3 取調帳では90.5になっている。　※4 取調帳では新木村の一部になっている。　※5 取調帳では183.5になっている。

〔出所 『我孫子市史資料 近世篇Ⅰ』87～89頁〕

表5　市域の領主一覧

（三）所領構成

表3の各村の石高を合計すると七、六三八石になる。根戸村、布施村など、この後二つに分かれた村があるので、この石高のすべてではないが、幕末時点での、公式の、つまり検地によって定められた我孫子市域の石高合計は七千石強ということである。

領主別にみると、幕領が二、四八〇石（三二%）、旗本知行所が三、六五八石（四八%）、大名領が一、四九四石（二〇%）である。関東や畿内はいわゆる「非領国地域」で、幕領・旗本領や大名領が入り混じり、錯綜しているのが特徴だが、当市域もそれに該当する。

参考までに、下総国全体の所領構成は、幕領（含む御三卿領）二八％、旗本知行所三五％、大名領三四％、寺社領などその他三％（『千葉県の歴史　通史編近世1』　一三二ページ）となっている。市域は、大名領が少なく、旗本知行所と幕領が多い。

以下、領主別に見よう。

（四）幕領（御料）

幕領は天保一三年（一八四二）の時点で、全国で四二〇万石である（『千葉県の歴史　通史編　近世1』　三七八ページ）。分布は全国にまたがるが、関東地方がもっとも多く、四分の一近くを占める。

市域では、根戸村、久寺家村が一村すべて幕領、布佐村も一部旗本領があるが、大半が幕領である。享保年間に江戸町人の財力で作られた手賀沼下沼沿いの新田村はもちろん、手賀沼上沼沿いに開かれた新田村も幕領である（沼のほぼ西半分を上沼《かみぬま》、東半分を下沼《しもぬま》という。ついでにいうと、下沼沿いの新田村は相馬郡に属し、上沼沿いの村は印旛郡に属していた）。享保七年（一七二二）七月、幕府は江戸日本橋に高札を立て、新田開発を奨励した。商人の財力を利用し、幕領だけでなく、私領がからむ所でも、幕府の管理下で開発を行い、開発された新田は幕領に組み入れられた。八代将軍吉宗の幕府財政建て直し策の一環である。

幕領を実際に支配しているのは、勘定奉行の配下にある代官である。代官は小身旗本が任じられたから、幕府内での地位は低いが、幕領の村においては、領主として年貢徴収や治安に当たった。江戸に近い幕領には、陣屋は置かず、江戸の自宅（拝領屋敷）を代官所とした（関東支配代官のうち主だった三人は、馬喰町にあった御用屋敷に役宅を持った）。村役人と代官所の接点は、代官下僚の手付、手代で、手付は御家人（幕臣だが御目見以下）層から、手代は非幕臣で百姓町人などからも任用された。

代官の定員は五〇人前後で、一代官が五〜十万石の幕領を担当した。代官の担当支配地は短い期間で変わった。幕領の村の名主の御用留《ごようどめ》を読むと、文書の宛名や発信者である代官の名前が頻繁に変わるのに気付く。

（五）旗本知行所

将軍の直臣《じきしん》のうち、一万石未満の石高で、御目見《おめみえ》以上（将軍に謁見できること）の家格を持つものが旗本である。家数は寛政年間で五、二〇〇家ほど、このうち領地（知行所という）を与えられた家が四割、残り六割は蔵米取り（幕府から受け取る蔵米を収入源とする）であった。

旗本知行所は、関東・中部・近畿地方に多く、とくに房総など、江戸周辺に多かった。当市域でも、一二村が旗本の知行所になっている。ただ、一村すべて一人の旗本に支配されたのは、浅間前新田と日秀村だけで、他の村は、幕府や他の旗本との相給になっている。

旗本は江戸在府の義務があったため、知行地に住むことはなく、また知行地に陣屋を置くことも少なく、江戸屋敷に用人を置いて、知行地の政治を行った。用人は、旗本家にとって知行所支配や家政を担う重要な役職だが、一般に給禄は低く、身分も不安定で、金銭の着服など、問題を起こすものも出た。

以下は、主に『我孫子市史資料近世篇Ｉ』をもとに、市域の村を支配していた旗本一四家の概要を記す。幕末維新期に領主だった旗本だけを取り上げる。

なお、旗本の説明にある石高（家禄）は、拝領高、表高であり、軍役や家格の基準になるもの。「旧高旧領取調帳」における石高は、実高（検地によって決められた年貢徴収の基準高）で、拝領高より大きいのが普通である。このことは大名領についても当てはまる。

一四家の中には、大身の旗本もいれば（中峠村酒井家五千石）、二百～五百石の小身旗本もいる（日秀村中村家、岡発戸村・中里村小川家など）。柴崎村初鹿野《はじかの》家のように、家康が関東に入部《にゅうぶ》してすぐからの旗本もいれば、江戸時代も後期になって安房から移された旗本（中峠村酒井家、中峠村・中里村三枝《さえぐさ》家）や、幕末に十四代将軍に随従して江戸城に入った紀州出身の旗本（浅間前新田野村家）もいる。さまざまである。

布佐村・中里村—内藤家

内藤氏は二、八〇〇石の旗本で、知行地は武蔵、下総、常陸にあった。布佐村、中里村が内藤家の知行地になったのは文化年間（一八〇四～一八一八）とされる。

浅間前新田—野村家

紀州藩主慶福《よしとみ》が十四代将軍家茂になって、その小姓野村貫三郎が五〇〇石の旗本になり、浅間前新田などを知行することになった。貫三郎は丹後守に叙任（官位を授ける）され、小姓頭取を務めた。

中峠村—酒井家

五、〇〇〇石の大身旗本。徳川家譜代最古参の酒井家の一族である。安房国の知行地が文化八年（一八一一）に江戸湾防備のため上知《じょうち》（幕府領に編入されること）されたことから、新たに中峠村を知行することになった。

中峠村—朝倉家

朝倉氏は代々二五〇石の小身旗本であったが、勘四郎俊徳のとき、天保一三年（『湖北村誌』では天保八年）に昇進して、二五〇石加増され、中峠村を知行することになった。俊徳はその後も栄達し、播磨守に任ぜられ、慶応元年から二年にかけて十四代家茂の御側御用取次《おそばごようとりつぎ》（役高五、〇〇〇石）になっている。

中峠村・中里村—三枝家

甲斐武田氏の旧臣三枝氏は、守昌のとき、安房国内で一万石の大名になったが、その次男頼増は、寛永一七年（一六四〇）に分家して母方の諏訪姓を名乗った。頼増から数えて五代の頼音のとき、宝暦一三年（一七六三）、三枝姓に戻る。家禄は二、五〇〇石。安房国内の知行地が天保一四年（一八四三）に江戸湾防備のため上知され、替地として中峠村、中里村などが宛行われた。

新木村—依田家

甲斐武田氏の旧臣依田内蔵助信重が、延宝二年（一六七四）、新木村を含む下総国相馬郡と上野国吾妻郡に二、五〇〇石の知行を得たが、その次男信方が翌三年に分家して母方の蒔田姓を名乗り、新木村の三〇〇石を得た。分家三代の信正は、享保二〇年（一七三五）に依田姓に戻った。依田氏の支配は、幕末維新まで続いた。

古戸村・都部村—川口家

四代宗恒が長崎奉行精勤の功により、貞享三年（一六八六）に五〇〇石を加増されて二、七〇〇石となったとき、古戸村と都部村が知行地に加えられた。

日秀村―中村家

宝永二年（一七〇五）四代外記長久のとき、甲斐国内から下総国の新木村など二か村に知行替えになった。このときから新木村の中村氏知行分を日秀村と称するようになったという。中村氏は甲府勤番で、江戸には住まなかった。家禄二〇〇石、ほかに廩米《りんまい》（扶持米のこと）五〇俵。

我孫子村―大沢家

美濃国斉藤道三家臣の流れである大沢次郎左衛門正重が我孫子村を宛行われたのは、慶長九年（一六〇四）と推定され、以来大沢氏の支配は幕末維新まで続いた。家禄は初め六五〇石余であったが、元禄一〇年（一六九七）の「元禄の地方《じかた》直し」（蔵米を知行に切り替える政策）により二〇〇石加増され、八五〇石余となって幕末維新に至っている。

我孫子村―山高家

甲斐武田氏の旧臣で、徳川家に仕えて二代の三左衛門信俊のとき、寛文元年（一六六一）に本領の甲斐国巨摩郡に代わって下総国、常陸国に移され、我孫子村を知行することになった。家禄は一、八二〇石余。市内白山にある興陽寺は、信俊の子、信吉の開基とされる。

高野山村―弓気多（ゆけた）家

駿河今川氏の旧臣の流れである弓気多忠右衛門昌勝が高野山村を宛行われたのは寛永八年（一六三一）と推定されている。家禄は一、二一〇石余。弓気多家の支配は幕末維新まで続いた。

柴崎村―新見（しんみ）家

三河出身の新見氏が柴崎村を知行したのは、二代平助正成のとき、慶長一〇年（一六〇五）と推定されている。三代平助正治《まさかた》の墓と位牌が柴崎の円福寺にある。新見家の支配は幕末維新まで続いている。家禄は下総国相馬郡、葛飾郡、印旛郡、香取郡の八か村合わせて五二〇石。

柴崎村―初鹿野（はじがの）家

甲斐武田の旧臣初鹿野伝右衛門昌久は、家康が関東に入部した二年後の天正二〇年（一五九二）に、甲斐国から武蔵国、下総国に知行地を移された際、柴崎村を知行することになった。家禄は一、二〇〇石。

岡発戸村・都部村―小川家

小川家は代々紀州徳川家の医師で、享保元年（一七一六）汶庵《ぶんあん》守忠のとき、藩主吉宗が将軍として江戸城に入ったのに従って三〇〇石の旗本になり、岡発戸村、都部村を知行することになった。

（六）大名領

下総国には、佐倉（石高一一万石）、関宿（四万八千石）、古河（五万石）に有力譜代大名がいたが、当市域はこれらの大名の領地にはならなかった。ただ、下総国外に藩庁を持つ譜代大名の飛地《とびち》として、大名領になった村がいくつかある。

下ヶ戸村・青山村・布施村―田中藩本多家

田中藩本多家は駿河国益津《ましづ》郡田中（現静岡県藤枝市）に居城があった四万石の譜代大名である。徳川家古参の家臣である本多氏にはいくつかの家系があるが、田中藩本多氏の祖は本多正重で、家康の側近として著名な本多正信の弟に当たる。『柏市史近世編』によれば、元和二年（一六一六）大坂の役のあと、正重は下総国相馬郡内に一万石を領して大名となったが、同年、致仕《ちし》（官職を辞すること）して養嗣子正貫が家督を継ぎ、その際二、〇〇〇石を減じられて、下総国香取・葛飾・相馬の三郡内に八、〇〇〇石を領することになった。下ヶ戸、青山の二村が本多氏の領地になったのは、このときである。

その後、正重から数えて四代の正永のとき、大名としての基盤が固まる。延宝五年（一六七七）に家督を継いだが、この時弟に一、〇〇〇石を分け、知行は七、〇〇〇石になった。元禄元年（一六八八）に寺社奉行に就いて一万石の大名に昇進、同一六年には沼田藩二万石の城持ち大名になった。布施村が田中藩領になったのは元禄一一年（一六九八）、替地として所領に加えられたものである。なお、このとき久寺家村も田中藩領になったが、同村は元文五年（一七四〇）に上知されて幕領に変わった。

正永は宝永元年（一七〇四）に老中に昇進、同二年には加増されて四万石となった。享保一五年（一七三〇）、六代正矩のとき、上州沼田から駿河田中に移封された。藩領は、駿河国志太・益津両郡のうちに三万石、初代正重以来のゆかりの地である下総国相馬・葛飾両郡に一万石、合わせて四万石であった。移封の際、下総一万石は、先祖正重以来の領地なので領地替えしないでほしい旨の願書を出して認められている。

田中藩の下総領には、葛飾郡船戸村（柏市北西部）と同郡藤心《ふじごころ》村（同南東部）に陣屋が置かれ、代官が常駐して支配した。市域の三つの村は中相馬領と呼ばれ、船戸陣屋が統轄した。幕末の文久三年（一八六三）六月に、田中藩は、江戸深川にあった下屋敷を下総国葛飾郡加《か》村（現流山市）に移した（加村陣屋）が、下総領の支配は、引き続き船戸、藤心の両陣屋が行った。

田中藩本多氏は、明治元年（一八六八）五月に徳川宗家が駿河に入封したため、安房国長尾（現南房総市白浜町）に移封され、そこで同四年の廃藩置県を迎えた。

江蔵地新田―淀藩稲葉家

淀藩稲葉家は、山城国淀（現京都市伏見区）に居城を持つ譜代大名で、老中など、幕府内の要職を歴任した。初代正成は、豊臣秀吉に仕えたが、明智光秀の重臣斉藤利光の娘福を後妻に迎えた。この福が、のちに三代将軍徳川家光の乳母となって、江戸城の大奥だけでなく、表でも権勢を振るった春日局である。正成は、寛永五年（一六二八）に真岡藩二万石の大名で死去するが、春日局の実子である二代正勝は、若いときから重用され、老中職をつとめ、真岡藩四万石、小田原藩八万五〇〇〇石と栄進する。四代正往《まさゆき》は、越後高田藩一一万三千石、佐倉一〇万二千石とかわり、五代正知の享保八年（一七二三）に、山城国淀藩一〇万二千石に移って、以後、明治維新まで続く。

淀藩の所領一〇万二千石のうち、淀城周辺の所領は二万石に満たず、各地に飛地があった。下総領は二万五千石近くあり、最もまとまった領地であったが、これはかつて佐倉藩主であったときの所領の一部で、「江戸賄料《まかないりょう》」の意味合いがあった。

当市域の江蔵地新田は、天明四年（一七八四）十一代正諶《まさのぶ》のときに越後国の所領の替地として加えられたものである。

淀藩は、下総国印旛郡大森村（現印西市）に陣屋を置いて、下総国と常陸国の領地を支配した。代官二名ほか手代などあわせて一五名ほどの役人が、常駐していた。

おわりに

以上、江戸時代の当市域の村々について、またその領主たちについて概説した。ただ、この枠組みの中で、人々がどう暮らしていたかについては触れていないし、初学の私にはわからないことが多い。江戸時代から百五十年近くたって、当時を生きた人はこの世になく、親から子、子から孫へと語り継がれる伝承も細りがちである。当時の住民の生活実態に近づくためには、今は、僅かに残る文字資料に頼るほかない。旧家に残されている古文書を解読する意義はそこにあるし、また、楽しみもそこにあると思う。

【参考文献】

『我孫子市史　近世篇』、『同　近現代篇』

『我孫子市史資料　近世篇Ⅰ』

『我孫子市史資料　旧町村誌篇　湖北村誌』

『柏市史　近世編』平成七年七月刊

『千葉県の歴史　通史編　近世1』平成一九年三月刊

千葉県地方課編著『千葉県町村合併史　上巻』昭和三二年五月刊（株）葵書房

『角川日本地名大辞典　十二　千葉県』昭和五九年三月刊

木村礎著『近世の新田村』昭和三九年九月刊　吉川弘文館

渡辺尚志著『近世の村落と地域社会』二〇〇七年一〇月刊　塙書房

コラム・我孫子史散策③　我孫子の町丁名雑感

我孫子市のホームページで、町丁（行政区）別の人口統計などを見ると、市内に（住居表示実施地域など複数ある丁目は一つに数えて）六十近い行政区があるが、その地名がいつから始まっているかを調べると、江戸時代の村の名前から出て、その時代か、さらにそれ以前に遡ることができる地名が二八、昭和に（それも第二次大戦後から）始まるのが二六、平成になってからが四、ということになる。江戸時代にすでにあった地名と、昭和と平成に始まる地名が、ほぼ拮抗している。

江戸時代に三三あった村の名前のほとんどがそのまま今に残っているし、昭和以降に新しくできた行政区でも、○従来の大字「我孫子」の中から、住居表示実施によって一部が「我孫子一～四丁目」になったもの（ほかに久寺家一～二も）、○「船戸一～三丁目」、「白山一～三丁目」のように、従来の根戸村や我孫子村の小字（こあざ）名が新しい町名になったもの（ほかに台田、並木も）、○従来の村名や小字名を現代風にアレンジしたもの（たとえば天王台、青山台、東我孫子など。この例は多い）など、従来の地名が少し変形されても今に残っているものが多いのは、地名を歴史的遺産と考える我々にとって、うれしいことである。

もっとも、昭和以降になってできた行政区名のなかには、たとえば、「つくし野」、「緑」、「寿」、「栄」、「若松」、「泉」、「日の出」、「都」……などのように、起源がもう一つ分からない、少なくともその土地の歴史とは結びつかないように見える地名も散見される。後世になって、これらの地名の由来を調べる人がいたら、きっと苦労するのではないだろうか。

江戸尾張町二丁目と井上佐次兵衛家

品田　制子

はじめに

井上家文書は三次にわたり調査され、第一次調査の分は既に目録化されている。第二次調査の資料は、一部『我孫子市史資料　井上基家文書』として市の教育委員会市史編さん室より発行されている。第三次調査の分は、仮目録が作成されている。第二・三次の調査の文書群の中には、江戸尾張町二丁目に関する資料が数十点（主に享保中期以降）残されている。しかし、この資料だけでは、井上家が江戸に居住した約九〇年を解明することはきわめて難しい。

江戸時代の研究資料として、多くの研究者に利用されている『大日本地誌大系』（一～五巻　昭和四年　蘆田伊人編輯　雄山閣）に所収されている「御府内備考」のなかに「町方書上」も含まれていて、伊勢町や元赤坂町などの記載はあるが、尾張町辺りの記録は見当たらない。『徳川時代商業叢書』（大正二年刊　国書刊行会　早川純三郎編輯）第一の緒言によれば「内神田・日本橋・京橋・糀町等の部分を未だ得ず」と書かれていて、この区域の収録はされていない。一説では「町方書上」の原文書は災厄にあって焼失したともいわれている。井上家が江戸で商売をしていた寛永二〇年～享保中期頃まで、当然何んらかの帳簿があったはずであるが、その文書も皆無である。

よって、井上家に残されている資料と文献に依拠しつつ、できるだけ事実に迫り、佐次兵衛家の江戸尾張町二丁目の様相、すなわち、享保期の八代将軍吉宗の新田開発奨励などによって四代徳栄（相嶋新田初代）が相嶋新田に移住するまでを表現してみたい。

一　尾張町二丁目の沽券絵図

井上家は近江の出身とされ、代々佐次兵衛を名乗り、寛永二〇年（一六四三）から尾張町二丁目（現銀座六丁目）に居住している（井上基家文書 No. 1694　以降資料番号のみを掲示）。菩提寺は浄土宗最上寺（現品川区目黒上大崎）で、墓地には、元禄九丙子年九月日に建立された、江戸在住三代までを記した一基の墓がある。

徳川家康が江戸に幕府を開くことになった慶長八年（一六〇三）、征夷大将軍となった家康は、緊急の課題であった都市建設に取りかかり、新たな町割などの建設として、諸大名に一〇〇〇石につき一名の人夫を出させ、軍役としての普請を命じ、大規模な工事を行った。そして日本橋が創設され、「日本橋から京橋・新橋にいたる下町の町々が生まれた。一町の建設に一国の人夫たちが動員されたということから尾張町、加賀町などの町名がつけられた」という（『江戸の町役人』吉原健一郎　二〇〇七刊　吉川弘文館）。いわゆる尾張町二丁目は「古町」に属し、慶長八年に起立と伝えられる町であった。そうした町が成立し、江戸町の骨格ができた時期に佐次兵衛は住み始め、「近江屋」の屋号で味噌屋（干物屋）を営んでいたという（No. 37に「味噌」の記述がある。慶安～寛延までの文書のうち、味噌屋を示すのは、味噌の代金を奉公人が使い込んだとあるこの文書一点だけである)。「貞享板江戸鹿の子」(『東京市史稿 産業編 第七』昭和三五年 臨川書店)や寛文一〇年(一六七〇)に刊行された『寛文江戸図』(『東京市史稿 市街篇』附図 第一)で江戸町の町割の大枠がわかる(図1)が、屋敷割まで含めた町割の細部については十分ではないことから、「沽券絵図」を参考に、尾張町二丁目の屋敷割を見てみたい。

沽券絵図とは、正徳期(一七一一~一五)および延享期(一七四四~四七)の二度にわたり、江戸町奉行の命令により、町名主が支配地域を数町単位で作製したものである。その「絵図」から、佐次兵衛所有の屋敷を知ることができる(図2)。

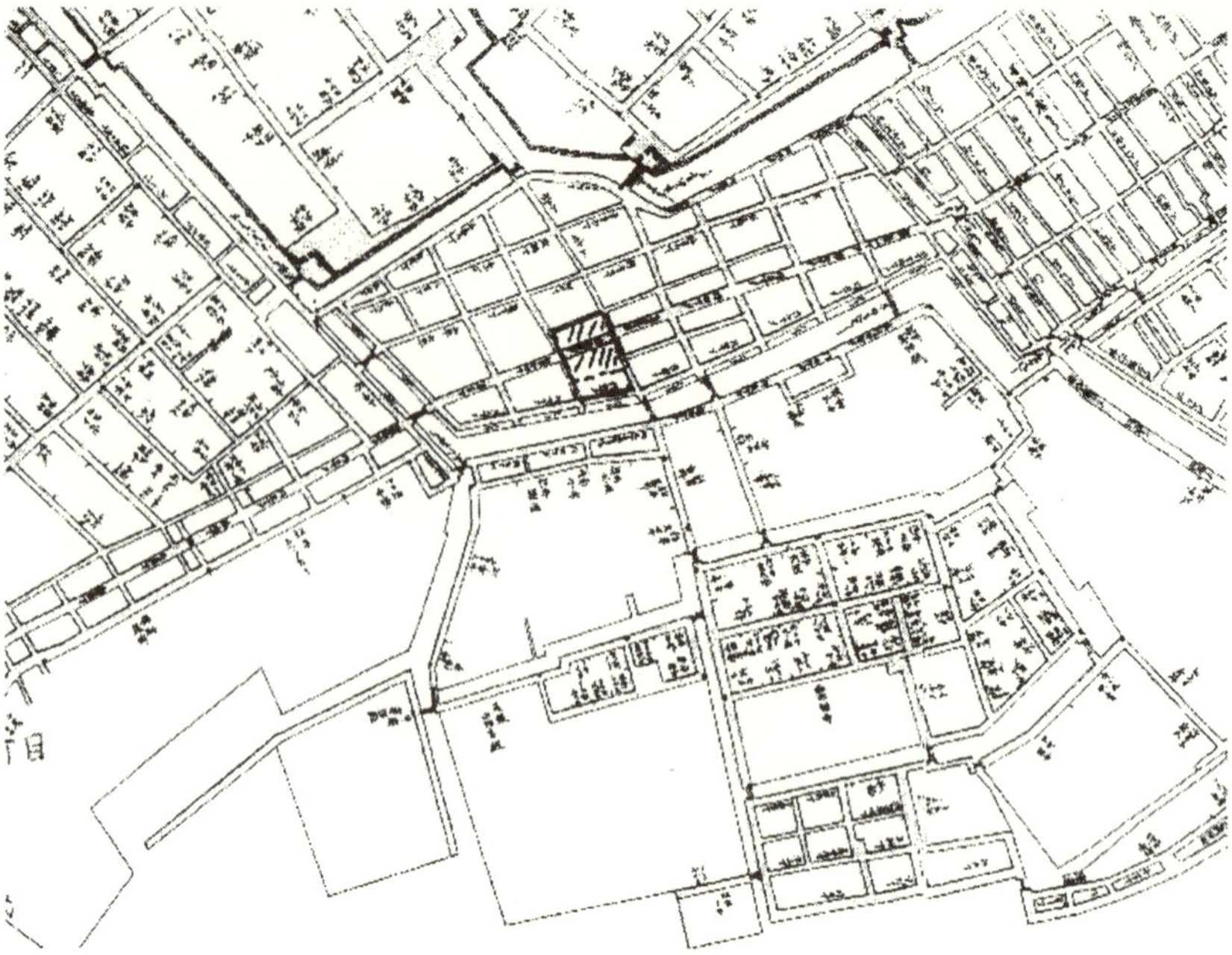

図1 「寛文江戸図」尾張町二丁目(中央□囲みの部分)

尾張町二丁目

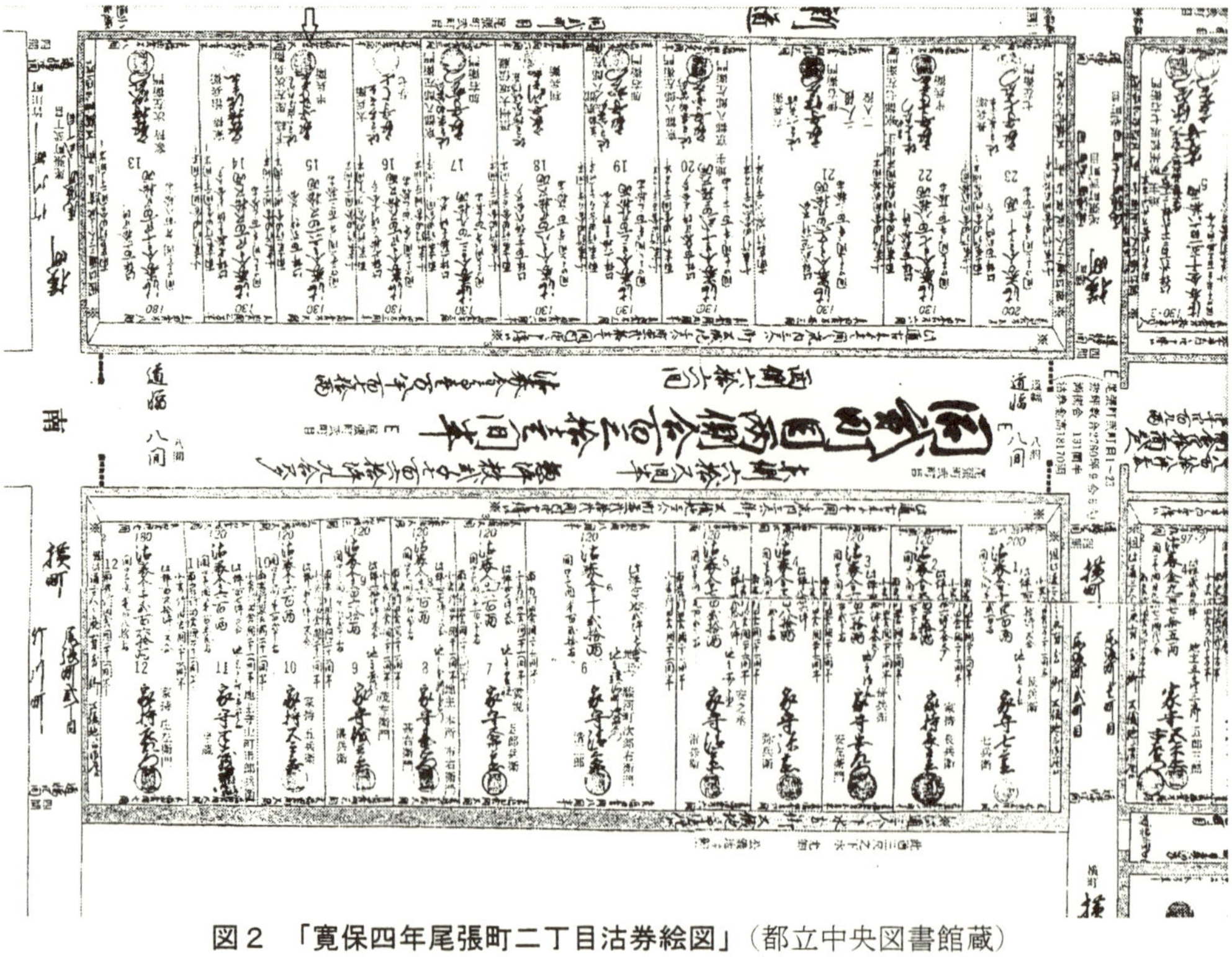

図2 「寛保四年尾張町二丁目沽券絵図」(都立中央図書館蔵)

はすべてが田舎間で、東側六五間半（約一一七・九メートル）、西側六六間（約一一八・八メートル）、総坪数二七六〇坪九合五勺の面積である。街路に面した両側に屋敷が並び、個々の屋敷の中に間口、奥行、売買価格である沽券金高、地主名、家持名、屋敷の実際の管理者である家守の名が記されている。また、東側一二区画、西側一一区画、合わせて二三区画の屋敷割である。

西側角より三軒目（下向き矢印）、表田舎間五間（田舎間一間が六尺、京間一間が六尺五寸）、裏行田舎間二〇間半が佐次兵衛所有の屋敷となっている。また、佐次兵衛は東側南角より二軒目、表田舎間五間、裏行町並二〇間の土地を所有しており、享保一二年（一七二七）に一七五両で売却している（No. 1576）。町並とは、町の基本設計で定められた二〇間のことである。沽券絵図をみると「地主」「家持」の記載があり、「町内に家屋敷を持っている町人が家持である。しかも町内で土地や家を貸している者は居付地主ともよばれた。これに対し、他町に居住し、土地を町内に所持する者はたんに地主とよぶ」という（『江戸の町役人』より）。佐次兵衛家所有の家屋敷は地主となっていて、当時、相嶋新田開発の資金調達のため屋敷を抵当に入れており、江戸と相嶋新田とを往復していた時期に当たる。

尾張町二丁目の図には圧倒的に「地主」の記載が多く、西側佐次兵衛家の並びには、京都に呉服と糸物の店をもつ嶋田八郎左衛門こと「えびすや」（恵比須屋・蛭子屋・夷屋・戎屋・恵美須屋とも書かれた）が三か所の屋敷を所有していることがわかる。このえびすやは、越後屋・白木屋と並称された店であった。佐次兵衛が延享元年に屋敷を売却する相手も、嶋田八郎左衛門であった。

二　尾張町二丁目の名主

一七世紀の江戸の資料がきわめて乏しいなかで、江戸の市制名鑑、あるいは市制要覧として使用されている『江戸町鑑』（『江戸町鑑集成』第一巻　一九八九刊　編者　加藤　貴）がある。『江戸町鑑』は、元禄二年（一六八九）刊行の「江戸惣鹿子」に収録された名主支配付に求められる。

享保七年（一七二二）、江戸町政の改革により、惣町の名主を一番組〜一七番組に分けた（のち二三番組）。『江戸町鑑』によると、尾張町は六番組で、銀座一・二・三丁目（裏河岸共）と尾張町一（元地）・二丁目、裏河岸三十間堀四・五丁目、元数寄屋町三丁目、銀座四町目裏河岸が名主村田佐兵衛の支配となっている。このように、一人の名主が数町から数十町を支配していたのである（稀に一人一町の場合もある）。

「沽券絵図」では名主佐助支配となっているが、おそらく佐兵衛の息子であろう。このことから、尾張町二丁目に独自の名主はおいていなかったと推測できる。こうした町が多かったのである。「古町」とされた江戸の草創名主たちは、由緒書などによれば、三河・遠江以来の徳川氏と関係があり、出自は武士であった者が多いとされている。井上家文書や文献からは、江戸での名主佐次兵衛の記録は確認されず、今まで伝承されてきた名主佐次兵衛は、事実としてはとらえにくい。

三　地請状（地借状）のこと

江戸初期の主要道路は日本橋本町通りとされていたが、江戸時代中期以降になると、日本橋を起点とする日本橋通りのほうが主要道路になった。その中心部である日本橋通りの尾張町二丁目に、佐次兵衛が寛永二〇年から居住して数年後の慶安四年（一六五一）、捕手などの武術（「俰五身伝」）を修得し、先師制剛流水早長左衛門信正、梶原流梶原源左衛門直景から「兌之状」を受けている。一方で佐次兵衛家は、全国を巡回する高野山各寺院―高野山金剛峯寺千手院などの布教師に、元禄期から、先祖を供養するため「日牌」「月牌」を依頼している。奉公人を雇い、商売も軌道にのっていた時期であったであろう。

ところで、寛永二〇年から一五年後の明暦三年（一六五七）の江戸大火（明暦の大火・振袖火事）で市中の大部分が焼失したとされる。おそらく佐次兵衛家も罹災したものと推測できるが、確認することはできない。

明暦大火を契機とした都市機能の拡大により、江戸の人口も増加した。そして、寛文・元禄期（一六六一～一七〇三）以降、複数の町屋敷を所有する地主が増加し、地主自身が生活の場としている家屋以外は、内部を分割して貸し付け、地代、店賃を受け取るといった「町屋敷経営」が盛んに行われていた。佐次兵衛も、享保期、屋敷地を貸している（表1参照）。「地請状」（地借状）では貸している屋敷地が何処であるかは明記されておらず、この四通の「請状」からは、屋敷地を特定することはできない。同じ屋敷地で借地人だけが変わっているのかもしれないが、「間口五間（約九メートル）、奥行二〇間（約三六・九メートル）、両面屋敷惣塗屋作り立家」（No16）とあることから、裏店もあったことが考えられ、それを貸していたであろうことが推察できる。また、文書に年代が戌とだけ記されているのがある。その書上（No15）を左記する。

「　覚
一山下町鍋島門前角より三軒め南側
表京間五間口裏行京間弐拾間口
沽券ハ六百五十両
一地代ニ而店之者ニ借置候所表店
壱ケ所裏店ニ二ケ所有之候
一塗屋作り手前ニ而立替候所
表店壱ケ所裏店不残立置
申候
一裏之内ニ土蔵地跡並地代ニ而借
置候得共明キ地十弐坪有之候
右店賃並地代共壱ケ月金三両
三分余上り
壱ケ年四十五両余上り高
為入用並家守給共ニ壱ケ年ニ
八両程懸り物引
差引残而三十七両余手内
代金三百七十両売ニ申候
右之通御座候以上　地主外ニ
分一金百両ニ付弐両ヅツ
町中廣メ九両程懸り
戌六月三日
」

山下町鍋島門前（現中央区銀座）南側角より三軒目、間口五間、奥行が町並二〇間の町屋敷、塗り屋作り表店一か所、裏店二か所、

年代	貸主	借主	請　人	地代金	資料番号
享保 6 年 2 月	佐次兵衛	渋谷良竹	加賀町大屋吉兵衛店木口道仙	毎月 28 日限 23 両	N0.66
享保 7 年 4 月	〃	久兵衛	赤坂風呂屋町大和や清兵衛店吉左エ門	〃 42 両（穴蔵共）	N0.68
享保10年10月	〃	渋谷朴庵	竹川町新道大屋平左工門店横谷宗寿	〃 30 両 5 分	N0.36
享保11年 7 月	〃	久兵衛	赤坂新町 3 丁目大屋七郎兵衛店庄兵衛	〃 42 両	N0.76

表1　地請状之事（借地証文）

土蔵地跡を、一か月金三両三分余で貸し、家守給や町入用などの経費を差し引き、一年間で三七両余が収益金であった。その沽券金高（売券状）、つまり、この土地のいわば売買登記価格は六五〇両である。これを三七〇両で売却している。売却に際し、分一金（税の一種、不動産取得税のようなもの）や町内に「広メ」をするための費用を記している。

この文書には地主名や売主名、年代の記載がなく、おそらく佐次兵衛の所有地で、年代は戌から判断すれば、享保三年か一五年であろうか。

四　尾張町二丁目の町礼

家屋敷売買に際し、町内および親類にその旨を披露する「広メ」が必要であった。「広メ」に対し、幕府では享保改革以前から数度にわたり、町礼規制の「触」を出している。

宝永五子年（一七〇八）の「触」を要約すると、

「一　家屋敷の売買にさいし町礼は軽くせよ、前々から「触」を出しているが守られていない。

一　分一金は百両に二両、それ以下の町〻は従来どうりに

一　間口、売買代金、町役に関係なく名主へ銀二枚、五人組へ金弐百疋（百疋は金一分）町中家持一人に鰹節一連にすること……後略」（『御触書寛保集成』一九六七　岩波書店）

これらのことが守られていないことは、名主のけしからぬことであるとしている。

享保九年（一七二四）の尾張町二丁目の「町内定目帳」（No.1）には

家屋鋪売買礼式之覚
一歩一金百両ニ付　金弐両宛
一銀弐枚　名主殿
　扇子壱箱
　鰹節壱連
一真綿　御内方江
一銀壱枚　御子息江
一金壱分　手代江
一金百疋　五人組中江
一銀七匁五分宛　惣持家中江
　鰹節代
一金弐分　右同断江
　扇子代
一金弐両弐分　振舞金也
一金弐分　書役
一金弐朱　髪結
〆金拾両弐分

家督継目
一銀壱枚　名主殿江
　扇子壱箱
一金百疋宛　五人組江
一金弐両弐分　振舞金也
一金弐朱　書役

このように、「家屋敷売買礼式之覚」・「家督継目」に基づき売

買時の「広メ」の記載がある。佐次兵衛家の売買ではないが、一つの例をあげてみると、

「　伊勢屋兵左衛門殿屋鋪売買
　大塚清兵衛殿買申候節
一金四百両　分一金八両也　但銀二ﾒ四百八拾匁也
　但シ町中百弐拾五間半ニ割
　　小間ニ三匁七分ヅツ
此銀高四百六拾四匁三分五り
　残り十五匁六分五り　此銭壱貫百七十文
一金五両　振廻金也
　此ぜに廿弐貫八百六十二文
人数三拾人割　一人ニ付六百八十文ヅツ
　高〆廿貫五百文
　　残り弐貫三百六十二文
一金壱両　扇子代
　此ぜに四貫五百七十文
　人数弐十七人ニ割壱人ニ付百六拾六
　　文ヅツ
高〆四貫五百五十四文　残り十六文ヅツ
三口合残り三貫五百五十二文
　此内訳
　五百文　小右衛門遣ス
　三百文　抱鳶三人遣ス
　三百文　番人三人遣ス
　弐百文　当日相互ニ働ニ付遣ス
　百四十文　分一金切賃五両分
　七十文　ハすカミ（箸紙カ）
　六百文　名主殿家来へ祝義遣ス
　五百廿二文　酒四本
　七百文　肴
　弐百文　内方へ遣ス
〆三貫五百四十六文
卯三月六日

これをみると、分一金などは幕府の「触」に添った形となっている。しかし、振舞金二両二分に対し、「町内定」では倍以上の五両と高額である。これらの「広メ」が町共同体としての基本的関係にあり、町住民の日常に直結していたのである。幕府が数度にわたり「町触」などで町礼規則の取り締りを強化しても、守られることはたやすいことではなかったのであろう。

五　家屋敷売渡の事

徳川八代将軍吉宗は、その治世（一七一六〜一七四五）を通じて幕政の改革を行った。新田開発奨励もその一つである。

享保七寅年（一七二二）七月、日本橋に「諸国御料所又は私領と入組候場所にても、新田ニ可成場所於有之ハ」（『御触書寛保集成』一九三四 岩波書店）と、新田開発奨励の高札が出された。

享保一二年（一七二七）に佐次兵衛が新田開発を目指したきっかけは、この高札によることと、もう一つは江戸の町人千田庄兵衛による影響があったことが考えられる。庄兵衛は花川戸（浅草）に居住し、近江屋庄兵衛を名乗っていた。すでに新田開発を経験

町名	位置	間口	奥行	売渡金額（借入金）	質入年	売主（質置主）	金主	家守（利子）
尾張町2丁目	東側南角2軒目	田舎間5間	町並20間	175両	享保12年11月	佐次兵衛	えいせう・まん	1か月1両3分
同上	西側南角3軒目	田舎間5間	町並20間	450両	元文4年2月	佐次兵衛	卓厳和尚	1か月3両
同上	同上	同上	同上	650両	延享元年4月	佐次兵衛	八郎左衛門	1か月2両3分

表2　家質売渡証文内容

しており、佐次兵衛とは地縁が介在しているものと思われる。しかも庄兵衛は、享保一二年手賀沼開発願人の一人であった（千田庄兵衛についてはのちに述べる）。

この同じ享保一二年、先祖が築き上げた尾張町二丁目の家屋敷を売渡すことになった。「永代売渡申家屋敷之事」（No. 1576）と「家守手形之事」の下書がある（表2参照）。この家質売渡証文には

一当該の地面の位置は尾張町二丁目東側南角より二軒目、間口表田舎間五間、裏行町並二〇間、売渡金額（借入金）一七五両で、「何様の出入」があっても加判の者が責任を負うこと、そして売主（質置主）と五人組、名主が署名され、宛名は金主である。証文には「家守手形之事」（「家守請状」）が並列して記され、質置主佐次兵衛が家守としている。意訳文を次に示す。

「一　えいせう、ほか一人所持の家屋敷についてこの佐次兵衛が預かり、家守を勤めることにいたします。

一　御公儀様の諸法度は借家の者下々まで伝え、何様の六ケ敷ことがあっても、その方には迷惑をおかけしません。佐次兵衛の宗旨は代々浄土宗で目黒に（現品川区上大崎）ある最上寺に間違いありません。寺請状は請人が預かっています。

一　家屋敷において諸勝負事は決して致しません。もし家屋敷を召し上げられるようなことになったら売券状の金子に宿賃を添えて請人（保証人）方へ渡します。

一　町内諸入用等は当方でもち、その上金主二人に宿賃（利子）壱ケ月に金一両三分を毎月晦日に納めます。期間は一ケ年で翌申年（享保十三）十一月には家屋敷を明渡すことにします。宿賃が返済できない時は期日前に明渡します。後日のため、家守手形は以上です。

家守　佐次兵衛

請人　藤右衛門

享保十二年未十一月日

えいせう殿

まん　殿

」

「家守」あるいは「家主」「大家」（差配人）とは、地主に代わって地借人・店借人から地代・店賃を徴収し、これから町の費用を差引いて地主（家持）に渡す役人である。地主から家守給として給料をもらい、そのほか家屋敷売買時の礼金などの収入もあった。自分の借りているところの店賃は免除されていた。地主（家持）の代理人として借地人・店借人を選ぶ権利を持ち、店子の訴訟裁判にも連帯責任を持ち、町の管理運営にあたったのである。

尾張町二丁目東側にある家屋敷は、一か年を期限とし、期限になったら「明渡す」とあって、請状の継続性はなく、一年後には土地を手放すことになる。家守をしていた佐次兵衛は、享保一二年（一七二二）手賀沼開発願人の一人であり、すでに相嶋新田と江戸を時々往復（往復は享保一二〜一六年か）していたようで、所持地の売却は、手賀沼開発に必要な資金調達であろうか。そして、確証はないが、享保一七年頃には家族全員が相嶋新田に移住しているものと思われる。

その十数年後の元文三年（一七三八）、手賀沼開発を幕府に「御普請」願いをするものの埒が明かず、結局「自普請」（用水・堤・道路などの普請を関係村落が自費で施行すること、これに対し「御普請」は幕府・諸藩が公費で施行すること）による開発を願い出た。金主と保証人を立てての計画・願い出であったが、翌四年、金主の不都合により出資できなくなり、困惑した発願人三人の内、中心的役割であった佐次兵衛が、資金の調達に翻弄されることになる。止む得ず、今度は尾張町二丁目西側南角より三軒目を抵当に、四五〇両の借金をする。「永代売渡申家屋敷之事」「家守手形之事」の文面は享保一二年とほぼ同じ形式で、宿賃（利子）は一カ月毎月晦日に金三両の支払いである。単純に計算すると、借金四五〇両に対して月に約七％の利子となる。

その時の心境を佐次兵衛は

「此度尾張町弐丁目寛永廿年より、代々所持仕罷在候家屋敷、私代ニ至借用金仕候義者対先祖江又者町内人々之前、口惜奉存候得共金元……」（No. 1694）と記し、寛永二〇年より居住した家屋敷を私の代で手放すことは、先祖や町内の人々に対しても口惜しいかぎりであると心情を述べている。佐次兵衛の隣に居住する親類にも借金の依頼をして工面する苦しい状況にあった。この段階で西側家屋敷の売渡しには至っておらず、書入（抵当）の段階であった。しかし、五年後の延享元年（一七四四）の時点でも「自普請」による開発工事は完結しておらず、同年、とうとう江戸の家屋敷を六五〇両（沽券金高）で売却することを決心するのである。翌年まで家守を勤め、家賃（利子）二両三分十三匁七分五厘を毎月晦日に支払う約束であった。資金難や水害などによる遅れで工事は長引き、江戸の商人や発願人そして関係村

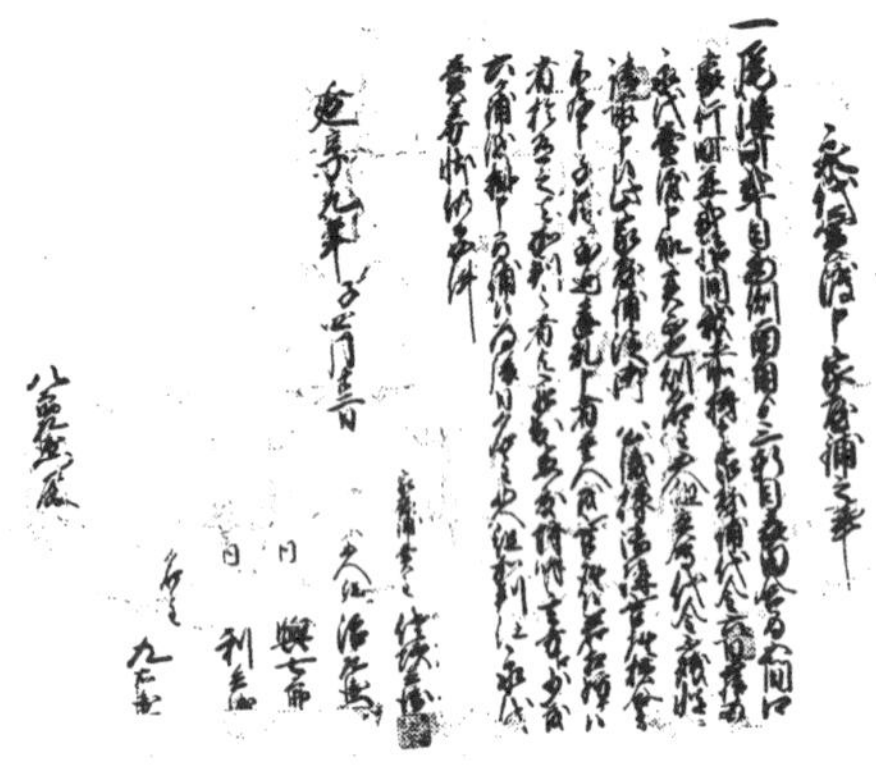

図３　延享元年の永代売渡証文

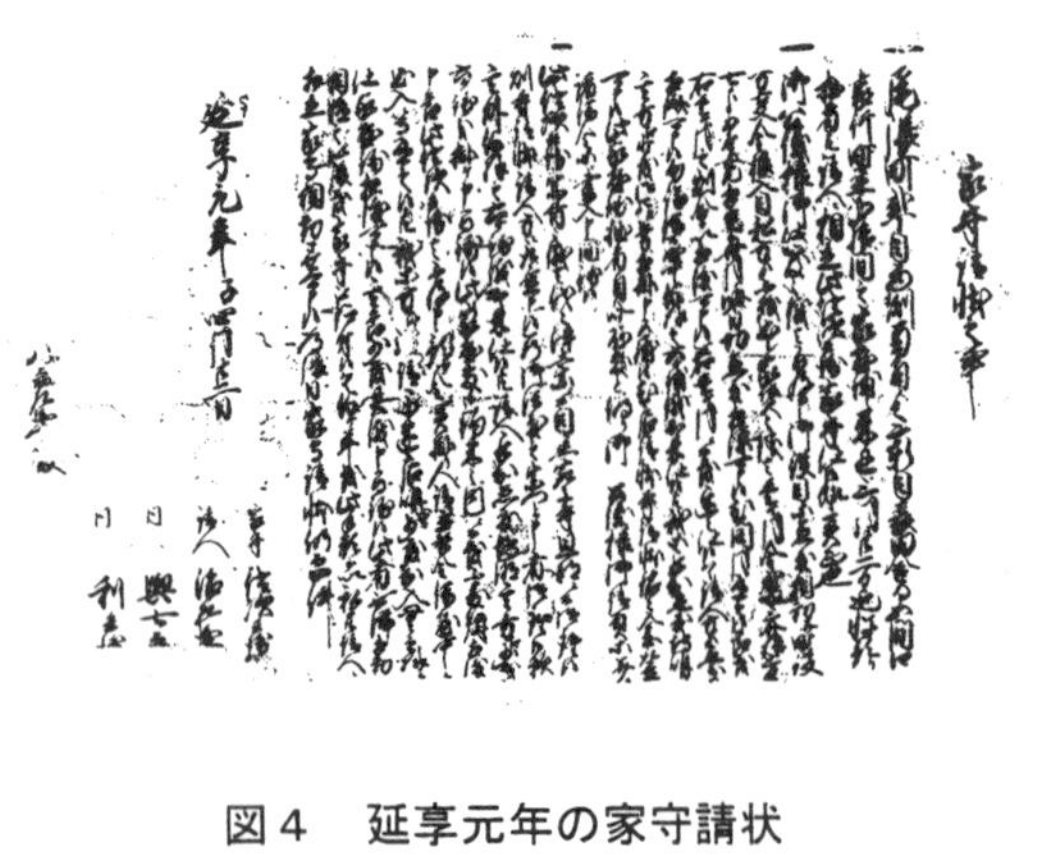

図４　延享元年の家守請状

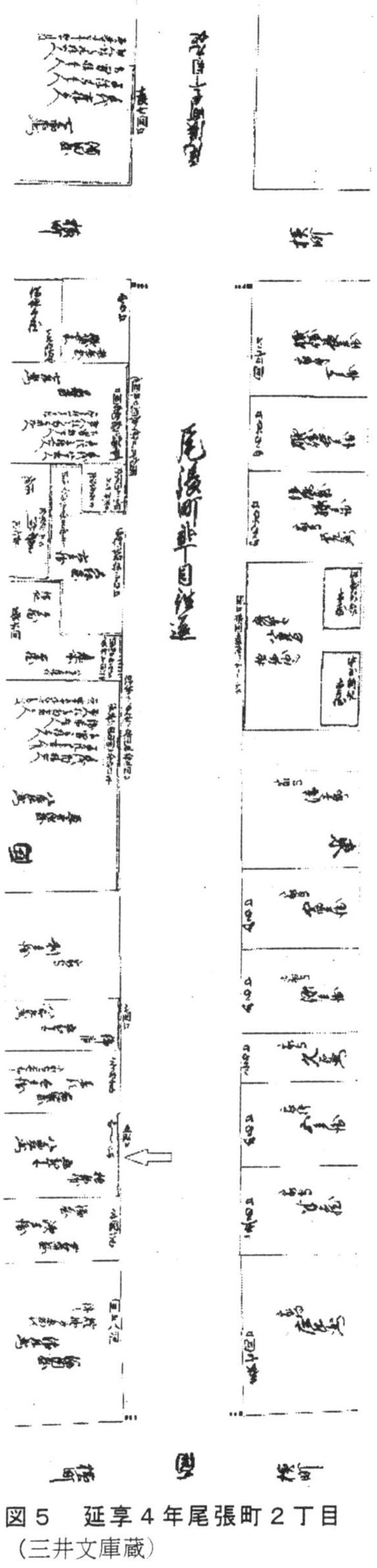

図５　延享４年尾張町２丁目
（三井文庫蔵）

落と、多くの出資者や労力をかけての開発工事であった。佐次兵衛は「自普請」による費用の金策と毎年のように襲ってくる千水損で苦痛を強いられても、逆境にめげず、不屈の精神で奮闘する。相嶋新田開発に本質を究めようという姿勢と可能性がうかがえる。江戸に所有する家屋敷はすべて売却し、相嶋新田開発と同時に、近隣の土地を集積し、相嶋新田名主として村人の信頼も厚く、豪農経営と展開していくのである。

六　手賀沼開発「自普請」による江戸の出資者

千田庄兵衛

「享保八年江戸の町人近江屋庄兵衛並籠屋万蔵、十万坪築地を新田開発すべきよし願ひ上しが、頓てその望に任せられ、三年を歴てその功を終りて千田新田と名付とあり」……（『大日本地誌大系』「御府内備考」昭和六年刊　雄山閣）

　このように、千田新田（現江東区千田・千石・海辺一帯にあたる）は、享保八年（一七二三）千田庄兵衛などによる開発で、享保一〇年に終了している。反別にして二八町六反歩余であった。また、庄兵衛は、元文元年（一七三六）一〇万坪銭の鋳銭を請負っている。元文三年（一七三八）からの「自普請」による相嶋新田開発に大金を出資した江戸の商人で、近江屋という屋号である。布佐村下に新田二町歩を所持していたが、享保一五年、二〇両で布佐村の作右衛門（これは嘉右衛門江譲渡）、八右衛門、惣兵衛へ譲り渡している（No. 1017）。先にも触れたが、佐次兵衛となんらかの関係にあり、影響を受けた佐次兵衛が、新田開発を志すひとつのきっかけとなったのではなかろうか。

　なお、庄兵衛が千田新田開発者であると最初にわかったのは、長谷川一氏の調査による。

井筒屋喜右衛門

　喜右衛門も江戸町人で、相嶋新田自普請時の出資者である。京都における江戸買次問屋の呉服商人で、江戸では室町二丁目に居を構え（家持）、商売をしていた。

島田八郎左衛門（恵比須屋）

えびすやは手賀沼開発時の出資者ではないが、元禄一五年（一七〇二）に尾張町二丁目に開店、呉服・糸物大店商人として名が知られていた。「えびすやも京都衣棚姉小路上ル町に本店を持ち、江戸表に自分店を抱えある分が四十二軒、江戸商内呉服物下しのあるものは十六軒であった。」（『京都の歴史』昭和四八年　学芸出版）

延享四年の尾張町二丁目の「絵図」では、えびすやが四か所の屋敷地を所持しており、奉公人など使用人が多数いることがわかる。佐次兵衛が家屋敷を売り渡したのも、えびす屋であった。（図4参照）

おわりに

平成七年（二〇〇五）より、井上基家文書の解読を湖北座会で始めた。我孫子市社会教育委員会生涯学習部文化課（現　文化・スポーツ課）にある仮目録から、年代順にテキストに使用してきた。同二四年湖北座会が閉会、その後市史研究センターで引き継ぎ、井上家文書解読講座を継続している。文書を読み解く中で、井上家の江戸尾張町居住時の様相を知りたくなり、国会図書館や東京都立中央図書館に数度通った。ある時、都立中央図書館の司書に江戸時代初期の尾張町に関する資料がないか尋ねたところ、しばらくして「これがありますが尾張町は載っているか見てください」と出して下さったのが「中央区沿革図集　京橋篇」（「沽券絵図」）であった。この「沽券絵図」のコピーを手がかりに、銀座まで足をはこんだ。井上家三代まで町人として過ごした辺りも歩いてみた。銀座通りの道幅が現在も江戸時代と変わっていないといわれており、それを実感することができた。

しかし、「沽券絵図」のほか、これといって尾張町に関係する資料が見当たらず、井上家に残されている文書と文献から、尾張町二丁目の家屋敷を売却にいたるまでを触れてみたが、きわめて未熟な研究能力では、なかなか究明することができなかった。また、享保一二年手賀沼開発時発願人の江戸町人は五人ほどであったが、全員の足跡を追うことができなかったことは心残りである。最後になるが、佐次兵衛が新田開発の場所になぜ手賀沼を選んだのか、を考えてみる。

享保期からという大きな時間の経過で、わかるはずもないと思われるが、推測するに、近江出身であるとするならば、身近に琵琶湖があり、それを意識した想いが背景にあったと考えるのは、私だけだろうか。

近江屋佐治兵衛、手賀沼開発に着手す

岡本　和男

井上佐治兵衛徳栄《やすよし》は、江戸尾張町二丁目近江屋四代目である。彼が三代目定玄《さだはる》から家督を譲られたのは、享保一一年（一七二六）五月と推定される。過去帳によれば、死去したのは安永八年（一七七九）一二月六日で九一歳とされているが、家督相続時の文書「實名判像之筮」には「元禄三庚午産」と記されており、これを基にすると九〇歳卒となる。以下、元禄三年（一六九〇）生まれをベースに記述する。享保一一年には、彼は三七歳になっていた。妻は隣家と推定される喜右衛門の娘お甚、長男（庄蔵、後分家して井上藤蔵の元祖となったとされる）は二年前に生まれている。三代目である父と母は健在だが、その母は継母である。家付きの実母は年若くして亡くなったようである。家は東海道筋に面し、店は乾物商とされる。初代が江戸に寛永二〇年（一六四三）に来てから八〇年余りが経っている。以下に徳栄の享保年間を中心に彼のたどった道筋をなぞってみたい。

手賀沼開発に着手

なぜ新田開発を志したか

佐治兵衛が、何時から、何故、手賀沼開発を志したか、それを具体的に示す資料は見つかっていない。しかし、相続した時点で書かれた次の文書は、彼の胸中を示していると考えられる。

「乍恐書付を以御願申上候」（井上基家文書Ⅱ　一五七六）

一私儀、去年春中より両親育兼候段先達而具ニ（つぶさに）御願申上置申候、然所願之通リ御取上ヶ茂無御座、只今ニ至リ殊外難儀仕候、依之又ゝ御願差上申候間、左之通リ御聞届ヶ被遊御慈悲奉願上候

一乾金百四拾弐両　　御用金ニ相立申候
　内　乾金拾両　　帳面ニ請取御座候
　　　新金七両　　請取申候　引残新金五拾九両ニ相見得申候

一乾金弐百四拾五両三分ト六匁五分五厘　惣而太物代金ニ御座候
此新金百弐拾四両三分ト拾匁七分七厘
二口合　新金百八拾参両三分ト拾匁七分七厘ニ御座候

右算用間違之儀茂御座候ハゝ、御屋敷様御控御帳面之通リ御拂被遊可被下候、右金高之内江只今新金百両被下置候様ニ偏ニ御慈悲奉願上候、以上

　享保十一午五月日　　近江屋佐治兵衛 ㊞（㊞の部分が切られている）

御役人衆中様

この文書の御屋敷様が誰か、具体的には不明だが、御用金は大名・旗本などが町人に課した公債と思われ、また金額としては、その倍近い綿や麻織物を指す「太物《ふともの》」を買うのに用立てた合計新金換算一八三両余の金の返済が滞っていて、せめて新金一〇〇両だけでもすぐに返してほしい、と頼んでいるのである（乾金《けんきん》

は裏面に乾の文字の極印が打たれた宝永七年発行の宝永小判と一分金で、新金は享保小判といわれ、金の含量が多いので乾金の約一・九倍の価値がある）。武家も勝手向きは苦しく、商人から強権をもって借りてもなかなか返せない。この文書とは別に、同家文書Ⅱ（一五八七）の「口上之覚」は「下総守」の家来と思われる野村太右衛門、渋谷勘兵衛が近江屋佐次兵衛に出した書状で、佐治兵衛が用立てた金の返済を年賦にしてもらっているが、「御普請お手伝いを仰せ付られ」て、ますます「相続可被致様無之」、せめて卯年から年数を増やして一〇ヶ年年賦に伸ばしてほしいという。卯年は享保八年または二〇年に相当するので、年代からは別件のようであり、佐治兵衛も「こんなことが続いてはたまらない」と思っていたのではないか。

手賀沼開発・岩井組に参加

彼が関係した手賀沼開発は、享保一二年井沢弥惣兵衛の下で幕府入用金により普請が行われ、加納遠江守領分である村々の名主たちが結成した岩井組をはじめ、江戸商人なども開発百姓として参加したものであった。相続の翌年であるこの時点で、徳栄は次に示す資料のように、この開発者たちの仲間入りをしたのであり、相続する前からこれを実地に見聞し、研究していただろうことは想像できる。この資料は井上家にとって下総に居つくことになった記念となる文書であろう。

「譲渡文之事」（井上基家文書八一二）

一総州手賀沼御新田開発之儀、岩井村組會ニ而、我等御請所仲間割壱人分割合地所之次第屋敷地共ニ、我等不勝手ニ付、此度貴殿方江名代共相譲申候事

一右御新田御請地壱人分之割合、不残貴殿方江相譲申候ニ付、諸入目為祝儀金ㇳ金弐拾弐両ニ相定、則金子不残慥請取申候所実正御座候、依之岩井組願主仲間加判進達申候事

一右我等御請所貴殿方江相譲申段、此地所ニ付外より構無御座候、為其願主連判進達申候事

右之通相定、尤御新田御奉行伊沢弥惣兵衛様江御披露仕、譲渡文御役所江差上置申候、然上者此御新田ニ付諸親類者不及申子々孫々迄違乱申者無御座候、若万々一違乱申者御座候ハヽ、證人之我々何方迄も罷出急度埒明其方江少茂御苦労掛ヶ申間敷候、為後日譲渡文仍而如件

享保十二年未十二月二日

譲主 清兵衛㊞
證人 義平太㊞
仲間證人 久左衛門㊞
同 伊左衛門㊞
同 市郎兵衛㊞
同 忠右衛門㊞
同 作兵衛㊞

六兵衛殿
佐治兵衛殿

一我等御請所、当春相定候者急金才覚ニ付、仲間割金弐人前連判證文を以請取候へ共、半人分者惣仲間へ差出、半人分者藤田丈庵へ先達而相議、残而壱人分貴殿へ相譲申候、依如件

十二月二日　清兵衛㊞

六兵衛殿　　　　　　義平太㊞
佐治兵衛殿

「覚」（井上基家文書七五）
合金弐両者御新田相譲候地代金内也
右者三月節句前定之分地代金請取申所実正也、来ル五月相済候
節、元請文と引替可申、為後日仍如件
享保十三年申三月二日　　　　清兵衛㊞
春日　義平太㊞
近江屋六兵衛殿
佐治兵衛殿

清兵衛（相模屋）、義平太（春日屋）は江戸の商人と思われる。享保一二年春に二人分で岩井組に参加したが、一人分を佐治兵衛へ、残りの内、半分は仲間全員へ、半分は藤田丈庵へ譲るという。同一三年五月に代金を佐治兵衛は完済したのであろう。文書八二に記されている二二両は祝儀金としてであって、地代金は如何ほどであったか記載文書はない。あるいはその二二両がその地代なのかもしれない。そして、この一人前につき、既に組仲間である五人の者たちが佐治兵衛を仲間として迎え、御新田御奉行井沢弥惣兵衛役所へ正式に届けるとしている。また、清兵衛、義平太が抜けた後に佐治兵衛、藤田丈庵（但し半人分）が仲間になることになって、仲間数は七人のままとなる。前出の二文書に「六兵衛」の名がある。この名は佐治兵衛家では当主が隠居した後に名乗る名であることから、徳栄の父、定玄である。定玄は家督を譲ったが、後見人とみなされていたようだ。或いは定玄は新田株を譲渡した相模屋、春日屋と親しかったのかもしれない。

享保一二、一三年の植付は、二年とも出水により稲毛は皆損となった。同一四年一〇月「下総国相馬郡岩井組拾人手賀沼新田作米之六分納辻」（井上基家文書二九九と二八四）には、田畑合わせて二四〇町一反二歩の請地で取れた米や麦の六〇％を新田の御普請料として上納が義務づけられ、翌一五年正月に金二七両永三十七文八分を皆済している。同一五年の収穫に対しての六分納辻は、金一五両二分永一〇四文六分となっている。前年に比して作柄が悪かったのであろう。田は前年より四反二畝増え、二三八町三反六畝二歩、畑は変わらず二町一反六畝の反別であった。

実際の収穫については、同家文書一六七七「乍恐以書付を奉願上候」というのちに自普請を願い出た時の文書に、手賀沼御新田年貢納一二か年の状況が表1のように記されている。皆水損ばかりが目立つ。

享保12	未	皆水損
13	申	皆水損
14	酉	御取箇付六分米納
15	戌	御取箇付六分米納
16	亥	皆水損
17	子	水腐ニ而少々御取箇付
18	丑	御取箇付
19	寅	皆水損
20	卯	水腐ニ而少々御取箇付
元文1	辰	皆水損
2	巳	皆水損
3	午	皆水損

表1　手賀沼新田収穫の状況

開発人たち

次に享保一五年に行われた「御水帳写　手賀沼古新田之内下総国相嶋新田検地帳」（井上基家文書一〇四五）を見てみる。これは字「堀前」、「堀向」の分で、この時点で既に開発済になっていたところである。おそらく、寛文期から進められた新開の田畑であったのだろう、この時期に正式に高の定まる検地が行われたものと思われる。堀前の田四反三畝六歩、畑六反一八歩、屋敷一二歩、堀向の田一町四反四畝六歩、畑なしの分であった。検地役人は御殿詰御勘定組頭・小出加兵衛、御勘定組頭・八木清五郎、御勘定・原田定四郎、同遠藤又三郎で、他に下役、帳付として八名が役にあたって、勘定奉行の筧重賢播磨守に報告している。

　この時に案内役としては布佐村の又左衛門、源左衛門他四人の村役人が対応している。検地帳にはこのほかに「ご案内には罷り出でず候えども、地所買受人に付、印形仕り候」として、九名の名が記されている。順に次のようである。（（　）内は筆者注記）

忠右衛門　（相馬郡立木村名主、立木村は文間村となり現在茨城県北相馬郡利根町）

伊左衛門　（相馬郡山王村名主、山王村は藤代町に合併後、現在取手市）

久左衛門　（相馬郡岩井村名主、岩井村は沼南町に合併後、現在柏市）

佐治兵衛　（江戸尾張町二丁目、近江屋）

甚右衛門　（江戸尾張町二丁目か、佐次兵衛の店の斜め向かいに家守甚右衛門の名がある）

久兵衛　（江戸井筒屋）

惣十郎　（宗十郎トモ、江戸）

庄兵衛　（江戸浅草花川戸、千田庄兵衛カ、本書品田制子さんの稿参照）

市郎兵衛　（岩井村）

　ここには名が記されていないが、最初に取り上げた文書に記名のあった作兵衛（羽中村名主、羽中村は東文間村となり現在利根町）は、この時点ではもう仲間から抜けたようだ。前年の享保一四年の前述の文書には岩井組拾人とあって、作兵衛を加えてちょうど一〇人の請負になっていたからである。

　この岩井組に関して、清水千賀子さんに教えて頂いた文書がある。それは本書に記述のある布佐・増田惣兵衛家の文書群の中にある、「享保一六年亥四月下総国相馬郡御検地野帳写」という同家文書二一九である。惣兵衛が布佐の八右衛門、作右衛門とで検地野帳を写したものである。そこには初めに触れたように、加納遠江守領分の岩井村名主久左衛門以下四人の同領分の名主たちに、領主の加納久通が、仁賢をもって開発請負を斡旋したと噂していた様子が記されている。加納久通は、幕閣と将軍の間にあって重要事項を取り次ぐ役目の御側御用取次で、のちの延享二年（一七四五）に、隠居した吉宗が移った西ノ丸若年寄に就任している。手賀沼開発を幕府が進めようとしていることをいち早く知っていたのである。なお、検地は享保一六年にも行われ、手賀沼全域の反高二四七町歩余を定めている。（各新田内訳については中村勝『手賀沼開発の虚実』二〇一五年三月　たけしま出版刊を参照されたい。）

　惣兵衛のこの文書によれば、岩井組が二四〇町一反二畝、他に一三人の地主が四八町四反八畝二〇歩を有したことになっている。この分はおそらく岩井組所有の内数であろう。すでに享保一五年の相嶋新田古新田の買請人には庄次郎（相嶋新田）、庄三郎、五郎左衛門（布佐村）などの名が含まれており、今述べた一三人の中の人たちである。他にも惣兵衛の文書に見える人は半兵衛（布佐村伊丹屋）、二郎兵衛、二郎右衛門、惣兵衛、八右衛門、作右衛門（以上布佐村）、布瀬村の福蔵院、与右衛門らである。これらの人は、岩井組のメンバーから開発地を譲り受けたのであろう。井上家の文書にその証文が残されている。つまり、享保一六年には、開発地での地主の数は二〇名を超える状態になっていたのである。

なお、惣兵衛のこの文書には「記録」として手賀沼新田開発当初のことが記され、享保一四年から一九年にかけて、惣兵衛自身も岩井組の庄兵衛や忠右衛門から開発地を譲り受けたことが記されている。そしてそのあとに、佐治兵衛は江戸から新開に参加したところ、「惣兵衛家に落ち着き、仮宅にて手賀沼に請地した。そして相嶋新田の六軒堀という所に家を建てたが、水害で亡失し現在地に屋敷替えした」趣旨が書かれている。この記録は当時の惣兵衛の筆になるか疑問で、新築した家が流されたのが事実としても、それは何時のことだったのかはっきりしない。

享保一六年〜一八年の「新田覚扣《控》帳」（井上基家文書一一、小横帳四六枚）

この新田開発時の記録帳は、佐治兵衛が享保一六年一月から同一八年六月までの、日々の活動を文字通りメモとした帳面である。以下「覚帳」と略す。生の記録のため読みにくいが、何度も見返し整理していくと、彼のそばにいて自分も一緒に行動しているような気になってくる。とても貴重な記録だと思う。ここでは、その日々の中で新田と江戸の往復、新田地での家作について考えてみたい。

各新田の古新田位置図（我孫子町 S30地形図を使用）

新田と江戸を行ったり来たり

二年半の間に両地を九往復している様子を表2に示す。

佐治兵衛はこの間、両親家族を江戸に残し、いわば単身赴任の生活である。新田にいるとき必要な金は、主に小兵衛という手代と思われるものに両の単位で届けさせる。江戸への飛脚役は相嶋新田に住まう庄次郎が夫として立つ。庄次郎は佐治兵衛の股肱の臣のようである。彼は、延享二年の相嶋新田宗門人別御改書上帳(井上基家文書六九三)によると、享保一二年に佐治兵衛と同時期に新田開発にやってきた人である。生国は駿河の藤枝、歳は帳面のうえでは佐治兵衛の一つ上だが、佐次兵衛の歳は人別帳で常に四歳以上、はじめに述べた基準から下回って書かれているので、実際は三つ以上年下であった可能性が高い。この「覚帳」では終始佐治兵衛の手伝いとして登場する。後で述べるが、享保一五年には既にこの相嶋新田に住んでいた。

他に勘十郎という人が同一七年から下男として雇われ、また下女も始め一人「つま」が、後にさらに「さん」が雇われている。それぞれ別の人が人主《ひとぬし》(保証人)になっている。ともに一両から一両二分の年給金である。

一方、江戸にある佐次兵衛の屋敷は岩井組の江戸出張所の役目も果たしていたようで、享保一六年の六月には、「上沼御新田御普請願」書の提出のため、開発方と勘定方役所へ岩井村市郎兵衛、沖田村宇兵衛が宿泊して出願しており、市郎兵衛は六月末に二泊、

年・月	江戸新田	主な記事
享保16・1		
2		
3		江戸仲間と六分米上納、皆済
4		屋敷願提出、検地開始
5		
6		堤築立、道普請/新田普請願役所へ
7		井沢役所へ追願、首尾良し
8		
9		
10		
11		田地買請、家手付金地代払い
12		
享保17・1		
2		家大工、材木払い、種籾用意、女中雇
3		種籾ご拝借、売払って換金
4		大工払い
5		家財道具着、女中雇、用水堀もく浚い
閏5		夫食金入樋普請代へ、稲植付報告
6		大水、人足酒代、出水飛脚
7		出水入用払い、舟普請始め
8		畑地買、御検見、雇人給金貸
9		舟完成、
10		雇人給金
11		年貢金年番名主へ
12		江戸よりもち米積送り、雇人再雇用
享保18・1		
2		五郎左衛門と出入、古新田屋敷地譲請
3		
4		年貢御免願
5		
6		植付書上提出

表2　江戸・手賀沼新田往復の記録

登場人物		敬称	回数
忠右衛門	開発願主	殿	18
庄次郎	隣人	ナシ	16
小兵衛	江戸金庫番	ナシ	15
甚右衛門	開発願主	殿	15
伊左衛門	開発願主	殿	14
拙者	佐治兵衛	ナシ	14
勘十郎	下男	ナシ	13
惣左衛門	浅間前住人	ナシ	13
市郎兵衛	開発願主	殿	11
半之亟	山根隣人	殿	10
久兵衛	開発願主	殿	6
さん	下女	ナシ	6
伝兵衛	下女口利き	ナシ	6

表3　帳面に出てくる人物(回数順)

七月にも三泊している。七月末は江戸の庄兵衛、甚右衛門と三人で井沢役所へ追願を行い、「首尾能く候」などの記載がある。

参考にこの「覚帳」に登場する人物の数は七七名、多く出てくる人物を表にすると、一〇回以上が一〇人いる（表3）。

前に述べた増田惣兵衛の文書にあったように、佐次兵衛は当初、惣兵衛の世話を受けて惣兵衛家か、惣兵衛所有の別の一軒を借りていたように思える。ただ、家賃などの出費はこの「覚帳」には載っていないので、小家を買い取ったのだろうか。

この「覚帳」には不思議な人物が登場する。それは山根半之丞である。山根または山ノは、この辺の土地の人が布佐村の新田に面した一定の場所を示す通称で、惣兵衛の住んでいた場所がそれにあたる。半之丞には佐治兵衛が新田から江戸へ戻る際に、仲間の地主たちに渡すべき金や、種々の入用金を預け、必要に応じて渡してもらったり、時には印鑑も預けたりしている。よほど信頼していた人のようである。帳面の中では、開発願主仲間や周囲の名主連には名の後に「殿」を付けているが、この人には半之丞殿である。庄次郎には殿はつけていない。

増田惣兵衛家の貞享二年（一六八五）起筆の「世代記録帳」（増田惣兵衛家文書一四八）によれば、同家三代目中興開基とされる「迪岸確道清誉居士」は、「万事の事家へ孝を立て、物事正直にして、仁心あり、万事に行き届き、世上の人が勘者といって尊敬された」人であったという。この人の代に手賀沼開発に関係し、発明な人として佐治兵衛が頼ったのであり、「佐次兵衛家とわが家は親類同然に互いに暮し合うべく遺言あり」と記されている。この人の若名は「源之丞」といい、安永三年（一七七四）五月に八四歳で亡くなったという。計算すると元禄四年（一六九一）生まれになる。佐治兵衛より一つ下ということになる。この記録帳は同じ書き手が八代目の惣兵衛まで記している（但し安政五年没の戒名は別の筆である）。筆者はこの若名記載が誤りであったのではないかと考えている。つまり、源之丞ではなく半之丞だったのではないか。佐治兵衛が信頼を置いた優れた人であり、頼みやすい歳かっこうを考えるとこの人しかいない。先に記したように、惣兵衛が岩井組の庄兵衛や忠右衛門から請地の一部を譲り受けたのも、実際は半之丞に対してだったように思える。

屋敷を建てる

次に、佐次兵衛は江戸と新田を何度も往復し、新田に滞在している期間も長いことから、どこに住まいしていたのだろうか。

この「覚帳」の記事の中の宿泊、家作に関する記事を、表4のように抜き書きしてみた。これが先述の増田惣兵衛家文書にある家亡失の記述と、どう関わるのかである。

これを見ると、佐治兵衛は享保一六年四月に新田役所に屋敷願を出しており、この段階では仮宅があったとしても、自宅はなかったことが分かる。六月、一一月は宿賃を払って止宿している。ただこれは珍しく、宿賃の記述のあるのは他にはない。「仮宅」の存在をうかがわせており、翌一七年の三月の十日間の「山根に逗留」は、これをにおわせる。そして「大工」の文字が同一七年四〜六月にかけて見え、この間材木、萱、わら、むしろなどの記載もある。五月六日に江戸から舟荷物が届けられ、いよいよこのころが新居の完工と思われる。

問題はどこに建てたのかである。結論を言えば「六軒堀」なの

享保	月	日	記事
16亥	4		(江戸で)屋敷願出候節入用一分余
	6	12	道5筋工事分1貫文、(堤)築当人足代150文払い。(浅間前惣左衛門宅に止宿カ)
	11	13	浅間前忠三郎へ家代手付金弐分預け、惣左衛門に麦の種肥やし鳥代496文と宿賃200文渡
	11	13	浅間前忠三郎へ家地代(伝左衛門へ渡す分)金弐朱預け
17子	2	11	江戸より着、浅間前名主太郎左衛門へ大工分渡す、地引籠、わら代中里より人足駄賃惣左衛門へ、江戸へ飛脚、半之丞殿へ米わら代払い、味噌酒代、香奠、大根、酒樽、塩代など支払
	2		家代金壱両中里太郎右衛門へ(口入浅間前傳左衛門)残壱分3/20払い(材木か)
	3		女つま2～12月雇い、請人六左衛門、人主傳兵衛。山根惣兵衛へ萱代預け
	3	4	金壱両三分普請材木大工手間飯米代
	3	18	江戸出立、山根に逗留(3/18～28)
	3	28	金四両三分弐朱山根ニ罷有節、普請諸入用大工かや手板日用諸懸入用ニ拂、この内壱貫132文半之亟殿へ銭預け分也、江戸へ帰宅、朝五ツ時より江戸中大火事
	4	25	むしろ20枚、4月中大工へ金弐朱山根より渡ス
	4	26	壱貫文大工殿へ渡ス、4月中ほかに2朱山根より
	4	29	3貫331文大工日用飯米共入用立替分、山根半之丞殿へ拂
	5	6	荷物江戸より舟ちん壱分拂、舟主喜平治渡ス(家建築資材や家財道具か)
	6	9	大工平八6/7-9分遣ス(3人分)、山根から唐麦借り分〆壱石三斗三升五合
	6	15	江戸表へ飛脚代40文、「戸根川満水ニ付植付置候、稲毛古新田新々田共ニ地低之場所水腐多ク相見へ候ニ付御訴申上候、六月五日も満水ニ御座候発作惣打。」八木清五郎様御役所御訴申上候
	7	6	舟普請入用岩井市郎兵衛殿へ700文
	7	9	45文取手市町で行灯買いに庄二郎45文
	7	11	7文立替、六間水入用七郎兵衛へ
	7	13	336文明俵21俵六間樋口御用分諸色酒代共に七郎兵衛殿へ
	9	16	舟代金壱分岩井市郎兵衛、船代全て済(船作り完了)山根半之丞殿へ頼遣シ申候分
	12	10	江戸より金弐両持参申候て平七殿・甚右衛門殿より頼まれ分金二分ト銭一貫77文、四斗弐升入餅米弐俵・外に切ちん82文・上わた16文使い。残り金壱分ト65文預かり置き。布川屋庄左衛門殿迠積送り、布川の傳右衛門舟ニ送り遣ス。舟ちんはしけ　江戸拂之筈
18丑	2		金壱両弐朱、相嶋古新田屋敷地久左衛門分、拙者江相譲り申候所実正也、内割田九畝歩、内割畑二畝十五歩、岩井村地主久左衛門、證人伊左衛門、年番名主市郎兵衛・忠右衛門

表４　享保16－18年の佐治兵衛・家作、宿泊関係記事の抜き書き

か不明である。ただ、はっきりしているのは現在地ではなかったろうという点である。それは、前に示した享保一五年の相嶋新田古新田検地帳の中に証拠がある。

新田地図に示した字堀前は一町歩ほどの面積だが、ここの一六番に屋敷地が一つあり、長さ六間横二間で一二坪、所有者は庄次郎であった。その位置は西側は二間幅の浅間前地境際道、北側は一間三尺幅の布佐村地境通道に面し、四方に二尺の小道がある。その位置は現在の井上家住宅のある敷地、浅間前と相嶋の境で布佐との境の道に面してもいるところにぴたりとあたっているのである。佐治兵衛が屋敷を建てる願書は翌一六年四月に出したのだから、ここに建てるとしたものとの想定も成り立つが、同年一一月に地代金を伝左衛門に払っている（それも二朱）ので、無理がある。

したがって、この建設地は六軒堀の方と考える方がよい。この場所を探すと、『我孫子市史資料近世篇Ｉ』付図の布佐村切絵図の最東端に木下・安食方面へ抜ける街道は、「相嶋新田境」で切れている。一方、相嶋新田の切絵図には小さく飛び地が描かれ、北から利根川、新堤、街道、宅地または畑、田地の存在が見て取れる。おそらく、ここが相嶋新田の六軒堀という場所に違いない。確かに大森村地の六軒川（六間川）と六間入樋に近い。六軒川に通じる水路も図にはある。新居完成の直後、享保一七年七月には舟の製作を岩井村の市郎兵衛に頼み、九月に完成している。沼への交通手段にしようとしたのではないか。

　もし、この仮定に立てば、折角建てた新居は程なく水害にあって流亡してしまったことになる。享保一七年六月、佐次兵衛は飛脚を立てて八木清五郎役所あて、利根川満水のため閏五月に報告したばかりの植えつけた稲毛が水腐に陥ったむね、急ぎ報告している。七月にも水害対応の六間水入用、明俵（空俵、土を詰め土俵にして水害防御に使う）二一俵、樋口御用、諸色酒代などの記載があり、洪水の被害を新宅の近くで体験した。入樋が壊れたら新田も新居も危ないことを身をもって感得したのではないか。そして、翌一八年二月に相嶋新田の古新田屋敷地を岩井村久左衛門から譲り受けて準備したのではないだろうか。この享保一八年は幸い豊作となったが、一九年から五年続いて水害に遭って、いよいよ開発は危機に瀕する。この間に佐治兵衛は、増田惣兵衛の文書にあるように失った家を古新田の方に建直したと考えられる。現在地は庄次郎から宅地交換をしたものか。ただし文書はない。

和年	西暦	年齢	宗門人別改帳の記載（毎年3月に書付）				
		元禄3生	徳栄	徳栄年齢差	徳栄父定玄	徳栄母	徳栄妻
元禄3	1690	1	（生誕）			(3)	
9	1696	7	（最上寺に墓建立）				
15	1702	13			（三代目相続）	(15)	
正徳3	1713	24			（二代目死）	(26)	
享保8							（ちょう生）
9	1724						（庄蔵生）
11	1726	37	（四代目跡目相続）			(39)	
16	1731	42				(44)	（鉄之助生）
元文2	1737	48			（死去）		
3	1738	49	43	6		52(ママ)	35
5	1740	51	45	6		53	37
寛保3	1743	54	48	6		56	40
延享3	1746	57	51	6		59	43
4	1747	58				（死去）	
寛延3	1750	61	55	6			47（死去）
宝暦2	1752	63	57	6			
3	1753	64	58	6			
5	1755	66	62	4			
12	1762	73	69	4			
明和7	1770	81	77	4			
8	1771	82	78	4			
安永1	1772	83	明和9.3.23徳栄隠居六兵衛となり佐平次跡継ぐ				
2	1773	84	80	4			
3	1774	85	82	3			
4	1775	86	86	0			
5	1776	87	87	0			

表５　佐治兵衛徳栄の生涯

　この時期、享保一九年一〇月手賀沼縁新田、本村下の名主三九名が連名して、井沢弥惣兵衛宛てに手賀沼の水を直接江戸湾へ抜く、掘割御普請を請願している。これが手賀沼水害の抜本策であったことは、昭和の戦争で中断、中止になった利根川放水路計画でも示されている。しかし、財源、技術両面で手賀沼放水路開削は幻のまま終わった（『湖北に生きる―「湖北座会」三〇年の歩み』、拙稿、「幻の手賀沼放水路」参照）。


　ところで、他の地主たちはどうしていたのだろうか。今回の手賀沼新田開発は主に下沼地域で、特に相嶋新田が主眼になっている。手賀沼周辺の地主（岩井村や羽中村）は良いが、立木村忠右衛門、山王村伊左衛門は少々遠い。

　江戸の住人たちは、言うまでもなく、自家を持つか宿泊先を求めなければならない。これに対する資料は全くないが、江戸の住人たちは、「覚帳」を見る限り、佐治兵衛がすべて代理を務めていたようで、検地立会いすらやってきた様子はない。岩井組には年番名主がおり、これを加納遠江守領分名主と佐治兵衛が交代で務めていた。年番名主の時はなるべく現地にいなければならない。

忠右衛門や伊左衛門は屋敷を持っていたのではないだろうか。前記した久左衛門は検地以降に屋敷地を持っていたので、彼らも同様に相嶋新田の古新田に屋敷地を確保したのか。享保一五年四月の「布佐下検地野帳写三河屋佐平次分」(井上基家文書一〇七四)を見ると、九～一二坪の屋敷地が五軒ある。佐平次一人請の場所である。これには名請人が記されていないが、あるいはそこかもしれない。他に浅間前や布佐下の新田があるが、浅間前には享保一五年の段階では彼らに所有地はない。

相嶋に根を張る

最後に、佐治兵衛徳栄の家族はいつ頃この地に引き移ってきたのか。

四四歳だった享保一八年(一七三三)、江戸には、父歳不明、母四六歳、妻お甚三〇歳、長女ちょう一一歳、長男庄蔵一〇歳、次男鉄之助三歳がいた。父定玄は元文二年(一七三七)八月に江戸で亡くなった。相嶋新田の宗門人別改帳(名主佐治兵衛の控)は元文三年が最初であり、これに今記した父を除く家族と、享保二〇年に生まれた三男卯八が載っている。母を除く家族は、享保一八年夏以降で、元文元年秋以前の三年間の内に相嶋に新たに建てられた屋敷に越してきたようである。定玄が残した唯一で年代不明の手紙からそれが分かる(井上基家文書Ⅱ一七九一)。徳栄から麦、小豆、他が江戸に送られて来た礼状で、屋敷内の長屋の壁を三度も塗り替えたこと、町内入用出銭の多いことなどを家守の半兵衛殿が言っていた。来月には徳栄が来るとも言っていて、楽しみに待っている、こちらには望むことなどなく、お甚へもよろしく伝えてくれと俗名の伝左衛門の名で九月二八日に出されたもので、元文元年か、それ以前と推定できる。母は父定玄の死後、この地にやってきたのではないかと思う。

不思議なことに、人別帳で名主になった徳栄の年令は暦年で一つずつ増えない時期がある。表5中、「徳栄年令差」の欄を見ると、元文三年から宝暦三年までの間、実際より六歳も若く、書き入れている。その後は差は四歳となり、家督を譲った後はやがて零になる。想像するに、母との年令差二歳はいかにも異常なので、わざと八～九歳下と記入したのではなかろうか。その後、妻も亡くなってようやく少しずつ修正したものか。細かいところにも気を使い、かつ知らん顔のできる人だったようだ。

しかし、元文三年に始める手賀沼御新田自普請願いの惣代として、彼がこれ以降見せる粘り強さ、豪胆さには目を見張るべきものがあり、やがて江戸の屋敷を手放してでも成就させたいとの覚悟を示すのである。とはいえ、一方では新田ばかりではなく、布佐村をはじめとする旧村で田畑を次々と譲り受け、多くの小作人を抱える大百姓になっていくのである(「享保一七年田畑譲り請反別書抜布佐村分」〔同家文書三四九〕、「延享三年地所譲り主初発より改覚帳」〔同家文書一二七六〕など)。ここが、利のみに長けて変わり身が早く、少々の損でさっと引き上げていった、他の江戸商人たちと大きく違うところであった。

享保期における湖沼干拓
―我孫子市周辺を中心に―

山崎　章藏

はじめに

享保期（一七一六～一七三六）の八代将軍徳川吉宗による幕政改革、いわゆる享保改革の中心的課題のひとつは、幕府財政の再建であった。その方策として採りあげられたのが、年貢増徴と新田開発の奨励である。享保七年（一七二二）に新田開発奨励の高札が江戸日本橋に立てられた。それを契機に、手賀沼、印旛沼、飯沼（現常総市・坂東市）、牛久沼（現牛久市）、見沼（現さいたま市）において、湖沼干拓が一斉にはじまる。

『日本地主制史研究』の大石慎三郎論文には「江戸時代の新田開発の多くは、河川下流デルタ地帯の低湿地に堤を築き、排水口を設けるとか、湖沼に排水溝を造って水を落とすとか、水不足の荒地に用水路を引いてくるように、その土地を新たに耕地化する基礎条件をつくることであって、現実に一筆一筆の耕地を開くことではない」と新田開発の意味を説明している。

以下、我孫子市と周辺地域での新田開発および湖沼干拓において、それぞれが相互に連関していた事柄を考察したい。

関東流（伊奈流）の工事

関東流の治水・利水の工法は、伊奈備前守忠次《ただつぐ》によって考案されたといわれ、工事は河川中流域の低湿地を中心におこなわれている。その特徴は、乱流する河川を整理した後に、下流域の洪水量を調節するため、多くの溜池（遊水地）を中流域に築造するもので、さらに、霞堤などの不連続の堤防と遊水施設によって洪水を堤内地へあえて氾濫させて受け流すことで、破堤を防いでいた。

利根川水系の治水工事は、文禄三年（一五九四）川俣《かわまた》（現埼玉県羽生市）で堤を築造して会《あい》の川を締切ったことからはじまり、一連の利根川の東遷工事がおこなわれる。その目的は、江戸の水害対策、東北から江戸への廻米航路の確保、船運による商品流通の促進であった。

寛永六年（一六二九）、伊奈忠治《ただはる》（忠次二男）は、鬼怒川と小貝川の流路の分離をおこない、翌年には岡堰築造を手掛ける。それらの治水・利水工事により、鬼怒・小貝川下流域に広がる氾濫原や低湿地の開発がすすむ。周辺地域では本格的な新田開発が可能になり、「谷原三万石」・「相馬二万石」などの新耕作地が生まれてくる。

寛永七年（一六三〇）に利根川の布佐・布川間における狭窄部を拡張するなど、東遷工事が継続的におこなわれ、承応三年（一六五四）赤堀川《あかぼりがわ》の幅員拡大により完成をみている。

寛文二年（一六六二）、伊奈忠克《ただかつ》（忠治の子）は、利根川の布佐と布川間を締切り、押付《おっつけ》新田（現茨城県利根町）から下総国香取郡神栖駄《かみすだ》村（現茨城県稲敷市）先の霞ヶ浦まで、延長三五キロにおよぶ水路を開削する。同六年（一六六六）に完工して新利根川とよばれる。

開削の目的は、流路変更により利根川下流域の流水量を減らし、水害の防止と手賀沼・印旛沼干拓の推進を図り、東北方面からの舟運の航行距離の短縮と航路の安全を確保することであった。

新利根川は流路が直線的で流れが速く、渇水期には水量が不足して水深も浅く航行が難しく、その上に新利根川沿いの村々では、旱害や水害が頻繁に発生するようになっていた。寛文九年（一六六九）、布佐と布川間の締切りはとり払われ、利根川の流れが開削前の流路に戻され、新利根川構想は失敗に終わっている。

同一一年（一六七一）海野屋作兵衛などにより手賀沼開発がはじまる。利根川土堤下の入樋から排水していた沼水を、新しく水路を掘削して印旛沼へ排水することが計画される。まず新水路を利根川本流沿いに、竹袋村木下《きおろし》から平岡村、枝利根川（現将監川）南の小林村（現印西市）まで掘削する。さらに南へ物木村、笠神村（現本埜《もとの》村）へと掘削して、手賀沼とのわずかな水位差を利用して印旛沼へ落とすものであった。しかし、計画はたびたび洪水で破壊され、遅々としてすすまなかった。

開発の適地としての内陸湖沼

江戸時代前期における東日本の新田開発には、本格的な湖沼干拓が少ない。その多くは治水を目的にしたものか、湖沼縁辺でみられる排水路を掘削し、干上がった一部分の土地を干拓したものであった。

関東流での湖沼干拓の成功例に、寛文九年（一六六九）の九十九里・椿海《つばきうみ》干拓（現旭市）がある。椿海は河川から全く独立した湖沼であったが、干拓は関東流の技術の粋をあつめておこなわれ、干潟八万石とよばれる大規模な新開発地の完成をみる。

新田開発は、近世初頭以来すでに活発に進行し、享保期までに開発可能なところは、当時の技術と社会状況のもとでほぼ開発しつくされていた。残された開拓の適地は、畑地新田か内陸湖沼（沼沢地）ぐらいで、その開発には大規模な資金と政治的な支援を必要としていた。その間に、湖沼干拓は段階的に関東流の工法から井沢弥惣兵衛為永（以下為永と略）の紀州流へ転換され、その工法が各地で展開される。

我孫子周辺の手賀沼・印旛沼・牛久沼、・飯沼・見沼は、いずれも内陸湖沼のため河川に排水しなければならなかった。手賀沼、印旛沼、牛久沼は、利根川または小貝川に近接し水位差が少なく、小河川が流入している似かよった地勢である。飯沼は、小河川が流入する地域の溜池的な存在として水田化の中心になっていた。見沼は、寛永六年（一六二九）伊奈忠治が、旧河川（芝川）の低湿地の溜池を溜井に仕立てたものであった。

湖沼干拓では、その周辺にある小沼や低湿地を含めて総合的に開発をすすめている。そのため、牛久沼では灌漑用水を鬼怒川筋の小貝川を水源にする「伊丹代用水」にもとめ、飯沼は「吉田飯沼代用水路」を開削して用水を導き、見沼は遠く利根川から「見沼代用水」を掘削して引水している。それぞれの湖沼が旧来の用水系統の統一を図ろうとしていた。

その過程において、灌漑用水であった溜池を干拓して新耕地に仕立てた。飯沼開発では周辺八か所の沼池を、見沼でも周辺の数多くの沼池や溜池を干拓して新たな開発の適地を創りだしている。

なお『鬼怒川と小貝川・自然文化歴史』（建設省・平成五年）では、当時の関東流と紀州流を対比して「その技術的差異は、その時代背景がそれぞれに影響している。関東流は江戸時代前期の幕府が関東の治水を最重要課題にしていたことに照応する治水技術中心のものであり。紀州流は台頭著しい町人資本などによる大規模な新田開発の動きに照応したものであった」と解説している。

井沢為永の登用と紀州流技術の特徴

享保七年（一七二二）吉宗は、紀州藩士・為永を召出し幕臣として登用する。同一〇年（一七二五）勘定吟味役に準じられ、同一六年（一七三一）に本役の勘定吟味役に任じられている。

為永は、紀州藩の土木工事を、元禄三年（一六九〇）から三二年間にわたり担当していた。宝永六年（一七〇九）の小田井開削（現和歌山県橋本市）では、紀ノ川に井堰を設けて紀州随一の用水路を開削し、同七年（一七一〇）の亀池掘削（同県海南市）は、上流から樋により水を引き下流域の水田へ灌漑用水を供給している。これら工事の経験から護岸や制水の技術を習得し、大規模で高い連続堤防の築造を可能にしていた。

紀州流の特徴は用排水分離方式といわれる。湖沼や低湿地の中央に排水路を開削し、灌漑用水は流入する川の水を水源とせずに、新しく用排水路を掘削して大河川などから引水する。湖沼の両縁には悪水路を設け排水し、洪水は滞留させずに流下させ、水路に強固な堤防を築き、かつ制水口も厳重にして提内へ水を入れないようにしていた。

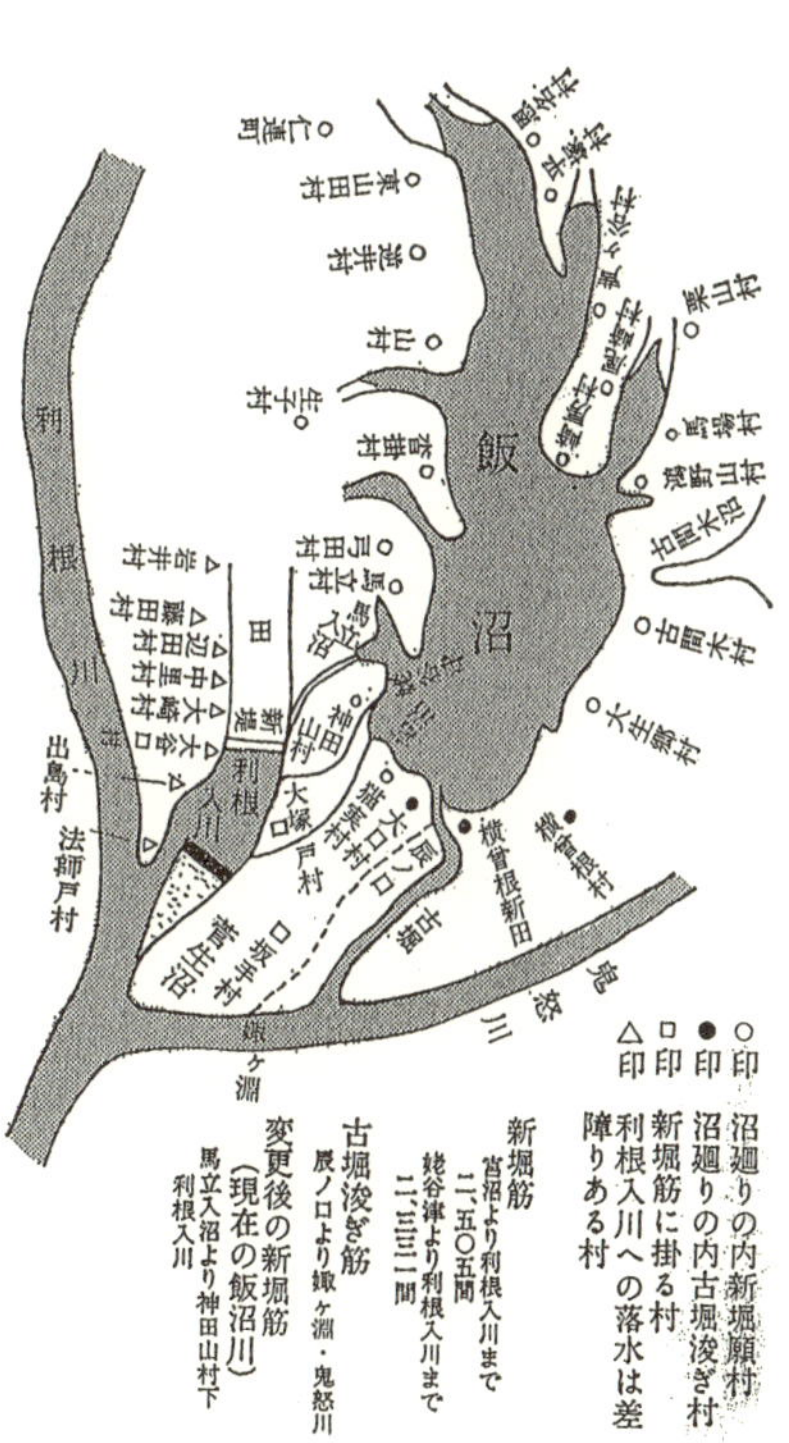

享保８年飯沼および新堀筋図

（『飯沼新田開発』より）

飯沼干拓は、享保八年（一七二三）に為永が関東ではじめて手掛けた本格的な紀州流の工事である。沼中央に水抜の新堀（飯沼川）を掘削、流れ込む江川の水を東西に分流して用排水とした。つまり、沼の東岸（東仁連川）と西岸（西仁連川）に廻流させ、沼への流入水の防除をはかっている。同一三年（一七二八）検地があり、飯沼干拓地では、面積一五二五町余（石高一四、三八三余）の大規模な新田開発がおこなわれている。

ところで、『井沢弥惣兵衛為永』（見沼代用水土地改良区発行）によると、「吉宗が将軍家を相続するにあたり、紀州藩士二〇〇名余を幕臣団に編入する。その中には紀州で為永に付属していた土木技術者（地方巧者《じかたこうしゃ》）一五名が含まれ、勘定奉行の支配下の御普請役として、為永の下役に任じた。」とあり、同一一年（一七二六）にこれら紀州から登用された土木技術者は、「在方御普請役」と称される。

為永は、これら紀州時代に彼の下役で仕えた土木技術者を配下に任用していた。この技術者たちが為永の手足となり、諸国の新田開発・堤川除・用水普請の場で活躍することになる。

さて『南紀徳川史』に「保田久兵衛・保田太左衛門・佐久間平兵衛・塩路善右衛門・秋月理右衛門・岡本文五郎・大河内長平衛」など、この技術者の名前がみられる。名前をもとに、『飯湖新発記』（学習院大学刊）記述中の飯沼との関わりを突合してみた。同書には、享保七年（一七二二）から延享三年（一七四六）まで、飯沼干拓における出来事が年月別に記録されている。

その結果、保田久兵衛と佐久間平兵衛は、享保一〇年（一七二五）一〇月、筧播磨守の見分に御普請方として同行、同一八年（一七三三）保田久兵衛は飯沼掛りとなる。同一九年に塩路善右衛門、元文二年（一七三七）に保田太左衛門。保田太左衛門は享保一一年（一七二六）見沼代用水路の測量の責任者で、塩路善右衛門と共に紀州・亀池普請も手掛けた。元文五年（一七四〇）大河内長平衛、寛保二年（一七四二）岡本文五郎と秋月理右衛門など、名前の一致をみている。彼らが飯沼・見沼干拓などで普請方として活躍していたことが確認できる。

在方御普請役の担当区域について

御普請役（職禄三〇俵三人扶持）は工事現場の指導監督をおこなう重要かつ不可欠な存在であり、工事では、『治河要録』などの治水技術書を参考に、代官所の手代が下目論見をして、その額を勘定所担当方に報告し、御普請役が査定して実行していたといわれる。

享保期は、積極的な治水事業の展開にともなって、普請体制の強化と組織替えを頻繁におこなった。その動向を略述する。

・同九年（一七二四）勘定奉行支配御普請役の新設。
・同一〇年（一七二五）江戸川・鬼怒川・小貝川・下利根川を管轄する四川奉行を設置。
・同一二年（一七二七）六月二五日、勘定奉行と六人の勘定吟味役の所管業務を「……新墾ならびに荒蕪開耕のことは井沢弥惣兵衛為永うけ給はり……」とした。為永は新田開発などの新規事業の一切を専掌することになった。（『徳川実記』）
・同一五年（一七三〇）在方御普請役の権限と担当区域が拡大され、伊奈忠逵《ただみち》支配所と四川奉行掛の川々を除いて、関八州・伊豆・駿河・遠江・三河・甲斐・信濃・越後一五か国幕府領の川除・用悪水・往還道橋の定式御普請定掛を命ぜられる。（『徳川実記』）
・同一六年（一七三一）四川奉行を廃止。
・同一七年（一七三二）町奉行支配代官所（地方御用掛・大岡忠相配下）および伊奈忠逵代官所を除いて、一五か国の代官所・預所の普請は為永掛の御普請役（在方御普請役）がおこなうことになる。
・元文二年（一七三七）一二月「井沢為永が病なし寄合となる。その子楠之丞正房に新田のこと、うけたまはるべき旨命ぜられる」（『徳川実記』）
・元文三年（一七三八）為永が死去。井沢楠之丞正房（二代目弥惣兵衛）が相続する。（『徳川実記』）

・延享三年（一七四六）御普請役は四川用水方（二五名）・勘定所詰（二〇名）・在方（一三名）の三つに分課され、在方については井沢正房の支配下となる。
・宝暦三年（一七五三）井沢正房は失脚して小普請入りしている。その後の在方御普請役は、勘定奉行支配下で東海道五川（大井川・酒匂川・天竜川・富士川・安倍川）をもっぱら担当する。

手賀沼干拓と千間堤（高田堤）

千間堤は高田茂右衛門友清が出資して、井沢為永の設計・指導のもとに、享保一二年（一七二七）年に起工し、同一四年（一七二九）に竣工したとされる。

『相馬日記』は、その子孫の高田与清が文化一四年（一八一七）に書いた紀行文である。そこには「千間堤は、享保一三年に私の祖先高田茂右衛門友清が大猛心を奮い、千万金を投じて堤を構築し、そこを高田堤と呼んでいる」と記述している。

『我孫子市史・近世編』は、「この事業は水深のより浅い下沼（沼の東半分）を干拓すべく、南岸布瀬村から北岸沖田下に至る締切り堤（千間堤、高田堤）を築く、この堤でさえぎられた上沼の排水のためには、沼の北縁に水路（浅間堀）を開削して六軒堀に連絡させる。一方、下沼干拓のための排水は沼口より弁天堀、更に笠神落しを経て従来通り印旛沼に落す。また沼南岸への落水に備えて金山村（旧沼南町）から水路を掘削して（金山堀）沼中央から水路を越えて前記浅間堀に合流させ六軒堀から利根川に落す設計であった」と千間堤計画の概要を説明している。

しかし千間堤が築かれて、用排水路を整備しても下沼全域を新田化することは不可能であった。内陸湖沼である手賀沼干拓では、悪水を落とす利根川の排水口との水位差を十分に確保し続けることが難しく、かつ利根川までの距離が近いから、洪水時の沼の逆流現象は避けがたかった。たとえ一時的に利根川からの逆流を阻止できても、川の水位が下降するまでは排水口の圦樋を閉鎖しなければならず、その間にも、沼の上流からは大津川や大堀川の雨水が流れこんでくる。手賀沼は水深が浅く集水能力が低かったから、少しの雨でも短時間に内水があふれ、干拓地を冠水の被害から守ることは到底できなかった。

千間堤の決壊と湖沼干拓

奇しくも、元文三年（一七三八）に為永が死去した。千間堤もまた同年に洪水で決壊している。

湖沼干拓で排水を河川に落とすことは、海に落す潟湖干拓よりも技術的に複雑で難しいといわれる。強固な堤防によって水を封じ込めることを基本とする紀州流をもってしても、技術的に手賀沼の干拓をすすめることは難しかったのである。

手賀沼の近接地にあって地勢が類似している牛久沼の場合は、享保一二年（一七二七）から為永の設計・監督により干拓がはじめられている。

その経緯を『牛久沼』（野口武太郎論文）では、「紀州流の治水築堤技術によって、小貝川を水源とする伊丹代用水の開疏により、統一的な用水系統を組織し、用水不足、排水不良を牛久沼及び沿岸全体にわたって一挙に解決し、ひいては牛久沼の全面的干拓を促進しようと企画したものである」と記している。

しかし、牛久沼干拓の途中でも連年水害をうけ、工事は思うように捗らなかった。牛久沼から小貝川への配水落差は漸次縮小し、小貝川の水が牛久沼へ逆流するようになる。そのうえに経済的事情も重なり、宝暦一四年（一七六四）、干拓は幕府から差し留られる。短期間に全面干拓をめざした計画は挫折した。この故に、牛久沼干拓の事業は手賀沼干拓とならび、為永が手がけた普請の失敗例の一つといわれている。

千間堤が決壊した後、井沢正房（為永の子）が元文四年（一七三九）に手賀沼排水工事（水路新設・付替・圦樋設置）を手掛けるが、千間堤については、再構築のみならず修復工事も十分におこなうことはなかった。

享保一三年八月付「井上基家文書」に「下総国印旛郡手賀沼新田では、水腐れが毎年つづき百姓は飢えで困苦している。ついでは平塚・浦辺村両境（現柏市）の谷津（谷間）から船橋浦（東京湾）まで水路を掘削してほしい。その水路が完成すれば、手賀沼の上沼・下沼の締切りが残らずでき、新田開発が可能になる。その際、利根川の囲堤および圦樋を強固なものにしてもらえば逆流の水害もなくなる」と記述された願書が残っている。内容は、手賀沼の沼水を新たな水路を掘削して東京湾へ排水する計画を訴え出たものである。文書の作成時は千間堤が築造中であり、文書には宛先名や差出人もないので、提出予定のものと思われる。内容的には、千間堤築造の効果を疑問視したものである。

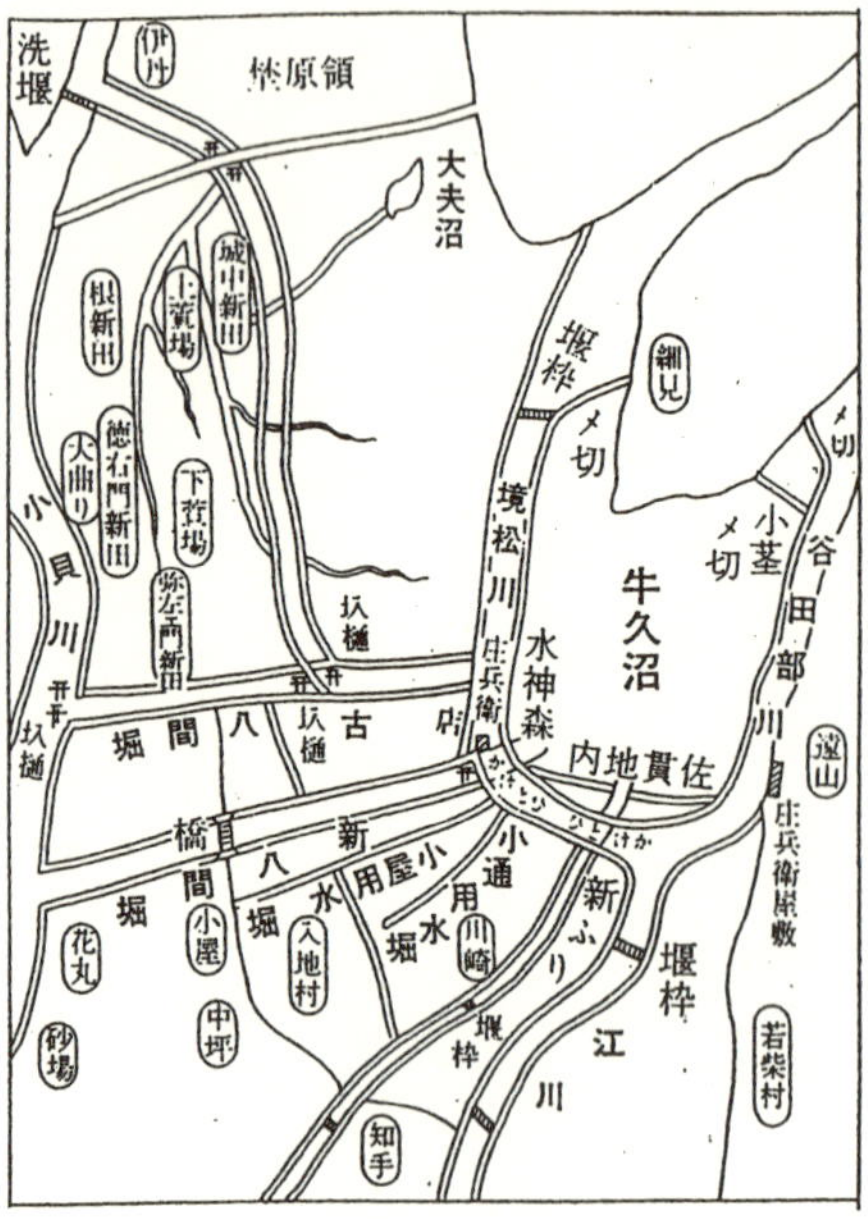

牛久沼周辺用排水図（寛延２年用水組合製　『牛久沼』より）

願上書は同一九年（一七三四）に正式に作成され、井上基家文書に残されている。文書は手賀沼縁新田村の名主四〇人の連名で、御普請方役所を経由で為永へ提出したようであるが、実際に取上げられた形跡はない。

その後の手賀沼干拓と治水は、江戸時代から近現代にいたるまで継続しておこなわれてきている。

「昭和二〇年（一九四五）農林省直轄工事となって本格的な干拓がはじまり、利根川の洪水に左右されることなく、手賀沼周辺の滞水を除去できる「手賀沼排水機場」を利根川に連なる手賀沼落し掘り（六軒掘と弁天掘の合流点）に設置、手賀沼の東部分を干拓して農地がつくられる。西に残る水域〈上沼〉を貯水池化し用水を確保して、六地点に揚水機場を設けて沼の周辺耕地の灌漑がおこなわれ」、昭和四三年（一九九八）に完成している。（出典・千葉県農林水産部東葛飾農業事務所広報）

高田茂右衛門の見沼通船差配

前記の『相馬日記』の八町堤（見沼新田・現さいたま市）の条には「享保十三年（一七二八）のころ、井沢為永が見沼の水を開疏して新田を開発した。……この時、私の祖先にあたる高田茂右衛門友清は、弟の鈴木胤秀とともに新川（見沼代用水）開削工事に功労があったので、廻船問屋の役人を仰せつかった」と、見沼通船の差配権を取得した経緯を記述している。

見沼通船は、見沼用水が完成した享保一三年（一七二八）から三年後、同一六年から運航が開始された。

『浦和市史』では、見沼代用水路の主要な目的を「見沼新田及び流域田畑の灌漑用水の確保にあったことはいうまでもない。しかしこの水路が利根川と荒川の中間を流れ、かつ二つの河川を結ぶ流路でもあり、沿岸には幕府領・旗本領が集中しており、年貢米を浅草蔵前の幕府米蔵や旗本屋敷へ運搬する通路に利用することが可能であったので、開発当初から船運が織り込まれて設計されていたと考えられる。」と記している。

なお、見沼通船の差配権については、『見沼土地改良区史・資料編』の中に、「見沼通船発端探索並当時風聞取調書（岡村家文書）」と題する史料が載っている。

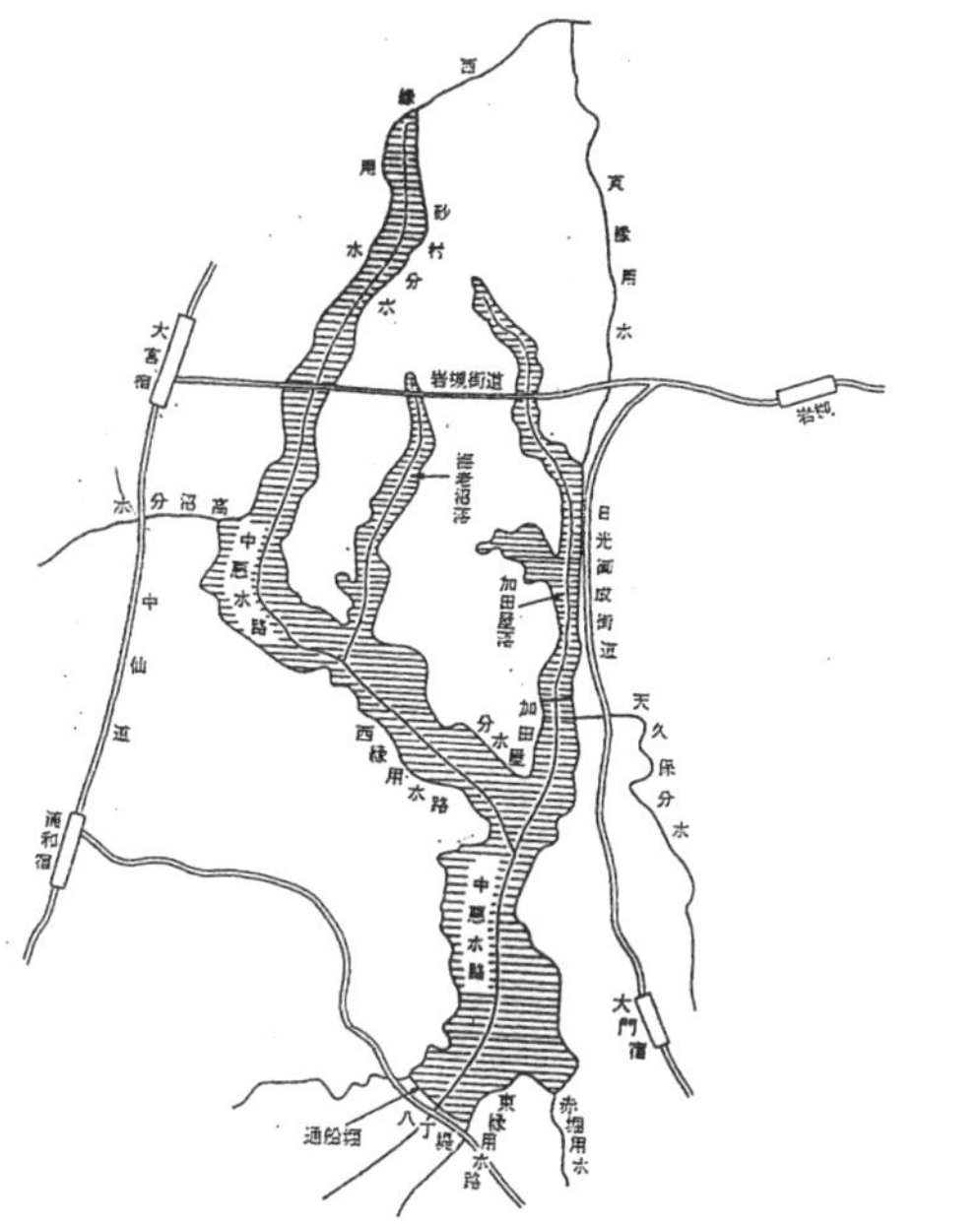

見沼溜井の位置（『見沼土地改良区史』より）

一、武州見沼通船ノ儀ハ……神田花房町通船屋敷高田茂右衛門、足立郡大間木新田鈴木文平、右両人元兄弟ニ而総州手賀沼御新田引続見沼新田御開発之砌罷出、出精相勤御褒美トシテ……享保十五戌年中……井沢弥惣兵衛様御掛ニ而右通船之儀……願之通被仰付候由御座候

一、高田茂右衛門ハ手賀沼御開発之砌、御普請締切堤請負仕候者之金子商人ニ相立候者之由、鈴木文平ハ御普請方御手附ニ相成所々川々東海道筋御川除御用先エモ度々罷出、其後両人共見沼御新田開発御用先ニモ罷出出精相勤候者之由ニ御座候

（傍線は引用者）

見沼通船事業の許可願は、紀州出身の江戸商人高田茂右衛門と幕府御普請役手附・鈴木文平の兄弟が提出している。兄弟は以前から為永と交流もあって、手賀沼開発に資金面や技術面で協力していたのであり、見沼通船の計画も早くから為永との間で約束され、形式的に褒美にかこつけて通船差配および船割を許可したのであろう。

井沢為永と千間堤

為永の手賀沼干拓事業への関わり方を、諸事情からみて疑問視する見解がある。しかし、あまりこだわる必要性はないとも思える。

為永には、その配下に紀州藩時代からの下役で一定の技能水準を備える一群の御普請役（技術者）が配置されており、業務は指導者的な立場で遂行していた。たとえば、見沼干拓事業の測量は、紀州時代から為永に付属していた保田太左衛門がおこなったとされる

『飯湖新発記』の享保一一年（一七二六）二月二日の条に「弥惣兵衛（為永）御見分有之候、此節手賀沼新田牛久沼新田御普請最中ニ付、右場所其上近辺八ヶ所沼御普請相始リ…段々御回廊被成候」とあり、享保一一年の為永は、手賀沼・牛久沼・飯沼とその周辺での複数の普請を手掛け、それら現場を見廻っていた。しかも同一二年（一七二七）六月、勘定吟味役としての所管が新田開発などの新規事業の一切となっていた。

『徳川実記』によれば、高年齢の為永は元文二年（一七三七）に美濃郡代を退くまで、甲信の河渠堤防・駿遠の大井川浚利などに関わり頻繁に現地入りしている。

享保一五年（一七三〇）八月、手賀沼縁での新田検地があり、「相島新田検地帳」には、一三名の新田の所有者（地所買受人）が記される。その中に、岩井村（旧沼南町）名主久左衛門、立木村（現利根町）同忠右衛門、羽中村（現利根町）同作兵衛、山王村（旧藤代町）同伊左衛門の名前がある。

この四か村は、享保二年（一七一七）加納久通領分となり、『旧高旧領取調帳』では上総一宮藩領である。『我孫子市史・近世編』に、「四人は享保十一年から同十二年にかけて手賀沼開発を願い出て許された者」と記し、布佐の「増田家文書」の家伝書には「此者共（四か村）先立……加納様手続ヲ以、手賀沼開発願イ成就シ……」と加納久通との関わりを記録している。

加納久通は、もともと吉宗の近臣であるが、召出されて幕臣となり、御側御用取次の要職に就いている。享保一一年（一七二六）には大名に取立てられ、延享二年（一七四五）若年寄にまで昇進している。

つまり手賀沼干拓の事業には、紀州閥ともいわれる加納久通、為永、江戸商人高田茂右衛門などが積極的に関与するが、千間堤築造の出資者高田茂右衛門は、その代償と資金回収を奈辺に求めていたかが判然としない。

むすびにかえて－番利兵衛について－

番利兵衛は、井沢正房に付属する在方御普請役として、寛保元年（一七四一）頃から延享三年（一七四六）の間、手賀沼・牛久沼・飯沼干拓など複数の普請を担当する。新田開発事業は、すでに改修・追加工事の段階であった。番姓は「寛政重修諸家譜」に掲載がなく、出自は不詳である。この時期の御普請役の活動を、史料上でたどってみた。

『印西町史・資料編Ⅰ』には、為永が享保一二年（一七二七）架けた木下河岸の本囲堤と向堤間の板橋を、井沢正房掛り番利兵衛が寛保元年（一七四一）に土橋に架替えをした旨の記事がある。

寛延二年（一七四九）の相島新田「井上基家文書」には「延享二年（一七四五）、井沢弥惣兵衛（正房）様御預り之内、御普請役番利兵衛様御掛りニテ……」と名前が記されており、名主佐治兵衛と交わした書簡に「明十三日出立、飯沼新田へ立寄、それヨリ手賀沼罷越候」などと番利兵衛の予定が細かく書かれている。

『飯湖新発記』には、延享元年（一七四四）四月「此節飯沼筋御普請一件番利兵衛殿惣掛り二候」とある。

同書の記事中の番利兵衛は、飯沼の改修工事で普請の総責任者になって工事の一切を仕切り、江戸から舟で出張してきて数日をかけて現場の見廻りをしていた。立替金・地代金上納の催促、各普請所への鋤簾など工事用具・資材の手配、搬出入の行動の記述が多くあり。政策上の村役人からの意見聴取、関連の指示などをはじめ、渉外面にも注力していたことが記録されている。

同書の延享二年（一七四五）五月六日の条には、「在方御普請役方、小普請入被仰付候」とあり、さらに「御留守居内藤越前守御支配、小普請入被仰付候」と番利兵衛を含む在方御普請役（一七名）と同下役（一二名）の退役を具体的に記述している。享保期の終焉であった。

延享二年九月に吉宗が将軍の職を世子家重に譲り、寛延四年（一七五一）に死去する。時代が享保期から宝暦期に移る過程において、これまで吉宗に能吏として抜擢され、その任にあった多くの勘定奉行・勘定吟味役・代官が免職・処罰される。勘定吟味役の井沢正房は、宝暦三年（一七五三）三河吉田橋の工事で手抜かりを咎められ免職される。

『徳川吉宗とその時代』（辻達也著・NHK出版）には、この背景を「享保改革は新しい人材を登用して、領地支配を強化し、新田開発と年貢増徴を推進することで財政の立直しに成功した。しかし宝暦期に至り享保改革の前提がゆきづまり、状況的に財政政策の転換と後退を余儀なくされた。そこには直轄行政上の課題や方法に変化が生じてきたと推察する」旨が記されている。


【参考文献】

『新田開発』（菊地利夫・至文堂）　『近世の新田村』（木村礎・吉川弘文館）　『飯湖新発記』（大石慎三郎校訂・学習院大学刊）『飯沼新発記』（茨城県史編纂委員会）　『飯沼新田開発』（長命豊・崙書房）　『水の匠・水の司』（高崎哲郎・鹿島出版会）　『井沢弥惣兵衛為永』（見沼代用水土地改良区）　『印旛沼開発史』（印旛沼開発史刊行会）　『近世の三大改革』（藤田覚・山川出版社）他
〔論文〕『牛久沼』（野口武太郎）　『牛久沼をめぐる「地域」構造論』（馬場弘臣）
〔市町史〕『我孫子市史』　『印西町史』　『白井町史』　『沼南町史』　『沼南地域史料調査報告』　『取手市史』　『龍ヶ崎市史』　『龍ヶ崎市史研究』　『牛久市史』　『浦和市史』　『見沼土地改良区史』

我孫子市におけるアンバ大杉信仰

近江　礼子

はじめに

文化七年（一八一〇）三月二九日、布佐を通った小林一茶は、「神輿《みこし》大小二つかき出して、阿波大杉大明神、悪魔を払《はらう》てよいやさと、笛・大（太）鼓・三弦《さみせん》にてはやして、さらに祭のさまをなす。此里疫神《やくがみ》の流行《はやり》なる物から、かくするといふ」（読みがなは筆者）と綴った[1]。阿波大杉大明神とは茨城県稲敷市にある大杉神社のことで、大杉神輿を担いで囃しながら悪魔祓いをする様子を書いている。

また、中峠の龍泉寺には日本最古の正徳元年（一七一一）の石祠「大杉大明神」が祀られ、台田の北星神社には舟型の大杉神輿が伝わる。都部や岡発戸では現在も大杉神社から御札を迎え、辻札を立てている。その他にも大杉様の祭を行う地区があり、初詣や厄除け祈願などで大杉神社を訪れる人もいる。本稿では、我孫子市におけるアンバ大杉信仰の広がりと変遷を探りたい[2]。

一　あんばさま総本宮大杉神社

1　アンバ大杉信仰の由来

稲敷市阿波《あば》の「あんばさま総本宮大杉神社」（以下、大杉神社）は、神護景雲元年（七六七）に奈良県の三輪明神を出立した勝道上人が日光開山の途上にアンバの地を訪れた時、御神木の大杉に三輪明神が将来したので小祠を造り、安場大杉大明神と称したことに始まるとされる。主祭神は倭大物主櫛甕玉大神《やまとのおおものぬしくしみかたまのおおかみ》である。

また、平安時代の初頭に、伝教大師（最澄）の弟子快賢が不動像を背負って常陸国へ来た時、夢の中に異形の神が現れ阿波の大杉の下に来るように言った。大杉に行くと下に祠があったので、寺を建てて不動と弥勒の像を祀り、龍華山《りゅうかざん》安穏寺[3]と号したとされる。

そして、文治三年（一一八七）、源義経に仕えた常陸坊海存（尊）が社僧となり、舟の難破や疫病を防ぐなど多くの奇跡を起こし人々の願い事を叶えた。しかし、二年後に海存は忽然と姿を消し、

1　丸山一彦校注『七番日記　上』（岩波書店　二〇〇三）四七頁。

2　先行研究には、大島建彦著『アンバ大杉信仰』（岩田書院　一九九八）、『天狗への祈り』（千葉県立関宿城博物館　二〇〇七）がある。拙稿に「我孫子における茨城県の大杉信仰」『クリオ』一一〇（我孫子クリオの会　二〇〇九）、「我孫子におけるアンバ大杉信仰　都部と下ケ戸の事例」『我孫子市史研究センター会報』一五二（二〇一四）、「我孫子市我孫子の昔の大杉様」『同』一六〇（二〇一五）等がある。

3　明治元年に廃寺となり、同一〇年に再興。安政四年（一八五七）刊『利根川図志』に阿波大杉殿の遠景があり、本社の後ろに神木の大杉、その左には別当安穏寺が弥勒堂として描かれている。

その巨体と特異な風貌から天狗であったと噂され、アンバ大杉信仰は天狗信仰と結びついたとされる。

2 別当安穏寺

江戸時代に大杉神社の別当であった天台宗安穏寺は、江戸時代初期には初代から三代までの将軍の参謀を務めた天海大僧正が兼務し、朱印地二〇石を賜った。社殿前にある慶安五年（一六五二）の高さ約三・五ｍの銅灯籠は、天海が創建した上野寛永寺にあったが、四代将軍徳川家綱により大杉神社に奉納された[1]。その後、江戸城の鬼門守護社となり、益々隆盛をみるに至ったとされる。

二 アンバ大杉信仰の広がり

1 我孫子への伝播

大正三年刊『大杉神社文書録』の正徳三年（一七一三）「大杉殿今宮大明神目録」には、以前は参詣が余りなかったが、宝永四年（一七〇七）に日光支配になると、「常陸・下総・あわ（安房）・上総・江戸等も不申及参詣福敷御座候、別当不申及、町方迄はんじう仕候」（読点・中黒は筆者、以下同じ）とある。続いて「下総・上総・ぼうしう三ヶ国不残悪魔払はやし御座候」とあり[2]、大杉神社参拝と共に悪魔払いの大杉囃子も流行していたことがわかる。二年前には伊勢神宮への御蔭参りが流行しており、その影響は大きいと考えられる。

我孫子への伝播を示すのが、中峠龍泉寺にある正徳元年の石祠「大杉大明神」である。建立の前年（宝永七年）には疱瘡が流行ったので、「あんば大杉大明神悪魔を払てよーいやさ」と賑やかに囃しながら疫病除けや悪魔払いを鼓舞する大杉囃子は、中峠の人々の要求に応えるものであった。

表1の柴崎村の「御用留」[3]をみると、元治元年、「大杉大明神、各々百三拾三年目」とあるので、柴崎・久寺家・青山では享保一七年（一七三二）から悪病・悪魔祓いの大杉信仰が始まった

表1　柴崎村の「御用留」にみる大杉信仰

弘化４年（1847）5月16日	「同ばん世話人伝兵衛・てへ助参り候者、明十七日ニ者隣村わる風有之ニ付、**大杉**はやし致度、男女正月願候与申来り、任其意遊日触廻し申候」
安政４年（1857）3月12日	「若者世話人角次郎・源内両人参り、村方為祈祷所**大杉**殿獅子ニ而悪魔払仕度、御酒五升貰度旨被申聞候」
安政４年 5月晦日	「磯右衛門成田山、阿波**大杉**殿参詣、閏五月二日ニ帰宅仕候」
安政６年 7月27日	「郷中悪病流行ニ付御祈祷、年寄百万返（遍）、若者**大杉**はやし仕、御酒年寄六升、若者四升、〆壱斗円福寺江持行」
元治元年（1864）5月26日	5月付の安穏寺役僧からの廻状、25日披見、久寺家村より受取、青山村へ継送る。「阿波龍華山安穏寺疫除**大杉**大明神、各々百三拾三年目ニ付順達仕候間、就而者御村々御面順行、是迄之通り**大杉**囃可奉順候、以上」

1　阿波の富沢静堂が散失していた阿波本宮大杉神社の資料を集め、また古老からの聞き取りを記した『大杉神社文書録』の付録として、大正三年に描かれた図「大杉神社の景」の解説に載る（『アンバ大杉信仰』三五六頁）。
2　『アンバ大杉信仰』四〇〇・四〇一頁。
3　『我孫子市史資料　近世篇Ⅱ』（我孫子市教育委員会　一九九三）一六五・一六九・一九五・二八一・四四三頁。

と考えられる。そして、村に悪病が流行った時、若者が名主に正月（休日）を願い、大杉囃子をしていた。

安政四年、信仰の篤い柴崎村の名主磯右衛門は、二泊三日で成田山と大杉神社を参拝した。また、天保一一年（一八四〇）には、大杉神社に玉垣奉納金を納めている[1]。以上のように、中峠・柴崎・久寺家・青山では、一八世紀前期にはアンバ大杉信仰が浸透していた。

2　亀戸天神近く香取明神への飛来

嘉永三年（一八五〇）刊『武江年表』の享保一二年の項に、「六月上旬より、本所香取太神宮境内へ、常陸国阿波大杉大明神飛移り給ふとて貴賤群衆し、万度家台練物を出し、美麗なる揃の衣類を着して参詣す」とある[2]。また、『月堂見聞集』にも同年の香取明神への飛来と参詣流行の様子、踊歌「安葉大杉大明神　悪魔払ふてよいさ、世がよいさ〱よいさ」が詳しく書かれている[3]。

香取明神への飛来は、初物好きな江戸の人々の関心を大いに集めた。また、享保一〇年以降の伝染病大流行・米価変動による貧富の差・世上不安等を背景に、それらの悪魔を払うが如く太鼓で賑かに囃し立て、そして踊る大杉大明神は爆発的に信仰を広めていった。

大田南畝の随筆『一話一言』には、余りの流行に「貴賤群衆、其上屋台大分出候義、未（享保一二年）六月十四日越前守様にて御停止被仰付」と、大岡越前守忠相により禁止令が出されたとある[4]。前述の『武江年表』にも、「程なく此事を停らる」と載る。

3　深川八幡での出開帳

『大杉神社文書録』の「大杉囃子雑記」に、「享和三年（一八〇三）亥の六月十七日、大杉殿江戸深川八幡宮地内に於いて、六十日之間開帳候也、是より巡行開帳上州其外処々にて致、霜月十日に帰社致候」と、江戸や上州での五か月に及ぶ出開帳が記されている。

そして、長左衛門という仲間《ちゅうげん》が大杉殿の御供として若者二〇人余を引き連れ大杉囃子を先達し、それが大当たり評判となって、吉原女郎共にも大杉囃子と鹿島弥勒を

表2　我孫子市の大杉神社塔（『我孫子の石造物』より作成）

場所	和暦	西暦	主銘文	建立者
中峠龍泉寺	正徳元年9月24日	1711	大杉大明神	願主清海行人…
中峠天照神社	寛政4年1月27日	1792	大杉大明神	中峠村
岡発戸八幡神社	明治9年9月	1876	大杉殿	
中峠天照神社	明治33年旧6月吉日	1900	奉納今宮大杉大神	当村施主岩井市郎兵エ
中里諏訪神社	明治45年4月吉日	1912	今宮大杉神社	中里青年団
久寺家鷲神社	昭和53年11月吉日	1978	大杉大明神	

1　『我孫子市史　資料目録八　旧柴崎村川村正信家（上）』（我孫子市教育委員会　一九九一）七六頁。
2　国立国会図書館デジタルコレクション　R二一三-Sa25ウ　五一コマ。
3　『アンバ大杉信仰』七〇頁。
4　『アンバ大杉信仰』七一頁。

指南した[1]とある。さらに、大杉囃子は常陸・下総・上総・安房・武蔵・上野・下野の七か国に流布し、佐原町（香取市）は最も盛んであったとある[2]。『武江年表』には、「同日（享和三年七月朔日）より永代寺にて常陸国阿波大杉大明神開帳」とあり、実際は深川八幡の別当永代寺で七月一日より出開帳があった[3]。

大杉神社は寛政一〇年（一七九八）の火災により社殿が焼失し、享和二年には社殿再建のための資材を焼失している。翌年の深川八幡での出開帳は、その財源確保が目的と考えられる。

享保一二年の香取明神への大杉神飛来により、アンバ大杉信仰は一気に江戸近隣に広まった。その後も出開帳や疱瘡が流行する二、三〇年毎に信仰を集め、信仰圏は東北から甲信越にまで広がった。

三　我孫子市における大杉信仰の諸相

1　大杉神社塔

中峠龍泉寺の正徳元年（一七一一）の石祠「大杉大明神」は、享保一二年（一七二七）に江戸で爆発的に流行し信仰が広まる以前の塔である。信仰が始まっても直に石塔を建てることは少なく、その建立はやや遅れるのが一般的であるので、その嚆矢は宝永期（一七〇四～一一）に遡ると推察できる。「願主清海行人」は、大杉神社を創建した勝道上人、アンバ大杉信仰の基を築いた常陸坊海存、宝永四年の日光支配などに因む日光修験者とも考えられる。そして、信仰の普及には、村継による神輿（祠）巡行、及び利根川水運による波及が大きかった。また、龍泉寺が土浦市の真言宗法泉寺の末寺であったことも要因の一つであろう。市内の大杉神社塔は表2の通りであるが、六基の内三基が中峠にあるのは、中峠河岸があったことも大きい。

中峠天照神社には寛政四年塔の他に、明治三三年「今宮大杉大神」塔がある。大杉神社は仁治二年（一二四一）に京都市の今宮神社を勧請しているので、今宮大杉は大杉神社を指している。

龍泉寺の正徳元年塔に続くのは、大杉神社に近い稲敷市上蒲ケ山の鹿島神社にある同五年の手水鉢「奉納大杉大明神」である。野田市では二三基の大杉塔が確認されているが、最古は享保一一年の二基[4]で、同一二年以降のアンバ大杉信仰大流行の兆しが窺える。同一七年と一九年には取手市、元文二年（一七三七）と五年には野田市と建立が続く。

2　大杉講

市内ではアンバ大杉信仰は一般的に大杉様と呼ばれ、小社や石塔を指すよりも、大杉神輿あるいは大杉講の祭を称する場合が多

1　藤田稔氏は、安穏寺の本尊が弥勒菩薩であることを前提に、享保一〇年に流行っていた鹿島ミロクの影響を受け、悪魔祓いの大杉ばやしが広まったと推察している（『茨城の民俗文化』（茨城新聞社　二〇〇二）三五九頁）。
2　『アンバ大杉信仰』三八〇・三八一頁。
3　国立国会図書館デジタルコレクション　R二一三-Sa25ウ　九五コマ。
4　『天狗への祈り』二四頁。

い。集落の人々が大杉講を組織し、代表が大杉神社へ参拝し御札を迎えて来る。平成八年には市内で一二の代参が確認でき、千葉県全体では一五九に及んでいた。しかし、これは全盛期の一割とされる。

代参者が受けてきた講中安全札や大札は、神社や大杉神輿に納められる。また、大札を篠竹に挟んで集落境に立て、集落に悪者や悪事が入ってこないように辻札を立てる。そして、小札を講員に配り、講員は神棚などに納めて五穀豊穣や家内安全を願う。

かつては、大杉神輿を担いで大杉囃子を唱えながら御札を配り、五穀豊穣祈願や悪魔祓いをする地区もあったが、今は大杉神輿の巡行は見られない。さらに、天狗の化身とされる五穀豊穣・災難除けの天狗面の貸与が、九里（約三六km）以内の地区で行われていた。しかし、それ以遠の地区でも、九里以内といえば貸与されたので、「阿波の馬鹿九里」ともいわれた。

江戸時代の古文書には、アンバ踊りが流行し、農民の踊りや服装が度を越したので領主が取り締まったり、大杉神輿を担ぐ若者が酒を飲んで大喧嘩をしたことなどが記されている。

市内大杉講の代参は、表3のように昭和六〇年には一三あったが、平成二六年には九となってしまった。時代が時代だけに、大杉講に限らず、相州大山講や武州三峯講も同様である。

大杉塔の建立月と大杉神社への代参月には相関関係が見られ、特に種蒔きが終わる四月と農作業が終わる九月以降に偏っている。これは正しく五穀豊饒祈願であり、六月は疫病除け祈願と察

表3　我孫子市の大杉講代参（昭和60年・平成8年は『アンバ大杉信仰』より作成）

	昭和60年			平成8年		平成26年		
講中名	月日	人	札数	月日	札数	月日	人	札数
我孫子ふるさと会	1・6	5	大2 小300	× 昭和61年頃				
布佐	1・15	4	大4 小70	1・27	家内安全2 小22	× 平成9年頃		
布佐下	1・27	4	不明	× 平成元年頃				
浅間前	2・3	2	大3 小29	2・4	大3 小27	2・2	2	大3 小27
布佐下	2・3	4	大2 小90	× 平成元年頃				
布佐台	×			2・25	講中安全1 大4 小50	2・23	4	講中安全1 大4 小50
岡発戸新田	4・15	2	大3 小24	4・14	大1 小22	4・8	2	大1 小20
都部新田	4・20	2	小23	4・16	小23	4・13	2	大1 小21
青山	4・21	2	講中安全1 大2 小2	4・15	講中安全1 大2 小2	4・20	6	講中安全1 大2 小2
下新木	4・21	6	小81	4・23	小72	4・20	7	小69
都部	4・21	2	大3 小35	4・15	講中安全1 大3 小37	4・13	2	講中安全1 大2 小30
岡発戸	4・21	2	大5 小65	4・23	大5 小65	4・20	2	大5 小60
下ケ戸	4・23	4	大1 小91	4・23	大1 小91	4・20	2	講中安全1
日秀	×			6・11	大2 小31	× 平成10年頃		
布佐	9・28	3	小30	9・27	家内安全2 小22	× 平成9年頃		

せられる。布佐では平成八年には一月と九月の二七日の年二回代参していた。九月二七日は、常陸坊海存が忽然と消えた文治五年（一一八九）九月二七日に由来する。

3　大杉様の祭

①神輿

大杉様の信仰形態は、小社や石塔の建立、札迎え、配札、辻札、神輿の巡行、囃子の演奏等と様々である。その中でもいちばん盛り上がったのが、太鼓を叩き賑やかに囃しながらの神輿の巡行であった。巡行には、年中行事としての定例と疫病が流行った時の臨時とがあった。神輿の担ぎ手は若衆、後には青年会や青年団で、酒を飲み、時にはストレスを発散させる場であった。昭和三〇年頃までは、多くの地区で大杉神輿の巡行が見られた。

大杉神輿　神輿の多くは高さ八五・幅七五・奥行七五cmの木製で、金・朱・黒色で鮮やかに彩色され、担ぎ棒二本が付く。現在も、布佐台の観音堂・上新木の香取神社等、比較的多くの地区に神輿が遺っている。それ以前は杉の葉の神輿であったとされる。

舟神輿　台田（旧根戸）の北星神社には、明治以前の作とされる約二mの彩色木造舟の中央に流造の社を載せた珍しい舟神輿がある。大杉神社への代参によって神面を借り受け、御札と共に社の中に安置して地区を回った。幕末には利根川右岸にある根戸の御林から御台場建設用材が多く伐り出され、小文間村・布佐村・木下河岸・小堀河岸等の船を使い送られたので[1]、水上安全を願う舟神輿が造られたと推察できる。

久寺家の鷲神社にも入母屋造の社を載せた舟神輿があった[2]。舟神輿は野田市にも二基あるとされ、群馬県佐波郡玉村町のアンバ様では麦藁製の舟を利根川に流した[3]。

②辻札・配札

長さ一・五m前後の篠竹の上部約三〇cmを裂いて大札を挟み、上部を麻紐等で結わえ、集落境の辻に立てるので辻札と呼ばれる。岡発戸や都部では篠竹の先に杉の葉を挿す。小札は各戸に一枚千円で配られるが、一年以内に不幸のあった家は御札を遠慮する。

③現在の大杉様

都部　四月第二日曜日の午前八時、家並み順の当番二名が木製の講中代参箱「我孫子市都部講中」（中に講中記録簿）を持って大杉神社へ御札を迎えに行く。九時一〇分、大杉神社拝殿に昇り、他の講中と共に祈祷を受け、玉串を奉奠し、講中安全の木札一体・大札「阿波本宮大杉大神祈祷之御璽」二枚・小札三〇枚を受けてくる。

午後一時から八坂神社で氏子総代・氏子役員二名・当番二名・区長・班長五名の計一一名により大杉様を行う。講中安全札を拝殿の大杉神輿に納め、大杉神社からの神酒・供物、氏子総代が用意した米・塩を拝殿前の祭壇に供え、氏子総代が中心となって

---

1 『我孫子市史資料　近世篇Ⅲ』（一九九五）四三二頁。
2 『我孫子市史資料　民俗・文化財篇』（一九九〇）一九頁に写真が載る。
3 『茨城の民俗文化』三六二頁。

二礼二拍一礼し、家内安全と五穀豊饒を祈願する。その後、全員で神酒をいただく。昨年までは大杉神輿を祭壇上に安置したが、動かすと壊れそうなので、平成二六年は拝殿内に置かれたままであった。

当番は国道三五六号線南側の集落境の両端に辻札をそれぞれ立てる。各組の班長は各戸に小札を配る。その後、集会所でお疲れ様会を開き、四時頃解散する。

昔は若衆組、昭和三〇年代までは青年団の行事で、種蒔きオコトと呼ばれた。青年達は集会所に一週間位泊まって、神輿を担いで集落を回った。青年団の解散により家並み順の当番制となった。昭和四九年の代参は二名で、大札三枚・小札四三枚であった。かつては、八坂神社境内に倭大物主命を祭神とする間口五尺・奥行五尺の大杉神社があった[1]。

下ケ戸　四月第四日曜日の午後二時から、大杉様が区の行事として八幡神社で行われる。神酒（一升瓶）を持った区長を先頭に、副区長、大杉神社の御札「阿波本宮　大杉神社　講中安全　我孫子市下ケ戸講中」と供物（神酒・清めの砂・清めの塩・切麻《きりぬさ》・御供物）を持った代参者二名、氏子総代、評議員の計二〇名が、公民館から一列に並んで来て、八幡神社に昇殿。祭壇に神酒・供物を供え、拝殿右にある大杉神輿に御札を納める。

太鼓が叩かれ、区長の始まりの挨拶に続き、区長から太鼓・祝詞担当が指名される。祝詞担当の「八幡神社の祝詞には」に続いて、太鼓の音と共に全員で「とうかみ　えみかみ　は―らえたまえ　き―よめたまえ」を一〇回繰り返す。また、「大杉神社の祝詞には」に続き、「だいずらたった　はりまやてんぐ　すまいり　そわか」を一〇回繰り返す。その後、氏子総代が紙垂《しで》の付いた大榊を持ち、集落の安全を祈願して御祓いし（写真）、御開きの太鼓が叩かれる。社殿から降りて、区長が清めの塩、氏子総代が清めの砂を社殿の四隅に置き、副区長が切麻を社殿の四方に撒く。区長を先頭に一列に並んで公民館へ戻り、氏子総代の準備でお疲れ様会をする。その時に大杉神社の御供物（紅白の干菓子、本来はくず湯用）を二〇等分していただく。

市内下ケ戸の大杉様

平成二三年までは、九一戸が家回りの四戸一組で当番となり、大杉様の四月二七日以前に大杉神社へ行き御札を迎えて来た。男性のいない家や仏《ぶつ》の家は当番を飛ばし、次の家が当番となった。しかし、勤め人が多い上、当番になっても高齢化により大杉神社へ御札を迎えに行けない家が増えたので、翌年から四月第四日曜日を大杉様の日とした。そして、氏子総代四名が毎年二名ずつ交代で一週間前の日曜日午前八時半に、講中箱を持って大杉神社へ行くことにした。神社では拝殿に上がり一〇時から祈祷をしても

1『我孫子市史　民俗・文化財篇』五八五頁。

らう。

また、平成二四年までは本元（講中安全札）と大札を各一本、そして戸数分九一枚の小札を迎えて来た。しかし、仏の家や事情で御札を受けない家があるため、五枚位が毎年残り、粗末にできないので、本元と一緒に大杉神輿に納めていた。そこで大杉神社の宮司に相談して、平成二五年から本元一本だけとした。

戦後の一月二七日にはムケエバヤシ（迎え囃子）といって、青年団が祝詞を百回ずつ唱え、神輿を担ぎ太鼓を叩いて米を集めながら集落を回った。そして、四月二七日にはホンバヤシ（本囃子）といって、朝早く代表二名が自転車で大杉神社まで行った。夕方戻ると、神輿を担いで御札を配って歩いた。担ぎ手がいなかった昭和四五年頃には軽トラックに神輿を載せて回ったが、二、三年で神輿は中止となった。

浅間前新田　アンバ様と呼び、一月最終日曜日の午後四時から青年団による初バヤシがある。大太鼓と小太鼓を「ドドンガドンドン　トンカーカー」と叩きながら、アンバ様の御札代千円を集めて集落を回る。二月第一日曜日は迎えバヤシで、朝早く青年団の当番二名が大杉神社へ大札三枚と小札二七枚を迎えに車で行く。午後から大札をそれぞれ篠竹の先に差し、二本は集落の東西の端に立てる。残る一本は、太鼓を叩きながら御札を配る時の御祓いとする。その後に慰労会をして親睦を深め結束を固める。

アンバ様は昭和四〇年頃に一時中止されたが、すぐに復活した。当時は一月二七日が初バヤシ（二番バヤシ）、四月二七日が迎えバヤシ（二番バヤシ）で、当時も神輿は担がず太鼓だけであった。

布佐台　昭和三〇年頃までは正月末に初バヤシ（一番バヤシ）があり、青年団が神輿を担いで集落を右回りで回った。二月末には二番バヤシがあり、大杉神社からの御神体（御札）を神輿に入れ、太鼓を叩きながら回った。自転車で札迎えに行っていた頃は戻ると夕方だったので、夜遅くまで札配りをした。田植えが終わった頃には三番バヤシ（一服バヤシ）があり、太鼓を叩きながら神輿が回って来て盛大だった。神輿に米一升を納める人が多かったが、お金の人もいた。大杉様の日は寮で、後には集会所で夜遅くまで青年団は酒を飲んだ。若い人がいなくなったので神輿は回らなくなったが、集会所に古い神輿がある。昭和五〇年頃から二番バヤシだけとなったが、いつも地区の端四か所に辻札を立てる。

昔は全戸が農家だったので五穀豊穣は第一の願いであったが、農家が少なくなり新しい家が増えたので、平成二六年四月の自治会で急に大杉様の廃止案が出た。そして、廃止が決まった。

4　かつての大杉様

布佐　小林一茶が通った文化七年（一八一〇）以前から大杉様が行われ、「子年（嘉永五年＝一八五二）は疱瘡流行し大杉囃子度々有之」[1]とあることから、悪魔払いや疱瘡を鎮める目的で臨時の大杉様が度々行われていた。また、大杉神社の万延元年（一八六〇）の狛犬には、多数の奉納者に混じって「布佐村　船持中」と見える。

明治時代は青年団に初めて入った人の役割として徒歩で、昭和

1 今林松子「祭祀の場からみた旧布佐町」『我孫子市史研究』五（我孫子市教育委員会　一九八一）一七八頁。

三〇年代は自転車で大杉神社へ御札を迎えに行った。一日がかりのため一人前の体力・気力を試す機会だった。
上町では昭和四〇年代の青年団解散後は、毎月大杉様の日が納税を納める日で、当番ヤドに大杉講の一七、八名が集まって納税金五〇円や百円を払い、残りの端金を大杉様の費用として飲食した。講員が少なくなってきたので、布佐全体で大杉講を組織した。集まりの場所はヤド→山車小屋→自治会館と変わった。御札を配る時は、神主代理が榊で御祓いをした。一五年位前に大杉様はなくなり、個人で大杉神社へ厄払いに行く。

久寺家　青年団の代参者が御札を迎えに行き、集落の出入口に御札を立てた。御札を舟神輿に納めて担いでいたが、昭和四〇年代に止めてしまった。御札を迎えに行かなくなってからは、一月中旬頃に注連縄《しめなわ》を張るだけとなった。大杉様を止めた昭和五三年、鷲神社境内に「大杉大明神」塔を建てた。

根戸（台田）　三月二七日に、若衆の年長者が厄除け祈願の御札を受けに大杉神社へ行った。帰ってから舟神輿を担ぎ、太鼓と笛を鳴らしながら根戸の集落を回った。家々ではサング（サンゴとも。主に米）や御賽銭を納めた。舟神輿が集落の外れに来ると、御札を竹に挟んで立てた。昔は、辻切といって注連縄も一緒に張った。祭は二八日も続いた。
四月二七日・二八日の二回目の大杉様は、種蒔き正月といって集落内の休みとした。舟神輿が集落を回ったが、辻札は立てなかった。青年団が解散したため、昭和三〇年代に祭は中止となった。

我孫子　江戸中期に我孫子宿で流行した疫病を払うため、大杉神社から丸石を迎えて箱に入れ香取神社に祀った。昭和三五年までの二月二七日には、青年団の二名が自転車で大杉神社へ御札を受けに行った。夕方に戻ると、五穀豊穣と無病息災を願って、青年団が杉の葉で覆った舟形の天狗神輿に御神体を載せて担いで回った[1]。翌日も担いだが、翌年は担ぎ手がないので中止となった。
同五八年一月一五日に、「我孫子ふるさと会」が大杉様を復活させた。四本の担ぎ棒の上に置いた竹の籠に杉の葉を挿して船の形にし、鼻を誇張した巨大な天狗神輿であった。御神体の箱に屋根や鳥居を付け、既婚者や女性も担いだ。神輿の後から笛・太鼓・締め太鼓・鉦による囃子が付いて行き、旧我孫子の町内を巡行して八坂神社に戻り、杉の葉を外し焼却した。しかし、三年位で神輿はまた中止となった。現在、大杉囃子は「あびこふるさと会」と我孫子第四小学校伝統芸能クラブにより受け継がれている。

高野山・高野山新田　昭和三〇年頃まで、高野山三〇戸余と高野山新田一〇戸の計四〇戸余で、八月と一一月を除く毎月二七日に大杉様をした。当日は青年団が「正月（休み）を貰う」と区長に伺いに行って祭の執行を決めた。その日は若衆が当番の家に集まり、幣束を作り、五名が白半被《はっぴ》（白装束）となった。そして、一名が幣束を持ち、二名が大杉神輿を担ぎ、残りが太鼓を叩いて集落内を回った。幣束で家の中を祓い、各戸の繁栄を祈願した。各家から御供物（米が多い）を貰い、混ぜ御飯を作り食べた。
正月の初囃子と四月の大囃子では、神輿を香取神社拝殿に上げて、若衆が真言を唱えた。また両方の区長や役員の家にも神輿を上げて、御馳走になった。四月の大囃子の前日には当番二名が大

1『我孫子　みんなのアルバムから』（みんなのアルバム同好会　二〇〇四）一一八頁。

杉神社へ代参し、大札四枚と小札四〇枚余を迎えて来た。その時は神輿を担いで我孫子中学校あたりまで迎えに行き、迎え囃子をした。大札は集落の四隅の辻（国道三五六号線の高野山の東と西の端、現ふれあいラインの東と西の端）に立てた。小札は、神輿が回る時に一枚三百円で各家に配った。一枚五〇円だったので、差額で飲み食いした。青年たちの楽しみであり、教育・親睦の場でもあった。神輿は昭和五三年頃まで旧社殿にあった。

中峠　明治四五年の「青年団沿革誌」に「本青年団ハ元若者連ト称シ、年齢八十五才ヨリ二十七八才迄ノ若者ヲ以テ組織シ、…、会合トシテハ、例月大杉殿ノ神輿ヲ渡御」とある。大杉囃子は、旧正月の初囃子、四月二七日の大杉神社代参と迎囃子・翌二八日の本囃子・翌二九日の後片付け、旧暦一二月二九日の暮囃子と、年三回あった[1]。種蒔きが終わった頃、青年団長が区長の家に行って種蒔き正月を三日位貰った。青年団の解散後は区長が種蒔き正月を出し、村一斉に農作業休みの日とした。明治四五年、中里青年団は諏訪神社に「今宮大杉神社」塔を建てた。

四　我孫子市におけるアンバ大杉信仰

昭和三〇年頃までは、我孫子市のほとんどの地区で神輿を担いでの賑やかな大杉様が行われていた。しかし、平成二七年の大杉様は八地区となりそうである。要因は、高齢化・生業の変化・信仰の希薄化である。

大杉様の担い手は、江戸時代は若衆・若者、明治以降は青年団、青年団の解散後は家並み順の当番、そして現在は自治会役員へと移行しつつある。そして、臨時を含めほぼ毎月あったが、定例の年二、三回となり、現在は年一回である。しかも大杉様の日である二七日から、日曜日へと替わった。現在行われている辻札・配札も、少しずつ札の数が減少している。青年団が太鼓を叩きながら初バヤシと迎えバヤシをしている浅間前新田の事例は、伝統的な形態を留めており、貴重である。

我孫子市のアンバ大杉信仰は、一八世紀以降の典型的な流行神であり、瞬く間に市内に広がり、三百年以上続いている。悪魔祓い・疫病除け・五穀豊穣・村内安全・水上安全等を願う信仰でありながら、成長儀礼・親睦・娯楽の面も大きかった。現在、目的は、区内安全・家内安全に集約されつつある。

おわりに

大杉神社は、どんな夢でも叶えてくれる日本唯一「夢むすび大明神」と称し、境内には最勝立身出世稲荷神社・勝馬神社・大国神社も祀られ、参拝者を集めている。文化一〇年（一八一三）に建築された流麗かつ豪壮な社殿は、見事な木彫が施され必見である。また、享保一三年（一七二八）に焼失し、近年再興された麒麟門も見応えがある。我孫子市の人々が長い間篤く信仰している大杉様の本社大杉神社を訪ね、大杉様へ託した先人たちの思いを感じてとって戴ければ幸いである。

調査の節は、市内各地区や当会の皆様にたいへん御世話になりました。深く御礼申し上げます。

1　『我孫子市史　近現代篇』（二〇〇四）三八六頁。

血盆経印施の一資料

椎名　宏雄

一

ここに、表題を「血盆経印施来由」、内題を「血盆経印施之来由」とする幕末の筆写本一冊がある。むかし、筆者が京都の古書肆から入手したものであり、血盆経とその出現縁起に関して湖東沙門一葉なる僧が、委細を克明に記録した薄い冊子である。

周知のとおり、およそ血盆経関係の研究文献は夥多《かた》の一語に尽きるが、その刊行や流布状況などについての文献史的研究という分野になると、さして多くはないようである。その理由は、こうした方面の情報を記載する基礎資料が少なく、研究には全国的に散在している現物類の調査や閲覧を必要とするからであろう。

その点、この冊子には、血盆経とその縁起の刊行・流布に関して、地域・年代・刊行・施財者・頒布先などが明記され、しかも文献の出処や本書の信仰的背景なども記載されるから、斯《この》方面の研究には貴重な資料を提供するものと思量する。法性寺《ほっしょうじ》（現、我孫子市正泉寺《しょうせんじ》）に関する記事も再三にわたり登場する。そこで、以下に本書の全文を翻刻し、その内容から新たに判明した若干の事項を指摘しておきたい。ただし、文中にはいわゆる差別的用語や、また人権に抵触するようなおどろおどろしい記事内容がみられるが、この翻刻はあくまで良心的な学問研究を目的とするものであるから、かりそめにも差別の助長などの非人権的方面に依用してはならないことを、とくに注意しておく。

なお翻刻にあたり、原文文字の異体字は原則として通行文字に改めた。また、句読点は原文に朱点が付されているものだけを採った。返り点は採り、送りがなは省略した。

血盆経印施之来由

予幼ヨリ曽テ聞ク、女人生産シテ死スル者ハ、必定血盆池地獄ニ堕スルト、然レトモ未タ其ノ実否ヲ詳ニセス、或ル時京師ニテ書肆ヲ遊覧スルニ、血盆経一巻ヲ得タリ、持シカヘリテ是ヲ読誦スルニ、始テ女人生産ノ時血露地神水神一切ノ仏神ヲ汚穢スルノ罪ニヨリテ、死後血盆経地獄ニ堕在シテ無量ノ苦患ヲ受ルノ仏説ヲ感得ス、爾後両三年後京師ニ上リ、復血盆経一巻ヲ得タリ、是ヲ取リ披覧スルニ先ニ求ムル所ノ経ト同意ニシテ文字間異且或ハ陀羅尼ノアルアリ又ハナキナリ、是ニ於テ予熟思ニ、ソレ仏説ニ於テ或ハ書写ノ誤リ或ハ一字ノ落字ニテモ其罪軽ニ非スシテ来生人身ヲ受ルトモ必ス不仁ニ生ルヽト、シカシナガラ、又其訳人ノ意ニ依テ異ナル事モアレトモ、実ニ仏説ニ違ハザルノ経何カ是何カ非ナル事ヲ不レ知、依レ之大蔵経ヲ索覧スルニ遂ニ得ベカラズ、故ニ復再ビ巨細ニ推尋スルニ更ニ此経有コトナシ、是ニ於テ予ヒトリ思惟スラク、是世人ノ諺ニシテ総テ是偽経ナリトシテ意ニカケズ、爾後弘化二年乙巳八月松尾山村正明禅寺ニテ、清水ガ鼻村慈恩禅寺天眼禅師ニ逢ヒ茶話ノ序諸経論議ノ事ニ付血盆経ノ実ニ仏説ナルカ仏説ニ非ルカヲ問覓スルニ、天眼禅師ノ云ク我レ未ダ此経ヲ見ズトイヘトモ、此経ハ本我朝ニテ出来タル経ナルト聞クト、時ニ予ガ云ク仏ハ是竺土ノ聖ニ非ズヤ、何レノ代何ノ年ニカ此土ニ出世シ玉フヤト推返ス、時ニ天公ノ云ク此経ハ地蔵菩薩ノ龍宮世界ヨリ持シ来リ玉ヒテ、下総ノ国相馬郡法性寺中興和尚へ授ケ玉フ所ノ経ナル由シヲ承ハルト云、時ニ予之ヲ聞テ錯愕トシテ色ヲ正シテ云ク、公何ンゾ能ク其事ヲ聞知スルヤト、時ニ天公荅テ云我檀越ニ安部氏勘兵衛トイヘル者ノ妻、去冬生産後長病ニテ医薬験ナク終ニ当七月ニ空ク物故シヌ、幸ヒ其妻ノ親類アリテ兼テ前方ヨリ全快ノ程思墓ナシト了知シテ、甲州ヨリ此経ヲ贈リ遣ハシメ、伝言ニ若病死致バ此経ヲ棺中へ納メテ送葬セヨト最苦ニ申来リ且又縁起等迄モ添アル由シ承ハルト云、時ニ予ガ云公ハ定デ此経ヲ一見スルヤト問フ、天公ノ云我其実語ヲ聞トイヘトモ惜ヒカナ未タ是ヲ見ス其経并ニ縁起等迄皆埋却スト云、予是ヲ聞テ閣ニ不レ忍公ニ啓シテ云願クハ公ガ言ヲ以テ此経ヲ贈リシ人へ相頼今度右ノ経并ニ縁起等ヲ贈呉ヨト云、時ニ公云此経ハ容易ニ他出成難キ由シニテ再ビ申シ遣ストモ復求メ得ル事難カルベシト云、是ヲ聞テ尚渇望ノ思ヒ休ム事ヲ不レ得トイヘトモ如何トモスル事ナシ、依テ公ニ謂テ云希クハ其墓ヲ発テ以テ其経ヲ得バ可ナランヤト云、時ニ公モ亦莞爾トシテ休シ去、同年九月十日当寺例歳ノ施食修行ニ付慈恩寺天公ヲ扶助ニ頼ミ来ル、茶話ノ次デ又此経典ノ事ヲ思ヒ出シ再ヒ天公ニ謂テ云彼墓ヲ発キ早ク其経ヲ取リ出サン事ヲ得ズンバ終ニ泥土トナル事実ニ惜ムベシ何ンゾ急ニ是ヲ不求ンヤト云、時ニ天公又依然トシテ惟莞爾タルノミ、其翌日天公慈恩へカヘラント欲スルノ時ニ臨デ公ニ謂テ云、公曽テ水流地蔵菩薩ノ印像百体ヲ彫刻シテ志願アル者ニ授与スト誓フヲ聞ク、予モ亦兼テ木ノ本地蔵ノ聖像一軀ヲ求メ度ノ素願有リトイヘトモ誰アリテカ未ダ予ガ意ニ叶ウ者ナシ、願クハ公之ヲ作為シ玉ハヾ是所レ幸ト云、時ニ公ノ云我未ダ菩薩ノ形像全体ヲ彫刻スル事ナシトイヘトモ而試ニ之ヲ成ゼント許諾ス、時ニ予是ヲ聞テ大ニ悦ビ互ヒニ作礼シテ別レヌ、爾後十月兼テ頼ミ置シ菩薩ノ事ヲ思惟シ急々ニ請求ガ為ニ即菩薩彫刻木代ノ価ヲ持シワザト慈恩精舎ニ登謁シケルニ已ニ彫刻大半成就スルニ逢フテ予意ニ大ニ歓喜ス直ニ先ヅ其価ヲ菩薩ノ像前ニ備へ置キヌ、時ニ衣ヲ脱シテ互ニ相劇談シテ終ニ夜ノ深更ニ及ヲ知ラズ、炉火已ニ欲レ滅青燈焔漸暗シ此時ニ当テ又此経ノ事ヲ思惟シテ休コト不レ能、予天公ニ謂テ云時已至レリト、依レ是点レ燭携鋤其信女ノ墓ニ至リ其土ヲ発ク事凡ソ二尺計リト存スル所ニ、忽チ其墓中ヨリ一物ノ燭ニ映ジテ光リノアルアリ、直ニ是ヲ掘出見ルニ蓋茶碗ノ如クナルアリ是ヲ聞キ見ルニ清水其中ニ満チタリ其中ニ則チ菩薩直授ノ血盆経并ニ略縁起等迄一字一点モ損失ナク頂戴シ書写スル事ヲ得タリ、是時ニ当テ始メテ此ニ鹿野苑中昭々タル如来実語ノ教諭ヲ明白ニ諦聴スル事ヲ感得ス、即チ此経典ニ於テ彼此一切ノ疑団当下ニ消解スルコト恰モ病者楽ヲ得貧人ノ宝ヲ得ガ如シ、豈ニ快カラザランヤ、是ニ於テ予又思惟スラク、若此経土中ニ埋却シテ此霊魂ニ廻向スルノ功徳最モ大ヒナリトイヘトモ只是信女一人ノ為ナリ、若此経ヲ以テ世上ニ流布スル則ハ、実ニ釈尊ノ教意ニ叶ヒ又幾千万人ノ為ナランヤト、故ニ此経ニ曰ク仏告二大目犍連及諸菩薩一、汝当下流二伝此経一、奉二勧世人一、早覚修取、大弁二前程一、莫上レ教レ失二千万劫難一レ値、ト云云是経ノ意ハ、釈迦如来大目犍連尊者ヲ始メ、諸ノ菩薩方ヘノ御告ニハ、其方達此経ヲ後世迄ヒロメ伝ヘテ、人々ニ能ス丶メ覚サセテ、死後ノ行先ヲ弁サセヨ、一度此経ヲ聞ハズシテ、千万劫ニモ値ガタキ事ヲナササシムル事ナカレト也、親切ナル御告ニアラズヤ、可レ尊可レ信、是故ニ此経ヲ信スル者ハ能コレヲ思ヘ、則チ此経ヲ得タル夜スナハチ是ノ信女ノ百箇日ノ逮夜ニ当レルコトモ亦不思議ノ事トモナリ、今此ヲ以テ彼ヲ観ルトキハ安部氏勘兵衛妻、玉船仁棹信女ハ、血盆池地獄ノ苦患ヲ脱スルノミニ非ス、生々世々善処ニ生シ、後ニ仏果菩提ヲ証スル事必定ナル事ハ、畢竟此経典ヲ以テ世上ニ流伝スルノ功徳ニ依ル、豈頼モシキニアラズヤ、予是ニ於テ菩薩ノ前ニテ発願スラク、子ガハクハ我此経并ニ此来由ヲ以テ四方ニ印施セントスト誓、予又謂ラク明年丁未春二月正明禅寺ニ戒会修行アリ、之ニ依テ幸ヒ此経ヲ印行シテ以テ先此経衆及ヒ信心ノ輩ニ施与セント志願ス、或時予偶仁正寺徳井氏太郎左衛門方ヘ尋訪ス、茶話ノ次テ此事ヲ説示スルニ、老隠大ヒニ讃嘆シテ云、願クハ我其経ノ印本ヲ喜捨シ成就セント、依レ之予直ニ京師ニ上リ之ヲ開板シ印行シテ持シ帰テ正明禅寺戒会ノ四衆ニ施与ス是予ガ此経印施ノ初メナリ、爾後程過テ慈恩天眼禅師偶自作ノ菩薩ノ聖像ヲ持シ来リ玉ヒ如之予ガ聖像ヘ備ヘ置シ寸志迄返納ニ預リ其ノ親切至誠ノ余人ニ超過シタル実ニ真ノ菩薩ト異ナルコトナシト感佩心ニ銘ジ謝スルニ忍ズ、時ニ天公予ニ謂テ云、爾後二十日計リシテ、我モ此経ヲ書写セント欲シ、再ビ其墓ヲ発キ見ルニ、其経已ニ其形ヲ失ヒ、水ト相交リ、混淆トナル由シ、是亦一ツノ不思議ナリ、其翌年戊申ノ秋越川在勝堂村善蔵ト云者ニ逢ヒ、此経并ニ略縁起等ヲ読ミ聞カシムルニ善蔵大ヒニ喜ビ自身モ亦発願シテ印施センコトヲ求ム、予モ亦之ヲ聞テ共ニ歓喜ス、時ニ予彼ニ問テ云子ガ村中家数凡ソ何程ゾト、彼荅テ云総テ七十軒計ト云、ソノ丶チ予此経ヲ印行シテ善蔵方ヘ贈リ届ケテ彼ガ村中ニ配当セシム、同秋九月十日当寺例歳施食修行アルニ依テ、勝堂村正眼寺松山禅師ヲ人ヲシテ頼マシムルニ願ノ如ク来リ扶助為シ玉フ、次ノ日松山禅師予ニ謂テ云ク師先頃血盆経ヲ印行シ我村中ヘ施与シ玉フ事実ニ殊勝ノ至リナリ、然トイヘトモ師却テ其本縁起ヲ知得スルヤ否ヤト、予荅云此経及此略縁起ヲ得タル事ハ恰モ猶地ヲ掘テ其金ヲ得ルノ思ヒヲナス安ンゾ夢ダモ其本縁起ヲ見聞スルコトヲ得ンヤ、然リトイヘトモ予常ニ此略縁起ヲ見ル毎ニ思惟スラク、我若少年ナラバ時節ヲ得テ此経ノ本縁起ヲ乞求書写シ帰ンナレトモ最早初老ニ及ヒ超々タル関山ヲ越ヘ行クコト心ニ不レ及トイエトモ実ニ其末ヲ見テ基本ヲ知ザルコト残念ノ至リナリト、言未ヲハラザルニ、松公予ニ謂テ云ナカ〳〵何方ヨリ参リ候テ、此本縁起ヲ見事ヲ願フト云トモ終ニ不レ可レ得、我先年行脚ノ時、兼テ此事ヲ承リ如何ゾシテ是ノ本書ヲ見ン事ヲ得ント決心シテ、法性寺ヘ投宿ヲ乞ヒ、又再宿ヲ願フ、其中間日用ノ諸般孜々トシテ作務スルコト暫時モ不レ懈、時ニ彼ノ副司職ノ僧、我志ノ厚ノ偏頗ナキヲ見徹シテ、大ニ讃嘆シテ云、公ハ是如実求道ノ人ナリトテ長ク滞留センコトヲ勧ム、我亦是願アルニ依テ大ニ喜ビイヨ〳〵扶助スルコト堅固ナリ、或時方丈和尚所用アリテ他出シ玉フ事凡ソ五日計リ、其時彼ノ副司職ノ僧私ニ我ニ謂テ云当寺ヲ法性寺ト云因縁ヨリ始メ終ニ血盆経ノ来由ニ至ル迄微細ニ説向ス、我是ノ由ヲ聞キ了テ、彼ノ僧ニ啓シテ云、願クハ其中興和尚直筆ノ来由ノ書ヲ拝見セント乞フ、時ニ彼ノ僧告テ云使令久参ノ衲子トイヘトモ此書ニ於テハ見セシムル事ヲ許ズ、然トモ公ノ如キ志ノ実体ナルコト誠ニ感シ入故ニ秘書ナレトモ公ノミニ拝覧ヲ得セシムルナリ、是モ方丈在山ナレバ当寺ノ重宝ノ秘書ナレバナカ〳〵我計ヒニハ参ラズトテ、夫ヨリ方丈ニ通リ此ノ書ヲ熟覧シ了テ重テ復啓シテ云、請願クハ此書ヲ書写可レ致儀ハ難レ成事カト問フニ、彼僧申サレ候ハ我了簡ニテ許ス事ハナリ難ケレトモ、公ノ意次第如何様トモト申サレ候故大ニ喜ビ夫ヨリ又一間奥ヘ入ラレ此ノ直書ヲ詳ニ書写シ了リ持シ帰リ候ハスナハチ是ナリト、持参ノ包中ヨリ一巻ノ書ヲ取リ出シ稀有ノ妙証ヲ拝見セシムル事是時ノ将ニ至ル事カト、誠優鉢羅華ノ三千歳ニ一度開敷ノ時ニ値ヨリモ尚希ナル事ナリ、是全ク是地蔵菩薩ヨリ亦予ニ授ケ玉フ所ノ此経ナルカト、感嘆スルニ尚限量アル事ナシ可レ仰可レ敬

○私ニ云此経世上ニ印行シ施与スル者多シトイヘトモ経説或ハ同意ニシテ処々其文言ノ相違アルニ依テ或ハ信ヲ起シテ受持シ読誦シ或ハ書写スル者心大ニ迷フ是ニ因テ下総国相馬郡法性寺本尊地蔵菩薩ノ中興和尚ヘ授ケ玉フ龍宮世界ニ納ムル所ノ明々タル仏説ノ一言半句アヤマタザル所ノ此経ヲ梓ニ寿シ印施シテ其一切女人ノ此血池地獄ノ苦報ヲ免レテ自他共ニ安養浄土ニ往生セン事ヲ冀フ而已

○本経字数総テ六百字　○印行スル所ノ字数五百七十又六字

已上ハ法性寺ヨリ出ル印施経ナリ

○陀羅尼仮名付ノ事日本諸宗古来ヨリ用ヒ来ル所ノ仮名全ク依リ所ナキニハ非レドモ我祖門下ニ於テハ唐土ノ音韻ヲ以テ専ニスレバ唐音ニテ仮名ヲ付ケ置クナリ読誦スル者疑ヲ生スル事勿レ

○今茲庚戌五月六日小谷村理現法師ト云人アリ特ニ予ガ室ニ来リ予ガ印施スル所ノ血盆経ノ板本ヲ仮借シ印行シテ世人ニ施与セン事ヲ求ム予其奇特至誠ノ切ナルコト余輩ニ超タルノ志気ヲ感シ舒々トシテ其経典ヲ演説シ又其来由ノ巨細ヲ暁サシム是ニ於テ法師色ヲ正シ粛如トシテ予ニ謂テ云夫此経ノ出処ノ明白ナル且来由ノ審ナルコトハ依レ師而之ヲ聞知ス雖レ然亦師ノ此経印施発願ノ因縁ヲ記シ置玉ハヾ後ノ之ヲ見聞シテ此経ヲ頂戴授持スル者弥其信ヲ起シ其恩ヲ仰デ共ニ一仏乗ニ帰セシムルノ一助トモナランカト諄々タル其辞ニ□禿筆ヲ記シ置ク者也

維時嘉永三年庚戌秋八月吉祥日

湖東沙門一葉記書　印　印

※筆者注　奥書署名の印文は「如玄之印」と「一東散人」。また本文中間の天部欄外に上記の二図あり。これは血盆経の包紙図で、上が表で下が裏。表の中央には◇型、裏の中央には□型二箇の、それぞれ朱で書入れあり。朱印の写しなのであろう。

地蔵夢想
女人 ◇ 血盆経
成仏
龍宮出現

下総相馬郡一部村
□ □
大龍山正泉寺

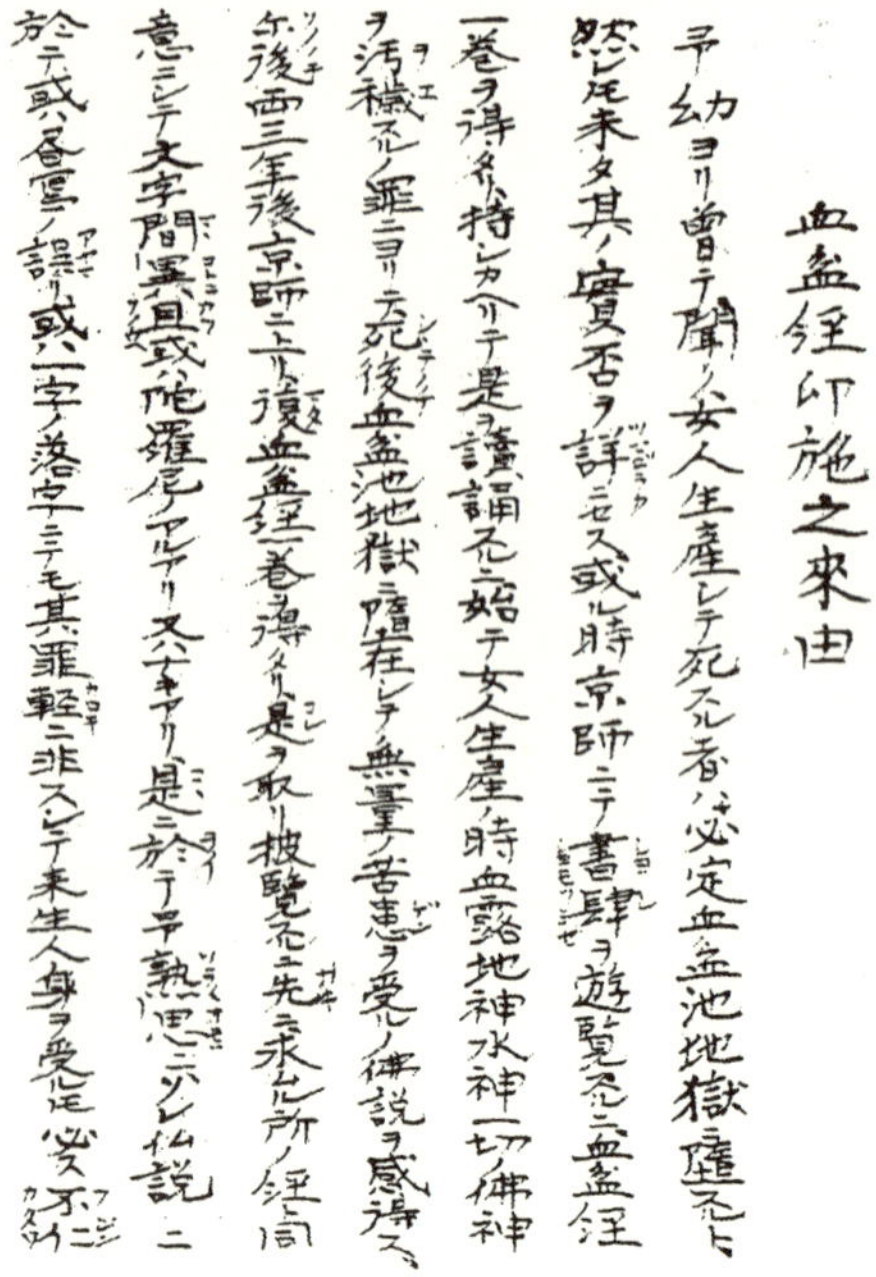
血盆経印施之来由
予幼ヨリ曽テ聞ク女人生産シテ死スル者ハ必定血盆池地獄ニ堕スト
然レモ未タ其ノ実否ヲ詳《ツマビラカ》ニセス或ル時京師ニテ書肆《シヨシ》ヲ遊覧スルニ血盆経
一巻ヲ得タリ、持シカヘリテ是ヲ讀誦スルニ始テ女人生産ノ時血露地神水神一切佛神
ヲ汚穢《ケガ》スルノ罪ニヨリテ死後血盆池地獄ニ堕在シテ無量ノ苦患《ゲン》ヲ受ルノ佛説ヲ感得ス、
爾後《ソレヨリノチ》西三年後京師ニテ復《マタ》血盆経一巻ヲ得タリ、是《コレ》ヲ取リ披覧スルニ先ニ求ル所ノ経同
意ニシテ文字間《マヽ》異《コトナ》リ且或ハ陀羅尼ノアルアリ又ハナキアリ、是《ココ》ニ於テ予熟思《ツラツラオモ》ンミルニ仏説ニ
於テ或ハ含写ノ誤《アヤマ》リ或ハ一字ノ落字ニテモ其罪軽《カロキ》ニ非スシテ来生人身ヲ受ルコト必ス不ニ

「血盆経印施之来由」本文首部

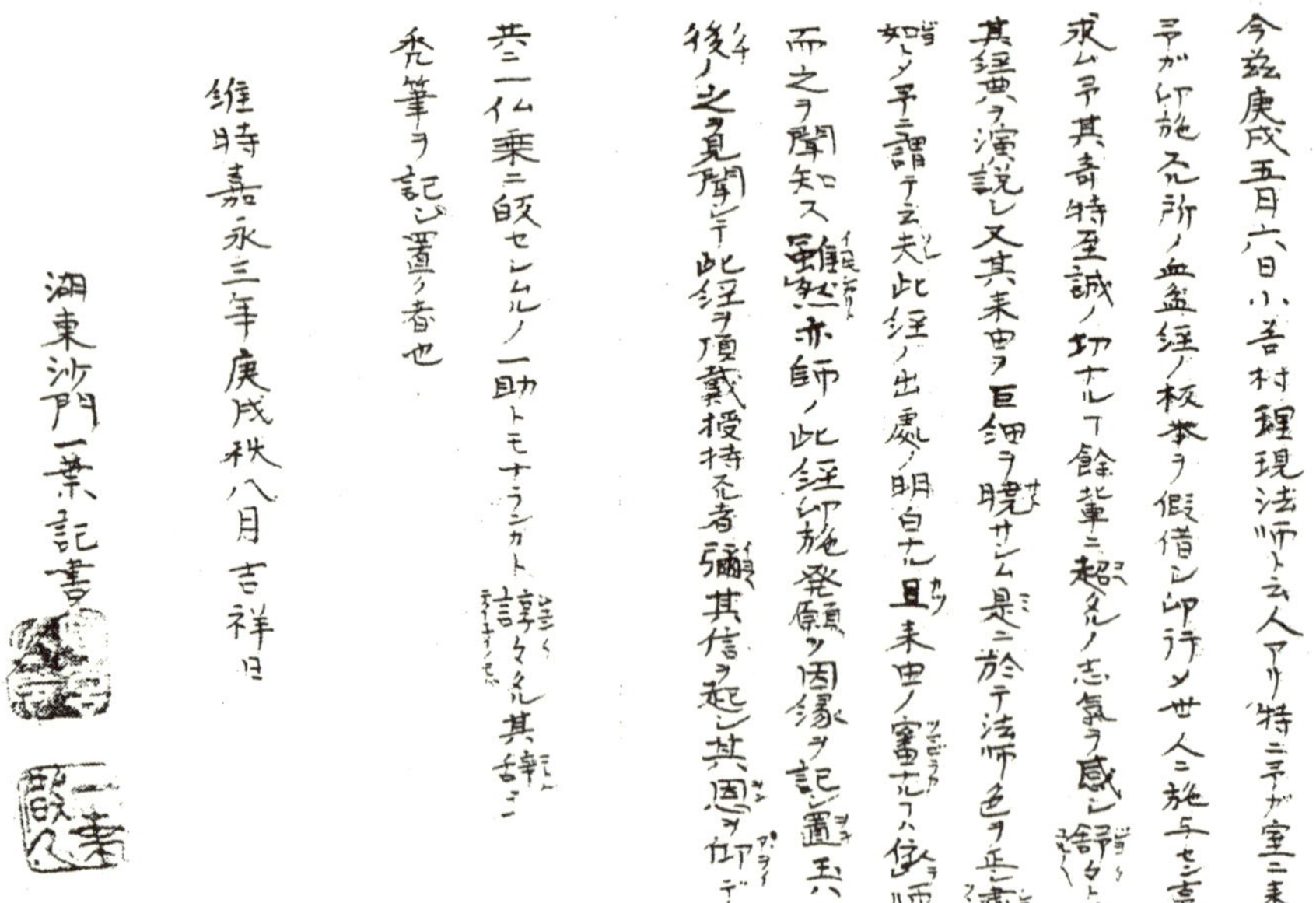
今茲庚戌五月六日小吾村理現法師ト云人アリ、特ニ予ガ室ニ来リ
予ガ印施スル所ノ血盆経ノ板木ヲ假借シ印行シ世人ニ施与セン事ヲ
求ム、予其奇特至誠ノ切ナルコト餘輩ニ超《コエ》タルノ志気ヲ感シ諾《ダク》ス、
其経要ヲ演説シ又其来由ヲ巨細ヲ暁サンム、是《ココ》ニ於テ法師色ヲ正粛ニ
如《ゴト》クシテ予ニ謂テ云、夫《ソレ》此経ノ出処ノ明白ナル且《カツ》来由ノ審《ツマビラカ》ナルコトハ今ニ師
而之ヲ聞知ス、雖然《シカリトイヘドモ》亦師ノ此経印施発願ノ因縁ヲ記シ置《オキ》玉ハゞ
後《ノチ》ノ之ヲ見聞シテ此経ヲ頂戴授持スル者弥《イヨイヨ》其信ヲ起シ其恩《オン》ヲ仰《アフイ》デ
共ニ一仏乗ニ帰セムルノ一助トモナラシカト諄々タル其辞ニ
禿筆ヲ記シ置ク者也
維時嘉永三年庚戌秋八月吉祥日
湖東沙門一業記書

「血盆経印施之来由」本文末尾

二

右に翻刻した『血盆経印施来由』一冊は、端正な細字で美しく書かれ、ほとんど誤記も修正もない（写真参照）。このことは、本書の筆者一葉が草稿に何度も推敲をくわえ、これでよしとした最終稿を正書したことを物語る。正書が成り、署名捺印して後世に伝えんとしたのである。むろん、推敲の間に何らかの潤色が加えられているかもしれない。しかし、文中には年月日が明瞭に記載され、地名や寺名はほぼみな実在が比定できること、また血盆経の包紙図や同経の文字数なども詳細に記載されることなどからみて、本写本は大筋としては史実を記録していると考えてよいであろう。

そこでつぎに記載事項の時期であるが、文中にみられる年時は、弘化二年（一八四五）八月にはじまり、文末に署名をする嘉永三年（一八五〇）八月までの満五年にわたっている。この間に、当地で血盆経は少なくとも三度版行され、有縁の人びとに施与されたのである。今、これを列記すると、つぎのとおりである

1　弘化三年（一八四六）二月　正明寺戒会で戒衆に施与

2　嘉永元年（一八四八）秋　勝堂村の七〇軒に配布

3　嘉永三年（一八五〇）五月　小谷村理現に板木を貸出し版行施与

これらの版行された血盆経は、そもそも清水ヶ鼻村の慈恩寺墓地に副葬されていたものにもとづき、一葉が京都で整版させた板木からの摺経であった。そしてそのルーツをたどれば、慈恩寺檀越の親類が甲州から持参したものである。前掲の包紙図がその原本を模しているのであろうから、それはもともと正泉寺で版行されたものであり、幕末にはこれが遠く甲斐の国で流布していたことが知られる。

つぎに注目すべきは、この血盆経に関わった寺院とその所在地である。これも以下に列記し、所在地は現在の表記を（　）内に記しておこう。

・松尾山村（滋賀県蒲生郡日野町松尾）正明寺
・清水ヶ鼻村（同県東近江市五個荘清水鼻町）慈恩寺
・勝堂村（同県同市勝堂町）正眼寺
・小谷村（同県伊香郡余呉町小谷）

右のとおりであり、本書記載の舞台は現在の滋賀県東近江市を中心とする地域であったことが判明する。そして、右の三か寺の所属する宗派は、いずれも黄檗宗である。登場する数名の僧侶については、目下のところ遺憾ながら未詳ではある[1]が、右に挙げた寺院の住僧たちが主であるから、いずれも黄檗僧とみてよい。要するに、本書は幕末に江州湖東の黄檗宗寺院と住僧たちが、血盆経とその縁起を積極的に探究・取得し、それの版行・流布をなした記録だったのである。

特徴的なことは、それらを探求し取得する際の叙述がきわめて詳細をつくしている点である。慈恩寺の墓地からそれらを掘り出す描写はいうまでもなく、特に法性寺との関係では、正眼寺松山が若き日に同寺に永らく投宿して遂に血盆経の「本縁起」を拝覧・書写したという文末の記事は圧巻である。これは、同寺の地蔵菩薩が中興和尚に血盆経を授けたという縁起を、中興和尚みずから手書したものであるという。とすれば、現正泉寺には中興和尚直筆の「本縁起」なるものが、少なくとも幕末ごろまでは伝存し

ていた、ということになろう。それを否定するとすれば、では松山の述懐は虚構であったのか、または松山の見た「本縁起」とはいったい何であったのか、という問題が新たに提起されるであろう。

いま、こんな問題に深入りすることは避けよう。それよりももっと重要なのは、本写本が右のように詳細でまた感動的な叙述をしてまで、血盆経や「本縁起」を熱心に探究し版行・施与を敢行した信仰的姿勢についてである。関与した黄檗僧たちは、これほどまでにこの経を重視し、その正しい由来を希求していたのである。これはまさに、わが近世末期における本経への信仰と重視の風潮を反映しているものではなかったであろうか。

いったい、黄檗宗は近世初期に来朝僧たる隠元隆琦によって開かれた比較的新しい宗派であるが、特に民衆に対する授戒会を盛行して念仏禅の教線を拡張した[2]、といわれる。その授戒会は、とりわけ曹洞宗に大きな影響を与え、全国的に授戒会最盛の状況をもたらしたのである[3]。従来、血盆経研究の分野で多くの成果をものされている高達奈緒美氏によれば、この経の版本・筆写本の種類は国内のものだけで七〇本以上にのぼり、宗派的には天台宗・真言宗・真言律宗・浄土宗・臨済宗・曹洞宗などの仏教諸宗の関与が確認されているという[4]。

したがって、ここに黄檗宗の寺院僧侶たちによる本経や縁起の版行・施与についての実情を知るべき本資料の出現は、従来未知の新たな宗派による関与を教えるものであり、血盆経による信仰形態が文字どおり仏教各宗のワクを超えて、実に全宗派的な広がりをもっていたことを知らしめるものであろう。また、授戒会という在家者一般に対する入信の儀式は、重要な教化の結縁として仏教各宗で行われてきたが、近世における授戒会の際に戒衆に対して血盆経を授与する慣例は、曹洞宗のみならず黄檗宗でも行われていたことが判明する点も注目されるところである。

ところで、右の写本資料の末尾には、一葉が版行した血盆経についての注記がみられるが、これは同経の系統ならびに黄檗門下での音読の特徴などを知る上から、貴重な記録といえる。まず注記は、一葉版行の血盆経は下総法性寺の本尊地蔵菩薩が中興和尚に授与したものであり、その文字数は全五百字であるが、そのうち整版したのは四七六文字であると記す。では、なぜ二四文字を省いたのであろうか。

知るとおり、血盆経の文字内容についてはテキストによってかなりの相違がある。こうした文献研究は少ないながら、すでに先学による検討がなされていて、いくつかの系統に分けられることが、指摘されている。こうした系統別の分類は、新出資料の考察にとってはすこぶる有益な指標である。そこで比較的新しい論説をみると、前掲の高達氏は本経本文の書出し、女性の堕獄理由、救済方法の教示者という三視点から、経文を六系統に分類している[5]。また近江礼子氏は、目連尊者の挿話の有無、堕獄理由が産血と月水の有無という観点から、同じく五系統に分類する。さらに近江氏は、元文元年（一七三六）に千丈実巌撰とされる漢文写本の『血盆経縁起』（正泉寺蔵）の内容は素朴であって正泉寺血盆経の原型、のちの天明三年（一七八三）版や安政四年（一八七五）版は目連挿話や産血などが加えられ、体系化したテキストであるという注目すべき指摘もされている[6]。

およそ血盆経の原型といえば、わが近代の大日本卍続蔵経に収録されるテキスト[7]は全文四二〇字にすぎず、ここには近世以降の版本にみられる真言（六五字）や回向文（四一字）を含まず、原型に近いことが容易に推察される。そこで、さきの二四文字の問題であるが、これは近代にたびたび刊行された正泉寺版折本の経本における総文字数五一七字から回向文四一字を省くと、いわゆる一葉版の四七六字にピタリと一致する。つまり、かの一葉版は、すでに近世中期以降に整理し体系化された正泉寺版を底本に、これを改版したことが知られる。

その一葉版には、仏が説示したという真言が含まれていた。正泉寺で開版した縁起類の中には、この真言をことさらに別出して、「仏説目連血盆経神咒」などという名称を付しているものもある[8]。とまれ、この真言は「南無三満哆…」に始まる六五文字から成り、通常「のう　もう　さん　まん　だ　…」とルビが振られ、読誦者の便がはかられている。ところが一葉は、これを特に「唐音」のかな付けにしたと明記する。この場合の「唐音」とは、隠元来朝時からの黄檗宗門伝統である「明音《みん》」にほかならない。同宗では、漢文の経典を明音で諷誦するのがふつうである。そこで、右の真言にも明音のルビを付して戒衆や檀家に与えたのである。どのようなルビが付されていたのかについては、一葉版の現物やその謄写などの出現をまたねばならない。

さて、この新資料の紹介と若干の考察からも、正泉寺血盆経の文献的悉皆調査と、同寺本尊地蔵菩薩信仰と本縁起との関係究明が肝要であることが知られた。前者は、現存する板木類の摺刷解明であり、また千丈による『縁起』のより一層深い検討である。筆者は、さきにこの『縁起』が、正泉寺月鑑により享寛戩貞を通じて千丈に漢訳を依頼したものであったことを公表した[9]。ところがそののち、享寛は江州の人で千葉や長野に住持した僧であり、千丈とは若きころからの知己であったことなどを知った。その千丈も晩年は江州の無名庵に住している。今回の新資料の舞台も江州である。してみると、まだまだ未知の点が散在しているのではないであろうか。このような点と点をつなぐ作業は今後の課題である。

【注】

(1)　黄檗宗の法系譜として最も権威のある『黄檗宗鑑録』を基に作成された「黄檗法系録」（大槻幹郎等編著『黄檗文化人名辞典』〈京都、思文閣出版、一九八八年一二月〉所収）には見出すことができない。

(2)　伊吹敦『禅の歴史』（京都、法蔵館、二〇〇一年一一月）二六五頁。

(3)　曹洞宗宗務庁編刊『授戒会の研究』（昭和六〇年三月）三〇六頁～三〇七頁。

(4)　高達奈緒美編『東洋大学附属図書館哲学堂文庫蔵　仏説大蔵正経血盆経和解』（東京、岩田書院、二〇一四年七月）三四三頁～三四四頁。

(5)　前項注(4)の高達氏「血盆経信仰の諸相」（『CASニューズレター』117、慶應義塾大学・地域研究センター、二〇〇三・三。慶應義塾大学アジア基層文化研究会・二〇〇一年度活動日誌、http://www.flcl.keio.ac.jp/~shnomura/repo2001/koudate/youshi0122.htm）三頁を参照。

(6)以上、近江礼子「新四国相馬霊場を開創した観覚光音の血盆経」（『西郊民俗』第二一〇号、平成二二年三月）を参照。ただ、近江氏が紹介される安政四年版は、刊記の前に「尾州御大奥為／御祈祷令開板者也」と大書の刻字がある『女人成仏血盆経縁起』一冊であるが、これと本文も大書刻字も同一ながら刊記のみを天保九年（一八三八）とする冊子を筆者は所持している。同一本をたびたび改刻したのであろうか。

(7)『新纂大日本続蔵経』第一巻（東京、国書刊行会、昭和五五年五月）四一四頁a～b。

(8)たとえば正泉寺前住酒井正行師から筆者に呈示された『血盆経女人成仏由来并神咒』なる複写物件がそれである。この冊子の原本は茨城県某所の所蔵であった由。

(9)「正泉寺の『血盆経縁起』について」（『我孫子市史研究センター会報』第六五号、平成一九年七月）

＊小稿を草するに当たり、近江礼子氏から貴重な研究文献のご提供をいただきました。ここに記して厚く御礼を申しあげます。

コラム・我孫子史散策④　役畜としての牛と馬

我孫子市の湖北地域には、この地域の郷土史を丹念に綴って来られた星野七郎さんがいられた。中位の地主の家に生まれ、精農の人であった。二〇一三年、この方を訪ねて、戦前・戦後の農村の姿を聞かせていただいた。その折の伺った話の一つとして、農家における牛と馬の役畜としてのはたらきの違いを記す。

「深田では、牛も馬もある程度体が沈みます。そのときに、馬は恐怖して棹立ちしてしまうので、農民にはたいへん危険でした。牛の方は、体が沈んでも、おとなしく犂を曳き続けるのです。」

「牛は子どもでも扱えるものでした。荷車を曳かせるのも、子どもだけでできました。馬は、専門的な技術がいりました。それもそんなことで、村の役畜としては、牛がほとんどでした。それも、値段の安い朝鮮牛で、馬の五分の一ほどの値段でした。」

朝鮮牛は、明治以後に輸入され始めた朝鮮半島産の牛である。次は農村で畜産指導をしてこられた別の人の話である。

「牛は危険な大型動物とされていて、警察では牛を飼っている農家を把握するようにしていたものです」

お二人の話はだいぶ違っているが、何かの拍子に人を攻撃するという場面では、角のある牛のほうがはるかに危険であることは頷ける。攻撃する際の荒々しさから、牛を生命力をかき立てる荒ぶる神としてまつったのが、牛頭天王《ごずてんのう》信仰の源ではないだろうか。夏祭りで担がれる御輿は、別名「テンノウ様」といっていて、本来はこの牛頭天王の乗った輿を、荒っぽく担ぐものであった。

通常では、牛は、農耕の用、それに伴う運搬の用には、馬よりも適するものであったのは、まちがいない。

星野さんの話を続ける。

「運送では、特に早さの点で馬は牛よりもはるかに有用でした。それでどの村にも一軒は馬の御者を仕事とする家がありました。」

農家の馬が副業として輸送にも使われたのは、近代でも続いたであろう。村の御者は、自前の馬の他に、農家の馬を一時借りして運送業者として稼いだのだろうか。これからの課題としたい。

星野さんは二〇一四年に逝去された。『村の記憶』（崙書房）は、昭和前期の郷土史を探る上での名著である。

特別寄稿

寛保三年手賀沼漁猟藻草出入

山口　繁

一

周知のように、我が国は、明治維新以降ヨーロッパの近代法を導入して近代的法律制度の整備を図ったが、これについて、明治の司法改革は江戸時代に形成されてきた司法制度を無視して行われたから、江戸時代以来の司法の伝統との断絶が著しく、社会の中に定着しなかったと説く者がいる[1]。

筆者は、そうではなく、江戸時代の司法制度の基盤があったが故に明治の司法改革は円滑になされたものであり、その土台には日本古来の伝統があったと考え、日本の司法の独自性・アイデンティティーというものを求めて、これまでその方面の勉強を続けてきた。

我孫子に居を定め、『我孫子市史』『我孫子市史資料』に接することができたのは、全く僥倖であった。江戸時代に関する『我孫子市史近世篇』『我孫子市史資料近世篇Ⅰ・Ⅱ・Ⅲ』は、江戸時代の司法の勉強をするのに絶好の素材に溢れている。

中でも、『我孫子市史資料近世篇Ⅲ』に収録されている「寛保三年　手賀沼新田　漁猟藻草出入諸書物控　沖田村」は、大岡越前守忠相が関与した、手賀沼におけるえび・雑魚採取などの漁猟や田の肥料にするための藻草取りの権益をめぐる訴訟の一件書類の写しであり、訴提起前の書類から、訴状、答弁書、準備書面、審理についてのメモ書き、裁許請証文まで揃っており、訴訟の経過を追っていくことができる。訴提起から判決までわずか三か月余という珍しいケースである。筆者は、これにより「寛保三年手賀沼漁猟藻草出入」の勉強を数年かけて続けることができ、大いに感謝している。

この訴訟についてはこれまで地元で何回かお話ししたし、これを素材にして江戸時代の裁判などについて記述したものを、『大江戸裁判物語』として『MOKU』という雑誌に二六回にわたって連載した[2]。

勉強すればするほど、大岡の関与した裁許はよくできた判決だと感心させられる。今回折角の機会を与えられたので、右出入の概略を紹介したい。

二

1

手賀沼は古来豊かな資源に恵まれていた。そこで産出される魚介類や鳥類は人々の大切なタンパク源であり、繁茂する藻草や雑魚は肥料として利用され、それらの採取（沼稼ぎ）は人々の貴重な収入源となった。

おそらく律令制以前から手賀沼周辺のあちこちに住む人々は、それぞれに水田を耕作し、あるいは手賀沼で漁業を営み、肥料用に藻草取りをしていたことだろう。それらの人々にとって手賀沼のえび・ざこ猟や藻草取りの権益は誠に貴重なものであり、同時にそれは、支配者にとっても重要なものであった。

その頃には、そうした人々の集団が固有の権能として大地を支配・占有していたのであろうが、国家が成立すると、国家の支配・占有（領有）と国家から分与を受けて現実に現地を支配・占有する者の現実の領有とが観念的に区別され、分裂する。

2

『日本書紀』によれば、大化元年（六四五）八月の東国等の国司等への詔に「其れ薗池水陸の利は、百姓と倶にせよ」とあり、これは『雑令・国内条』の「山川藪沢之利、公私共之」と同じ思想と言われる③。この詔は、薗池水陸あるいは山川藪沢がすでに成立している律令国家の領有に属することを当然の前提にしている。

シナ古代の法制を記した『礼記・王制』には、「名山大澤不以封」とあり、帝王は天下の土地を諸侯に割譲して支配権を与えても、山や湖などは公共の物として保留するために、諸侯に封ずる国の中に入れてならないとされていた④。日本の律令国家も、この思想を受け継いだのだろう。

その頃、手賀沼にも周辺の農民が入り会って恩恵を受けていたと思われる。支配者は、田畑、屋敷地等を現実に領有する者の使用収益に課税するようになるが、山野河海の用益産物に対する課税は、必ずしも一律になされたものではなかった。

その後国家による全国的支配は急速に弛緩し、平安・鎌倉・室町・戦国時代という時代の変化と共に、手賀沼周辺の土地の支配者は代替わりしていく。

3

天正一五年（一五八七）の九州征伐により、豊臣秀吉は国家的支配権を確立する。同一〇年から慶長三年（一五九八）にかけて全国で行われたいわゆる太閤検地は、我が国の土地制度上の一大変革であったが、封建領主が所有して百姓に所持耕作させることを認める田畑・屋敷地と、秀吉自らが領有する山野河海とを分けて確定する作業でもあった。

これによって、田畑・屋敷地に年貢が賦課されると共に、年貢の負担者には百姓として所持耕作することが保証された。山野河海についても、その用益またはその産物を対象とする雑税―小物成を徴収するときは、その負担者は山野河海を排他的に利用収益することが保証された。

小物成は太閤検地以前からの慣行で存在するものもあり、太閤検地の際には、山野河海についても小物成の調査も行われ、田畑の石高と同時に山野河海の小物成が決定され、「帳」に付けられた。しかし、それは「公方（＝秀吉）に上る」ものであった。

この検地の結果に基づいて秀吉の配下に所領の分配がなされたが、田畑の外山林・葦萱野・浦・川も合わせて配分されるのは例外的な場合だった。一般の給人（大名の家臣で所領を与えられる者）は、山林・葦・茅野・浦・川の支配を認められなかった⑤。

徳川家康は、天正一八年（一五九〇）に秀吉により関東に移封され、関東に入ったが、その時から同二〇年にかけて上総・下総領域で検地を行った⑥。これも太閤検地の基準に従って行われたものであろうが、我孫子及び周辺の直轄領、領分の設定、旗本の知行割も同様に実施されたと推定される。

徳川幕府も小物成は「公方へ上がり申すべき物」とした制度を継承したから、大名領内の山野河海は潜在的には将軍のものであり、幕府はそこに立ち入って材木を取ることができた。また、幕府は、領主に小物成徴収権を与えることができるが、それは小物成帳の交付によってなされたようである[7]。

4

さて手賀沼については、伝承によれば古く天正の頃（一五七三―一五九一）より沼内本高として「川高」を年貢上納し手賀沼での漁猟・藻草取りをしてきたとの説があり[8]、また、周辺村落のうち例えば布瀬村の寛文四年（一六六四）（辰年）の「下総国相馬郡布瀬村辰御年貢可納割付之事」と題する書面には「壱石四斗川高　此取永二貫七百五拾文　定免」なる記載がある[9]。しかし、それらに相応する小物成帳が当時の地頭に交付されたことは明らかでないし、またなぜ布瀬村が川高を収納することになったのか、その経緯は不明である。

他方、手賀沼は、寛永一〇年（一六三三）二月一三日「尾紀水三卿に放鷹の地を下さる」（『徳川実紀』第二篇）に始まる水戸徳川家鷹場に含まれていたが[10]、この鷹場は幕府の領有に属していた。当初は鷹狩の妨げにならないように手賀沼の漁猟や藻草取りは規制されたらしい。徳川光圀（寛文元年［一六六一］家督を継ぐ）の時代になって、えび・雑魚・藻草は入り会ってとるように言われたとの伝承がある。

また、手賀沼の新田開拓は、寛文一一年（一六七一）春に江戸本小田原町の鮮魚商海野屋作兵衛等の手賀沼新田開発の請願を幕府が許可（幕府が手賀沼を領有することが当然の前提である）したことに始まるが[11]、この開拓について当時川高を納付していた布瀬村は異議を唱えておらず、天和二年（一六八二）からは、布瀬村下（新田）に年貢を割り付けられ徴収されている[12]。

ところが、元禄一五年（一七〇二）かそれ以前に、手賀沼の南縁に接している手賀、布瀬、片山の三か村が、沼の北縁に接する手賀沼新田、沖田、新木、中里、市部、岡発戸、戸張の七か村を相手取って手賀沼への入会に関し訴訟を起こした。訴訟人（原告）三か村の言い分は、「自分たちは、昔から川高として年貢を納め、漁猟・藻草取りを認めてもらっているが、相手方（被告）七か村の者は入会だとして奪い取ろうとする」というのであり、相手方は、「手賀沼廻り二五か村は残らず入会として手賀沼に出入りしている」として争った。

この訴訟は、評定所で審理することとなったが、その判決（裁許状）は、「（意訳）取り調べたところ、原告三か村が川高に入れ年貢を納めていることは間違いない。手賀沼周辺の二五か村のうち、泉、鷲谷、岩井、箕輪、芝原、我孫子、広山の村々は川役銭を出している旨割付状に記載があり、また、新田である発作村は、三〇年以前に新田として開発された時から舟運上を出して漁猟してきたことが明白である。よって、役銭を出し来った八か村も三か村同様（手賀沼に）いよいよ（弥。端から端まで）入り会って漁猟することができるが、その余の村々は一切入ってはならない」というものであった[13]。

二年後の宝永元年（一七〇四）かあるいはそれより前に、手賀沼の西南端の大井村が入会権確認の申し立てをし、同年九月二五日裁許が下された。「（意訳）この度大井村の者が手賀沼に入り来っていたと主張して訴えを起こした。取り調べたところ、大井村が沼運上を上納している旨年々の地頭の（年貢）割付状に記載がある。先年の争論（元禄一五年の訴訟）の節に大井村がその旨申し出なかったのは大井村の不注意であるが、割付状に記載がある以上証拠は歴然としているから、大井村も従前どおり手賀沼に入り会い、漁猟することができる」というのがその内容である[14]。

さらにその二、三年後、手賀沼の東端にある布佐村が、手賀・発作・芝原・和泉・鷲谷・岩井・箕輪・片山・布瀬の九か村を相手取って訴えを起こした。原告が手賀沼に入って漁猟をしていたところ、被告九か村の者共が布佐村の猟舟二艘を差し押さえて入り会いさせなかったので、被告らの入会妨害排除を求めるという。

評定所は、取り調べの上、同四年三月裁許を言い渡した。「(意訳)原告に入会を主張すべき理由があるのであれば、先年大井村が訴訟を起こした節に同時に主張すべきであるのに、そういうこともなく、それより以前の(元禄の)裁許の節にも訴えを起こしていなかった以上、前々から手賀沼へ入り会ってきた事実がないのに、この度手賀沼へ入り会ってきたと虚偽の事実を申しているこことは明らかである。原告は今後手賀沼へ一切入ってはならない」[15]。

これら一連の判決によって、手賀沼周辺村落のうち、手賀沼での漁猟・藻草取りなどの沼稼ぎについて、代官所や地頭・領主に「川高」として年貢を、或は「川役銭」「舟運上」「沼運上」として雑税を納付している者に対し、手賀沼一円における入会漁猟権を認め、そのような納付のない者に対してはこれを否定することが幕府の判例法として確定したと言える。その後、「川高」「川役銭」などの納付のない村落は手賀沼への入会を自粛していたようである。

5

しかし、各村の地頭に川役銭・舟運上・沼運上などの役永(税金)徴収権があることを肯認するには、これまで述べてきたことからすれば、幕府が各村の地頭に小物成帳を交付して役永徴収権を与えた事実がなければならないが、この点は立証されていない。また、元禄郷帳等によれば、被告の手賀沼新田は代官支配所、訴訟当事者外の我孫子村は代官支配所と山高氏知行所に分かれており[16]、同じく訴訟当事者外の発作村も、新田で代官支配所である(なお、後に訴訟当事者外の泉村の一部と箕輪村も代官支配所であるのに川役銭を徴収するようになる[17])。手賀沼を領有する幕府が、合理的な理由もないのに、手賀沼周辺の代官支配所(天領)のうち一部について領民の沼稼ぎに対する川役銭徴収権を与えておきながら、他の一部についてはこれを与えないという偏頗な措置をするとは到底考えられない。

そうすると、手賀沼周辺の村の一部の地頭が川役銭などの小物成を徴収しているのは、幕府から統一的方針に基づいて小物成徴収権を与えられたためではなく、一部の地頭が、太閤検地以来の仕来りに反して、権限もないのに恣意的に行っていたものに過ぎないと推認せざるを得ない。

しかもこれらの裁許状では、なぜ川役銭等の納付によって手賀沼一円で漁猟等ができるのか、その根拠を明らかにしていない。なぜこのような誤った判断がなされたのか。

最初に裁許を下した元禄一五年の評定所一座の松前伊豆守嘉廣は、元禄一〇年に原告三か村の地頭になり、同年から同一六年まで南町奉行を勤めている。自ら川高に入れて年貢を徴収しているのだから非を認めるはずがない。他のメンバーのうちの勘定奉行荻原近江守重秀は、新井白石が「天地開闢けしより此の方、これら奸邪の小人、いまだ聞きも及ばず」と言い、裁許についても、緻密で論理的な検討をせずに天領と私領の争いでは常に「私領の者に皆責任がある」としてしまうと弾劾しているから⑱、綿密で論理的実証的な検討もせずに松前に有利な意見を出したということもあり得よう。

また、宝永元年の裁許に関与した評定所一座には、右の荻原重秀の外に本多弾正少弼忠晴がいる。新井白石は、この事件より後のことだが、評定所では、重秀と忠晴の二人の意見で事が決し、評定所一座の他のメンバーは議論することができなかったと非難している⑲。また、大井村の地頭は本多伯耆守正永で、元禄元年より同九年一〇月まで寺社奉行をしており、荻原とは元禄九年四月から一〇月まで評定所一座で同席した仲であり、しかも本件裁許の言い渡しの三日後の九月二八日若年寄から老中に昇進している⑳。あるいは重秀、忠晴の二人が、正永におもねって十分な審議をせずにことを急いで決したということも考えられる。

6

その後、享保元年（一七一六）徳川吉宗の将軍職就任によって鷹場が復活され、水戸家も同二年五月再び鷹場を拝領、手賀沼のほぼ全域が水戸家の鷹場となり、周辺の村々に対し漁猟の禁止等の鷹場規制が申し渡された。これらの規制は、特に新田村々にとって死活問題であり、村々は翌享保三年に水戸家小金領鷹場役所である西新田役所へ、旧鷹場の頃は水戸家より「藻草・ゑひ・さっこ」取りを許されていたとして愁訴に及び、結局御鷹場役を務めることを条件に、四月一日より七月末日までの間の沼猟の許可を勝ち取るに至った㉑。この時も、布瀬村等が自らの特権を主張することはなかった。これにより手賀沼縁の村々は手賀沼に入り会って漁猟・藻草取りをし、二十数年が経過した。

7

寛保三年六月、元禄訴訟の原告である手賀、布瀬、片山の三か村及び宝永訴訟の原告である大井村の外、元禄訴訟で入会権を認められた泉、鷲谷、岩井、箕輪、芝原の五か村（芝原村以外はいずれも手賀沼南縁に接する）が、手賀沼北縁に接する村のうち元禄訴訟の被告である新木村、沖田村及び元禄訴訟の被告手賀沼新田の後継者である大作新田、浅間前新田、相嶋新田、布佐下新田のみを相手取って、「（意訳）手賀沼の漁猟藻草取りについては、原告九か村及び我孫子、高野山、発作新田の合計一二か村が、御領・私領共に川高永又は川役銭、沼運上等を納付しているが故に入り会うことができ、その余の村々は一切入ることはできない旨の元禄一五年及び宝永元年の裁許があるのに、近年みだりに他村が入り込むので断りを申したところ、外の村は止めたが、被告六か村の者は我儘を申して止めないので、お取調べの上先の御裁許のとおり仰せつけられたい」と訴えて出た㉑。

元禄一五年及び宝永元年の裁許は原告等主張のとおり判示しているし、原告等が役永（税金）を現在も納付していることはその主張のとおりである㉒。

イギリスの裁判制度には、古来厳格な「先例拘束力の原則」というのがある。最高裁判所である貴族院がある事件について下した法的な判断は、貴族院を含めたすべての裁判所が後日その事件と同一または類似の事件について判決を下すに当たって、先例として拘束力を持ち、異なった判断を下させないとするものである。

寛保訴訟の当事者と元禄・宝永訴訟の当事者とはおおむね同一であり、イギリスと同じように先例拘束力を認めると、原告等の請求を認めざるを得ない筋合いである。しかし、わずか三か月という短期間で、大岡を始めとする評定所一座は同年九月原告等敗訴の判決を下した。

その理由は、簡単に言えば、元禄・宝永のころと現在とでは手賀沼の干拓が新たに始まったりして状況が変わっているから、現在では元禄訴訟の御裁許通りにすることはできない、というに帰する。すなわち、「(意訳)手賀沼は、先年の裁許の節とは違い、現在では御料である新田場であって、原・被告及び他の村々が共に、銘々(新田開発を)水内も含めて引き請けて自普請もし、だんだんと開発する約束・予定でお請けした場所であるから、現在では先の裁許のとおりに言い渡すことは難しい」というのである[23]。

大岡らの評定所一座は、元禄・宝永の裁許を取消し・変更することなど念頭に浮かばず(現在の我が国では、最高裁判所大法廷で先にした最高裁判所の裁判を変更することが認められている。裁判所法一〇条三号)、拘束されるものと考えただろう。しかし、これまでの経過から見ると、元禄・宝永の裁許は誤りで、原告等の請求をそのまま認めるのは不当とせざるを得ない。

それを避ける方法はただ一つ、現在の事件が元禄・宝永の事件と類似の事件でなく、元禄・宝永の裁許の拘束力は及ばないとすることである。それが先の説示である。大岡等の評定所一座は、奇しくもイギリスで考えられたと同じ法理を導き出した。

もっとも、寛保三年当時手賀沼周辺の村落が幕府の許可を得て村請の新田開発をし、天領とされていくことは判示のとおりだが、「先年の御裁許の節」がこれとは違うという認定はかなり強引で、事実に反する。元禄訴訟時には手賀沼新田が被告とされ、手賀沼開拓により発作新田も発足しているように、手賀沼において幕府の許可に基づく新田開発がなされていたから、その当時も手賀沼は御料である新田場であったはずである。ただ、そう断言すると元禄訴訟の裁許の誤りが明白となるので、強引な説示で糊塗したのだと思う。

ところで、「現在では先の裁許のとおりに言い渡すことは難しい」と判断するのであれば、原告等の申立は相立たずで請求棄却すれば足りる筋合いである。しかし、評定所は本件の裁許で一歩踏み込んで原告等が所持している元禄・宝永の御裁許書写し三通を取り上げると判示した。「(意訳)原告等一二か村は、他の村と共に村限新田(村同士の境界を定めその範囲を確定した新田)の開発を引き請ける節には、村方は自由に対応できるのに、先年の御裁許のことを申上げずに引き請けたものである。そうしておきながら、水内が今もって開発できない所から、数年来申し立てなかったことをこの節申上げるのはどのみち不埒である。従って、原告等が所持している元禄・宝永の御裁許書三通はこのたび取り上げる」[24]

元禄・宝永の裁許の拘束力は及ばないとしたものの、その写しを原告等の手元に置いておくと、またこういう先例があると持ち出して紛争を生じさせることになりかねないから、何とか取り上げてしまいたい。そこで、右のように説示して、原告等の持っている元禄・宝永の裁許の写しを取り上げてしまった。実質的に元禄・宝永の先例を取り消してしまったのである。

そのお蔭でこれより約四〇年後の明和八年（一七七一）二月に言い渡された印旛沼藻草海老魚鳥猟に係る訴訟の裁許では、「印旛沼は御料・私領共に入り会うのであって、地頭所へごくわずかな運上を差し出したからとて沼一円で魚鳥猟をするのは心得違い」と断言することができた[25]。

原告等の持っている元禄・宝永の裁許写し取り上げの理屈は、過去の行動と矛盾する主張を禁ずる「禁反言の原則」あるいは相手方の信頼や期待を裏切らないように誠意をもって行動することを求める「信義誠実の原則」と相通ずるところがないでもないが、原告等の弱みに乗じた大岡一流の機智機略のようでもある。

短時間のうちにこのような芸当ができたのは、評定所一座二六年のキャリアを有する大岡がいたからであろう。他のメンバーは、長くて八年、あとは数年のキャリアに過ぎず、新任早々の者もいる。

儒学者荻生徂來は、将軍吉宗に呈した意見書である『政談』で、「古は名山大川は封ぜずという事あり。左様の所をば大名には下されぬ事なり」と指摘していたが[26]、吉宗、徂來と大岡の関係からすれば、彼は徂來の『政談』にある指摘を知っていたかもしれない。また、幕府の法典である公事方御定書編纂の過程で行われた河川、海沼に関する慣行調査[27]も知っていたはずであり、房総の海の入会の訴訟にも関与しているから、問題点は十分承知していただろう。そこで、評議でもリーダーシップを発揮し、留役を駆使して、巧妙な裁許を起案させたのだと思う。かなりハイレベルの判断をしたものと考えている。

紙数の関係で紹介できなかったが、この訴訟の当事者は手賀沼周辺の村、実質的には村民である。彼らは自らの権益を守るために熱心に訴訟活動している。

三

こうして見ると、江戸時代においても訴訟制度が大いに活用されていたことが分かる。

アメリカのワシントン大学のジョン・オーウェン・ヘイリー教授は、「歴史的に見れば、日本人はかなり訴訟好きだった。（中略）裁判は、日本においてもっとも発達した社会規制の方法の一つであった。十八世紀の末には、日本法の実体的なルールは、行政上の命令と共に、明瞭な表現と強制力を持った、十分に発達した判例によって、作り出された。日本の訴訟手続法はヨーロッパのいかなる制度にも拮抗できる合理性と精緻さを具えていた。裁判は、徳川の第一線のサムライの役職である代官の重要な役目となった。リーガルプロフェッションの前身も現れていた」と指摘しているが[28]、そのとおりであろう。

また、戦前において比較法制史や証拠法などの権威として著名であったアメリカのジョン・ヘンリー・ウイグモア博士も、日本の固有法について、「一六〇〇年代以降、高度に組織化された裁判制度があり、判例によって、日本の固有の法と実務の体系を発展させた。それは、一四〇〇年代以後のイギリスの独自の発展とのみ比較できるものである」とし、更に、「判例による法の発展が官吏である裁判官自身によってなされたのはイギリスと日本においてのみである」と述べている[29]。彼は、評定所一座の知的レベルは当時のイギリスの最高裁判所裁判官のそれとほとんど変わらないと考えていたようである。大岡はやはり非常に優れた裁判官であったといえよう。

我が国では、一二三二年の貞永式目によって、現行制度と同様のアドバーサリアルシステム（当事者対抗主義）による民事訴訟制度が始まった。それは江戸時代を経て今日の司法制度に至っている。古来の伝統が今日にも及んでいることを我々はよく認識しなければならない。

【注】

①中村哲『明治維新』（集英社版・日本の歴史⑯一九九二年）一一八頁以下
②『MOKU』二〇一〇年二月号ないし二〇一二年四月号。いずれも我孫子市民図書館に寄贈しているので、閲覧できる。
③『日本書紀(四)』(岩波文庫　一九九五年)二四四頁以下
④新釈漢文大系『礼記上』（明治書院　昭和五八年）一八五頁以下、一八八頁
⑤高木昭作『日本近世国家史の研究』（岩波書店　一九九〇年）三三頁以下
⑥我孫子市史資料近世篇Ⅰ五五頁以下
⑦高木前掲書四二頁以下
⑧我孫子市史近世篇三五三頁
⑨沼南町史近世資料Ⅱ一四頁。田畑などの土地の価値を示すのに江戸時代は土地から生産できる玄米の数量（何石何斗という石高）を用い、それによって年貢を定めたが、川や沼の稼ぎについてその収穫高を何石何斗と見積もって田畑と同様に年貢を定めることがあった。その見積高を「川高」と呼んだ。
⑩我孫子市史近世篇四三八頁以下
⑪千葉県東葛飾郡誌（千葉県東葛飾郡教育会）三二頁、山本忠良『近世印西の新田』（崙書房出版　一九九三年）九頁
⑫前掲千葉県東葛飾郡誌三三頁以下
⑬千葉県史料近世篇下総国下六一〇頁。「川役銭」「舟運上」は沼稼ぎに課せられた雑税である。
⑭前掲書三七五頁
⑮沼南町史近世資料Ⅱ六一四頁
⑯前掲我孫子市史資料近世篇Ⅰ附篇近世下総国村高一覧
⑰我孫子市史資料近世篇Ⅲ四五八頁
⑱『折たく柴の記』（岩波文庫　一九九九年）二七二、二六八頁以下
⑲前掲書二七〇頁
⑳岩波日本史辞典（一九九九年）一五九二、一五九五、一六〇三頁
㉑前掲我孫子市史近世篇三五四頁以下
㉒前掲我孫子市史資料近世篇Ⅲ四五八頁以下
㉓前掲書四六四頁以下
㉔本埜村史史料集近世編二・三四六頁以下
㉕『政談』（岩波文庫　一九八七年）一一三頁
㉖堀江俊次「享保期における勘定所の漁業権実態調査と漁業政策」（『東国の社会と文化』小笠原長和編・梓出版社所載　一九八五年）
㉗ジョン・オーウェン・ヘイリー『権力なき権威―法と日本のパラドックスー』（財団法人判例調査会）一〇四頁参照
㉘JOHN HENRY WIGMORE "A PANORAMA of the WORLD LEGAL SYSTEMS" VOLUME Ⅱp504

布佐村一件訴訟顛末
―百姓惣兵衛の闘い―

清水 千賀子

はじめに

ここで取りあげる布佐村一件は、『我孫子市史研究5』所収の長谷川一氏稿「近世末・村方騒動の展開」で、嘉永七年（一八五四）の「愁訴状」（取手市小文間『木村廉家文書』）が、原資料紹介と詳細な解説がなされ、すでに訴訟の概略は記されている。その後、偶然に一冊の古文書との出会いがあり、この訴訟事件の一連の文書群の発見へと繋がった。他に家関係・習俗・手賀沼鴨猟帳簿類など総数三〇〇余点の文書は、『布佐下増田惣兵衛家文書』として市史研究センター有志により目録原稿が作成されている。

本論では、発見された一連文書で明らかになった布佐村一件の顛末と、前記「愁訴状」の意味合い、またこの訴訟文書の所有者であり、村方一件訴訟に半生を投じた百姓惣兵衛の生き方を追いたいと思う。

一 布佐村の概況

1 利根川瀬替え事業と近世布佐村の成立

近世布佐村は、村高一〇六八石余（文化九年に私領八〇石を分郷）の幕府領であった。寛永七年（一六三〇）、利根川瀬替え事業の一環として布佐と布川（茨城県利根町）間の狭窄部が開削され河道が形成された。同年に布佐・布川および近隣村々は、佐倉藩主土井利勝の検地をうけ、布佐村は村高四二三石余の佐倉藩領となる（『利根町史』第6巻 通史）。寛文期（一六六一～）に入り、幕府は大規模な新田開発と新たな水運路の確保も兼ねた新利根川開削事業を計画する。計画予定地が上知され、布佐村も残存史料（年貢割付状）によると、同二年（一六六二）には幕府領となっている。新川の開削により、同六年末に布佐・布川間の河道は締め切られることになった。

布佐村ではその間の寛文五年（一六六五）に、初代代官細田小兵衛による検地が行われ、古新田七一石余が村高に加わった。「北郷《きたご》」と呼ばれたこの地は、台地の北側、利根川に面した場所で、絶えず水損にあい収穫があまりみられない土地柄だった。さらに寛文九年（一六六九）には、代官小泉治大夫により「西新田」五〇二・七石余の検地・高入れがなされた。布佐・布川間の河道が締め切られた後、干上り地となった場所を開発した地である。この西新田の検地により村高は一挙に九九七石となった。ところが、新たに開削された新利根川は問題点が多くすぐに廃川となり、寛文九年に河道はもとの布佐・布川間に戻された。その結果、翌一〇～一一年にかけ、川除堤防が布佐の高台下より手賀沼への入口である字川口（現北千葉揚排水機場付近）まで築かれるが、築堤にあたって、すでに検地・高入された田畑の一部が堤防の堤敷として潰地となった。

『地方凡例録』によると「堤敷引、（中略）検地以後、新堤を高の内の地所に築立るに付ては、高の内引に成る」とある。「高の内引」とは、堤敷潰地分の田畑の米永年貢は「年々堤敷引」として免除されるが、その石高は村高にそのまま残されるというもので、つまり、堤敷潰地分の石高に掛かる国役金・高掛物・諸役・夫銭といった諸税は納め続けねばならないという何とも不合理な制度であった。一七〇年後に、この「高の内引」の場所が布佐村を大きく揺るがす村方騒動の場となる。

2　布佐村のしくみ

村組織は、名主二名、組頭・惣百姓代がそれぞれ二名ずつの計一〇名の体制だった。宝暦三年（一七五三）に「夫銭清勘定出入り」（「増田家文書」No. 27）という、後に名主退役へと発展する事件が起き、これを契機に布佐村の仕組みが確立する。その内容は以下の通りであった。

①村高は又左衛門組が五分五厘、源左衛門組が四分五厘に高分けし、年貢割付けも同様にする（翌四年より半々となる）。
②割付状や皆済目録は双方で一年替りに所持する。水帳や証文類は又左衛門方に有り、入用の節は両組で用いる。高札は又左衛門方に差置く。
③村方助成は、全て五分五厘、四分五厘に割合する（①同様）。
④伝馬御用は前々の通り村中で勤め、小人馬御用は高日割りで、伝馬役とは別役に勤める。
⑤村入用は高割りにする。
⑥名主給がない代わりに、名主・組頭は銘々の持高分の高役・高掛物・人足賃銭などが免除される（宝暦一三年『村鑑明細帳』）。

また布佐村は六組の最寄組（坪組とも呼ばれた）から構成されていた。本村にあたる上町組・中町組・下町組・網代場組と、通称台と呼ばれる布佐台の原新田組、その台の南側低地で寛文期以降の新田開発で居着いた人々の集落である堤内《どてうち》組である。この堤内組が今回の出入りで訴訟方の中心となる。相手方となる網代《あじ》場《ば》組は、位置的には下町に入るが、かつて付近に利根川鮭猟の網代があったため、その名が付いたといわれ、鮮魚荷揚げ場、なま街道の出発地として布佐河岸の中心地であった。

二　村方出入りの発端

1　村方改正の気運の高まり

天保五年（一八三四）、布佐村と江蔵地新田村との間で村境に関する一件がおきた。難件となり論所見分のため、検地奉行豊田藤之進を始め、勘定方・普請役・支配などが出役し、上下役人計三七人が布佐村へ止宿した。村全体の検地を行うと聞かされ驚いた村人たちは、扱人（仲裁人）を立て、代官所の承諾を得て示談とし、示談の通りに決着した。しかし、この間の一二月二七日より翌年正月二九日まで一行が止宿し、多額の宿泊費がかかった。宿泊費を含めた一件諸入用は、その後高割りとされ、小百姓はもちろん越石（他村からの入作）の百姓にまで高額の分担金が課せられ、支払いに難渋する者がでる事態が起きた。

その後天保一一年（一八四〇）に、江戸城火災のあとの御用木として布佐村御林（幕府林）の伐木が命じられ、またもや勘定方山岡清兵衛や普請役外、多数の出役人の止宿があった。この時も御泊り入用金が金八一両掛かったとして、高一石に付六八三文ずつに割当てた取立帳が村役人から廻された。村中大騒ぎとなり、小前間で対策が話し合われることになった。

翌一二年五月、小前百姓（ここでは村役人を除いた本百姓のこと）たちは村内の観音堂に集まった。前年も年貢米永の外に、諸夫銭を百姓持高一石に付一貫八三二文ずつ納めている。さらに今回の宿泊費分が加われば、高一石に付二貫四〜五〇〇文にもなる。このように年々諸夫銭が増え続けては、小前百姓は生きていけなくなると、集会では諸夫銭・高掛りを減らすための村方改正の議定書取替しの相談がなされた。

最寄組々では小前たちが連印帳を作り惣代を選び、原新田組では小前三五人の惣代に五左衛門と重郎左衛門、堤内組では小前二〇人の惣代に伊兵衛と惣兵衛と惣右衛門、上町組は小前二七人の惣代に新七と惣右衛門、中町組では小前三三人の惣代として源之丞、下町組は小前二五人の惣代として市郎右衛門と平六と源左衛門、以上五組で小前総数一四〇人の惣代一一人が決まった。大・中の高持百姓も含まれ、諸夫銭が布佐村百姓全体にとって負担の大きいものであったことが分かる（下表参照）。村方改正の議定書について、名主・村役人と掛合う段取りになったが、ここに網代場組の参加はなかった。

2　村入用と百姓の負担

近世百姓の負担には、領主に納める米・永年貢（本年貢）の外に、村の諸経費である村入用の負担があった。この費目には、①領主からの賦課：御普請の人足や用材、助郷役、国役金、②年貢納入の経費：年貢詰米・金納入用、運賃、③狭義の村の入用：用水・治水・道・橋などの自普請の人足や用材、村役人給・筆墨紙・寄合・出張などの必要経費、組合村・入会村々など村連合の一村とし

年代	年貢		永納内訳			村入用夫銭					別枠納	備考
						高割り		軒割	諸夫銭合計			
	米納（斗）	永納（永）	畑年貢	諸夫銭	銭	川々国役	持高1石当り				我孫子宿助郷	
天保　5	12,968	878,16	1分2朱	2分	22	425	文	文		文	文	
〃　6	13,251	877,16	2分	1分2朱	22	425	1,260					
〃　7	凶作	877,16	2分	1分2朱	22	425	1,260					
〃　8	豊作	960,54	2分	1分2朱	600	489	2,320					普請人足分含
〃　9	16,499	960,54	2分	1分2朱	600	489	1,437					
〃　10	18,943	960,54	2分	1分2朱	600	489	1,437					
〃　11	18,199	865,56	2分	1分2朱	231	489	1,832					
〃　12	20,859	865,56	2分	1分	831	489	1,227					
〃　13	18,188	865,6	2分	1分	783	489	1,280					
〃　14	18,199	865,6	2分	1分	787	422	1,488	202				
弘化元	19,639	865,6	2分	1分	787	422	1,412	202	1分	14,663	4,058	三枝様私領入用2,584文含
〃　2	17,539	865,6	2分	1分	787	422	1,210	202	1分	10,740	4,427	干損引方あり
〃　3	11,637	877,01	2分	1分2朱	13	361	1,550	307	1分2朱	16,307	3,510	定式御普請金1802文、水防入用5086文含
〃　4	18,335											

「増田惣兵衛家文書」天保拾五年「本石高反別諸懸控帳」
「　〃　家文書」弘化四年「御年貢永方并諸夫銭納方控書き抜」より作成

表　惣兵衛分年貢米永・諸夫銭納高（持高：11石5斗余　幕府領高：7石2斗余、私領高：4石3斗余）

ての負担、臨時の訴訟入用、役人などの接待費、行倒人の処理、各種の権化、浪人や座頭などへの合力、祭礼の入用などが含まれている。

布佐村の場合は、今回問題となった役人の宿泊費を初め、村方で出費された村入用が費目により、軒割り（平均割）と高割り（百姓の持高一石に付何文）で割出され、惣百姓に割当てられていた。また名主給がない代償として、彼等の納めるべき諸掛物（諸税）も分担したので惣百姓の負担額は大きかった。

当時の布佐村は、銚子浜や鹿島灘方面からの鮮魚荷の中継河岸として町場の賑いで、繁盛の地、幕領の大村という村柄を見込んで御用筋に拘わる休泊も多くみられた。また利根川と手賀沼に挟まれた土地柄から水害も多く、水防や修復に費用も掛かり、これらは全て百姓の持高に応じ割当てられていた。表からも分かるように米納年貢は不作時には相応の免除がなされるが、村入用夫銭はむしろ災害時に多くなっている。つまり、この出入りは増大する諸夫銭負担を如何に減らすかという村方改正が発端であった。

3　代官所へ出訴を試みるも失敗

前述の村方改正の動きに対し、名主・村役人側からは地縁・血縁関係を通して圧力が強まっていた。親類・縁者にあたる惣代たちは、連印帳に印形はしたが参会に出なくなり、廻りの惣代たちも次第に不参になっていった。村の勝蔵院と延命寺、村医者の岡山宗本が扱人に立っていたが、三年が経つのに村役人たちは改正の件を等閑にしたままだった。小前百姓間で田畑を質入れする者も多くなり、このままでは暮らしが成り立たなくなると立ち上がったのが、この文書の所持者であり、布佐村一件の訴訟方となる堤内惣代の惣兵衛と同分家の惣右衛門、それに中町の惣代で後に組頭となる源之丞の三人だった。

天保一四年（一八四三）六月の日付で支配代官篠田藤四郎役所宛ての「小前惣代願書之控」（「同文書」No. 2）がある。訴訟方は原新田小前三五人・堤内小前二五人・上町小前二七人・中町小前三三人・下町小前二五人の五組惣代名と、その五組惣代兼訴訟人として源之丞・惣兵衛が、名主、組頭、百姓の計六名を訴えた「願書」である。だが、訴訟へと発展した形跡は見当たらない。

同年九月「頼入申一札之事」（「同文書」No. 80）がある。文面に「今般従　御公儀様厚以御趣意被　仰渡」とあり、おそらく「願書」は提出したが、手続きの不備などを理由に却下された可能性が強い。だが、中身は役人に披見され、村方に何らかの働きかけがあったことがうかがえる。その結果、村方改正の議定書を取り決め、村役人と交渉する段取りまで至るが、下町組のうち網代場最寄りの者たちが議定書への連印を拒んだ。そのため、万一出入りになった場合を見越し、下町惣代の源左衛門、中町惣代の源之丞、堤内惣代の惣兵衛の三人を「願惣代」に頼上げ、その際は諸雑用費として一日一人銀五匁を小前より差出すとの依頼状を準備し、出訴に備えた。

「願惣代」の一人源左衛門は、宝暦期までは布佐村の名主を務めた家柄で、銚子浜の鮮魚を扱う鮮荷宿を営んでいた。この時点までは訴訟方であるが、その後相手方となる人物である。

三　訴訟の経緯

1　夫銭滞りで、源之丞、惣右衛門訴えられる

弘化三年（一八四六）に江戸時代でも最大規模の「稀なる大水」

が起きた。六月から九月まで長雨が続き利根川大水となり、出水一八尺五寸といわれ、近隣では柴崎村、古戸村、新木村、木下村などの堤防が決壊した。布佐村では水位が堤を超え惣越しになりかけたため、堤上に土俵を四、五尺積み重ね、昼夜丹精してやっと防ぎ止めることができた（中尾正己『手賀沼周辺の水害』）。決壊は免れたが水防入用費が夥しくかかった。村役人たちはまたしてもその費用を惣百姓に高割りで徴収しようとした。

一方、村方改正の件は網代場組や村役人の反対で延び延びにされたままだった。そこに今回の水防入用費である。源之丞と惣右衛門が中心となり、「堤敷地先進退の者たちは、地借りの者から高金の地代をとり繁盛しながら村へ益を一切差出さず、上様への上納もしない、水防入用費は差別を付け割方をして当然である」と村役人に掛け合うが、この地を多く所持する者たちや名主らの反対にあい折り合いは付かなかった。そこで、源之丞と惣右衛門は諸夫銭の納付を拒否する手段にでた。

結果、二人は村役人より「諸夫銭滞りの件」で支配代官所に訴えられてしまった。弘化四年（一八四七）四月、差紙（召喚状）が届き、代官岩田鍬三郎役所で吟味をうけることになった。代官直々の「御理解」（指導）があり、七月に入り二人は滞り夫銭未納分を皆済し、この一件は決着した。

2　源之丞、惣右衛門が、村役人を訴える

さて、源之丞と惣右衛門は、代官岩田鍬三郎から指導された通り滞り夫銭を皆済し、翌八月に早速目安願書を提出する（ただし、これは正式な手続きを踏んでいず、名主佐兵衛は始末書を書かされている）。代官所側は扱人に、代官自らの推薦で香取郡新島領のうち大島村（現香取市）名主藤左衛門と同八筋川村（現香取市）名主佐兵衛の二人を選んだ。両村とも利根川下流の定式御普請所組合村々だった。定式御普請所とは、幕府勘定所の四川（鬼怒川・小貝川・下利根川・江戸川）用水方普請役の定式掛り場のことをさすが、問題の場、堤通りもその管理下にあった。同年一〇月から一二月まで、願人と扱人との交渉が続くが、折り合いは付かず、結局出訴となる。

同年一二月一七日、双方呼出しの上、相手方、名主佐兵衛および組頭となった次郎右衛門外五人に目安（訴状）読み聞かせが行われた。だが暮も押詰まり、一先ず正月二五日迄帰村し国許で割付・皆済目録・年貢割合元帳その他諸帳面を双方立会の上、一六ヶ年分を訴訟方に披見させ、訴状の内容を話合い示談するように指導された。万一示談不行届の場合は先の日限に双方が出廷し、相手方より返答書を差し出し、一同吟味を受けるように申し渡された。だが国元での示談は行届かず、翌嘉永元年（一八四八）二月より吟味が再開された。同年の七月に担当役人から厳しい「御理解」があり、「堤通り地先は地続きの縁もあり是迄進退の者がそのまま引続き進退し、村永小作扱いとして村方に益を差出す」という示談書に源之丞が印形して帰村したので、訴訟方内に混乱が起きた。

ところで、これから頻繁に出てくる「進退」という言葉であるが、これは近世独特の意味をもち、ことに百姓の土地への関与では、一般に入会地に対する利用権が「進退」と呼ばれた。「進退」は「所持」に比べて地盤所有権としての性格は弱く、用益権とし

ての性格が強いとされた（石井良助『江戸時代土地法の生成と体系』創文社）。

では、その地を「永小作」扱いにするという代官所側の案はどういうことか。

『地方凡例録』では、「永小作」について「質地の小作にてはなく、自分所持の田畑を年季も取極ず数十年間小作さするを云、永小作は地主にて謂れなく地面を取上、外の者へ作らする儀ハ成りがたし、（中略）」とある。また、『日本史大事典』（小学館）には「小作料滞納などの特別な事由が出来しない限り地主が小作関係を解消することは許されず、一般に権利の売買や譲渡も認められていた。小作料は質地小作や近代の普通小作の場合よりもはるかに低率で、一定の得分としてそれを地主側に渡すことを条件に、小作地賄いの全過程が小作側に任されていた」とある。小作側の権限が強く認められたもの、つまり堤通り地先進退の者たちにとり圧倒的に有利な案だった。

堤通りから離れている堤内組と原新田組の百姓たちは度々話し合い、この案に不承知の意向を役所へ返答した。そのため出府中の惣右衛門は厳しい吟味を受け続けたが、途中支配替えがあり、嘉永二年（一八四九）正月から竹垣三右衛門（道直）支配所へと替わった。「永小作」の件は一時中断する。

3　「済口証文」（「同家文書」No. 94）調印へ

竹垣役所の公事掛りは石谷連平（元締め手付の石賀漣平か）となり、四月に源之丞・惣右衛門・伝蔵が召喚され、相手方、引合人（参考人）もそれぞれ召し出された。今回の扱人は下総国葛飾郡目吹村（現野田市）の名主勘左衛門と同国相馬郡立崎村（現茨城県利根町）の名主豊左衛門であった。両村とも前同様利根川付の村々である。七月盆前に吟味詰めになり、済口証文の文案を作成して一同は一旦帰村した。しかし、その後訴答・引合人一同の出府がなく、扱人のうち目吹村の名主も帰村し豊左衛門が代兼を勤めた。結局全員の印が揃い竹垣三右衛門に承認されたのが同年一二月一五日である。今回の扱人二人は馬喰町二丁目武蔵屋仁兵衛宅に宿をとった。江戸滞在費用が四〇両程掛り、訴訟方、相手方で二分し負担している。

代官所公事掛りの「御理解」（指導）のもと、訴訟方・相手方の言い分を、扱人（仲裁人）・引合人（参考人）が入り掛合が行われた。内済の結果は以下の通りとなった。

〔済口の内容〕

①米永年貢・村入用等の儀は、諸帳面見届け疑惑が晴れ、訴訟方四人の未納筋は、去々未（弘化四）年春の御普請人足賃を差引き勘定し、不足分を佐兵衛方へ済すべきこと。以後は混雑なきように村入用割立の節、訴訟方惣代並びに小前重立百姓が立会い、小前末々まで未納なきようにすべきこと。

②渡船場揚金一ヶ年金八両の儀は、両名主勤役以来、定使扶持料として金二両受取っている。是迄の分は扱人が引請け、一同相談の上取決めること。其の余は、村方借用金利息や請払銭分は役人方で預りおかず、以後は村入用筋へ出金すべきこと。

③鳥猟場揚金は、一ヶ年八両ずつ、天保一五年（一八四四）より嘉永元年（一八四八）の五ヶ年分は、別に世話人を立て村役人方へ書付を取置くこと。それ以前の預り分は村方一体になっている

ので請払を取調べ、前同様預けおかず、村入用筋へ残らず出金すべきこと。
④我孫子宿助郷人馬賃銭割合方の儀は、帰村の上、是迄通り重立百姓立会い、小前末々まで言い聞かせ、後日疑惑等なきようにすべきこと。また大通行の節、御上から下さる賃銭は請取書を取り置き、賃銭を小前へ渡すべきこと。
⑤江蔵地新田一件諸入用差支えの件は、帰村の上諸入用筋を取り調べ、小前より出銭させ借用金返済し証文を取戻すこと。
⑥下利根川通り囲堤の儀は、一三四ヶ村組合の場所でもともと村方持の場所である。相手方は旧来より地先進退してきた事情で、地主は相応の地代金を受取ってきた。進退は村方の昔からのやり方であり、このことに付て引き比べる諸書物もない。訴訟方では、この場所を村持ちにし地先進退は差し止めにしたいと言い、相手方は、村持ちの場所であるが昔から地先進退してきたと主張し、示談をしてきた。この場所は(定式御普請所)組合村であり、村全体に拘わることでもあるので、帰村の上、村方一同相談の上、村のためになるように合議して事を決定すること。
⑦弘化三年の「稀なる大水」で堤通り惣越しになり、村内は勿論、最寄り村々も出て防ぎ止めたが、非常に混雑して今度の出入りにもなった。双方の言い分は扱人が引受け、以後洪水の節は一同申し合せ、防ぎ方差支えなきようにすること。
⑧当村は名主佐兵衛、又左衛門両組で、組頭役を二名ずつ立てている。佐兵衛組の組頭は二人とも病死のまま跡役がきまっていない。村方小前一同が集まって組頭二人を選ぶべきこと。
以上が、嘉永二年一二月一五日に、代官竹垣三右衛門の下で取り替わされた済口証文である。ただ、⑥に関しては、幕府側に指針となる前例がないとして進退地の扱いを村側の合議に委ねたこと、⑦も具体策は村方に委ねざるをえなかったこと、竹垣が苦慮したと思われるこの二点が、今後長く問題案件として残ることになる。

さて、この済口証文は七月一二日に作成されているが、竹垣三右衛門の日記『日次記』(『代官竹垣直道日記』東京大学史料編纂所所蔵)の嘉永二年七月一一日の記述に「一、下総国布佐村一件済口差止　一先帰村申付ル」と記している。差止めの理由は定かでないが、竹垣をも悩ませた案件だったのは事実である。

4　吟味の停滞

同年一二月二五日付でまたしても支配替えが行われ、わずか一年で前任の岩田鍬三郎へ戻った。担当も公事掛り手付の大門惣左衛門へと替わった。今度は源之丞・惣右衛門・伝蔵三人が相手取られた。

嘉永三年(一八五〇)二月から惣右衛門が代兼で一人出府し、吟味を請けることになった。だが、四月まで全く調べが無かったので帰村する。その後源之丞へも差紙がきて、出府したものの一向に調べが無く、五月中役所に無断で帰村してしまった。役所より厳しい差紙が来て、惣右衛門が再度出府すると、源之丞の欠落の落度のことばかり厳しく尋問され、肝心の調べは全く進まなかった。六月一二日より源之丞の代兼で親類の市郎右衛門が出府したが、相変わらず吟味は行われず等閑にされる状態が続いた。惣兵衛も停滞したままの吟味の様子伺いを兼ねて市郎右衛門に同道した。宿泊先の公事宿植木屋藤兵衛宅で、村の用事で出府していた小文間村の名主や知人と会い今後の対策を相談している。

5　相島新田佐次兵衛、根戸村新左衛門、一件の扱人に立つ

訴訟開始以来四年となるが、堤通りの件は未解決のままだった。堤通りは定式御普請所一三四ヶ村組合の一つであり、堤敷潰地分の税金を弁納している村方「弁石場」でもある。堤通りに昔から住居の者たちは、訴訟方が主張することを全面的に認める訳にはいかなかった。また代官所側も、堤通りの家屋が、享保一二年（一七二七）六月の「川通堤外、百姓家建候儀御停止の処、段々屋敷を築立、百姓居住の所々有之、出水の障りに成候間、取崩され候儀も可有之候、自今新屋敷拵候儀は勿論、小家にても作り候儀并破損修復等も堅く仕間敷候（以下略）」（『御触書寛保集成』）といった触れや、天保二年（一八三一）「水行直し」の触れに違反していることは承知している。だが、触れが出る以前から自然と家並が立ち河岸の営みが行われており、その既得権をどうするか、さらに堤通り地先の進退地の扱いなど、どれも判断に苦慮する難題であった。

嘉永四年（一八五一）四月九日付で、岩田役所から根戸村名主新左衛門と相島新田名主佐次兵衛へ召喚状が届き、四月十四日に出頭した二人は扱人を申し付けられた（「井上基家文書」No. 1812)。内済を原則とする代官所は、今回の扱人を地元の内情に通じた有力者をあて解決を委ねたのである。

争点は、堤通り水防方と地先進退の件に絞られ、示談掛合がなされたが、噛み合わず、扱人たちは双方の趣意書を添えて代官所の判断を仰ぐことにした。以下はその趣意書および掛合の経過である。

四月二七日の掛合

〔訴訟方趣意書〕

①堤通り家作住居の者より小間一間に付、場所の良否により銀二二匁五分、一五匁、七匁五分、四匁五分宛差し出す。

②御普請・自普請の際の土取場や洪水の際の水防に支障がなきよう堤内外にある家作の取片付けに異議申し立てをしない。

④堤通り住居の者は、地借証文に加判人を立て村方へ差し出す。

⑤村益のことは、訴訟方惣代と重立百姓が立会い、別に帳面を作り取立てる。我孫子伝馬人足賃銭や村方諸夫銭等は相談の上取り扱う。

〔相手方、網代場組善之丞外一二人、惣代七郎兵衛の趣意書〕

宝暦度以降、善之丞外一二人は永小作として、永方を四分増して村益へ差出し、請地にそのまま住居してきた。前例通り差支えなく取り計ること。

〔相手方、組頭次郎右衛門外二人、惣代平右衛門の趣意書〕

堤通り地主は、銘々の高請地先に水防囲方といって堤敷へ添地形など補理してきた。出水時の小破や川欠なども修繕し、借家や借地も増えてきた。よって宝暦度の議定をもとに、改めて地先進退人から値段を定めて村益に差出し、是迄の通り永久に進退する。尤も村益の儀は年々諸夫銭勘定の際、村役人、重立百姓が立会い、割合をする。

八月六日の掛合

〔扱人の意見〕

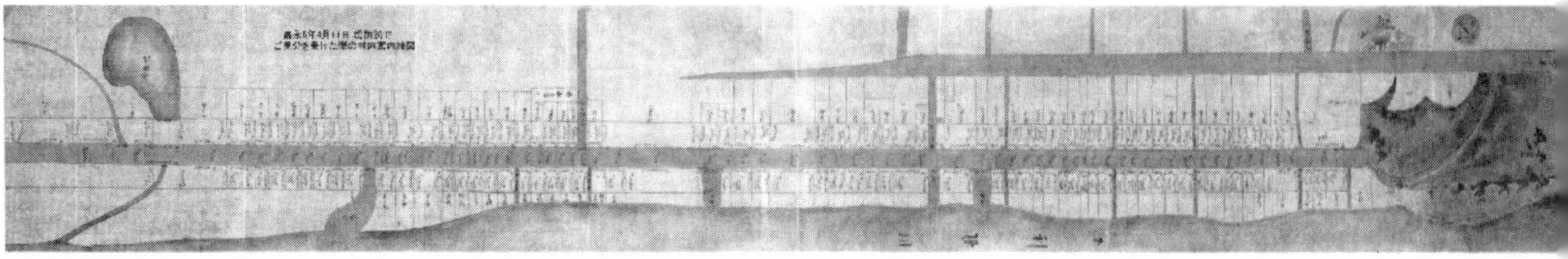

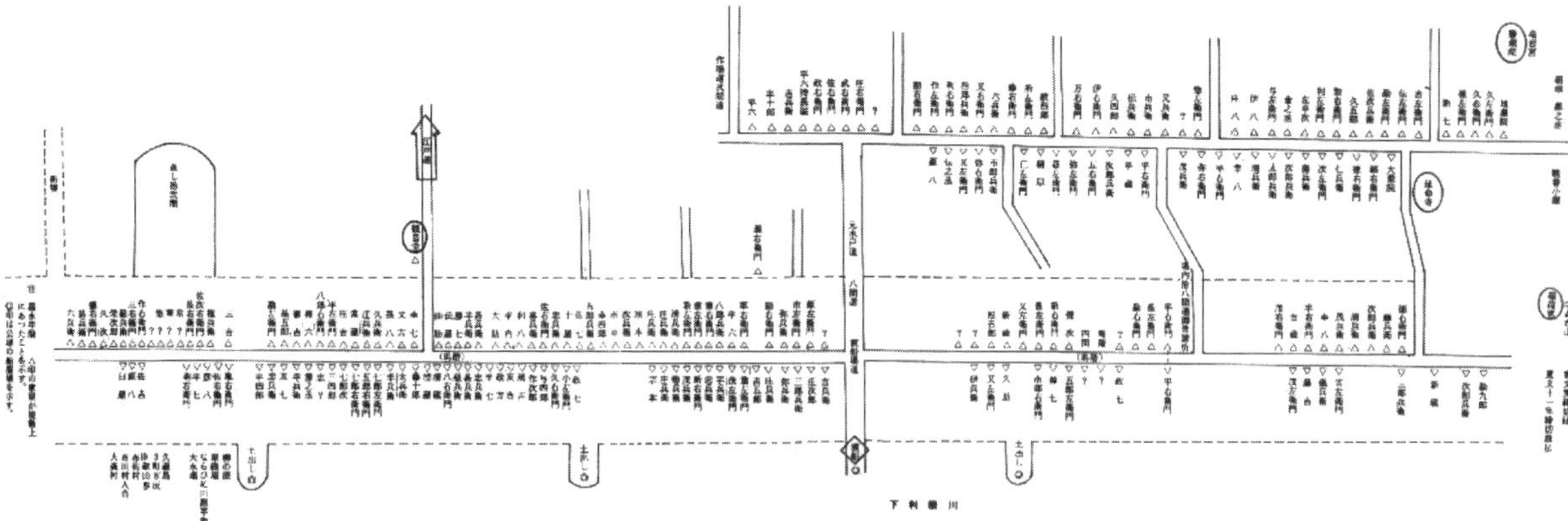

上図：嘉永５年 訴訟絵図（石井源之丞家蔵）

下図：幕末・布佐河岸の家並（上図を安斉秀夫氏が略図化　『我孫子市史研究５』所収）

堤通りは潰高「弁石場」があり、特に諸役が多い村なので村為第一に考え、年毎地先進退人が受け取ってきた地代金の内、小間一間に付き、三割は村益に、一割は借地人へ引方をして、借家は前同様取り計る。

〔相手方　惣代源左衛門、庄吉の趣意書〕

堤通り潰高の分を一ヶ年の諸夫銭にすると銭八五貫三〇〇文余にあたる。これを家作地所持の者より年々差出し、是迄の通りにしたい。その他の出金は、御普請所一三四ヶ村組合の場所なので、村方だけの取り決めはできない。

　以上の掛合を終えた佐次兵衛は、村方の用事を理由に、同年八月五日、この一件扱人からの退任を願い出て帰村した。この件で佐次兵衛の江戸詰め日数は六〇日に及んだ。（以上「井上基家文書」No. 1813-1、1813-2、1813-3）

６　御役人、定式御普請所を御見分のうえ御縄入れ

　またしても支配替となり代官は佐々木道太郎へ替わった。嘉永五（一八五二）年四月、佐々木役所の公事掛り村尾理平（村上理平か）が地所見分のため出役し、勝蔵院に宿泊して取り調べを行った。寛文九年の小泉次太夫による酉新田検地の内訳が調査され、村方「弁石堤」は、高台下より相島新田境迄の堤長さが七八〇間余、此潰地反別が上畑七町二反九畝一八歩、此高六五石六斗六升四合が算出され、寛文一一年より村方惣百姓が高掛物を弁納してきたことが判明した。

　さらに出役は、定式御普請所堤へ縄入れ（検地）をし、間数を字引帳へ起こし、絵図面（上図）と名請帳を作成し、「堤除地先

の者たちから願いがあり銘々に高請させる」と訴訟方に厳しく言い渡した。訴訟方は、「村方一同で潰地を弁納してきた村有地であり、また一三四ヶ村組合が管理する定式御普請所を、個人で高請を願うなど納得できない。二重に高入しても村益にするとの御上意であれば、村方百姓一同で高請して御公儀様へ忠節を尽くす」と反論し、作成の絵図面（同前）へは下げ札（意見書）を付けて印形をしたが、名請帳と字引帳へは印形を拒否した。出役は四月一三日に帰府。その後、相手方との収賄の噂が立ち罷免されている（「増田家No. 93」）。

四　百姓惣兵衛の闘い

1　惣兵衛とはどんな人物か

これまで述べてきた布佐村一件の経緯は、訴訟方惣代の一人百姓惣兵衛が、文書を書写し、時々の詳細な経緯を覚書として残したものに依っている。覚書の最後に「代々世継之者書類大切ニ所持被成候」と、この事件を後代のために書き残した。では、この惣兵衛とはどんな人物であろうか。

惣兵衛家は、寛文期の手賀沼新田開発時に発作新田に入植した新田百姓であった。初代は惣右衛門と名乗り、天和三年（一六八三）に発作新田より布佐村下へ移住し、村下の草分け百姓の一人となった。二代目より名を惣兵衛と改め、三代目惣兵衛は、享保の新田開発で相島新田名主となる佐次兵衛（徳栄）が寄宿し頼りとした人物であり、当家中興開基の人物とされる。五代目惣兵衛の時、明和八年（一七七一）に、財産をほぼ二分する形で、五代目の弟半之丞が、高一一石九斗五升余と山一か所を分地され分家し、惣右衛門と名乗った（「増田家No. 163」）。訴訟方惣代の惣右衛門はこの分家の子孫に当たり、当の惣兵衛は八代目になる。

惣兵衛家は文政一一年（一八二八）より手賀沼の鳥猟稼ぎを始めている。八代目惣兵衛は天保四年（一八三三）から仲買業も営み、江戸の水鳥問屋鯉屋七兵衛と取引を行っていた（『我孫子市史　近世篇』第七章六節参照）。その稼ぎが長引く訴訟を経済的に支えた役割は大きい。

当家には、貞享二年「世代記録帳」（「増田家No. 148」）が残存する。先祖の由来書で、代々の戒名と没年および兄弟から子供までが記され、それぞれの代の謂れが書き継がれている。その中に「遺言書」と書かれた当家の家訓にあたるものが記されていた。書き下しにすると、「一、第一、御公儀様御法度の儀、万事相守り、仰せ出され候筋、何事とも是又堅く急度相勤め申すべき事一、第二、我先祖中興開基、代々聖霊方仕置かれ候事、大切に相守り、農業出精相勤め、万事正直にして、上々様を尊び、下を憐み、堪忍専一とし、非道の儀慎み、情を尽くし、子孫万代普益を願う事専要なり、福貴に暮すとても、必ず奢るべからず、貧しき時節に成り行とても、必ず恐るる事なかれ、時催自徳と思い、時の天子・将軍・上々様の仰せを守り、我先祖代々の遺言を忘れず、此家相続の者、急度相慎み、諸書物家の記録書は、猶更以て大切に永久所持譲り渡し、急度致すべく候、右の条後代のため今般再改め致し置くもの也」とある。七代目惣兵衛の時に再改めがされている。八代目惣兵衛は、この父のもとで育ち「遺言書」を大切に受け継いだ人物と思われる。

2　訴訟方惣右衛門の死に、惣兵衛代兼として立つ

出訴から七年が経過した嘉永七年（一八五四）三月初旬に、惣代として源之丞と共に江戸での吟味を受けてきた惣右衛門が、慣れない江戸での生活や長引く訴訟に心身ともに疲れ切ったのか、病を患い亡くなる。訴訟の先頭に立ってきた人物の死は、訴訟方にとり大打撃であり、ことに惣兵衛にとっては、身内であり最も信頼する人物だっただけに落胆は大きかった。死を無にしてはならずと惣右衛門の代兼として訴訟の前面に立つことを決意した。早速、妻方の実家で小文間村の岡田太郎右衛門と布川村の組頭を務める叔父野田紋兵衛とに相談を持ちかけた。妻方の親戚筋に当たる木村久五郎に白羽の矢が当たった。久五郎は当時小文間村の領主である土岐家の右筆を務めていた人物である。

3　惣兵衛、御留守居役土岐丹波守へ「愁訴状」

代官の支配替え、担当役人の交代、扱人も次々に替わり、訴訟の埒はあかず八年という歳月と費用だけが嵩み続けた。そこで惣兵衛は妻方の縁故を頼って行動に出る。冒頭で紹介した「愁訴状」である。内容については上記の解読文・解説文に譲ることにする。

嘉永七年（一八五四）九月一二日付「愁訴状」の提出先、宛名の上様は、妻の実家のある小文間村の領主であり、先の勘定奉行、当時本丸御留守居役を勤める土岐丹波守頼旨だった。土岐頼旨は、当時高八五〇〇石（禄高三五〇〇石、役高五〇〇〇石）の大身の旗本で、上野沼田藩土岐家の分家、溜池土岐家第六代目に当たる。安政二年（一八五五）に設置された講武所の総裁や、大目付兼海岸防禦御用掛として幕末の海防にも携わっている。さらに安政四年には、老中堀田正睦の命により川路聖謨と共にアメリカ総領事ハリスと日米修好通商条約の交渉に当たった幕末の開明派能吏の一人でもあった。

妻の親戚筋にあたる木村久五郎は、小文間村の名主家の出身で、領主土岐家の右筆を勤めていたが、「愁訴状」の直後に主君頼旨の御側取次に抜擢され、「熨斗目拝領鑓御免、給人」を賜っている。百姓身分でありながら時の能吏に信頼され側近となった人物である。「愁訴状」はその久五郎を介し、時の御留守居役土岐丹波守に訴え出たものであった。

惣兵衛が認めた「愁訴状」は、布佐村一件の八年にも及ぶ訴訟の経緯を、まず村政概要から始め、事件の発端となった事例の説明、関東「稀なる大水」の水防入用一件のこと、竹垣三右衛門の下での済口証文の調印、出役による堤通り定式御普請所への御縄入れとその結末、さらに裁判の停滞と長引く出府詰の困難を述べ、悪例を改め難渋する小前百姓が安穏に永続できるよう村方改正の嘆願を「御威光を以、急速御願筋柄相立、済方ニ相成」るようにと愁訴したのである。旧弊を改め村を改革したいと願う惣兵衛たちの思いは、時の開明派の能吏を動かした。

嘉永七年一〇月一三日に、同一四日付、組頭源之丞、百姓惣兵衛名による支配代官佐々木道太郎宛「乍恐以書付奉申上」（「増田家文書 No. 89」）を提出すると、即刻受理された。翌一四日には役所へ一同が呼び出され、厳重に取り調べが成される旨が言い渡されたのである。惣兵衛は早速その旨を、提出文書の写と共に上様（土岐頼旨）に報告している。

4　村方勘定の件解決

動き始めた訴訟の争点は、堤通り家作の扱いと村方勘定筋に絞られた。公事担当は手付浅井佐一郎、扱人は手賀沼べり浅間前新田名主理兵衛と発作新田（現印西市）名主忠次郎となった。

村方勘定筋の糺は、まず、安政元年（一一月二七日に安政と改元）一二月五日、鳥猟場・渡船場関係帳簿計三冊の披見が叶った。さらに同一二月七日、村方諸夫銭其外の割合方について糺が行われた。布佐村の村高は九八〇石余（幕府領）、そこに掛かる諸役・諸夫銭は、村役人役高分・堤敷潰地分などを引高にして八四〇石余であるが、これまで八〇〇石で割合負担していた。村役人は高掛物を不法に取り過ぎているとの訴えをうけ、引高改が済むまでは八四〇石に仮割にすることが決まった。そして安政二年二月晦日に「示談取極覚」（「同家文書 No. 106」）が、三月には「議定之事」（「同家文書 No. 113」）が取替わされた。八年に及んだ小前百姓たち念願の村方勘定改正の件は、土岐丹波守の威光でわずか三ケ月という迅速さで解決したのであった。

5　惣兵衛の病状悪化

難問はやはり堤通り家作の扱いだった。訴訟方に対し、三月二三日に出頭せよとの厳しい召喚状が届いた。体調を壊していた惣兵衛だが、代兼を許されずやむなく駕籠で出府する。江戸宿は本所の埼玉屋清兵衛方で用向きを勤めることにした。四月から扱人を介して本格的に掛合が始まった。しかし五月に入り惣兵衛の病が悪化、役所へ通うのも困難になる。宿を役所の近くに移し、さらに公事宿埼玉屋の下代の助けを借りながら掛合を続けた。

担当役人浅井左一郎、扱人理兵衛と忠次郎たちとの掛合の結果は、①家作の場所は進退の者たちへ「村小作」させ、その地代金を利根川出水時の水防用意金として、場所の善悪・便利に応じて出金させる、②宝暦度より「村小作」の者は、前同様地代を村方へ出金する、③訴訟方に加わった者たちの家作は是迄通り差し置く。④現在空地の場所は、利根川出水時用土置場とし、以後小屋掛けなど一切しない、⑤小作揚金の扱いは、一同が立会い、水防入用手当分として確かなる者に預け、その余りは村役人・高持百姓で相談の上遣払いする、となった（「同家文書」No. 98）。

宝暦度の前例と嘉永元年に岩田鍬三郎役所が提示した村「永小作」を踏襲し、訴訟方が要求していた村益を水防用意金の名目で取入れた示談案であった。しかし、相手方は、水防入用手当金を出すのであれば、嘉永五年の御見分の際の絵図面の通り御上納（高請）を願っても支障はないはずだと主張し、示談は成立しなかった。

この間に惣兵衛の病は悪化し、実家での治療を強く望んで、六月になり役所へ帰村願を提出するが、許されなかった。

6　勘定奉行石谷因幡守へ追訴状

またしても示談不行届となった案件に、代官佐々木道太郎は、布佐村が私領引合（相給）の地であることを理由に、代官所独自の判断はできないと勘定奉行所、時の勘定奉行石谷因幡守の判断を仰ぐことにした。担当留役は鈴木栄助となった。

惣兵衛たちが、諸夫銭の負担増大に対し、小前百姓が安穏に暮らせるようにと村方改正の行動を起こして一四年、訴訟で闘い続けて八年目、土岐丹波守の威光でやっと念願の村方勘定の件は解決した。そして最後の願となった堤通りの家作および進退地の件を、惣兵衛は病を押し渾身の思いを込めて追訴状に認めた。原文を紹介する（原文中の変体仮名および助詞はひらがなに改めた）。

乍恐以書付奉申上候（「同家文書」No. 100）

下総国布佐村一件、訴訟方惣代組頭源之丞、外弐人奉申上候、当村川除堤の儀は、定式御普請所にて、百三拾四ヶ村組合有之、殊に、先年御高請地の内え、右堤御築立被　仰付候間、上畑反別七町弐反九畝拾八歩、高六拾五石余、堤敷潰地に相成候間、御取箇は御免除被　仰付候得共、第一右潰地分、高掛り物御国役御三役、其外、右堤御普請人足、私領出金、国役出金、水戸道中我孫子宿助郷諸人馬、其外高掛り物一式諸出銭等、すべて惣村方え割合、小前一同にて相弁罷居候のみならず、右洪水の砌り、水防人足并土俵其外、不依何事に、是又同様惣村高割いたし、出銭罷在候場所に相違無之儀は、顕然に相分り候儀を、乍弁居り、相手之もの共儀、右堤通り自己進退の由を相唱ひ、右場所住居のもの共、多人数より地代或は店賃と名附、金銭請取候分、数年来の間にては、余程大金に相成候得共、近来五拾ヶ年分見積り候ても、凡五千両程も貪取、村方えは更に不差出、右場所弁納のみ為致候始末、其外共、去弘化四未年中、其節岩田鍬三郎様役所え訴上け、追々御支配替に相成候、九ヶ年間御吟味中の所、去子年中右場所、御見分として、当支配佐々木道太郎様御手代、村尾理兵衛様御出役の上、右堤敷等耕地境界相改有之候処、全字高台下より延命寺前横道迄敷五間、馬踏九尺、右横道より相島新田地境迄敷拾八間、馬踏四間に、相違無之段、聢と相分、其節、絵図面等奉差上候義に有之、殊に前以　竹垣三右衛門様御支配御吟味中、堤通り新規家作勿論、其外共、一件中手入致間敷旨、御請書も差上有之儀を、乍弁居り、前書相手引合のもの共儀、右場所え新規家作補理、其外勝手取斗仕候程のもの共、中々以、先達て中、厚御理解の趣をも忘却いたし、既に御日延中、及示談候所、右堤通りえ引当不申、無取留事共申之、不得止事を、是迄の通り、私欲可及心底にて、何分示談不行届、甚以難儀至極仕候間、無余儀右始末奉申上候、何卒以御慈悲を、前顕の始末、逸々御賢察の上、右□惣村持、殊に年々高懸り物等、惣村一体にて、今以勤納罷在候儀に御座候間、右取込金惣村方え割渡し、以来右体無之、是迄の通り、自己勝手の儀不仕、村内一同無甲乙、無難に永続相成候様、御理解被　仰諭奉願上候以上

佐々木道太郎当御預所
下総国布佐村
小前惣代
安政弐年十二月廿九日
訴訟人　組頭　源之丞印
同　百姓　惣兵衛印
同　同　伝蔵印

御奉行所様

この訴状を以て八代目惣兵衛の文書は途絶える。惣兵衛家には勘定奉行所での吟味の文書は全く残されていない。出府もできず、筆も執れなくなった惣兵衛の姿と痛恨の極みが想像される。

7　安政四年の済口証文調印と惣兵衛の死

安政四年（一八五七）四月二〇日、惣兵衛たち訴訟方が一〇年をかけて闘った村方改正訴訟の済口証文（「榎本武一家文書」No.二）が取り替わされた。勘定奉行石谷因幡守の下での済口の内容は、「堤通りの義は、鋪拾八間村弁納いたし居候処、相手のもの共進退致居候に付、今般掛合の上、利根川附の分は村持にいたし、銘々地先の方は、旧来地所築立進退致候に付、是迄の通据置、尤鋪内江掛居候義に付、銘々進退いたし候地所の分は、弁納地主より差出候筈取極」つまり、堤通り家作は是迄の通り据え置くという相手方の主張が全面的に認められたものだった。さらに奥書に、「向後異論無之ため、一同為取替致申候」と訴訟方、相手方、引合人の名前と印形が押され、訴訟打止めの確認がとられている。

勘定奉行石谷因幡守は、訴訟方が長年にわたり掛合で積み上げてきた堤通り水防入用手当金の改革案を、完全に反古にしたのである。彼はこのあとの安政の大獄では、北町奉行として処断に深く関与した人物でもあった。改革案は幕府権力により潰されたといえる。

この済口証文に訴訟方惣代は源之丞のみで惣兵衛の名は見当らない。惣兵衛を欠いた掛合の結末は惨憺たるものであり、今更ながら彼の存在の大きさが計り知れる。そして、済口証文調印の翌年、安政五年九月一日、八代目惣兵衛は行年五四才、半生を村方改正の訴訟にかけた生涯を閉じた。

おわりに

近世末の布佐村で起きた村方一件訴訟の顛末を資料に沿って辿ってきた。この資料は、天保期末利根川べり一農村で起きた村方改正の動きが、改正実現のために訴訟という手段を取り、そこに自分たちの主張を託し、一〇年という年月と多額の費用をかけ闘いぬいた百姓たちの記録でもある。

この訴訟で最後まで残った堤通りの件は、一村方の問題を離れ、封建制度の根幹である土地の帰属問題へと発展した。幕府の判断を仰ぎ、安政四年の済口証文で一旦解決したかに見えた。しかし、徳川政権が崩壊し明治新政府となった明治三年（一八七〇）に再燃する。同年七月に起きた「午の大水」と呼ばれる洪水で、争論の中心地であった網代場付近の堤防が決壊した。切れ所の普請入用分担金を巡って再び問題となり、新政府の葛飾県役所に出訴され裁判となる（「榎本家文書」No. 367）。

惣兵衛たちの願いは後代に引き継がれ、問題の解決は新しい時代、新しい政府に託された。長年の懸案は、新政府による地租改正の実施と利根川改修工事の着工という形で決着をみることになる。

幕末から維新へ向かう激変の時代に、地域に真摯に向き合った惣兵衛たちの生き方は、文書から感動を以て甦り胸を打つものだった。子孫のためにと書き残したこの文書を、何らかの形で纏めることが私の使命のようにも思え、思い切って挑戦してみた。ただ、難解な文章に途中幾度となく非力さを痛感させられ、また、限られた字数の中で豊富な資料の内実を論じ得たか覚束無いというのが実感である。

明治維新と村の神々
—旧新木村・神主依田源助と葺不合《ふきあえず》神社—

飯白　和子

はじめに

①維新政権の神仏分離政策と廃仏毀釈

慶応三年（一八六七）一二月九日、王政復古・祭政一致の天皇親政を掲げた政権が樹立されると、新政権は関東以北で抵抗を続ける旧幕勢力の鎮撫を試みる一方、翌四年三月から「王政復古神武創業ノ始ニ被為基」(一)として神仏分離関連の法令を次々と発布し、神社から仏教色を一掃し、神社を新政権の管理の下に置き、神道の国教化を進めた。

まず、慶応四年三月一三日、「祭政一致ノ制度ニ復シ神祇官ヲ再興シ（略）諸神社等神祇官ニ附属セシムルヲ令ス」(一)、神祇官を再興し、全国の諸神社および神主、禰宜、祝、神戸に至るまで今後は神祇官に付属するとし、次いで、一五日の江戸城総攻撃が回避され無血開城となった時を同じくして、「天下ニ令シ幕府旧来ノ榜掲ヲ撤シ新ニ定三札覚二札ヲ掲示セシム」(一)と旧幕以来の高札の撤去と新たな定三札、覚二札の高札を掲げるように命じた(二)。定の三札目は、幕府時代から禁令であった「切支丹邪宗門ノ儀ハ堅ク御禁制タリ」というものであった。

三月一七日、「諸国神社ノ別当社僧等ヲ復飾セシメ僧位僧官ヲ返上セシム」(一)とし、諸国の大小神社にて、僧形で別当あるいは社僧等と唱えて謹仕している者は復飾し、是までの僧位僧官は返上し、後日通知があるまで待つように、当分の間は浄衣着用で謹仕するように命じた。

同月二八日には、「仏語ヲ以テ神号ト為ス神社ハ其事由ヲ録上セシメ及仏像ヲ以テ神体ト為ス神社ヲ改メ社前ニ仏像仏具アル者ハ之ヲ除却セシム」(一)という太政官布告が出された。「一、中古以来某権現或ハ牛頭天王之類其仏語ヲ以神号ニ相称候神社不少候何レモ其神社之由緒委細ニ書付早々可申出候事」、「一、仏像ヲ以神体ト致候神社ハ以来相改可申候事。附本地抔ト唱ヘ仏像ヲ社前ニ掛或ハ鰐口梵鐘仏具等之類差置候分ハ早々取除キ可申事」(一)とされ、神仏混淆になっている神社はこれを分けて判然と分離するように神祇官通達が出された。

閏四月四日、改めて「別当社僧還俗ノ上神主社人ノ称ニ転セシム。今般、諸国大小之神社ニオイテ神仏混淆之儀ハ御廃止ニ相成候ニ付別当社僧之輩ハ還俗之上神主社人等之称号ニ相転神道ヲ以謹仕可致候、若亦無拠差支有之且ハ仏教信仰ニテ還俗之儀不得心之輩ハ神謹相止立退可申候事（略）」(一)と別当社僧に還俗を進め、神主になれない者には立退くことを求め、一七日には、神職の者は神葬祭に改めるように命じている。こうして、岩清水八幡、宇佐八幡、筥崎八幡などの八幡大菩薩は八幡大神に、祇園社は八坂神社に改称された。

新政権の新たな施策は、各地で廃仏毀釈を引き起こした。三月二八日の布達の僅か三日後の四月一日には、比叡山門の日吉山王社で大規模な廃仏毀釈が起きたという(三)。『新編明治維新神仏分離史料』全五巻(四)には、全国の廃仏毀釈の事例が載っている。そのなかに下総香取神宮の廃仏毀釈の記録もある。

「下総香取神社神仏分離の始末」(五)によると、近世には本社殿の前に楼門があり仁王像を安置、楼門を入り左に神楽殿、その後方に愛染堂、正面左に拝殿、奥に本殿、本殿の後方左に経蔵があり、香取社の「鳥居西九十間字宮中台」という所に真言宗の「神宮寺大別当香取山金剛寶寺」があったという。本堂、三重塔、観音堂、鐘楼、仁王門などもあり、本堂の本尊十一面観音菩薩は香取社の本地仏とされ、長一丈六尺、脇侍に十二天を配し、三重塔には八丈七尺の本尊薬師如来と東照大権現の神牌を安置、鐘楼には「大旦那　周防守宗廣　至徳三年丙寅十月敬白」と銘のある梵鐘があったという。明治元年一一月に廃仏毀釈され、まず金剛寶寺の「本堂庫裏及び三重塔等を破壊し、次いで神宮境内の経堂愛染堂を破壊し、神宮の本殿にあった佛像金剛像でありましたが、三重塔の九輪梵鐘等と共に、悉皆社役人が処理し、古金買の商人に売却」(六)されたという。

ところが、神宮の本地仏四体のうち三体と地蔵菩薩像が、香取郡香西村の観福寺で発見されたという(七)。十一面観世音、釈迦牟尼如来、薬師如来、地蔵菩薩像で前の二体の光背に銘があり「奉送　香取大神宮御本地四躰内　十一面観世音菩薩。右志者、為天長地久、當社繁昌、異國降伏、心願成就、像立如件。弘安五年壬午　八月一日。佛師□□□□□□□運　□□□□□□□□」、釈迦牟尼如来には「奉送　香取大神宮御本地佛四躰内　釈迦牟尼如来。右志者、（以下十一面観音菩薩の光背銘と同文、略す）」。これは、弘安四年の蒙古襲来の時の異国降伏の祈祷に執権北条時宗が寶齊したものであろうという。薬師如来の光背の一部はすでに吹き潰されてしまっていたというが、台座の下に「茲ニ再建シ奉ル　薬師如来ハ、弘安五年天下泰平、異國降伏ノ為メ、香取神揚奉行銅體尊像也、明治紀元辰年御維新ニ付キ、神佛混合ヲ禁セラル、社人等宮中ヨリ取出シ、市人ニ売、吹潰サント欲スルノ砌、加瀬正次郎傳聞、薬師如来ノ尊像ハ、香取神宮ノ本地ナリ、殊ニ六百年ノ星霜ヲ経シ尊像ナリ、今ニ至テ廃センヲ歎キ、新ニ財ヲ施シ、買之、加之蓮臺其外ノ荘厳ヲ営、明治二己巳年初秋妙光山観福寺ヘ納ル所也」と記されているという。地蔵菩薩にも銘文があり、延慶二年（一三〇九）己酉三月八日に社家大中臣実胤が父実政のために造立供養したものという。こうして、奇しくも仏像は守られた。

②神道国教化と氏子調・氏子守札制度

全国の大小の神社を新政権の管轄化に置くと、明治四年一月五日、寺社領の上知を命じ、三月七日には三月一一日を神武天皇御祭典日とし毎年遥拝式を挙行するよう布告された。五月一四日には神官の世襲を禁止する太政官布告が出され、「伊勢両宮世襲ノ神官ヲ始メ大小ノ神官社家ヲ改正補任セシム。神社ノ儀ハ国家ノ宗祀ニテ一人一家ノ私有ニスヘキニ非サルハ勿論ノ事ニ候」(一)と神社は国家の宗祀とされ、「村邑少祠ノ社家ニ至ル迄総テ世襲ト相成社入ヲ以テ家禄ト為シ一己ノ私有ト相心得候儀」、「其弊害不尠候ニ付」(二)とし、伊勢両宮世襲の神官を始め全国の大小神官社家を精選補任するとした。同日、「官社以下定額及神官職員規則」が定められ、神社を官国幣社と諸社に分け、府藩県社及び郷社、郷邑産土神《うぶすな》は諸社とされ地方官の管轄とされた。神官の職制と定員も設けられ、郷社には祠官、祠掌が置かれることになった。

七月四日、「郷社定則」と「大小神社氏子調ノ方」が定められ、「大小神社神官守札差出方心得」も併せて出された。「郷社定則」によると、郷社はおよそ戸籍一区に一社を定額とし、仮に一郷二〇か村千戸、社五か所あるとすると、この五社のうち式内社あるいは社格があるものなどの一社を郷社と決め、外の四社は郷社の付属として、これを村社とし、郷社の社職は祀官で村社の祀掌が郷社の祀掌を兼ねるとされた。

氏子調では、以下のようなことが定められた。①出生児は戸長に届出、必ず神社に参拝し守札を受け所持すること、②まだ守札を所持していない老若は、生国・姓名・住所・生年月日・父の名前を記した守札を神社から受けること、他所に寄留している者はその地の神社で守札を受けること、③移転したときは、移転先の神社の守札を併せて所持すること、④死亡したときは返却し、紛失したときは再発行してもらうこと、六年毎の戸籍改めの折に検査を受けること、などであった。

神主が守札を発行する際の心得も決められた。「氏子帳」を作成し、臣民・出生児が神社を参拝したときは、氏子帳に姓名・生年月日・父の名を記録し、守札にも同様に記し渡すこと。毎年一一月中にその年の出生児と氏子入りの数を報告することなどが定められた。また、同日に「大教御趣意」の太政官達が出され、「大教ノ旨要ハ神明ヲ敬シ人倫ヲ明ニシ億兆ヲシテ其ノ心ヲ正シク其職ヲ効シ以テ　朝廷ニ奉事セシムルニアリ教ヲ以テ之ヲ導クコトナケレハ其心ヲ正シクスルコト能ハス」(二)として、宣教使を置き、大教(神道)を宣伝布教することとした。

氏子調制度は、「宗門人別帳」に代わるものとして行われたとも言われているが、戸籍の整備、ならびにキリスト教の浸透を防ぐためでもあったという。明治六年二月二四日、切支丹禁令の高札がはずされてキリスト教が解禁され、一応、信教の自由が認められると、氏子調は五月二九日の太政官布告で停止された。一〇月三日には、「宗門人別帳」も廃止された。

一　神主依田源助と新木の葺不合神社

①村々の明治維新と旧領主たちのその後

関東以西の地域をほぼ掌握した王政復古クーデタ政権は、慶応四年(一八六八)閏四月二十一日に政体書を発布し、地方の統治は府藩県の三治制とし、没収した幕府直轄領や旗本知行地、藩領などには、知県事と判県事を置くこととした。

下総・常総地方には、五月に下総野鎮撫府が置かれ、下総・常総の鎮撫を続ける一方、「下総国寄場宿」宛に「今般、下総野鎮撫府於古河駅被相開候ニ付、元公領并旗下之知行所人別、竈数、上納筋迄取調急速役場江可指出者也　辰五月　鎮撫府執事」(八)との達を出し、村々の詳細についての掌握に努めている。七月には、我孫子宿寄場組合二四か村の村々に、旧幕府時代の「文政度の杭」は取払い、高札も三月一五日に新たに発布された「五榜の掲示」(定三札覚二札)に書き替えるように命じ、同時に出された「教示之大意」で「王政御一新」の趣意を説き、「小前末々」まで洩れなく申し諭すように命じ、組合村々の村役人の請書を提出させている(九)。

八月八日、下総知県事に佐々布貞之允が就任すると、「別紙之通郷村受取候ニ付、村々傍示杭早々建替可申、認方左之通」と次図の如く記すように指示し（二〇）、一〇月八日には、管内全域の旧旗本の帰順・不帰順の調査結果をまとめ「旧旗本帰順本領安堵之もの名前」一八〇人ほどを発表し、本領安堵された者の年貢はこれまで通りに「旧地頭江直納」されたという（二一）。

布川村寄場組合では、慶応四年九月に組合二四か村の村々の村高と旧知行主の帰順・不帰順・駿府へ移住かを書き上げ「佐々布貞之允様役所」へ提出している（二二）。それによると旗本一八名のうち、徳川亀之助（家達《いえさと》）に従って駿府へ移住とした者は松平一学と有馬図書、「当辰八月中帰順仕候」が末高杢左衛門（知行地、北方村・奥山村）、「九月中帰順仕候」が間部内膳正（知行地、押戸村）、「帰順御願中」が村上友之助（知行地、豊田村）と建部伝内（知行地、立崎村）。帰農した者は建部徳次郎で、残り一一名は「帰順、不帰順未タ定リ不申候」となっている。この一一名の中に、中峠村・中里村・岡発戸村の知行主でもある三枝中務（押付新田村二二二・八石余、福木村三九・七石余）が載っている。三枝氏は、天保一四年（一八二四）に江戸湾防備のためとして安房国二郡にあった采地が上知され、下総国相馬郡内の村々に知行替えとなり、明治維新を迎えた（二三）。

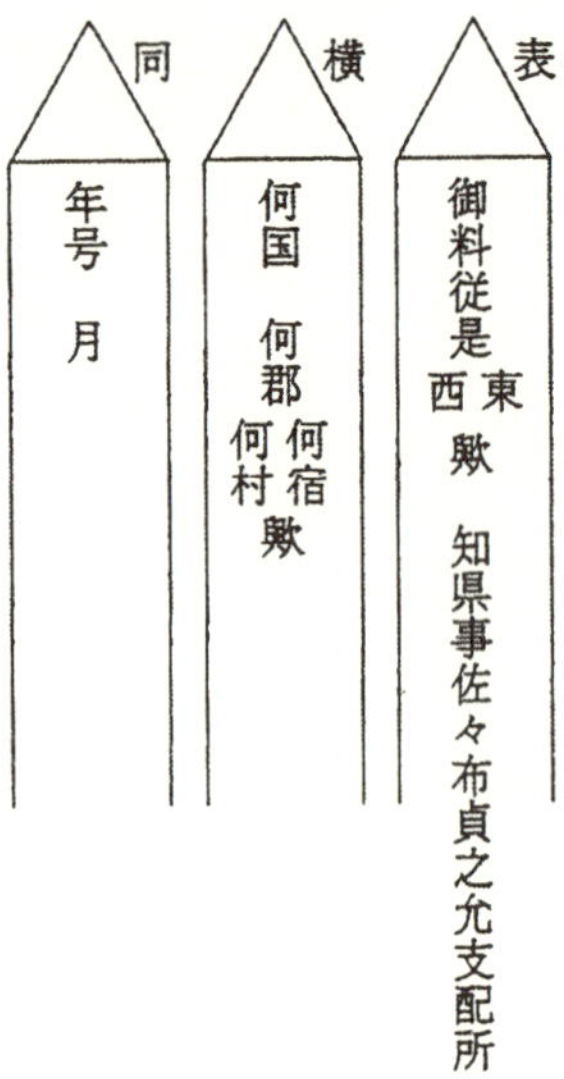

慶応４年下総県知事通達「村々傍示建替指示の図」（『千葉いまむかし』No. 10 28頁 三浦茂一氏論文より引用）

帰農した建部徳次郎の知行地は、北方村（四一四・六石余）、下曽根村（一〇五石余）、上曽根村（二九一・二石余）、大平村（一三四・二石余）、他に取手宿（三五四・三石余）、新宿村（一八七・三石余）であった。建部氏が上曽根村に帰農するにあたって、村役人から次のような届出が出されている（二四）。

「　乍恐以書附御届ヶ奉申上候

一元地頭建部徳次郎儀願之通徳川家暇ニ相成、元知行之儀ニ付上曽根村百姓ニ相成可申旨、鎮将府江申立御聞届ケニ相成、則私村方人別ニ加入仕候、改而百姓徳次郎与相成申候間、此段御届ヶ奉申上候　以上

慶応四辰年　九月十五日　　建部徳次郎元知行所　」

建部氏は徳川家に暇願いを出し、元の知行地である上曽根村の宗門人別帳に入り、「百姓徳次郎」となった。「元殿様」一族を受け入れた村々では、どのように対応していたのであろうか。下曽根村の渡辺兵右衛門が上曽根村の鈴木勘兵衛に宛てた「（年欠）四月（元殿様へ助成金ニ付書状）」（二五）には次のように記されている。

「御紙面拝見仕候、先（達脱ヵ）而集会ニ而御馳走ニ罷成難有奉存候、然者其節之割賦ニ相成去巳ノ八ヶ月分、滞リ之元殿様江之御助成金之義、大平村取立ニ相成不申、高持四軒ニ而金弐両相届キ候趣、気毒之次第ニ奉存候、如何取斗候而宜敷御座候哉当惑罷在候、乍去上郷其外之義者届キ可申哉否、先々一両日ニハ相分リ可申、其様子ニ寄、追而御相談も可致候、右御報迄如斯ニ御在候、

以上　」

この書状にある「去巳」は、明治二年と思われるから、明治三年の四月九日の書状であろう。村々へ割当てた「元殿様」への「御助金」が、巳年の八か月分滞っていること、大平村分は取立てが出来ず高持ち四軒二両しか届いていないこと、その外の村々については一両日中に分かるであろう。その様子によっては相談したい旨、記されている。

「王政御一新」、「諸事御一新」が旧来の社会秩序に変革をもたらした。村役人にとっても、まして元殿様にとってこのような事態は想像もしていなかったことであろう。

次に、新木村の場合を見ていきたい。新木村は、延宝二年（一六七四）から明治維新までおよそ二〇〇年間、旗本依田氏が支配してきた。依田兵次郎（源助）の代に明治維新を迎え、兵次郎も新木村で帰農する道を選んだ。『古戸村名主日記』（二六）に、

「阿曾平馬本家阿曾新兵衛両家之義、明治二年六月廿六日葛飾県水築少相殿ヨリ御下地書下ル、依之神葬ヲ相営、神官者新木村地頭ニ依田源助殿百姓ニ相成、同村被在候而神主相願候間、同人江相頼葬儀相営候事、依田友之ト云

明治十一年三月」

とある。依田兵次郎（源助）も建部徳次郎と同じように、徳川家にお暇願いを出し、新木村の人別帳に入ったものと思われる。文中に「友之」とあるのは「信之」の誤りであろう。依田氏の先祖は武田信玄・勝頼に使えた武将で、代々「信」を通字にしており、「神社明細帳」（二七）にも「祀掌依田信之」とある。依田一族がいつ新木村に転居してきたかは分からないが、維新政権は慶応四年八月の布告で、朝臣にならなかった旧幕臣たちの拝領屋敷を一〇月末日までに明け渡すように通告していたという（二八）から、それまでには新木村に落ち着いたものと考えられる。そして、葺不合神社の神主となり、村社香取神社、日秀の将門神社、古戸の稲荷神社、中里の諏訪神社、中峠の八幡神社および天照神社の神主を兼ねた（二七）。

②村々における神仏分離

辰（明治元年）一〇月、旧佐倉藩領小谷流村（現八街市）の永福寺では、知県事佐々布貞之允役所から

「　知県事ヨリ来ル

一八幡大菩薩ハ　八幡大神　　一弁財天女ハ　厳島神社
一熊野権現ハ　熊野大神　　一蔵王権現ハ　御嶽神社
一妙見大菩薩ハ　妙見神社又ハ妙見宮
一山王権現ハ　日枝神社　　一愛宕権現ハ　愛宕神社
一牛頭天王ハ　八坂神社　或ハ八雲神社
一金比羅権現ハ　琴平神社　　一秋葉権現ハ　秋葉神社
一白山権現ハ　白山神社　　一東照権現ハ　東照宮

右之通社寺之儀ニ付当春巳以来被　仰出有之候処、未相廻向も有之哉ニ相聞猶又御達ニ相成候間則相達候、右之趣最寄社寺エも為心得早々可相達候」

との通達を受けた（二九）。塚崎村（旧沼南町）の神明社には、辰九月に同様の達が届いている（三〇）ことから、寄場組合の村々にも達せられていたと考えられる。

根戸村の「明治三年根戸村神社取調書上」（三一）と「文政七年根戸村村方手控帳」（三二）に記載されている神社名を表1にしてみた。ほぼ、知県事役所から達せられた通りに改称していることが分か

文政七年（1824）	別当	明治三年（1870）
妙見大菩薩（一村鎮守）	東陽寺	
牛頭天王	東陽寺	八坂神社
弁財天	東陽寺	
香取大神宮	東陽寺	香取神社
天神宮	東陽寺	天神社
稲荷大明神	東陽寺	稲荷神社
吾妻大明神	東陽寺	吾妻神社
白山大権現	東陽寺	白山神社
		第六天社

表１　旧根戸村の神社の名称

る。根戸村の場合、鎮守社はじめ諸神社の別当は東陽寺が兼帯していた。前述したように別当や寺僧の兼帯は禁止された。そこで、

「乍恐以書付奉願上候
下総国相馬郡根戸村香取大神、八坂大神両社氏子役人左之もの共奉申上候、右両社并末社之義者村内真言宗東陽寺方ニ而別当社務仕来候処、今般、御布告之趣奉伺承、然ル処右東陽寺義者滅罪檀家多服（注、復）帰難成、依之別当相離、村方一同相談之上、当村百姓太郎左衛門父富蔵義者平常神道執公（注、行）之者ニ付、同人江神職願上、神祭向相頼奉幣社務致度奉存候（略）
明治二巳年十月
下総国相馬郡根戸村　　香取大神」

と（二三）、東陽寺は滅罪（葬祭）檀家が多く復飾できないので、当村の百姓太郎左衛門の父富蔵に神職を頼みたいとの願いに、葛飾県は

「書面富蔵神勤之儀　承届候、尤代々神謹之儀者難相成、一代与可心得　且此後継目之儀者村中申合、人撰之上其節可申出事、
但、祭祀等之節者神職之振合相心得、社務ニ付候儀者姓名相名乗、平常者是迄之通たるへき事
巳十月　」

と、許可を与えた。神職の世襲も禁止されたから、富蔵一代限りで跡目は村で相談して決めるように、神官として謹仕している時のみ姓名を名乗ることを許可している。新木村の依田源助もおそらく、このような手続きを踏んで神職になったものと思われる。

大青田村（柏市）の場合は、明治二年六月一二日の「村方議定一札之事」（二四）で村役人の内から砂川左近老人を名目上の神主にして、神事、祭礼、祈祷、社役等は年番で村役人が勤め、祈願料、散銭は村の円福寺に納め、「社役出勤諸入用」等の費用は「当院寺徳之物成」を以て支払うこと、砂川老人が亡き後は再び村方一同で相談して神職を決めることなどを取り決めている。

③葺不合神社と神主依田源助（信之）

葺不合神社は、明治三九年の神社合祀に関する勅令により、字竹之内にあった厳島神社に移設し、葺不合神社と改称された。「神社明細帳」には、「明治四十一年十月十九日許可、字宮前村社葺不合神社、字同無格社三嶋社ヲ字竹之内無格社厳島神社ニ合祀シ村社葺不合神社ト改称、同四十二年三月十五日合祀済」とある。三嶋神社は三峰神社の誤記と思われる。

厳島神社は、明和二年（一七六五）に創建された弁才天で、前述したように厳島神社に改称されたものである。現在拝殿となっているお堂が、創建当時の弁天堂である。「神社明細帳」では、葺不合神社の旧在地を字宮前と記している。ところが、明治七年一一月二二日の「香取神社明細書上」（二五）では、

「村社　下総国相馬郡新木村　字宮ノ脇　香取大神　式外
一　本社　宮造　竪五尺　横五尺
一　拝殿　平屋　竪三間三尺　横弐間三尺
一　祭神　経津主命

一　社地現今境内　反別九畝十五歩
　竪七間三尺　横三十八間
　東西七間三尺　南北三十八間
　燈籠石造壱対　華表木造一個　手水鉢石造壱個
摂社　境外
沖田社　字トウ臺
一　本社　宮造　竪二間五尺　横弐間五尺
一　拝殿　平屋　竪三間　横弐間
一　祭神　鵜葺草不合命
一　社地現今境内　反別壱反壱畝六歩
　竪八間　横四十二間
　東西八間　南北四十二間
　燈籠石造四個二対　華表木造二個　手水鉢石造壱個
（略）
蛟蝄神社祀掌
立木村　海老原高知印　」

と沖田社の祭神が鵜草葺不合尊と記されており、所在地は字「トウ臺」となっている。また、明治七年八月の「神社現今境内坪数木数取調帳」(二六)でも「字東ヲ臺」、同八年一月一四日の「(記)」(二七)でも「字とう臺」となっている。現在、「東台《ひがしだい》」と読んでいるが、「トウ」は「堂(塔)」であろう。すでに、寛文一〇年(一六七〇)三月吉日の「下総国相馬郡中相馬庄新木村畑方帳」(二八)にも「とうたひ」と記載されている小字である。

下の想定図にもあるように、「東台」の東の小字は「薬師台」である。かつてここには薬師如来を祀る薬師堂があり、薬師堂の前には、「寛文八年十月十五日」と銘のある薬師如来舟形塔も建立されていたが、開発に伴い旧長福寺境内に移設された。北東の薬師如来に対し、北西に祀られていたのが葺不合神社のおこもり堂にある木造妙見菩薩(二九)と考えられる。妙見堂の前には、石造妙見菩薩も祀られていたと考えられる。この石造妙見菩薩は、葺

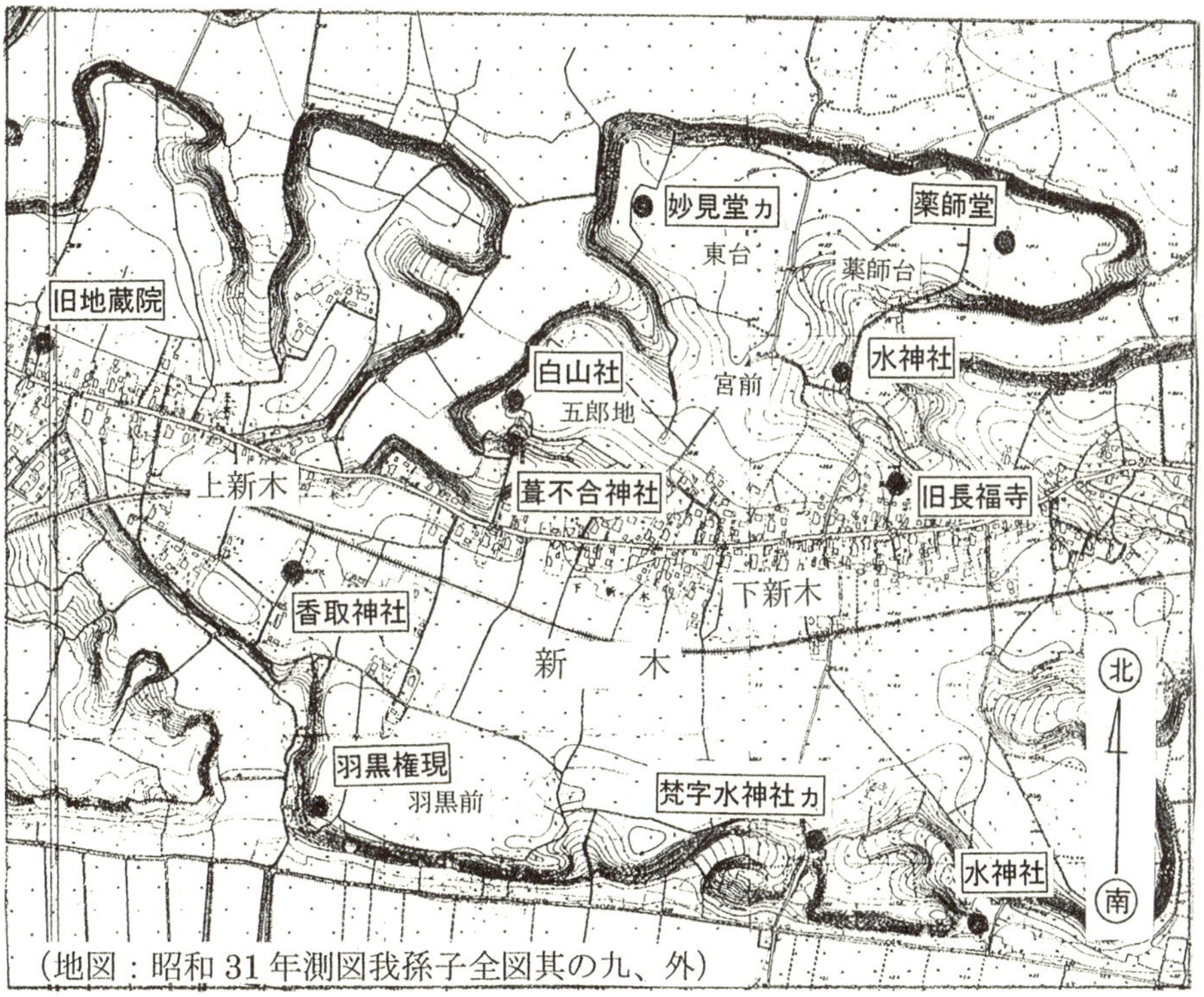

我孫子市新木地区寺社の元々の位置の想定図

不合神社に移設されている。廃仏毀釈により、新たな祭神として鵜草葺不合尊を勧請したものであろう。

では、なぜ鵜草葺不合尊にしたのであろうか。これには、沖田地区の女人講（ムラのお嫁さんたちが入る講）の祭神とも関係していると考えられる。沖田地区の近世からの女人講の名称は、子安講、マツドッ講、明神講と変遷していた(三〇)。マツドッ講の祭神は「安産待道大権現」で、岡発戸の白泉寺が別当であった。はじめにでも述べたように、慶応四年三月二八日の太政官布告で、「中古以来、某権現或ハ牛頭天王之類其外仏語ヲ以テ神号ニ相称候神社」(一)は改めるように命ぜられた。女人講中も「安産待道大権現」を祭神とするわけにはいかなくなった。そこで、安産祈願の新たな祭神として考えられたのが、記紀神話に出てくる山幸彦が海神の娘豊玉姫と結ばれ、身ごもり、産屋を造らせたが、屋根が葺き終わらないうちに皇子が誕生したという説話によったのではなかろうか。しかも、鵜草葺不合尊を神武天皇の父君とする神話もある。

「明神講」の掛軸

妙見社を沖田社とし、新たに鵜草葺不合尊を祭神とし、女人講の名称も明神講とした。そして、明神講中が講日に掲げる掛軸も、鵜草葺不合尊の姿絵の軸とヒョウゴウと呼ばれる鵜草葺不合尊と墨書された軸に替えたと考えられる。その時期は、「明治二巳二月 仮議定書、外御下ヶ書」(三一)に「扱人」として長福寺の外「岡発戸 白泉寺、同組頭 與兵衛」と、白泉寺が出でくることから、このころ話し合われたのではないか。

葺不合神社の神主となった依田信之は、新木村の村社である香取神社はじめ近村の鎮守社の神主も兼ね、明治二一年一一月一五日に亡くなった(一七)。なお、「神社明細帳」に後任として「香取神社祀掌兼務 守 維義」とある香取神社は、沼南町大井村の香取神社と思われ、守(森)氏は、同塚崎村の神明社の宮司を代々務めていた(三〇)。また、旧長福寺境内には、明治一一年に相次いで亡くなった依田一族の墓碑もある。

むすびにかえて
—旧新木村の両部神道の神々と旧長福寺の「下総観音第二十二番」札所—

旧新木村の北東の台地に薬師如来が祀られていた。いわゆる丑寅の鬼門に当る（地図参照）。東方の台地先端に薬師如来を祀る信仰は、古くから行われていた。茨城県の大洗磯前神社(大洗町)、酒列磯前神社(ひたちなか市磯前町)は、東方、太平洋に突き出た岬に祀られている。『延喜式神名帳』には「大洗磯前薬師菩薩神社　名神大」、「酒列磯前薬師菩薩神社　名神大」と記載されているという。また、『梁塵秘抄』には「うしとらミサキはおそろしや」とあるという（三二）。旧新木村の北東の台地に薬師如来を祀ったのも、ここが「丑寅ミサキ」と考えられたからであろう。丑寅が表鬼門とすれば、裏鬼門に当るのが、南西の字羽黒前である。字羽黒前の崖際に「羽黒山権現」が祀られていた（現在、香取神社に移設）。発掘調査で「菊花散双雀鏡」が出土し、銘文から建武五年（一三三八）八月に祀られたことが判明した（三三）。「羽黒山権現」の本地仏は聖観音菩薩である。

字薬師台の西が字東台で、前述したようにここには妙見菩薩が祀られていたと考えられ、本地仏は十一面観音菩薩である。新木の鎮守香取神社の本地仏も、「はじめに」で述べたように十一面観音であった。また、葺不合神社境内に白山宮と水神宮の石宮が合祀されているが、白山宮はもと字五郎地に所在したもので祭神は菊理媛、本地仏は十一面観音菩薩である。水神宮の石宮三基のうち一基は字「ひや田」と「いちこ尻」の境に、一基は「いちこ尻」に、一基は字「井戸端」にあったという。そのうちの一基に梵字が九文字刻まれた水神宮があるが、解読によれば十一面観音菩薩を現したものという（三四）。また、下新木（沖田）の旧長福寺は、中峠の龍泉寺の中興開山である永楽法印が永禄元年（一五五六）に創建したと言われている。本尊は、十一面千手観音菩薩である。

こうしてみるとまさに、新木の地は観音信仰の霊地の観を呈していることがわかる。そして、鬼門に薬師菩薩が祀られていた。

現在、旧長福寺の境内に薬師堂（観音堂とも）があるが、その向拝柱に「下総観音第二十二番」と墨書された札が掛けてある。「下総観音」とは、船橋・市川・松戸・流山・柏・白井・我孫子・成田の各市に跨る寺々三十三ヵ所の観音菩薩を参拝して廻る霊場である（三五）。番外として国分山国分寺（市川市・本尊薬師如来）が加えられている。第一番札所は、夏見山長福寺（船橋市）で門左側の

第１番	夏見山長福寺（船橋市夏見）	第17番	浄永寺観音堂（流山市上貝塚）
第２番	守能山東福寺（流山市鰭ヶ崎）	第18番	石井山笠園寺（市川市国分）
第３番	大悲山春山寺（流山市野々下）	第19番	松戸市善照寺（松戸市松戸）
第４番	千手院金剛般若寺（佐倉市井野）	第20番	桐谷山無量寿院西栄寺（流山市桐ヶ谷）
第５番	円徳寺（廃寺）（流山市芝崎）	第21番	赤城山神楽寺光明院（流山市流山）
第６番	福寿院（成田市上副田）	第22番	玉桜山長福寺（我孫子市新木）
第７番	名内山東光院（白井市名内）	第23番	安楽山誓光院観音寺（柏市逆井）
第８番	龍猛山円城寺興福院（沼南町手賀）	第24番	月光山善龍寺（沼南町鷲野谷）
第９番	仏法山一条院東漸寺円通閣（松戸市小金）	第25番	宝光山福寿院（沼南町高柳）
		第26番	瑞雲山法林寺（柏市名戸ヶ谷）
第10番	聖胎山長義寺（松戸市幸田）	第27番	登鹿山如意輪寺持法院（沼南町藤ヶ谷）
第11番	荒井山清龍院（流山市名都借）	第28番	豊谷山観音寺（流山市木）
第12番	長福山広寿寺（流山市名都借）	第29番	東光山長覚寺（柏市若柴）
第13番	東福山如意寺（沼南町箕輪）	第30番	多宝山無量寺宝寿院（沼南町布瀬）
第14番	教永山福万寺積善院（沼南町大井）	第31番	妙見山円福寺（柏市大青田）
第15番	二ツ木山磐舟寺常行院（松戸市二ツ木）	第32番	山高野観音堂（廃寺）（柏市船戸）
		第33番	蓬莱山福満寺弘誓院（沼南町柳戸）
第16番	遠矢山大勝院普門寺（松戸市大谷口）	番外	国分山国分寺（石川市国分）

表２　下総国三十三観音霊場札所の寺院

札所塔には、「明和四年（一七六七）十月吉日」の銘と「下総三十三観音　補陀場第一番目」とある。札所塔の上部に鎮座しているのは薬師如来である。沖田の旧長福寺は第二十二番札所となっている。

観音・薬師を対で祀る信仰は、古戸にも観音堂と薬師堂（現青年館）があり、日秀の観音寺境内にも、観音堂と薬師堂がある。中峠の長光院観音堂と中里の薬師堂は、旧街道沿いに一対として祀られたものではなかったか。宿の入口（西）に観音、出口（東）に薬師が祀られたとも考えられる。一七世紀後半には、江戸市中でも「朝観音に夕薬師」という、一八日の観音の縁日に朝早く観音参りをし、八日の薬師の縁日には夕方薬師参りをするという（三六）風習が流行していた。

新木地区に祀られていた神々を本地垂迹の面から考察すると、これまで見えなかった豊かな信仰の世界が展開していたことが分かる。下総三十三観音霊場については、今後さらに調査を進めることとして、一番から三十三番および番外の札所を表2（三五）に掲げ結びとしたい。

【注（引用資料・文献・図書）】

（一）宮地正人稿「宗教関連法令一覧」四二五～四五九頁　『宗教と国家』安丸良夫・宮地正人　一九八八年岩波書店
（二）『我孫子市史資料　近世篇Ⅱ』口絵　平成五年　我孫子市教育委員会
（三）柴田道賢稿『廃仏毀釈』二四頁　昭和五三年　公論社
（四）『新編明治維新神仏分離史料』全五巻　辻善之助・村上専精・鷲尾順敬編　名著出版　昭和五八年
（五）鷲尾順敬稿『（四）に同じ』第三巻　関東編　一〇一～一〇三頁　昭和五八年　名著出版
（六）伊藤泰蔵稿「香取神宮別当寺廃止の始末」『（五）同』九〇～九一頁
（七）八代国治稿「廃仏毀釈と香取神宮本地仏」『（五）同』九四～一〇一頁
（八）『柏市史資料編九　御廻状集成』二六〇～二六一頁　昭和四八年　柏市教育委員会
（九）（二）に同じ、三五八～三六二頁
（一〇）三浦茂一稿「戊辰戦争期における下総地方の社会情勢―知県事佐々布貞之允と千葉市域」二八頁『千葉いまむかし』第一〇号　一九九九年　千葉市教育委員会
（一一）（一〇）に同じ　三〇頁
（一二）『利根町史　第二巻　史料集』六〇三～六〇七頁　昭和五八年　利根町教育委員会
（一三）高田英明稿「領主および領地」六七頁『我孫子市史資料　近世篇Ⅰ』昭和六三年　我孫子市教育委員会
（一四）（一二）と同、一二二頁
（一五）（一二）と同、一二一頁
（一六）「旧古戸村・阿曾一郎家文書」『諸家文書Ⅱ』平成六年　我孫子市教育委員会
（一七）「千葉県東葛飾郡　神社明細帳」千葉県公文書館
（一八）『我孫子市史　近世篇』七五五頁　平成一七年　我孫子市教育委員会
（一九）『千葉県の歴史　資料編近現代七（社会・教育・文化Ⅰ）』二〇八頁　平成一〇年　千葉県
（二〇）『沼南町史（風早村の歴史）近世史料Ⅰ』三五七頁　平成

一四年　沼南町史編さん委員会

（二一）『柏市史資料編八　諸家文書（下）』一九〇頁　昭和五四年　柏市史編さん委員会

（二二）（二一）に同じ、四〇六～四〇七頁

（二三）（二一）に同じ、一八九頁

（二四）『柏市史資料編七　諸家文書（上）』二〇八～二〇九頁　昭和四五年　柏市史編さん委員会

（二五）『旧湖北村（新木）田口是久家・高田勝禧家資料目録』田口是久家・資料番号二二六　昭和五九年　我孫子市教育委員会

（二六）（二五）に同じ、田口是久家・資料番号一五〇

（二七）（二五）に同じ、田口是久家・資料番号一七八

（二八）（二五）に同じ、高田勝禧家・資料番号四四

（二九）『我孫子市史　民俗・文化財篇』六二八頁（写真参照）平成二年　我孫子市教育委員会

（三〇）拙稿「待道大権現とマッドッ講―市内における女人講の変遷過程を通して―」『我孫子市史研究9』一九八五年　我孫子市教育委員会

（三一）（二一）に同じ、五一七～五一八頁

（三二）大和岩雄稿『日本の神々　神社と聖地　関東編』所収　谷川健一編　二〇〇〇年　白水社

（三三）『我孫子市史　原始・古代・中世篇』六五一頁　平成一七年　我孫子市教育委員会

（三四）一色勝正先生のご教示による

（三五）石井久雄・岡田秀樹稿『下総国札』一九八三年　仏教書林・中山書房

（三六）『日本国語大辞典』第一巻　二〇〇二年第二版七刷　小学館

コラム・我孫子史散策⑤

彦波瀲武鸕鷀草葺不合尊《ひこなぎさたけうがやふきあえずのみこと》（『日本書紀』から）

天津彦彦火瓊瓊杵尊《あまつひこひこほのににぎのみこと》は日向《ひむか》の襲《そ》に天降《あまくだ》り、鹿葦津姫《かしつひめ》（亦の名木花之開耶姫《このはなのさくやびめ》）を幸《め》すと姫は一夜《ひとよ》にして有娠《はら》んだ。尊は「天神《あまつかみ》と雖《いふと》も、何《いか》ぞ能《よ》く一夜の間《から》に、人をして有娠《はら》ませむや。汝《いまし》が所懐《はら》めるは、必ず我が子に非じ」と言ったので、姫は天孫の子なら火も害《そこな》えないであろうと言って室《むろ》に入り、火を放った。

「始めて起る烟《けぶり》の末より生《な》り出づる児《みこ》を、火蘭降命《ほのすそりのみこと》と号《なづ》く。次に熱《ほとぼり》を避《さ》りて居《ま》しますときに、生《な》り出づる児《みこ》を、彦火火出見尊《ひこほほでみのみこと》と号く。次に生《な》り出づる児《みこ》を、火明命《ほのあかりのみこと》と号く。」

兄の火蘭降命《ほのすそりのみこと》（海彦）と弟の彦火火出見尊《ひこほほでみのみこと》（山彦）は、ある日、試しに海と山を換えることにし、弓矢と釣り針を交換した。結果は散々で弟は釣り針を失ってしまった。海辺で途方に暮れていると、塩土老翁《しおつつのをじ》が無目籠《まなしかたま》を作って海に沈めてくれた。釣り針は鯛の口にあった。

彦火火出見尊は海神《わたつみ》の女《むすめ》豊玉姫《とよたまびめ》を娶って三年、望郷の念が起きた。姫は娠んでいることを告げ、「必ず風濤《かざなみ》急峻《はや》からむ日を以て、海浜《うみへた》に出で到らむ。請はくは、我《やつこ》が為に産室《うぶや》を作りて相待ちたまへ」と言った。豊玉姫は女弟玉依姫《いろどたまよりびめ》を将《ひき》ゐて来た。産む時は見ないでくれといったが、尊は見てしまう。豊玉姫は産む時に竜《たつ》になっていた。姫は児を草《かや》につつんで海辺に棄てて去った。よって彦波瀲武鸕鷀草葺不合尊《ひこなぎさたけうがやふきあえずのみこと》という。彦波瀲武鸕鷀草葺不合尊は、姨《をば》に当たる玉依姫を妃《みめ》とし、彦五瀬命《ひこいつせのみこと》、稲飯命《いなひのみこと》、三毛入野命《みけいりののみこと》、神日本磐余彦命《かむやまといはれびこのみこと》の四男をもうけた。この神日本磐余彦命が神武天皇である。

杉村楚人冠と「三田新聞」

美崎　大洋

目　次

はじめに

平成一七年三月、我孫子市教育委員会が編纂した『杉村楚人冠関係資料目録』（三分冊）の第Ⅲ巻「書類」に楚人冠が自ら切り抜き、台紙に貼り付けた新聞記事（スクラップ）が数多く含まれている。職業柄、専門とするジャーナリズム関係の記事が圧倒的に多いのは当然だが、その中に、次の「三田新聞」に関するもの四点を発見した。

・昭和一二年四月一六日付け「三田新聞の創立二十周年を迎えて」
・昭和一二年五月五日付け「三田新聞創立二十周年を祝す」「学会草創の頃を語る　座談会」
・昭和一二年六月一五日付け（三田新聞）「塾生の〝ジャーナリズム〟調査」
・昭和一二年一二月一〇日付け（三田新聞）「塾生の〝ジャーナリズム〟調査」

興味を持って、同関係資料目録第Ⅱ巻「書簡」を調べてみると、慶應義塾に関係するものが見つかった。慶應三田新聞学会から送付された「三田新聞学会創立十五周年記念」（昭和七年六月）と「同二十周年記念」（昭和一一年五月）の「晩餐会招待状」の二通である。

楚人冠は東京法学院（現在の中央大学の前身）の出身とされているので、慶應義塾との関係は全く思いつかず、「当時、東京朝日新聞の重役（昭和一〇年から相談役〔重役待遇〕）であった著名人・楚人冠として招待されたのだろう」程度に思っていた。それでも「どのような関係があるのだろう?」と個人的興味から楚人冠と三田新聞との関係を探ってみた。

Ⅰ　『最近新聞紙学』の原稿は大学での講義本

楚人冠の著書に『大英游記』『弱者のために』『最近新聞紙学』『湖畔吟』などがあり、大部分が『楚人冠全集』全十八巻に収められている。ところで、『最近新聞紙学』の初版本は大正四年（一九一五）「慶應義塾出版」から出版されていることが分かった。（同書は昭和一三年（一九三八）に発行された『楚人冠全集』第十三巻に収載されており、さらに昭和四五年（一九七〇）中央大学出版部から復刻出版されている。）

『楚人冠関係資料目録』「書簡」の中で見つけた慶應三田新聞学会からの招待状と氏の経歴だけからは、楚人冠と慶應義塾との間にそれほどの接点があるように見えない。それ故、『最近新聞紙学』が慶應義塾出版から出版されたことに、「何故だろう？」とさらなる疑問を持った。

この巻頭言の中に「最初の原稿は中央大学と慶應義塾との講話に用いた講本であったが、……」「この書物が出来上る迄に、前後二年半かかって……」という件を見て、楚人冠と慶應の関係についての興味はますます深まると同時に、その興味は私のなかで、ある期待に変化していった。この本が大正四年一二月の出版まで二年半かかっていることを勘案すると、楚人冠が慶應大学で講義をしたのは大正二年ということになる。

Ⅱ　復刻版「三田新聞」によるトレース

1　縮刷版の検索

日本における大学新聞の歴史は、大正六年（一九一七）の慶應義塾大学の「三田新聞」に始まるらしい。そして、大正九年には東京帝国大学の「帝国大学新聞」が刊行されるなど、その後、大学における新聞刊行が相次いだ。

前述の切り抜き記事と招待状が創立十五周年、二十周年に関する内容であることから、「三田新聞」創立の年を逆算すると、まさに大正六年ということになる。楚人冠がその創立に深く関わっていた可能性が出てきた。古い「三田新聞」を探すには慶應大学を訪ねるほかはない。早速、三田にある慶應義塾図書館を訪ねた。入館の手続きをして、全国の大学に関係する古い書籍や新聞が置かれている書架に行く。その一角に、過去の「三田新聞」が創刊号から全て縮刷版書籍（復刻版）として数冊にまとめられ収められていて、楚人冠に関するいくつかの記事を発見することができた。

2　「楚人冠」が出現する記事

①大正六年七月六日発行の「三田新聞」創刊号。編集人小林俊一、発行人小玉琢朗、発行所東京市芝区三田慶應義塾内三田新聞會

1面トップに掲げた「創刊語」の文中、杉村廣太郎の名前が出てくる。

「……吾人は現下の大勢に鑑み将来の活躍に資せんがために、新聞科廃止の後を承けて茲に「三田新聞会」を創設し、**楚人冠杉村廣広太郎氏**、林、占部両教授の指導監督の下にあつて新聞紙学の実際を研究すべく、新に「三田新聞」を発刊す。……」また3面の「新聞會の活動」という見出しの囲み記事で「……政治部は外交記事や政治経済記事を書くそれを顧問**楚人冠君**が例の筆法で用捨なく批判する……」

②大正六年一一月二二日（神楽月号）三田新聞会の記事に「顧問杉村氏の出席を得て……」とある。

③大正七年二月二五日（無題号）三田新聞会同人の集合写真があり、「中央杉村廣太郎氏」とある。

④大正七年八月二一日（第一一号）宣言として以下の記述がある。

「三田新聞学會は昨大正六年春新聞に関する一切の事項を研究するの目的を以て創立せられたる学生の自治的学會にして、現に其

会員として各分科学生約百名を有する一の研究組織なり。……顧問に東京朝日新聞調査部長**杉村楚人冠氏**を戴き……」

⑤大正七年一〇月一四日（第一四号） 三田新聞学会主催の「大講演会」と「新聞に関する展覧会」が開かれるという記事が紹介されている。大講演会の会次第には「開会の辞」は**楚人冠**が三田新聞学会顧問という肩書きで行うようになっている。

⑥大正八年六月三〇日（第二五号）に 「杉村廣太郎氏の栄誉」として「東京朝日新聞調査部長にして本学会顧問たる**楚人冠**が米国ミズーリー州立大学新聞科学長のウォルター・ウィリアムス氏の紹介で英国インスティチュート・オブ・ジャーナリズムの会員に推薦された」と報じている。

⑦大正九年七月三一日（第五〇号） 第五〇号という節目に特集を組んだ形で数名による「祝辞」の寄稿文が並ぶなかに「**五十號に際して**」と題して楚人冠自ら寄稿した文章を見つけることができた。

「三田新聞に繋ぐる所の望みが一つある。（略）その三田新聞がこの得難き境遇を一向利用しやうとしないから困る。三田新聞發行以来、自分は機會のある毎に口を酸くして是を説いてゐるが、今こそ一向顧みられない。而して依然として今の現在新聞紙の眞似ばかりしてゐて、之から一頭地を抜かうといふ勇猛心がない。眞似ばかりならまだ宜いが、内容の空疎な極端印象派を學んだり、舞臺額だけで人を煙に捲くアメリカの黄色調に走つたり人をして現在新聞紙の悪い所ばかりを眞似てゐるのでないかと疑はしむるやうな點が多いに至つては勘辨がなり兼ねる。名は三田新聞といふが時事新報や朝日新聞や報知新聞を眞似た模造時事新報、模造朝日新聞、模造報知新聞たるに過ない。何が故に百尺竿頭に今一歩を進むるの覺悟が出来んのであらうか。三田新聞も五十號になつた。依然たる人眞似は年の手前もある。」

楚人冠独特の辛口の論評である。相手が学生であることを斟酌しないし、容赦しない。物事の本質を的確に見抜き、ストレートに表現するプロのジャーナリストとしての気持、心情の吐露であろう。周りの記事が多少お世辞を含んだ提灯持ち、祝福の記事ばかりなので、〝身内〟楚人冠のそれはひときわ異彩を放つ。

⑧大正九年九月二二日（第五四号）「新聞講座新設聴講会員募集」の中に「講師は本学会顧問杉村楚人冠氏」とある。

⑨大正一一年六月七日（第一〇〇号） 節目となる第一〇〇号にも、楚人冠は、到底祝辞とは言い難い辛口のコメントを寄稿している。

「『百號と聞いて』本學會顧問 東京朝日調査部長 **杉村廣太郎**

三田新聞の第百號になつたから何か感想を書いて呉れといつて来た。感想を書けといふのは、大抵の場合ほめよくいふ事になる併し私はほめない。……（略）」

⑩大正一五年五月二八日（第一七五号） 「新聞講座開設さる」という見出しで以下のような記事が載っている。「（略）此度各大學にその比す見ざる新聞の講座が開設せられる運びに至つたことは當に時勢に先んずる義塾の主旨に合致した誠に慶ぶべき現象でなければならぬ、然し表頭に於て今日完備せる新聞の講座を見るに至つた歴史を顧みるのに十年に近い年月に亘る脈々たる努力の跡をみることが出來るのである。（略）本會の手によつて**杉村氏**等を講師として講座が一再ならず開かれたのである。（略）」

塾当局は翌月の六月二一日から科外講義として新聞の講話を開

くことにし、主任講師に杉村楚人冠ほかを充てた。第一学期から第三学期まで週一回、一時間（午後三時より）の講義としてざっとしたスケジュールは示されてはいるが、講師としては楚人冠以外は「未定」とされている。

⑪**大正一五年九月二九日**（第一八〇号）には「新聞講座講師紹介」として、楚人冠ともう一人の講師を写真入りで紹介している。この頃は既にこの「新聞講座」がスタートしている時期で、かつ二学期の講義の開始時期にあたることから、もしかすると聴講生を追加・補充募集したのかも知れない。

　創刊から一〇年後の十周年記念号（昭和二年）の中に創刊当時の思い出記事があり、そこにも楚人冠の名前を発見できる。

「（略）而して大正六年の七月**杉村楚人冠氏**指導の下に實習機関として三田新聞を發刊　越えて大正七年春　會の組織内容を革新し五月十二日の運動會號を發行し漸くその基礎を固め以て今日に到つたのである」

⑫**昭和七年六月一七日**　「三田新聞学会創立十五周年記念」「新聞講座と三田新聞」

「記念祝宴席上の演説に代へて　**杉村廣太郎**

（略）……私が慶應義塾の新聞講座に関係しましたのは、大正二年の五月二十三日、その頃の理事石田新太郎君から御来談のありました時が始まりで、その時のお話では、どうも従来新聞記者の中に早稲田出身の方が大變多いが　三田出身のものがとんとないから　この際一つ塾に新聞科を設けてこゝで新聞記者を養成し行く行くは塾からも少し新聞記者を出したいといふ希望であるとの事でありました。（略）どうしても塾生の實習用として一つ大學新聞を發行しなければならぬといふ希望をしばしば塾の當局に陳情したのであります。しかし當局では何分金のかゝる事であるから、中々うんと承知してくれない。（略）新聞が發行さるゝ迄は、大形の紙にそれぞれの欄を区切つて、その中へ新聞の切抜や、原稿を張りつけ、これで編輯の眞似事を實習して居るやうなあはれな時代もありました。そんな状態から進んでいよいよ新聞發行の運びに至りましたのは、一に全く三田新聞學會の力あると信じて居ります。（略）……大學の講座といふよりも學生の團體と互に談し合うやうな組織に改めることになりました。この團體が即ち三田新聞會でこれが大正七年に三田新聞學會と改稱し、同時に積年の懸案であつた新聞發行の事に運んだのであります。この新聞は誰が何といつても日本に於ける最初の大學新聞であつて今日でこそ大學新聞は二十近い数に及んで居るが、大正七年には正しく日本唯一のものでありました。（略）」

⑬**昭和一二年五月五日**（第三七〇号）　当時の思い出話が掲載されている。この号は「三田新聞創立二十周年記念号」でもある。二〇周年を祝する言葉として当時の塾長　小泉信三氏のほか大阪毎日新聞兼東京日々新聞社長　奥村信太郎氏、徳富猪一郎（蘇峰）氏などからも祝辞が寄せられているなか、座談会記事として**楚人冠**ほか数名の思い出話が披露されている。

⑭**昭和一七年五月一二日**（第四八七号）　**楚人冠**の囲み記事で「『三田新聞と私』の話」を寄稿している。

Ⅲ　不足資料の補填

「三田新聞」の縮刷・復刻版から抜き出した楚人冠に関する記

事により、慶應義塾と楚人冠の関係について、おぼろげながら当時の様子が分かってきた。

一方、慶應義塾の正史で楚人冠はどのような扱い（顧問委嘱の辞令、待遇など）をされていたのか「福沢研究センター」に文書で問い合わせた結果、研究員から報告書がきて、『慶応義塾学報』に楚人冠に関わる記述三点があることが判明した。しかし、辞令の記述などは全くないという。

昭和三五年「慶應義塾百年史」

昭和三八年慶應義塾大学三田新聞学会　創刊一〇〇〇号記念「三田新聞学会会員誌」

昭和三九年慶應義塾大学三田新聞学会「大学新聞の思想と目的」

Ⅳ　慶應義塾と楚人冠の関係経緯

1　新聞紙学の講義

慶應義塾では文筆の奨励に意を用い、古くから学生たちに作文を勧めていた。もともと福沢諭吉と新聞との関係は古く、明治九年（一八七六）『家庭叢談』、同一五年『時事新報』を創刊している。また明治三三年実施された大学部学則には「新聞記者たらんとする者」の養成を目的のひとつに掲げている。そのような背景で大正二年（一九一三）に慶應大学では科外講義として「新聞科」が設けられることになる。楚人冠は慶應大学で講義をする以前、明治四三年二月に出身校である中央大学（当時は東京法学院）でも「新聞研究科」の講座をもっていたことがある。このとき楚人冠は「中央大学学員」として講師を務めたようだが、その時楚人冠と共に講師を務めたのは東京朝日新聞（現朝日新聞の東日本地区での旧題、昭和一五年に大阪朝日新聞とともに朝日新聞に改題）の同僚であり、同じ中央大学出身の渋川玄耳であった。この科の特色は「修業の上は総て予約に応じて夫々各新聞社に分配」（「中央大学七十年史」昭和三〇年一〇月）することにあったが、「あまりに実用的な企画であったために、反って卑俗の感を与え、高尚な学理をのみ尊ぶ傾向にあった学生の気風に合わなかったものか」などの理由で、同年一一月に第一回修学生七名を出したのみで自然閉鎖された。

この三年後（大正二年）に慶應大学で開設された新聞科は毎年講師陣の多少の異動はあったものの、大正五年度（大正六年春）まで継続し、春には新聞記者の卵を卒業させていた。慶應大学の新聞科創設の目的は当時、早稲田等に比べて慶應義塾出身の新聞記者が少なく、今後その方面に力を注ぎたいという事情もあった。この新聞科の開設が、結果としてその集大成ともいえる本邦初の大学新聞「三田新聞」に繋がったのであった。

第一年度（大正二年）　講義演目と講師

日本作文＝永島今四郎、翻訳＝占部百太郎、新聞経営法＝山本昌一・相島勘治郎、通信実験＝川面弘、新聞紙の過去現在＝黒岩周六、探訪心得＝**杉村楚人冠**、財界談・政界談＝十倉精一、その他新聞関係法規等（科目と講師の厳密な対応は不明のため一部は推測による）

学内の記録では次のように記されている。

「**新聞記者志望學生の奨励**　義塾にては今回新聞記者志望者を奨励する趣旨を以て、現在在學中の大學部本科三年生中より志望者を募集し、試験の上にて特に十名を限り在學中の授業料を免除し、以て一方新聞記者に必要なる知識を授くると共に文筆の趣味涵養するに力むる筈にて、目下該志望者募集なり。」(『慶応義塾学報』第一九〇号、大正二年五月刊)

第二年度(大正三年) 志望者の増加につれ収容学生を一五名にすることを六月の評議員会で決定。このなかで楚人冠は「インターヴュー概論」を担当している。

第三年度(大正四年) 一〇名　楚人冠は「インターヴュー概論」を担当。この年の一二月、楚人冠は慶應義塾出版局から『最近新聞紙学』を出版している。中央大学と慶應大学で使用した講義本をもとにしたものである。当時はまだ「ジャーナリズム」に適応する日本語がなかったことから楚人冠はこれを「新聞紙学」と名付けた。当初楚人冠はこの書のタイトルを「新聞紙の製作研究」と仮に名付けたようだが、あまりに専門じみていたので、「新聞紙学」の方が一般受けすると感じたようである。現在では「新聞」と「新聞紙」はほぼ同意義として使用されるが、当時は「新聞」はそれこそ「ニュース、新しく聞いた話」という意味で使われていたことから、両者を厳密に峻別する必要があったのだろう。

第四年度(大正五年) は応募者一九名中から一三名を収容。楚人冠は「インターヴュー概論」を担当。

2　「三田新聞」創刊とその後の経緯

科外講義から「三田新聞」創刊、その後の経緯は以下のようになろうか。

慶應義塾の石田信太郎氏から相談、依頼を受け楚人冠の了解のもと大正二年に慶應で新聞科が創設された。塾当局は当時新聞界一流の人物を講師として招き、しかも本科三年生に限った聴講生に対しては全授業料を免除する特典を与え、一人でも多くの学生をこの科外講座に収容することに努めた。当時の塾長は鎌田栄吉氏、その下に石田氏が幹事という職名で塾務を執っていた。

楚人冠は常に中心的講師として活躍し、講義ばかりでなく後には実際に模擬的に新聞を製作する内容の講座を実施した。しかし大正六年の新学期にはこの講座も新規に募集をせず、新聞科は廃止される。直ちに学生は「三田新聞会」を創立し、楚人冠は顧問という立場で引き続き指導にあたった。三田新聞会も新聞科のときと同様、本科三年の学生のみとなっていた。しかし本科三年生は翌年春には卒業してしまうため、組織として継ぐべき何物も残さず去ってしまう問題点が表面化する。三田新聞会は新卒業生と共に姿を消していったのである。

大正六年七月、新聞紙学の実際を研究すべく初めて「三田新聞」を発行した。大正七年の新学期には会員を全塾生から募集、さらに会の充実を図るため、「三田新聞会」の名称も「三田新聞学会」と改称することにした。「三田新聞学会」は学生が自治的に組織し、目的とするところはジャーナリズムの研究にあった。理論は講義を聴くことにより、実地は「三田新聞」の発行によって習得した。同年、三田新聞学会は「新聞紙法」(後述)によって発行すべく、義塾当局を動かして金千円の保証金を政府に提供して「三田新聞」にも初めて号数が印刷されるようになった(それまでは「運動会号」とか「初夏号」とか普通の出版法によっていた)。ここに於いて「三田新聞」は、名実ともに「東京朝日新聞」など当時の一般新聞紙と同等格の新聞となったのである。楚人冠はその後も「科外講座」などで学生に講義を続けた。これら一連の経緯全てに楚人冠は深く関わっていたといえるだろう。

V 「三田新聞」と楚人冠

改めてその関係について創刊号から眺めて見る。

1 創刊号から

大正六年七月六日 編集人小林俊一、発行人小玉琢朗、発行所東京市芝区三田慶應義塾内三田新聞会

創刊号 「……即ち、吾人は現下の大勢に鑑み将来の活躍に資せんがために、新聞科廃止の後を承けて茲に「三田新聞會」を創設し、**楚人冠杉村廣太郎氏**、林、占部両教授の指導監督の下にあつて新聞紙學の実際を研究すべく、新に「三田新聞」を発刊す。……以て「三田新聞」創刊の所以を明かにし、大にしては三田の輿論を喚起し、小にしては慶應義塾の一報道機関たるべし、若しそれ吾人が所信のすべてを実現せんと欲せば、即ち他日の大成に期せざるべからず。」

「**新聞會の活動** 新聞科に代つて會員組織の下に成立した我三田新聞會は其後會務着々として進行し茲に初號を編輯發刊して諸君に見ゆる事となつたが今では會員も既に五十の数を超ゆるに至つた、毎週土曜に一回集會して**杉村顧問**其他の方に来て頂いて講義を聞いて居る（略）」

2 その後の発行

第二号 大正六年一〇月六日
擬国会号 大正六年一〇月二七日
神楽月号 大正六年一一月二二日
春待月号 大正六年一二月一三日
（無題号） 大正七年二月二五日
運動会記念号 大正七年五月一二日
（この月、三田新聞会は三田新聞学会と名前を変えた）
文芸号 大正七年六月五日
帰省号 大正七年七月六日（この号より従来のタブロイド版から普通の新聞の大きさ4ページになる）
初夏号 大正七年七月二十日
第十一号 大正七年八月二十一日 この第一一号に「宣言」と題して以下の記事が掲載される。

「**宣言** （略）顧問に東京朝日新聞調査部長**杉村楚人冠氏**を戴き、正課の傍ら理論は是れを講義並に読書に、実際は是れを三田新聞の発行に依りて、新聞紙の徹底的研究に歩を進めつゝあるものにして、固より営利に非ず、娯楽に非らざる、（略）今や我三田新聞學會は義塾当局者の尽力の下に三田新聞の為めに新聞紙法（注）に拠る保証金千円を納付せり。然も斯如きは余りに一般にして特筆して誇るに足らず、唯此機會に際し本會の目的及び現状を広く世間に紹介す。」

（注）新聞紙法 明治四二年（一九〇九）五月六日に公布された全文四五条と付則からなる戦前日本における言論統制のための基本法。実際には日刊新聞紙のほか、時事に関する事項を掲載する定期刊行雑誌にも適用された。昭和二四年（一九四九）五月二四日に廃止。

この号から発行所の表示が「三田新聞会」から「三田新聞学会」に代わり、それまで学生が務めていた発行人兼編集人が初めて慶應大学の教授占部百太郎氏になった。また新聞紙法による保証金

を支払ったことから、この号（第十一号）から立派に一般新聞として認められ正式に号数も印刷されるようになった。

大正六年七月に創刊した三田新聞は、三か月後に第二号、第三号を発行、さらにその一か月後に第四号と発行は不定期であったが、その後第二〇号前後からは月に一、二回の発行となった。

3 楚人冠の寄稿

創刊から約三年後、三田新聞は五〇号を数えた。

「紙齢五十を重ねて（大正九年七月三一日）　大正七年五月十二日本紙陸上運動會記念號を創刊してより紙齢を重ぬる事茲に五十、而して今や漸く完成期に入らんとしつゝあり。翻つて本紙の内容を因るに研究すべきこと改善すべきこと頗る多く而も幾多の理想計畫も印刷所の缺如等事情により之が實現を期するに難く吾人の深く遺憾とする所なり、……」

三田新聞の創刊は大正六年七月であり、文中の「大正七年五月十二日」は間違いであろう。なぜなら大正七年五月十二日号が創刊号とすると第五〇号にはならないからである。

この号に楚人冠は前述の辛口の論評を寄稿している。

4 第一〇〇号にも寄稿

さらに二年後、節目となる第一〇〇号（大正一一年六月七日）にも楚人冠は寄稿している。
「『百號と聞いて』本學會顧問　東京朝日調査部長　杉村廣太郎
三田新聞の第百號になつたから何か感想を書いて呉れといつて来た。感想を書けといふのは、大抵の場合ほめよくいふ事になる。併し私はほめない。三田新聞が日本で初めての大學新聞であつて今日同じ種類のもの、數出た中では、何としても大先輩である。併し先輩といふは年が取つたばかりの能ではすまぬ。先輩なら先輩らしい所がなければなるまいと思ふが、偖何處《さて》にそんな處がある。（略）今少し大學に對して勢力があるものであつてもよい。今少し新聞紙研究の上の權威であつてもよい。又今少し大學内の與論の中心となつてもよい。斯ういふ點が全く缺けてゐる。遺憾の至りである。新聞紙が號を重ねるは人が年を取るのと同じで、いくら年を取つても、智慧も分別も進まんのでは困る。號と共に重ねて貰ひたいものがうんとある。」（ふりがなは筆者）

昭和一二年五月五日（第三七〇号）
座談会記事として創刊までの経緯（新聞科開設から新聞発行まで）を楚人冠自身の日記をもとに紹介している。

昭和一七年五月一二日（第四八七号）「三田新聞学会創立二十五周年記念」
「『三田新聞と私』の話」を寄稿している。

昭和三二年六月一日（第八〇〇号）
創刊号製作に携わった一人、小玉琢朗氏（大正七年政治科卒）が「三田新聞」第八〇〇号記念号（昭和三二年六月一日付）で当時を懐古する。「大正六年晩春の頃の思い出。楚人冠氏の前の新聞大の白紙が見る々中に青鉛筆で一杯になった「これが第一面で論説欄、これが第二面、第三面で雑報欄、最後が文芸欄にでもしたら好いでしょう」楚人冠氏はすっかり決めてしまっている。皆は黙って聞く「それで新聞を実際に造っていくんですか」誰かが質問の第一矢「そうです、それが実際研究にはもってこいです。以前に只新聞講座だけをやったことがあったが、理論だけじゃ矢張り駄目です。実際やってみなくちゃ……」楚人冠氏の眼鏡がキラリと光る「ウフ……」集まった人々の顔に思わず浮かぶ微笑、「好いなァ」「面白いぞ」皆、思いがけぬ喜びに有頂天になってしまった。楚人冠氏もやっと計画がなってホッとしたらしく葉巻の煙をゆるやかに吐いていた。こうして第一回の会合を終ったのは午後五時頃だったろう。それから二、三回の会合を終って初めて三田新聞の第一号が出た。

「わが意を得たり」との楚人冠の満足そうな顔が目に浮かぶ。

おわりに

以上「三田新聞」と楚人冠に焦点を当て、その関係を述べてきた。「三田新聞」の創刊に楚人冠が深く、密接に関係していたことがわかった。それどころか、「三田新聞」が日本最初の大学新聞（大正八年頃からは「東洋創始」をタイトルとして使用）であったこと、また当時の法律に基づいた一般紙（読売、朝日のような）扱いに昇格したことを考えると、その関係はまた重要な意味を持つことも解った。また慶應義塾大学が「三田新聞」創刊の四年前に、科外講座ではあるが「新聞講座」を開講し、その中心講師に楚人冠を据えていたことは、楚人冠と慶應との深い結びつきを表している。多くの有名人を輩出している慶應義塾という大きな組織の永い歴史の中では、「楚人冠」の名前や存在は全く埋没してしまっても止むを得ないことかも知れない。一方、楚人冠の経歴のなかでも、特定の大学との関係の記述もまた埋没してしまうのも致し方ないことであろう。しかし我孫子に住む我々が、我孫子にゆかりの楚人冠と「三田新聞」の関係にフォーカスすると、たとえ他人に「一人よがり」と言われたとしても、別の景色、ストーリーが見えてくるのは興味深い。

「三田新聞」は戦前・戦中・戦後時代に慶應義塾大学で学生の間の、また教師と学生の創造的な対話の媒体であった。時には激しい矛盾と対立、また時には強調と連帯のうちに創造的な対話を目指して発行されてきたといえる。しかし、一九六〇年代末からの学園騒動はそうした対話を挫折させ、「三田新聞」に永い休眠を強いることになった。一九七〇年「三田新聞」は休刊した。その後一九八〇年代の大衆消費の市場経済の影響は大学にも及び、大学の風俗化が目立つようになった。一九九一年六月一〇日、第一三六三号（復刻号）として再び「三田新聞」は発行されたが、精彩を放つことはなく、かつての面影もなかった。（了）

三田新聞

大正六年発行の「三田新聞」創刊号

我孫子での白樺三人衆
～柳宗悦・志賀直哉・武者小路実篤

荒井　茂男

はじめに

大正時代の初めに、白樺派の中心人物、柳宗悦《むねよし》・志賀直哉・武者小路実篤が我孫子に住み、彼らを慕って多くの人たちが来訪、一時期我孫子は「白樺派のコロニー」だった。

高度成長期、開発業者が、我孫子をして「北の鎌倉」と宣伝したのは、これに由来する。我孫子は首都圏のベッド・タウンとして人口が増大、手賀沼の畔の水と緑と歴史豊かな街であることに加え、このネーミングに魅かれて転居された人も少なくない。

今年は、雑誌『白樺』が創刊されて一〇五年、志賀直哉が移住して一〇〇年となる。柳は二五歳から六年半、志賀は三二歳から七年半、武者小路は三一歳から二年弱、我孫子で暮らした。しかも三人とも、人生で最も重要な時期、新婚生活をここで送っている。三夫婦は、お互いに助け合い親交を深めた。特に彼ら三人は、ほとんど毎日のようにお互いの家を行き来し語り、それぞれの思索を深め、創作にはげんだ。

一　雑誌『白樺』について

複数の回覧雑誌が統合

明治三五年（一九〇二）、志賀直哉が二度目の落第で学習院中等科六年の武者小路実篤と同級となり、校友会「輔仁会」の委員を務めるなど交流を深めた。明治四〇年に、お互いの作品を批評しあう「十四日会」を正親町公和《おおぎまちきんかず》と木下利玄《としはる》を加えた四人で結成、翌四一年七月に回覧雑誌『望野』（当初『暴矢』）を発行した。

これに刺激を受けた二年後輩の里見弴《さとみとん》・園池公致《そのいけきんゆう》・児島喜久雄・日下諗《くさかしん》（正親町実慶、公和の弟）・田中雨村が同四一年一一月に回覧雑誌『麦』を発行した。

さらに『麦』同人の一年後輩の柳宗悦・郡虎彦《こおりとらひこ》が明治四二年（一九〇九）二月に回覧雑誌『桃園』を発行し、それぞれに活動していたが、この三誌が合流し雑誌を刊行する計画ができ、資金と作品をためるため一年の準備期間を置くこととした。

一三年間で通算一六〇冊発行

明治四三年（一九一〇）四月に、学習院出身者が中心となって『白樺』が刊行された。人道主義・理想主義・個性尊重などをとなえた白樺派の活動は、大正デモクラシー・文化の担い手として多くの人たちに影響を与えた。自らの創作に加え、外国文学と西欧美術を長期的・継続的に紹介したこの活動は、文芸分野にとどまらず、個性尊重・芸術と教育を直結させた全人格的な教育（白樺教育）へと発展していった。長野県では白樺教師（赤羽王郎《あかはねおうろう》とその仲間たち）が、個性尊重の教育を進め、信州白樺派が誕生した。我孫子にもこの当時、白樺教師が存在していた。

白樺派＝人道主義・理想主義ではない。人道主義・理想主義は、実篤のもので、彼の強い個性は『白樺』の中心として活動したが、同人それぞれの個性がお互いに尊重され、自由に発揮された。和して同ぜずの精神で、同人の情熱が雑誌全体にあふれ、多くの人々に強い影響を与えた。

『白樺』で紹介された作家は、トルストイ、ホイットマン、ストリンドベリー、ロマン・ロラン等、画家はゴッホ、セザンヌ、ルノワール、ミケランジェロ、ブレイク、ムンク等。実に多彩で、彫刻家のロダンを日本に初めて紹介したのも、同誌だった。

大正一二年（一九二三）九月一日発生の関東大震災で、『白樺』九月号が印刷所と共に全て焼失、前月八月号をもって終刊とした。一三年間で一六〇冊を発行した。この間に無名だった同人は随所で活躍し、青年から分別のある中堅の人物となっていた。

『白樺』誕生の時代

『白樺』同人の大半が明治一〇年代後半から二〇年代初めの生まれで、日本が近代化に向けて疾走する時代に育っている。

文学界では、明治一八年坪内逍遥が『小説神髄』で言文一致の近代文学を提唱、同年二月尾崎紅葉らが硯友社を結成、美文調の言文一致体で文壇の中心となった。幸田露伴は漢文調で人気を得、森鷗外は同二〇年代より、封建的現実の中で悩む近代人の作品を発表、国木田独歩は明治三〇年代に自らの内面を簡潔に表現し、後の自然主義の先駆けとなった。同三三年四月『明星』が発刊、同三八年に夏目漱石が『吾輩は猫である』の連載で、風刺のきいた自我のあり方を表現した。明治三九年三月に島崎藤村は『破戒』を、同四〇年一月に泉鏡花は『婦系図』を連載、同年九月の田山花袋の『蒲団』で、文壇は私小説の方向にむかった。

当時の文壇は自然主義が主流で、『白樺』同人は華族や上流社会の子弟が多く「生活に苦労のない者に文学ができるのか」、逆から読んで「バカラシ」と冷ややかだった。里見弴を除いて文壇に師を持たない同人たちだが、みな夏目漱石を尊敬していたし、漱石も『白樺』同人に好意を寄せていた。後年、芥川龍之介は「文壇の天窓を開け放って、爽やかな空気を入れた」と語っている。

やがて『白樺』の自由な気風と人間肯定は、大正デモクラシーへと向かう時代の中で、主流をなしていった。

二　我孫子時代が後の活躍に

(1) 柳　宗悦

父楢悦《ならよし》（安政二年生まれの和算の秀才）と母勝子（嘉納治五郎の姉）の三男として、明治二二年（一八八九）三月に東京市麻布区に生まれた。

楢悦は伊勢・津藩から派遣され、長崎伝習所の一期生となった。同期に勝海舟・榎本武揚らがおり、この縁で勝海舟から後日、三度目の妻・勝子を紹介された。長崎伝習所で測量を学び、明治政府で海軍水路局長や貴族院議員となったが、明治二四年一月、肺炎で急逝した。時に五八歳、宗悦は二歳半であった。

柳家は華族ではなかったが、勝子の努力で宗悦は学習院に入学、中・高等部をへて東京帝国大学に入学、大正二年（一九一三）、二四歳で卒業した。二二歳の時に『白樺』に創刊から参加した。最年少の同人の一人として、執筆だけでなく図版・装丁・製本等を精力的に行い、同人の中心的な存在となっていった。明治四三年（『白樺』創刊の年）に、「あらゆるものに神は宿る。その神を見ることが重要」という「万有神論」の考えを第六号・第七号に発表した。この考えをさらに発展させ、ウィリアム・ブレイクの研究・神秘思想を深め、大正三年（一九一四）一二月に、『ウィリアム・ブレイク　彼の生涯と製作及びその思想』を洛陽堂から出版。宗悦初めての本格的な著作で、世界のブレイク研究に寄与した大作である。詩人・画家・思想家のブレイクを知ったのは彼が学習院中等学科三年の明治三九年（一九〇六）の頃で、それ以来一貫して研究した成果であった（この間に中島兼子と結婚）。

中島兼子《かねこ》との大恋愛・結婚

中島兼子（明治二五年・一八九二〜昭和五九年・一九八四）は東京市本所区に生まれた。実家は、中島鉄工所（祖父兼吉が創業）で、兼吉は幕末に榎本武揚らとオランダ留学し、技術を習得し、明治政府官営の大阪造兵廠（後の大阪砲兵工廠）で活躍し、退官後鉄工所を起こした。鉄工所は、日清戦争後、政府の軍備拡張策で好景気となった（兼子の幼稚園時代）。

兼子は、幼少時は病弱で、医師の勧めで六歳の時に長唄を始めた（明治三一年、師匠は杵屋千代）。明治三八年（一九〇五）、東京府立第一高等女学校（現都立白鴎高校）に入学、二年の時に三浦環《たまき》（当時は藤井）の独唱を聴き、女性として自立していることに感銘を受けた。

我孫子市天神坂　左：元柳宗悦邸宅（三樹荘）
右：嘉納治五郎別荘跡　（現在、三樹荘は私有地、嘉納治五郎別荘跡は市有地）

宗悦と兼子が初めて出会ったのは、明治四三年（一九一〇）三月下旬、兼子のドイツ語の先生である田村寛貞（学習院で志賀直哉と同期）宅であった。宗悦二一歳、兼子一七歳で、その時田村邸には直哉・有島生馬ら白樺同人が来ており、皆に乞われて兼子は歌を披露した。物おじしない態度と歌声は同席した人たちに強い印象を与えた。一方、兼子は宗悦が学習院を首席で卒業し、恩賜の銀時計を貰ったことを新聞で知っていたが、この時の宗悦は口数少なく、おとなしい人と思ったという。

四月一日に、田村の誘いで、兼子と学友小笠原保子と宗悦で、戸田の原に行楽に出かけた。その二か月後の五月二八・二九日開催の「東京音楽学校春期音楽大演奏会」を聴いた宗悦は、初めて兼子に手紙を出した。

「春の岸辺で聞いたあなた方の歌を思い出しました。音楽を聞く毎に自分は芸術の偉大なのを感じます。若し自分が芸術家に生まれる幸を与えられないなら、せめて芸術を味わひ得る人になりたいと思います。」（五月三一日）

二人は大恋愛の末、大正三年（一九一四）二月に結婚した。宗悦二五歳、兼子二二歳であった。当時兼子は東京音楽学校（現・東京藝術大学）研究科二年の学生で、あとわずかで卒業であったが、学生結婚は認められておらず、学校を中退した。兼子はすでに舞台に立っており、その力量は三浦環以上と評判になっていた。宗悦は、『白樺』を中心に新進気鋭の哲学者として活躍しており、二人は兼子の卒業後の結婚を考えていたが、母勝子から「二人のことが二・三度新聞に出たそうだが、噂のないうちに話を定めておきたい」と結婚を促された。

この中退が後日、東京音楽学校の教授になれなかった理由と思われる。が、兼子は、昭和二九年の六二歳から同四七年の八十歳まで、国立《くにたち》音楽大学の教授として後進の育成に努めている。

二人の新婚生活は、宗悦の実家・赤坂区青山原宿でスタートした。この家は本居長世（兼子の四期先輩の作曲家、赤い靴・七つの子など多数作曲）の旧居で、ここで七か月過ごし、大正三年九月の初めに我孫子町天神山《てんじんやま》に転居した。

宗悦の姉直枝子《すえこ》が若くして未亡人となったため、叔父の嘉納治五郎が心配し、自分の我孫子の別荘の隣に住むことを勝子にすすめた。勝子は、娘直枝子と共に暮らそうと千坪の土地を購入し家を建てた（三樹荘と治五郎が命名）が、直枝子が谷口尚真《なおみ》海軍大佐（後に大将）と再婚したため、空家となっていた。そこで新婚の柳夫妻が留守番代わりに住むことになった。宗悦は、庭の一段下がった所に書斎（大工は佐藤鷹蔵）を建て、執筆に励んだ。

民藝との出会い・朝鮮白磁

大正三年九月に、彫刻家を目指していた浅川伯教《のりたか》（一八八四～一九六四、この時朝鮮の小学校教員）が、ロダンの作品を見るため柳邸を訪ねた。土産に持参したのが「李朝染付秋草紋面取壺」で、宗悦は、この朝鮮白磁から大きな啓示を受け、芸術的な関心が西洋から東洋へと向かうきっかけとなった（当時ロダンから贈られた「ある小さき影」など三点の彫刻が白樺同人の家々を巡回し、この時は柳邸にあった）。

大正五年（一九一六）八月から約二か月間、宗悦は朝鮮を訪問した。この時、宗悦の世話をしたのが浅川伯教と実弟の巧《たくみ》（一八九一～一九三一、朝鮮林業試験場技師）であった。この旅行は宗悦にとってたいへん重要な旅で、この地の自然・歴史・文化・芸術に親しみ、特に李朝の雑器に強い印象を受けた。その後何度も朝鮮を訪れた宗悦は、「その民族とその自然に密接な関係を持つ朝鮮の作品、永く朝鮮の人々の間に置かれねばならぬ」ことを主張し、「東京ではなく京城の地」に朝鮮民族美術館を建てることを力説した（「『朝鮮民族美術館』の設立について」、一九二一年一月）。このため兼子も朝鮮に渡り、独唱会を大正九年には京城で六回開催し、建設資金の調達に尽力している。

浅川兄弟との親交は続き、大正一三（一九二四）年四月、彼らと「朝鮮民族美術館」を開館した。

大正八年に三・一独立運動が始まるや、宗悦は、「朝鮮人を想う」を『読売新聞』（五月二〇日～二四日）に、「朝鮮を思う」をザ・ジャパンアドバイザー（八月一〇日）に発表し、日本の武力支配を批判、朝鮮の独立に理解を示した。これにより柳家は警察に監視されることになり、兼子は、東京からの帰りに暗い夜道（当時電気なし）を特高に尾行され、怖い思いをしたと語っている。

志賀直哉を我孫子に呼ぶ

大正三年一二月に勘解由小路資承《かでのこうじすけこと》の娘康子《さだこ》（武者小路実篤の従妹）と結婚した直哉は、父との不和で神経衰弱になった妻の療養で、赤城山大洞に大正四年のひと夏いた。そこを訪ねた宗悦は、自分の家のそばにいい売家がある、手賀沼の眺めが美しいと誘い、直哉は転居を即断し、売買交渉を宗悦に依頼した。この時、協力したのが我孫子宿の素封家・泉屋（この時の当主は飯泉賢二氏）である。大正四年七月二六日に敷地約九〇〇坪の住宅を一五八〇円で購入し、三間増築して同年九月二九日、志賀夫妻は入居した。

飯泉賢二氏は、鏑木清方・伊東深水らを援助し、彼らの描いた美人画を使用した足利銘仙等のポスターは、好評だった。また我孫子町の郵便局長も務めた。住宅地「泉」の地名は、かっては泉屋の所有地だったことから名付けられた、といわれている。

バーナード・リーチとの友情

リーチ（一八八七〜一九七九）が再来日した明治四二年（一九〇九）九月、上野桜木町のリーチの家で行われたエッチング教室に志賀直哉・武者小路実篤・里見弴たちと見学に行ったのが、宗悦にとって、リーチとの初めての出会いだった。英語に堪能な宗悦は、リーチと親しく会話し、終生の友となった。リーチは宗悦より二歳年上の二二歳、宗悦二〇歳。

明治四四年（一九一一）、楽焼に興味を持ったリーチは六代尾形乾山に入門し陶芸を学び、二年後自宅の庭に窯を築いた（二四歳）。大正四年（一九一五）、家族と共に北京に移住するが、満たされぬ日々が続いていた大正五年九月、宗悦が朝鮮訪問後にリーチ宅を訪れ、来日を勧め、同年一二月、我孫子の柳邸内に窯を築いた。

リーチの窯と作業所が完成し、彼は家族を東京に残し、週五日柳邸で過ごし、週末に東京に帰る生活をした。宗悦・直哉・実篤らと哲学や芸術を語り合った。大正八年（一九一九）、陶芸家の濱田庄司が訪ねてきて、以来親交を深めることになる。民藝思想の基礎が育まれたのは、この頃ではないだろうか。故に我孫子が民藝の発祥地と言っても過言ではない。

大正八年五月、誰も知らぬままリーチの工房が全焼、突然の不幸に彼は「オー、マイ・ゴット」と叫び、石にでもなったかのように立ち尽くした。誰も声をかけることはできなかったという。焼け残った窯からは見事な作品が出てきた。

この後リーチは、黒田清輝が提供してくれた窯で作陶するため東京に転居した。大正九年、濱田庄司を伴いイギリスにもどり、セント・アイヴスに日本風の登り窯を築き、作陶に励んだ。

昭和四九年（一九七四）に、我孫子ロータリークラブが、創立一〇周年記念でアビスタ駐車場隣にリーチ碑を建てた。ここに彫られている巡礼像は、リーチの希望であった。これとほぼ同じ絵付けのリーチ作「天目釉抜絵巡礼者文皿」が、昭和五〇年国賓として来日の英国女王エリザベス二世陛下、王配エディンバラ公フィリップ殿下から昭和天皇に、そして、香淳皇后にはリーチのエッチング「手賀沼 我孫子」が贈られた。我孫子市民にとってはまことに感慨深い。さらに白樺文学館には、昭和天皇に贈られた「天目釉抜絵巡礼者文皿」と兄弟皿と思われる「巡礼皿」があり、目に見えぬ縁を感じずにはいられない。

リーチは、『白樺』の表紙を何枚も描いているし、家具のデザインもしている。実用的でしかも美しい三角形の椅子（三本脚、佐藤鷹蔵製作）は、旧村川別荘と益子参考館に残っている。志賀直哉はこの椅子を我孫子の自宅で愛用していた。

大正一〇年東京に転居

母勝子が病気になり一緒に暮らすため、柳一家は大正一〇年三月に我孫子を去る。我孫子での生活費は、ほとんど兼子の演奏活動と個人レッスンの収入で賄っていた。週一回の個人レッスンの帰りに、兼子が上野駅付近で肉を買ってくると、宗悦が「おーい、肉があるぞ、晩飯食いに来ねえかー」と叫ぶ。「あー」と返事があり、志賀一家がやってくる。志賀が「おーい、美味い菓子が来たぞー、食べに来いよー」、すると宗悦が二人の子どもと出かけたという。

「然し自然のみではない。ここに来てから友達とも離れられない間柄になった。一時は我孫子は吾々のコロニーになった。自分が来てから一年の後、志賀がここに移り、又一年して武者、リーチが加はり、それから木村（荘太）、清宮、その他の絵かきや創作家が度々ここへ住んだ。吾々は殆ど顔を合わせない時がなかった。吾々はよく一緒に食事をとった。」（柳宗悦「我孫子から」大正一〇年）

「ここは地上の美しい場所の一つだと自分はよく思った。窓越しに吾々は沼を横切ってゆく渡しをいつも見る事が出来る。（中略）吾々は平和なこの我孫子を愛した、特に東京に行って労れる時や、また他所での滞在が続く時、いつも早くここに帰りたい気持ちを誘った。」（同前）

(2) 志賀直哉

父直温《なおはる》（一八五三〜一九二九）と母銀《ぎん》の二男として明治一六年（一八八三）宮城県石巻町（現・石巻市住吉町）に生まれた。長男直行は二歳八か月で夭折しているので、実質長男として、二歳の時から祖父直道（相馬藩の家令、古河市兵衛と足尾銅山の開発をする）祖母留女に過保護に育てられた。この育てられ方が、直哉のわがまま・強情な性格を増長したと思われる。

父直温は明治九年に慶応義塾を卒業し、第一銀行石巻支店に勤務していたが、明治二六年総武鉄道の創立に加わり、実業家として成功していった。直哉が一二歳の時、母銀が亡くなり父はすぐに浩《こう》（直哉より一一歳年上）と再婚した。思春期の少年の心に、父に対する複雑な感情を与え、のちの不和の芽生えとなったと思われる。直温は仕事で忙しく、直哉との意思疎通がうまくできなかった。浩は、良くできた人で直哉を思いやり、親子の仲をとりなすため苦労している。

直哉は、学習院初等科（明治二二年、六歳）、中等科、高等科を経て東京帝国大学に明治三九年（一九〇六、二三歳）に入学、明治四三年に中退する（この年に『白樺』創刊）。中退後、徴兵検査を受け、市川の砲兵連隊に入営するが、八日後に除隊した。

学習院中等科の時に、二回落第し武者小路実篤と同級になり、文学を志した。直哉が尊敬する三人は、生涯の師内村鑑三、生涯の友武者小路実篤、祖父志賀直道である。

直哉は一七歳の時、書生の紹介で内村鑑三の説教を聞き、深い感銘を受け、以後七年間通い続け、強い影響を受けた。「若しその人との接触がなかったら、自分はもっと生涯で無駄な回り道をしていたかも知れない」。祖父直道については、「肉親といふ私情を除いても、自分が此世で出会った三〜四人の一人」と語っている。

父直温との不和

「私は小さいときから祖父母に育てられ父に親しまず、それが後年父と不和になった原因である」と言っており、祖父母の愛情には満足していたが、実母を失った直哉は父親に愛情を求めたが、得られず、二人の似た性格の、強情・我執が災いした。

対立の初めは、社会問題化している足尾銅山の現地視察を父直温に強く反対されたことである。次に志賀家の女中との結婚問題で、祖母にも反対され、父はその女中を実家に帰してしまった。さらに武者小路実篤の従妹である勘解由小路康子《かでのこうじさだこ》と、親の承諾なしに大正三年一二月に結婚、父との不和は決定的になった。

叔父の志賀直方は直哉に対し「父さんとお前は良く似ている。

性質はソックリな所がある。振り返るといふことが出来ない」と話している。

康子との結婚・我孫子への転居

大正三年（一九一四）一二月に、勘解由小路資承《すけこと》の娘康子と麹町元園町の武者小路家で結婚式をあげた。出席したのは、実篤夫妻と資承夫妻だけの簡素すぎる式で、志賀家からは誰も参加しなかった。直哉は三二歳、康子は二六歳で娘・喜久子がいる未亡人（亡夫は川口武孝・陸士一六期）。喜久子はこの時実篤夫妻の養女になった。直哉は翌年、婚姻届を出す際に、自ら志賀家からの廃嫡を願い出て、除籍した。

二人は、しばらく京都で暮らし、大正四年五月に鎌倉に移った。鎌倉には直哉の叔父の直方が住んでおり、康子は父との不和を気にかけノイローゼになり、静養を兼ねて赤城山大洞に転居した。この時の経験が後に名作『焚火』となる。

美しい景色の中で、二人は、元気を取り戻していった。その頃に柳宗悦が訪ねてきて、我孫子への転居を勧め、家を買うことを即断し、直哉夫妻は大正四年（一九一五）九月に、我孫子町弁天山（現緑二丁目）に引っ越した。

充実の七年半、作家・家庭人として

直哉は、大正二年一二月に夏目漱石から朝日新聞への連載小説の依頼を受け、一度は承諾するが後に辞退。当時漱石は、『こころ』を連載中であった。（大正三年八月が最終回）

「志賀の断り方は道徳上不都合で、小生も全く面食らひましたが、芸術上の立場からいふと至極尤もです。今迄愛した女が急に厭になったのを、強ひて愛したふりで交際しろと傍からいふのは少々残酷にも思はれます。」と理解を示す。直哉は、漱石の寛大な対応に感謝し、その後約三年半、作品を発表しなかった（漱石は、大正五年一二月に他界）。三年半の沈黙の時期は、直哉にとってたいへん重要な時で、結婚、我孫子への転居、同五年六月長女慧子の誕生と死、など大きな出来事があった。

我孫子での穏やかな生活で精神的に安定した直哉は、漱石の死を契機に、大正六年五月に『城の崎にて』、六月に『佐々木の場合』、八月に『好人物の夫婦』、九月に『赤西蠣太』、一〇月に『和解』など、一〇作品を発表した。家庭的には、同年七月に、次女留女子の誕生と長年確執が続いていた父親との和解があり、直哉にとってこの年は画期的な年であった。

翌七年一月にバーナード・リーチ装丁の短篇集『夜の光』（裏表紙に沼の景色）が新潮社から刊行され、これにより作家としての地位が不動のものとなった。大正八年一月に『十一月三日午後の事』、四月に『白樺』一〇周年記念号に『流行感冒』を、同九年一月に『小僧の神様』、二月に『雪の日』四月に『焚火』を、同一〇年には『暗夜行路』の連載が始まり同年に前篇完結し、後篇の執筆にとりかかる。直哉の代表作のほとんどが我孫子時代のもので、作家として最も充実していた時であった。

我孫子で一男四女を設けた。長女慧子と長男直康を亡くし、直哉は子育てにかなり神経質になった。大正一二年三月に一家は京都に転居するが、子供の教育のためといわれている。妻康子は、よく出来た人でわがままで自我の強い直哉を暖かく見守り、包容力のある人であった。

『白樺』にルノワールやパリの芸術を紹介した梅原龍三郎は「志

志賀直哉の三つ目の書斎（茶室風）
（我孫子市緑二）

賀がいいのは康子さんがいいからだ。康子さんは尊敬すべき女性だな。あの奥さんがなかったら、志賀の今日はなかったかもしれない。他の人と結婚していたら、もっと荒れた人間になっていただろうと思う。」と語っている。

直哉自身も「私は来世は信じないが、仮に来世があって再び結婚せねばならぬやうなら、やはり今の家内を貰うだらう。とにかく無事な細君である。」と言っている。

我孫子の人たちとのふれあい

「『僕はどこに住んでもその地方の生活にちつとも接触しないから、またしようともしないから、作品にはそれが出て来ないんだ。だからいつも身辺雑記風のものばかり書いている』接触しなかったのも事実であった。我孫子が舞台になっている作品のどれを読んでみても、出入りの職人や家の女中下男以外、土地の人間は登場しない。直哉にとって、気に入るのは、手賀沼を望む我孫子の風光であって、人では無かった。」（阿川弘之『志賀直哉　上』）

はたしてそうであろうか。

「今出してやった常と龍との行く提灯が遠くに見えた。自分は赤児の身体を激しく揺らない程度で出来るだけ急いだ。追い着くと自分は、『お前は直ぐ俺と回春堂へ行くんだ。――龍は奥さんを連れてYさんの所へ行くんだぞ。此方へ来ちゃ、いけないぞ』と大きい声をして云った。」（『和解』五章）

「自動車は町の大光寺で待っていた。其所まで新しい印半纏を来た出入りの大工と植木屋とが太い青竹で小さい棺を担いで往ってくれた。田圃路から町の方へ坂を登って行く途中に町の知っている家のお婆さんが草花を沢山持って見送りに出ていてくれた。その花は棺の上に載せて貰った。」（『和解』七章）

『和解』では、主人公の友人たちはイニシャル表記だが、我孫子の人達は実名・仮名で描かれている。Yは柳宗悦である。

常は志賀家に複数いた女中の内の一人、龍は仮名で、モデルは坂巻たかさんと思われる。大正六年五月一二日撮影の有名な集合写真（柳・志賀・武者ら三夫婦、我孫子駅南口の案内板）の、右から二番目の若い女性。彼女は明治三四年に沼南村（現柏市）に生まれ、大正五年、一五歳くらいで志賀家の女中（初め子守）として入り、十数年奉公した。直哉の日記（大正一一年一二月二八日）に、三女壽々子の看病に「たかもよくつとめたり」と書かれている。志賀一家の転居に同行し、京都・奈良（女中頭）でも、子供たちの面倒を見ている。昭和六年三月四日の直哉の日記に「女中たかかへる、足掛けにして一二年いた女中なり、伊勢参りして夜行にて我孫子へかへる」と。この時たかは、二九か三〇歳くらいであった。その後、同七年に柏町（現柏市）の細田正松氏と結婚、駄菓子屋を営む。志賀家との交流は続き、志賀家を何度も訪問している。昭和三一年に直哉夫妻と一緒にとった写真が残っている（世田谷区新町）。昭和三六年には彼女の初孫を見せに行っている（常盤松）。直哉夫妻から信頼され、二人を尊敬したたか、主人と女中という関係以上の心の交流が感じられる。(平成二二年一月一〇日、毎日新聞「房総文学散歩」)

『和解』では、夜道、主人公と回春堂へ急いだのは女中の常となっているが、実際は、志賀家の西隣の津川三蔵氏の妻ますさんで、彼女は、大正三年に三蔵と結婚、翌年九月に直哉夫妻が隣に転居、この時から両家の交流はあったと思われる。志賀家の異変(大正五年七月の夜)にすばやい行動ができたます(当時二四か二五歳)を、小説では足の悪い女中に置き換えている。回春堂まで歩いて一〇分弱の道のりだが、緊迫感を出すための脚色である。ますはこの夜に三造(本名・宇田川三之助、船頭で志賀家の使用人、大正六年の集合写真の右はじの人)と共に慧子のために沼向こうまで真っ暗な沼を小舟で渡り、氷を買いに行くという、親身な働きをしている。

ますさんは、直哉について「志賀さんは厳格な人だった」と周囲に語っている。また、「子供が死んで我孫子が嫌になった」と直哉がますさんに言ったという。

直哉は、大正十二年三月、我孫子を去る時に、津川家に、硯・壺・兎や最中《もなか》を贈っている。昭和二年三月の津川家当主・徳蔵氏の葬儀(施主三蔵)には、奈良から、香典を贈っている。本人か代理者が来たのか、郵便書留か確認できないが、「香典帳」に記載されている(この香典帳は、平成二一年の白樺文学館主催の企画展「志賀直哉と我孫子の人々」で公開された)。

志賀家の東隣の嶋根家(当時の当主は久次郎)とも交流はあったが、『和解』には登場していない。大正一一年一二月の久次郎の葬儀には香典を、直哉が転居の際には、絵・壺・兎や最中を贈っている。これらのことから、直哉が「地方の生活にちつとも接触しない」と書いているが、鵜呑みにすることはできない。少なくとも志賀家の両隣とは、日常的なつき合いはあった。

回春堂は、荒井茂雄(一八七四~一九二九)医師のこと。市内寿一丁目に屋敷があるが、現在は閉院。明治二八年一二月に開院(二二歳)、この時地元では花火を打ち上げ、祝宴を催した。(『我孫子の生業』)

回春堂での緊迫の場面を、偶然に目撃した秋谷半七少年(郷土史研究家、当時八歳くらい)は、「この時、突然、浴衣の人達が六・七人とび込むように入ってきた。先頭は島根三造さんのおかみさん、『こんばん』と赤く書かれた提灯をさげていた。つぎは小さい赤ちゃんを抱いた志賀さん、白い浴衣の裾は露でぬれていた。その後が奥様、女中たちがつづいている。赤ちゃんの急病だ、と私は思った。やがて赤ちゃんは居間にねかされ、志賀さんは勝手の土間で足を洗った。ただならない切迫した空気になった。」(秋谷半七『手賀沼と文人』)

荒井医師は、慧子の死後も、志賀家の主治医として度々訪問している。直哉の坐骨神経痛は深刻で、往診後は将棋の相手をするなど親交を深めた。我孫子を去る時に、直哉は、お礼に橋本秀邦(日本画家橋本雅邦の三男)の水墨画「寒山拾得」と蘇鉄と兎や最中を贈っている。この掛け軸「寒山拾得」は今でも荒井家に大事に保管されており、白樺文学館主催の企画展「志賀直哉と我孫子の人々」で公開された。荒井医師は昭和四年三月六日に五六歳で死去、直哉(奈良居住)は香典を贈っている。

慧子の棺に花を載せた「知っている家のお婆さん」は、我孫子町弁天山の土地の購入に協力した泉屋（飯泉賢二氏）の家人、大光寺の横の道を手賀沼にむかう坂の手前付近に、広い邸宅を構えていた。

小学校の卒業式に参列、辞書を贈る

大正六年三月二四日、我孫子尋常高等小学校（現第一小学校）の卒業式に、羽織袴姿の志賀直哉と柳宗悦が参列し、六年間成績優秀な児童二人─湯下恒雄（柴崎）と渡辺多美子（緑一丁目）に辞書を贈った。大正五年三省堂発行の「漢和大字典」で、総ページ二〇〇〇、定価は三円（当時は米三俵が買えた）。重さは約三・二キロもあり、表紙の裏には「贈与　文学士　柳宗悦　文学士　志賀直哉」と同一筆跡で署名されている。（筆跡は柳・志賀の筆ではない）

湯下恒雄氏（昭和五一年に七三歳で死去）の長男昌恒さんは、「オヤジは成績も良く、二人でクラス役員をやっていたからもらえたと話していました。ちょうど孫が大学の受験勉強をしていた時ですから、きっと激励するために初めて明かしたんでしょう」「志賀さんから手渡された時には、あまりの重さでよろけてしまった」と話していたという。恒雄氏はこの辞書を亡くなるまで大事にしていたし、励みにしたという。父の本棚には『暗夜行路』があった。（昭和六三年一月一日、「広報あびこ」）

渡辺多美子さんは、我孫子宿の扇屋の生まれで、元市長の渡辺藤正氏の姉である。扇屋の現当主・俊一氏に尋ねたところ、叔母はすでに死去しており、辞書の所在は不明とのことであった。

前年七月に直哉は長女を亡くしている。元気づけるために宗悦が計画したのであろうか。この時宗悦は、二人の子（長男・宗理は約二歳、二男・宗玄は生後二カ月）の親になっており、子どもの教育に関心があったのだろう。

もう一つ、余り知られていないエピソードがある。大正一〇年一一月二七日、我孫子尋常高等小学校で岸田劉生が「図画教育」の講演をした。この時、色々と世話をしたのが鈴木昇教員である。彼は、柏町で教員をしながら康子の長女・喜久子（この時武者小路夫妻の養女）の家庭教師をしており、このことから直哉とも親しくなったと考えられる。鈴木昇教員は図画教育に熱心で『白樺』に関心を寄せていた。当時の我孫子尋常高等小学校には彼の他にも白樺教師がおり、岸田劉生は講演前に子供の絵の展覧会を見て、批評もしている。講演会には直哉も出席、その夜劉生は志賀家の二階家に泊った。（直哉・劉生の『日記』）

この二階家の敷地は約六〇〇坪で、大正六年八月に購入、翌年八畳と三畳の客間兼書斎を地元の大工佐藤鷹蔵に作らせた。鷹蔵は、現在志賀直哉邸跡地に移設されている茶室風書斎（昭和六三年に書家の津田尚石氏より市に寄贈）も作っている。彼が建てた重厚な家が、成田街道（国道三五六号線）沿いの小池家（本町一、薬局）と飯泉家（本町三、米屋）だが、区画整理事業で今はない。

鷹蔵は、単なる建築請負にとどまらず、バーナード・リーチ意匠の家具を製作、民藝運動に連なる人。リーチは、晩年英国からの手紙で鷹蔵を、「グッドビルダー、グッドカーペンター」と評している。背は高くないがガッシリして、口が重く頑固者。自宅は、久寺家道の大黒屋（駄菓子屋を奥さんが営む。今はない）。

作品・日記からの我孫子

直哉はたいへん寒がりだったが、雪が降るとうれしくなり外に

飯泉米屋（絵・渡邉茂美）

出かける。『雪の日』では、「停車場前の菓子屋に行って、妻から頼まれた菓子を買う。」とあり、この菓子屋は相模屋（砂押）である。ここの大福は美味しいと白樺派の人達にも好評だったという。昭和四〇年代まで営業していたが、区画整理事業で今はない。

「炭屋では二俵と頼まれていたのに勝手に四俵といいつける。」この炭屋は、薪炭商・小熊商店。現在は、喫茶・コビアンとして営業している。「米屋に行く。腰障子を開けると三造の家内が店先にかけていた。」この米屋は大坂屋か、今は営業していない。

『日記』には、ハクセイ屋（小熊太郎吉）が登場している。小熊太郎吉氏は、大正七年に岡発戸に生まれ一九歳で教員になり、柏・市川・我孫子を歴任、我孫子町高等小学校時代に小熊家の婿養子となった。三〇歳の頃退職し、独学でハクセイ屋を始めた。直哉や東京の画家たちが、都会の知人への土産として「鳥のハクセイ」を購入したという。

志賀作品に登場するこれらの店は、昭和二年六月調整の「我孫子区地図」杉村家所蔵図で確認できる。

直哉は生涯に二三回転居、我孫子時代は単に長く暮らしただけでなく、作家としても家庭人としても充実した時だった。

直哉転居後の住人・原田一家

直哉が大正一二年に去った後には、原田京平（一八九五～一九三六）・睦（一八九七～一九八四）夫妻が留守番を兼ね七年間暮らした。京平は、明治二八年静岡県上阿多古村（現浜松市）に生まれ、一八歳で上京し洋画を習い、二六歳で睦と結婚、大正一〇年に島田久兵衛の別荘に転居した。この時から志賀家との交流が始まる。京平は、画家（師は山本鼎）・歌人（師は窪田空穂）として活動するが、四〇歳で亡くなったため、世に知られていない。睦は明治三〇年青森生。大正六年に女子美術専門学校（現女子美術大学、後輩に三岸節子・甲斐仁代）を卒業、二四歳で結婚。我孫子で長女・麻那《まな》（染織家）、次女・南《みなみ》（画家）に恵まれた。

麻那は柳悦孝《よしたか》（宗悦の甥で染織家、後に女子美術大学長）に師事し、国画会で活躍する。作品は日本民芸館・山種美術館・京都国立近代美術館などに買い上げられている。志賀直哉・柳宗悦から悦孝を紹介されたことが、染織家へのきっかけであった。南は、画家としてアメリカで暮らしたため、日本では知られていない。二人とも既に亡くなっている。

原田夫妻を訪ねて、吉田（後に三岸）節子・三岸好太郎が来訪、二人とも我孫子の崖の絵を描いている（この崖の場所は、市史研究センター会員の品田制子氏・清水千賀子氏・岡本和男氏・関口一郎氏の調査で、楚人冠公園の東南隣接地の旧宇田川三之助家付近と、平成一八年判明）。志賀邸の母屋の後背地の二階家には、甲斐仁代と中出三也（画家）が一時住んでいた。

(3) **武者小路実篤**

父実世《さねよ》（子爵、三四歳）と母秋子《なるこ》（三二歳）の第八子として、明治一八年（一八八五）東京市麹町区元園町（現千代田区）に生まれた。姉伊嘉子（六歳）と兄公共《きんとも》（後に外交官、三歳）以外はみな夭折している。父実世は、二三歳の時選ばれて岩倉具視遣欧米使節団の一員として同行、その後にドイツに留学し法律を学んだ。帰国後、日本鉄道会社の創立に参加して上野～青森間の鉄道建設に関わったり、憲法発布の準備に関わるなど将来を嘱望されたが、明治二〇年、肺結核で三六歳の若さで亡くなった。この時実篤は二歳。父は死を前に、実篤を見て「この子を良く育ててくれる者があったら、世界に一人という男になるのだがな」と言った。母は劣等感の実篤に、この話をして励ました。

母秋子は、子爵・勘解由小路《かでのこうじ》家の生まれで、嫁いた時には武者小路家に老女三人（実世の母・実世の異母兄の妻女・武者小路家の娘）がおり、気苦労が絶えなかった。

実世が亡くなり、使用人を含め一〇人前後の武者小路家（土地・領民を持たない公家華族のため）を維持していくことは、経済的にたいへんだった。実篤は六歳で学習院の初等科に入学したが、洋服も靴も教科書も兄のお古で間に合わせた。実篤と同じクラスに大名華族の木下利玄《としはる》がいた。初等科から中等科にかけての実篤は、目立たない生徒だった。実篤自身「生来非常に不器用」といっているように、運動も苦手、腕力もなかったが、学習院の成績は良かった。嫌いな科目は、作文・図画・習字・唱歌・体操であった。

志賀直哉との出会い、生涯の友へ

明治三五年（一九〇二）、実篤が中等科六年（一七歳）の時に、志賀直哉が二年落第して同じクラスになった。高等科で邦語部(弁論部）の委員を二人がやるようになって、急速に親しくなった。後に実篤はこの出会いについて、「二人が顔を合わせなかったら、お互いに文士になることもなかったかも知れない」と語っている。明治三九年四月の春休みには、二人で旅行に出かけた。

同じ学年に病気で四年ほど遅れた正親町公和《おおぎまちきんかず》（公家華族）がいて、彼から文学や美術の話を聞き、その世界に憧れた。

トルストイに傾倒、失恋から文学へ

実篤は明治三六年の夏に、三浦半島の金田で半農生活をしている叔父の子爵・勘解由小路資承《すけこと》（母秋子の弟）の家で、初めて聖書とトルストイ（翻訳『我懺悔』・『我宗教』）を知った。資承は当時事業に失敗していたが、宗教書を買い集めていた。信奉する貴族出身のトルストイが半農生活をしていることに共感しての暮らしだった。

実篤は、「母についでこの叔父から一番無意識な影響を受けた」と語っている。当時、日本の知識階層にトルストイが人気で、明治三七年の日露戦争のさなか、「平民新聞」に載ったトルストイの非戦論は、各界に多大な反響をよんでいた。実篤も熱心なトルストイ信奉者になっていった。人間愛、自己肯定、平和で平等な社会、「新しき村」の原型がこの頃芽生えたといわれている。

明治三九年（一九〇六）四月に、実篤は学習院高等科を卒業、同年九月に東京帝国大学文科社会科に入学。（二一歳）失恋、トルストイへの傾倒と離反、自己確立を模索している時だった。翌年四月に志賀直哉・木下利玄・正親町公和と「一四日会」をつくり、各自の創作を持ち寄って合評した。この頃、メーテルリンクの『智慧と運命』を読み、トルストイの厳格な暮らし方に息苦しさを感じるようになった。同年八月に大学の講義に失望し、東京帝大を退学した。

明治四一年四月に『荒野』を自費出版（兄の資金提供）した。さらに同年七月に「一四日会」で回覧雑誌『暴矢』（後に望野と改称）を創刊、これらが学習院の後輩たちに刺激と感動を与え、明治四三年（一九一〇）四月に、同人雑誌『白樺』が創刊された。

実篤は創刊号に発刊の辞（無署名）や巻頭論評「『それから』に就いて」を発表した。この『白樺』を面識のない夏目漱石に贈り、礼状をもらい感激する。さらに漱石の紹介で、「東京朝日新聞」文芸欄に執筆するようになった。

竹尾房子との結婚、我孫子への転居

トルストイの禁欲生活は、二二歳の実篤には苛酷であった。本能や性欲を抑圧して生きるのが本来の人間ではない、もっと自分の気持ちに素直に従って生きるのが良い、と実篤は考えた。『初恋』の人お貞さん、小間使いのまきさん、『お目出たき人』の鶴さんは、実篤の恋焦がれていた清純な女性たちであった。この女性たちとの失恋後に出会った竹尾房子は、彼女たちとは対照的な女性だった。自伝小説『一人の男』では、「浮気の虫では僕に負けない女だった」、結婚した時の仲人も「その方の責任は持たないという条件で僕は承知した」とある。世間では不評判の女性だったが、憎めない可愛らしさを感じていた。

房子は、明治二五年福井県生。父は豪農で憲政会所属の代議士・竹尾茂であった。裕福であったが婚外子のため、「私が生まれた時は、どこへ私の籍入れようかと母や父や母の姉が相談しました」。二〇歳までに四回姓が変わり、叔母の家、母の家、父の家と転々としながら育ち、家族の反対を押し切って上京、女子大付属高女に入った（この時恋人と同棲）。

明治四四年に新しき女を目指した『青鞜』が創刊され、房子もそのメンバーになったが、「宮城（房子の当時の姓）さんは桃割れか何かの日本髪に厚化粧して柔らかい着物を思い切り、抜きえもんにぞろりと着て気取っていますが、垢抜けしない田舎娘で一見雛妓といった印象でした……。」（平塚らいてう『元始 女性は太陽であった』）

その頃『白樺』に興味を持った房子は、実篤に手紙を出した。「私は女は大きらいです、昔のおいらんがすきです。（略）人間並と人に見くびられるのはいやですから、私はね、お月様のお申子で、お月様の精だとおもって居ます」（『世間知らず』）。実篤は急速に房子に惹かれていった。大正元年（一九一二）一二月一二日の「東京毎夕新聞」には、「若殿恋の俘―男は初心な白樺文士―女は青鞜社不良首魁」と書かれた。

『青鞜』当時を房子は、「同人っていうわけでもないですよ、まだ私は年を取ってなかったからね、あの人たちは大人だからね。一六か一七でね……」と語っている。

明治四五年暮れに実篤二七歳、房子二〇歳で家庭を持ち、大正三年三月に婚姻届を提出した。二人は元園町の実篤の生家に同居し、大正三年五月に麹町区下二番町に転居した。

我孫子へ転居、そして「新しき村」へ旅立ち

大正五年（一九一六）一二月二〇日、柳宗悦・志賀直哉の勧めで根戸（現船戸二）に転居した。この土地は志賀直哉の所有（約一六〇〇坪）で、手賀沼が望める高台に房子が設計し、初めての持ち家を建てた。建築費三千円は、兄・公共が出してくれた。

当時、実篤は医師の誤診で肺結核と言われ、療養を兼ねての転居であった。同じ月の九日に、師と仰いだ夏目漱石が四九歳で死去している。この年、『白樺』衛星雑誌『貧しき者』『太陽の都』『生命の川』などがあいついで創刊され、実篤は文壇の寵児となった。翌年四月に実篤は、直接読者に本を届ける武者小路作刊行会を自宅に設立（三二歳）し、『日本武尊』から大正七年五月の『我孫子より』まで、計八冊を刊行する。岸田劉生が白樺同人として、表紙や挿画を担当した。また、この年に有島武郎が文壇に進出、白樺派が文壇の中央潮流となった。

当時武者小路家で書生をしていた金子洋文（プロレタリア作家で戦後社会党の参議院議員）は、「私が東京をひきはらって、武者さんの家に御厄介になったのは大正六年一月一日である。家族は武者さん、房子奥さん、喜久子お嬢さん、女中のべん、私の五人であった。初め私は喜久子さんの家庭教師といふ話で厄介になったが、女学校へ進む関係上急に話がかはって柏町から小学校の先生が教えにやってくることになり、私は武者小路実篤の執事、書生、買物係を兼帯することになった。（略）私は奥さんの信用あつく財布をまかせられていたものだ。それをいいことにしばしば五〇銭一円とちょろまかして自分の使用にあてたものである。（略）さうした悪いことをしたのは一から十まで私のさもしい慾心からでもなかった。一つは五円の月給が一月も二月も渡らないことがあったためである。（略）月々働く原稿料以外にお母さんのところから毎月五〇円づつ貰っていたが、それも二月三月と前借している有様だった。

武者さんは、金のことはほとんど奥さんまかせであった。奥さんはどちらかと言ふと、派手で宵越しの金をもたないといふ気性である。だからしばしば困ってべんの月給を逆に借用に及んだことさえある。」（『父と子』）

武者小路実篤邸跡（我孫子市船戸二　現在は私有地）

大正三年二月に信州の諏訪教育部会が、白樺同人所有のロダンの彫刻三点と泰西名画の複製百四十点を借りて展覧会を開催し、この解説のために、東京帝大の院生・児島喜久雄（『白樺』創刊号の表紙を描いた、二七歳）と実篤（二八歳）が行った。滞在中に小学校教師の赤羽王郎の訪問を受け、子供の読み物を書いてほしいと依頼された。その依頼に応えて、大正六年一〇月に、『カチカチ山と花咲爺』を刊行した（挿画は岸田劉生）。

この頃白樺同人や友人たちが、家族づれで我孫子を来訪、柳・志賀・武者小路らと手賀沼で舟遊びを楽しんだ。

「志賀や柳も時々来たが、彼（実篤）が二度ゆけば一度来るくらいのわりあいであったろう。」（『或る男』）

実篤は、宗悦・直哉とはほぼ毎日会った。二キロ程の両家の道のりを徒歩、時に小舟で往来した。実篤が、わき目もふらず、着物の前がはだけるのも気にせず歩いている姿を町の人たちが見ていた。何事にも一所懸命にガムシャラな実篤らしい。

実篤が「新しき村に就いての対話」を『白樺』『大坂毎日新聞』

に発表した大正七年春以来、友人の間では実篤が理想郷を求め、新しい生活に入るのは時間の問題と言われた。同年七月に機関紙『新しき村』を創刊、理想郷の建設に参加する村内会員と、外部から物心両面の援助をする村外会員を募集した。さらに翌八月に『新しき村の生活』を新潮社から刊行した。

「新しき村」は明治時代の古い価値観に対しては画期的であったが「季節はずれの空想社会主義」などと世間から批判された。白樺同人の有島武郎は「……率直に言わせて下さい。私はあなたの企てが如何に綿密に思慮され実行されても失敗に終了すると思うものです。（略）要するに失敗にせよ、成功にせよ、あなたの企ては成功です。それが来るべき新しい時代の礎になることにおいては同じです」（『中央公論』大正七年・一九一八・七月号）

実篤は、同年八月二八日、東京・本郷駒込に「新しき村本部」を設置、九月一二日『新しき村の説明と会則』を本部より刊行した。同月一五日「新しき村」発会式を、根戸の自宅で開催した。ここに会員、白樺同人、草土社の人たち約五〇人が集まった。志賀直哉は病気で欠席したが、川島伝吉・柳宗悦・児島喜久雄・長与善郎・木村荘太・中川一政・岸田劉生一家（妻と娘・麗子）・椿貞雄らの面々で賑わった。「新しき村」の候補地が日向（宮崎県）に絞られ、二〇日に我孫子を出発した。

一行は、東京を二三日に立ち、浜松、信州、京都、大坂、神戸、福岡で演説会を開き、日向に渡った。実篤は、「第一日向という名が気に入り、冬も働けるのが気に入り、日本最初に起った土地だというのが気に入った」と語っているが、土地代が安かったこともあった。しかし、「村」にふさわしい理想郷はなかなか見つからなかった。土地の価格交渉や、危険思想との中傷があって、難航した。「新しき村」が宮崎県木城村字城《じょう》に決定したのは、同年一一月一四日であった。三方が川に囲まれた中世の城跡で、やせた土地であったが、この日が敬愛するロダンの誕生日にあたっていたことも実篤一行を喜ばせた。

白樺同人で「新しき村」に移住した者もいたが、宗悦・直哉は村外会員にもならず、宗悦五〇〇円、直哉一〇〇〇円を援助した。二・五ヘクタールの土地に妻・房子、喜久子ら総勢一八人が入村、実篤三三歳、房子二五歳。我孫子での生活は一年九か月であった。

実篤と地元の人たちとの関わりは不明だが、崖下の浅野家（根戸新田）とは付き合いがあり、我孫子を去る時に絵を贈っている。

〈参考文献〉

『我孫子市史研究　四』一九七九年、我孫子市教育委員会
『我孫子市史研究　九』一九八五年、我孫子市教育委員会
『我孫子市史研究　一三』一九八九年、我孫子市教育委員会
『郷土あびこ　我孫子の生業』一九八二年、我孫子市教育委員会
『広報あびこ』一九八八年一月一日、我孫子市
『手賀沼を愛した文人展』一九九二年、高島屋
『新潮日本文学アルバム　志賀直哉』一九八四年、新潮社
『新潮日本文学アルバム　武者小路実篤』一九九三年、新潮社
『楷書の絶唱　柳兼子伝』松橋桂子　一九九九年、水曜社
『特別展一九一〇年『白樺』創刊』二〇〇〇年、調布市武者小路実篤記念館
『志賀直哉と我孫子の人々』二〇〇九年、白樺文学館

大町桂月と昭和初期の我孫子文士たち

越岡　禮子

はじめに

私は各所の文学館を訪ねるが、我孫子市も、我孫子文士村といって憚らないほどに近代文学ゆかりの地であることを実感する。また、訪問した文学館で我孫子に繋がる資料を発見したときの感激は大きい。このたびは、市民に未だよく知られていない我孫子ゆかりの文士たちを誌面の許す限り紹介したい。

大町桂月と手賀沼

明治二九（一八九六）年一二月に日本鉄道土浦線（現常磐線）の我孫子駅が開設されると、一時間一五分ほどで都心と結ばれた。水明の郷・我孫子には多くの文人墨客が訪れて、各々の作品の舞台となった。また、各界の著名人が別荘を構えたこともよく知られている。

我孫子の著名な別荘族第一号は、教育家・柔道の祖として有名な嘉納治五郎といわれ、天神山の一画に臨湖閣を構えた。土地は、明治四四年に購入している。

何故、嘉納は我孫子に別荘を持ったのか諸説あるが、地元出身の歯科医学界のパイオニア、血脇守之助が若き日に嘉納の柔道の弟子であったからという説、また、嘉納の義兄にあたる柳楢悦が明治二二年に手賀沼を調査し、その成果は「鳧雁《かもかり》狩猟説」として没後発刊されたことから、嘉納は以前から我孫子に関心があったという説がある。柳は明治二四年に亡くなっているので、その二〇年後に手賀沼畔に別荘を持ったことになる。

最近、興味ある二冊の本に出会った。一冊は『手賀沼百話』。この本は、手賀沼の研究者でもある元柏日本体育大学附属高等学校教師であった相原正義氏の著書である。相原氏は「『ジャポニカ大日本百科辞典』『万有百科辞典』『日本地名大辞典』で「手賀沼」を検索すると、共通して、大町桂月がその風光明媚な手賀沼を世に紹介したと記されているが、その根拠となる原典の所在は不明である」と述べられている。また、百科辞典の「手賀沼」の執筆者は、千葉大学の菊地利夫氏と同大学の地理学者たちと紹介している。

柏市名戸ヶ谷に「弥惣治文庫」というミニ文学館があり、地元の旧家、藪崎恒雄氏が所蔵する大町桂月の書画・遺品などが展示されている。幸い、たくさんの桂月作品の中から『東京遊行記』の最終章「我孫子付近の勝」の中に、手賀沼の印象を書いた部分を見つけ出すことができた。

大町桂月は、明治二年、高知県の生まれ。本名は芳衛。「桂月」の号は、故郷の名所・桂浜に昇る雄大な月から命名したことは有名である。東京帝大を卒業後、郁文館に入社。退社後、美文、新体詩などを『帝国文学』に寄稿、生涯にわたって旅と酒を愛し、定職にも就かず各地を遍歴して、当時は無名の優れた景勝の地を発掘し、十和田湖、蔦温泉、鹿野山など多くを紹介した。旅行作家の草分けでもある。

『東京遊行記』は、明治三九（一九〇六）年八月に大倉書店から発行された六二五頁の、写真も多少掲載された探訪記である。日露戦争直後の東京とその近郊を自ら訪ねてその印象や想いを美文で活写している。関東大震災以前の東京名所や都内の史跡の解説板によく引用されている。

では、「我孫子付近の勝」に手賀沼がどのように記されているのか、紹介したい。

我孫子訪問日は、明治三九年七月一三、一四日。布施弁天前の旅館で一泊している。その前章は、七月九、十、十一日の三日間で埼玉県秩父の吾野にある子之権現社とその周辺を探訪していて、我孫子にも同名の名刹があることを教えられたようだ。ちなみに、吾野の子之権現社は、長和元（一〇一二）年開基、天台宗の寺で、本堂の脇に大草鞋が奉納されていて、足腰に霊験ありという。現在、大鱗山雲洞院天竜寺と改名。かつては、我孫子の子之権現社と同様に、神仏混淆の神社であった。

我孫子の子之権現社は、康保元年（九六四）創建、安政三（一八五六）年三月、幕府の命により「子之神大黒天」と改名、現在は真言宗の白花山延寿院甲子寺となっている。

「我孫子附近の勝」（『東京遊行記』より）

我孫子の子の権現…手賀沼…櫻山…相馬八十八ヶ所…柴又の川甚の眺望

……十二時頃、都を出て、水戸行きの汽車にのりて我孫子に下る。ここは、成田鐵道の分岐せる處也。布施辨天は西方三十町、子の神は東方八町と榜せり。まづ子の神に至る。秩父の子の権現を勧請せるものなるべし。草鞋多くぶらさがれり。傍に茶亭あり、就いて休息す。臺地の端、手賀沼に臨みて眺望よし。この沼、長さ四五里、幅十町。鰻を産す。冬は鴨を猟するによしとかや。茶亭の老夫西方を指して富士山の見ゆるはこのあたりなりと云ひ、なほ、この地、もと地頭の領にて、木しげりて、眺望なかりしが、明治の世になりて木をきりて、この好き眺望がひらけたり。夏は緑陰、風涼しく、秋は月を観るによし。殊に秋晴の夕、斜陽雲を得て、その雲が沼の水にうつれる様が奇観なりなどといふ。更に祠前の喬松を指し、この幹の中ほどの蘚苔を見られよ、数年前、後光を帯びたる佛像のやうに見えて、新聞にまで出でて、東京よりわざ〳〵見に来る人も多かりしが、その苔ひろがり過ぎて、今は、その觀は無くなれりといふ。この地もし桃ありて、公園となさば、野田の集楽園と相伯仲するを得べし。

老夫に路を問ひ久寺家を経て布施の辨天に至る……（以下略）

以下は、布施弁天を詣で、桜山（曙山）を登り、相馬霊場八十八ヶ所を紹介、布施の旅館で一泊して翌朝に利根川堤上を経て我孫子駅に戻る。金町から人車鉄道を用い、柴又の料亭「川甚」で鯉、鰻を肴に酒を飲む。雨が折々甚だしく、江戸川の風情を楽しむことなく帰路につく。この旅の印象を、次のようにまとめている。

……地圖を按ずるに眺望のよき處はここの布施の辨天、我孫子の子の權現、高野山、取手の長禪寺などなるべし。利根川と手賀沼とが大に風致を添え、丘陵起伏して、行程十五、六里の間、趣味多し、ひと夜どまりならば東京より來て、巡拝することを得べし。
……

各百科辞典が大町桂月が手賀沼の素晴らしさを紹介したと記しているのは、正にこの「我孫子附近の勝」だろう。嘉納がもしこの一文を目にしているとしたら、我孫子に別荘を持つ根拠の一つになっているのではないだろうか。その後、大正一二（一九二三）年、桂月の長女愛子が柏市鷲野谷の名家、染谷家に嫁いでいるが、その婚家を訪問後の礼状にも、「東京より僅か十里にして山中の仙境あるかと驚喜いたし候。手賀沼は印旛沼よりも風致大いに優り申候。我孫子駅より尊邸へまで一歩一景悉《ことごと》く画致有之」と、当時の風景を絶賛している。

子の神大黒天には、昭和四〇年代まで蛇体の藤、夜泣き銀杏、大柊、頼朝公手植の松などの銘木があったことは、古老の話や郷土史の冊子などでその名は知っていたが、阿弥陀の松の由来をはっきり記してくれたのは大町桂月だった。

桂月は、大正一四（一九二五）年、蔦温泉で五九歳で亡くなり、自宅近くの雑司ヶ谷霊園と蔦温泉に墓がある。

深田久弥夫妻旅立ちの地は三樹荘

平成二六（二〇一四）年に、深田久弥の名著『日本百名山』は、誕生して半世紀を迎えた。故郷の加賀市で記念碑の除幕式もあった。『日本百名山』は発刊以来ベストセラーで、昨年から、テレビで「日本百名山」が放映されている。「百の頂に百の喜びあり」の深田の言葉に登山愛好者の数も増加していると聞く。「山の文学者」と紹介される深田久弥とその妻で児童文学者の北畠八穂にとって、我孫子は波乱の人生の旅立ちの地であった。

深田久弥は長い間、志賀直哉の去った後、弁天山旧居と呼ばれるその家で、北畠八穂と新所帯を持ったと伝えられていた。故郷の加賀市にある「深田久弥　山の文学館」に、同様の解説パネルがあると聞く。

平成一七年秋、『白樺』の研究者として高名な紅野敏郎氏（早稲田大学名誉教授、平成二二年没）と親しく話をする機会があり、深田が我孫子時代に志賀の旧居に住んでいたというのはほんとうでしょうか、と尋ねてみた。先生は「そのようですね。ただ深田自身は我孫子時代を語らなかったそうです」と言われた。私は、深田が語らなかった我孫子時代に興味を持った。地元の古老から、戦後、我孫子駅の周辺の住民たちで創立した文化団体の湖友会の会誌「湖畔マンスリー」をいただいた。昭和二二年に発行されたものだ。楚人冠から湖畔吟社を引き継いだ深川正一郎の随筆「手賀沼記」に、「柳宗悦が三樹荘を去ったのち、田中耕太郎の学究の場となり、佐藤信衛、深田久弥が創作にいそしんだ」とある。この箇所は、志賀の去った家に深田夫妻が住んだと聞いていたので意外であった。

ぜひ、正確な住所と深田が語らない我孫子時代を、夫人の北畠八穂側から調べてみようと思い、八穂の故郷にある県立青森文学館に我孫子時代の活動や暮らしについて問い合わせると、詳細は不明だがと、参考文献と深田の年譜を送ってきた。この年譜に、「昭和四年夏千葉県我孫子天神山に住む」とあり、さらに「手賀沼畔から銀座の改造社へ通勤する常磐線で、江戸川を渡る付近では北の方に日光の山々が見えるのが楽しみだった。この我孫子の家には北畠八穂がいて〝私流の結婚〟をしていた」と、山好きの深田らしい記載もあった。

夫妻が住んだ正確な住所は、深川の記述の通り、三樹荘だった。

私は以前、田中耕太郎の我孫子時代に関心を持ったことがある。文化勲章受章者で、最高裁判所長官でもあった田中は、大正一一年六月頃三樹荘に居住し、一三年に峰子夫人と結婚、ここで新家庭をもった。昭和三年二月に小石川駕籠町に移転している。

このあと、四年に深田が居住、そして昭和一三年に、戦後に芸術院恩賜賞を受賞する河村蜻山が一六年間住み、現在は歌人として知られていた村山正八氏の遺族が住んでいる。

あらためて深田久弥夫妻の略歴を紹介したい。

深田は明治三六（一九〇三）年石川県生まれ。東京帝大哲学科中退後に改造社に入社、昭和五（一九三〇）年に『オロッコの娘』で文壇デビュー、昭和一〇年発表の『津軽の野づら』とともに清新甘美で牧歌的な作風で知られた。晩年は『ヒマラヤ登攀史』『日本百名山』など名著を執筆、登山作家としての活躍が結実した。昭和四六年三月、山梨県茅ヶ岳登山中死亡。

夫人の北畠八穂は、深田と同じ明治三六年青森県の生まれ。本名美代。県立青森高等女学校時代から各誌に作品を投稿して北原白秋によって特選に選ばれたこともあった。大正一一年、現在の実践女子大に入学するが、一年半で中退。青森市内の小学校の代用教員となるが、脊椎カリエスを発病して歩行困難となり、退職。自宅療養中に文芸誌『改造』の懸賞小説募集に応募するが、その『津軽の林檎』は落選だった。

その後、八穂は『改造』の深田久弥から「選者の一人、佐藤春夫は高い評価をしていた」という内容の手紙を受け取る。二人は文通を通して愛を育み、二四歳で結婚する。各々の実家はこの結婚に反対のため、裸一貫の出発であった。

その新婚の地が、手賀沼の畔にある三樹荘であった。なぜ我孫子であったのか？

我孫子は「白樺」の文士ゆかりの地である。志賀直哉、滝井孝作らは改造社と深い繋がりがある。私は、これらの人たちの力添えがあったのではと思っていたので「『日本百名山』の著者深田久弥の妻、北畠八穂」という記事を発表したところ、深田久弥の研究家として著名な高辻謙輔氏が私の拙文に目を通された。その後、高辻氏は、「滝井と深田は終生、改造社時代の仲間としての交流があり、それ故に深田が手賀沼畔に住むにあたっては滝井による何らかの口ききが動機になったのではないだろうか」と、執筆中の『深田久彌事典』一四章に記載された部分を、当時、白樺文学館に勤められていた竹下学芸員を経て私の手元に届けてくださった。

我孫子時代のその暮らしぶりは、大変なものであった。深田が勤めに出たあと、八穂は自分の薬代を得るため、病床で蛙のようにうつ伏せになりながら創作に励んだという。これらの作品は、作家として少し知られてきた深田久弥の名前で発表された。『オロツコの娘』や『津軽の野づら』は三樹荘で書かれた。大変好評であったが、これらは明らかに八穂の文体であった。

昭和五年春、手賀沼の湿気が八穂の病に良くなかったためか、堀辰雄の勧めで本所小梅町に移る。小石川、滝野川などに転居後、昭和七年、深田の金沢歩兵連隊除隊後に鎌倉に住む。鎌倉の家は広くなかったが、陽の差す二階は、八穂の健康に良かった。徐々に深田の原稿料で暮らしていけるようになったのは何よりだった。そのきっかけは、『改造』に発表された「あすなろう」だった。朝日新聞の文芸批評や文壇で激賞を受け、この作品は深田の出世作となった。

昭和一五年に、この結婚に大反対であった深田の父、弥一が亡くなり、二人は入籍して、八穂は深田美代となる。このころが八穂にとって人生でいちばん幸せであった。

昭和一六年、八穂の後半生を大きく変える出会いが、久弥にあった。この年の五月、友人の木庭一郎の結婚披露宴に出席し、初恋の人、木庭の姉の志げ子に会う。運命的な再会であった。

昭和一八年、八穂は夫に子どもがいることを知る。夫は志げ子との間に一歳の男の子がいることを話した。深田と八穂が正式に離婚するのは、昭和二二年六月のことだ。その間に深田の召集があり、中国大陸からの復員後は、母子の待つ越後湯沢へと向かった。

深田が復員する直前から、美代は、本名から「八穂」のペンネームで作家活動を始めていた。戦後、『新潮』『文芸春秋』などの復刊がなると、八穂に原稿依頼が舞い込んできた。奇跡的に歩行も叶うようになった。鎌倉文士の間では、小林秀雄や川端康成などは、早くから八穂と深田の二人三脚を見破っていた。

八穂は、戦後の児童雑誌に次々と童話を発表する。昭和四七年「鬼を飼うゴロ」が第一〇回野間児童文芸賞を受賞、第一九回サンケイ児童出版文化賞大賞も受賞する。「あくたれ童子ポコ」「右足のスキー」などは、今も高く評価されている。

八穂の屋敷に、昭和二三年に白柳美彦という若者が内弟子として入ってきた。白柳は翻訳家・評論家と伝わっているが、実際は、身体が不自由な八穂の身辺の世話人だった。三〇年余、八穂の心身の苦しみを分かち合う間柄でもあった。昭和五七年三月一八日、閉塞性黄疸症の八穂を看取った。八穂は享年七八歳であった。

深田は、不実の報いとして中央文壇から離れ、戦後は故郷で休眠状態であった。生来無類の登山好きとその山行記が認められて、山岳誌『山と高原』に毎月二回ずつ紹介されて、昭和三四年三月より計五〇回連載の「日本百名山」が誕生した。新潮社から一冊の本となり、『日本百名山』として出版された。

以後、山岳作家として活躍、ヒマラヤ、シルクロードなどの海外の山々も紹介している。昭和四六年三月二一日、茅ヶ岳登山中に脳内出血で亡くなる。六八歳だった。妻の志げ子は、昭和五五年、交通事故により七〇歳で逝った。

病身の八穂が三人のなかでいちばん長命であった。後半生は児童文学者として成功した。夫だった深田は、屈辱と屈折の人生のなかで、山岳作家として大成した。今、その出発の地が我孫子であったことを知るものは、市民の間でもほとんどいない。

最後に、夫婦融合の作品、『津軽の野づら』の中に我孫子がどのように係わっているか紹介したい。

『津軽の野づら』は一〇章から成り、元は各々が独立した短編であったものをつなぎ合わせてできている。夫妻が手賀沼の畔の三樹荘に住み、その当時のできごとやゆかりの人物が、姿を変えて作品に登場する。

「母」の章では、志乃という女性が津軽に住む母親にあてた手紙に「ここは東京まで三十分で行けるやうな所で　やはり静かな一軒家です」とあり、隣のおばさんからツェッペリン飛行船が来ることを知らされた志乃が外へ出て空を仰ぎ、「東京を訪問して又霞ヶ浦の方に帰るそうですから」とある。ツェッペリン号が我孫子上空にやってきたのは、昭和四年八月二〇日前後のことである。我孫子に来たばかりの北畠八穂が、この時、地元の人たちと空を仰いでいた姿が彷彿される。

「帰郷」の章では、外国人の陶芸家が来ている話を聞いた武が家出をして師のもとで作陶に励む。その尋ねた先は「千葉県の沼にのぞんだくすぶった宿場の、物数寄《ものずき》が建てた別荘の半ば荒れた家にその外人が住まってゐたので」と続く。正に沼は手賀沼、別荘は三樹荘であり、陶芸家はバーナード・リーチがモデルだとわかる。「リーチは武をこよない弟子とし、武も親しみ深い師と仰いで」とある。

深田夫妻は、昭和四年初夏から約一年間我孫子に住んだが、その間の生活ぶりが垣間見える作品でもある。『津軽の野づら』は、アビスタの図書館内の弱視者のための書架にある。

藤蔭静枝が結んだ女性二人

長谷川時雨や瀬戸内寂聴などの作品に、近代文学史上に名前を残した女性文士の伝記があり、その一人に藤蔭静枝の名前がある。その波瀾に富んだ人生に杉村楚人冠が係わっていたことや、藤蔭の存在があったからこそ、我孫子の文化史に著名な女性二人を加えることができたとも言える。市民には知名度が低い藤蔭静枝と岡田嘉子、坂西志保を紹介したい。

戦後に我孫子に住み、「デモクラシーの使者」と言われた坂西志保について調べているうちに、坂西の著書『朝の訪問客』に「藤蔭の住んだ家に住んでいる」という一文に出会った。また、当時の家主であった楚人冠の子息、杉村武も、「考える葦」の中で次のように書いている。

「邸内にあった離れは藤蔭静枝が楚人冠の一画を借りて、気の向くままに都塵を避け、のんびりと一杯きこしめすために建てた別居であったが藤蔭が来なくなり、楚人冠が買い取って亡くなるまでそこに起居していた」

藤蔭静枝は、明治一三（一八八〇）年新潟市に生まれ、本名を内田ヤエという。ヤエは幼い頃から利発で器量も良かった。早くから市内の御茶屋庄内家の養女となり芸妓に仕込まれた。

その容色と芸、巧みな話術で売れっ妓《こ》となり、三井の大番頭K氏に目をかけられ上京。その頃、歌人の佐佐木信綱の門下に入り、竹柏会の会員となる。K氏と別れたあと、女優や家庭教師、置屋などを経て新橋巴屋で八重次の源氏名で左褄をとるが、文学芸妓として嬌名が高くなる。

明治四三（一九一〇）年、慶應義塾大学文学部教授、三一歳の永井荷風を知り、大正三（一九一四）年、荷風が妻ヨネと離婚したあと入籍、しかし、翌年二月には家風の違いと荷風の浮気に堪えきれず離婚、再び左褄をとる。

大正八年、妓籍を離れて舞踊家となり、新舞踊を興して高い評価を受ける。晩年は藤蔭流家元となり藤蔭静樹と名乗り、紫綬褒章、勲四等宝冠章、文化功労者となり、昭和四一（一九六六）年、八五歳で没する。

終生多くの短歌を詠み、吉屋信子著『近代女流歌人伝』にも、歌人としての生涯が紹介されている。

なぜ藤蔭が我孫子の楚人冠邸内に別荘を持ったのか、多くの彼女の伝記のどれにも、このことについては記されていない。

明治末期、我孫子に別荘地を求め、関東大震災後に家族ぐるみで移住してきた杉村楚人冠（本名広太郎）は、戦前の朝日新聞社の最高幹部、国際的にも知られたジャーナリストである。新聞業界に大きな功績を残し、我孫子に移住してからは、手賀沼保勝会のリーダーとして活躍。我孫子ゴルフクラブの開設に尽力し、また湖畔吟社を興して、俳句を通しての地元の若者たちの文化育成に努めた。文部省唱歌「牧場の朝」の作詞者でもある。

我孫子市教育委員会から発行された「杉村松子家文書」と、藤蔭静枝・杉村楚人冠の二人の経歴を重ねると、朧気ながら藤蔭が我孫子に別荘を持った経緯がわかる。また、調べているうちに、現在の我孫子の白山の台地にあった岡田嘉子が開設した大衆キネマプロダクション撮影所、これが、当時は鄙の地であった我孫子に設けられた動機も、意外にも浮き出てきた。岡田嘉子は、藤蔭の一番弟子であって、藤蔭を通して楚人冠の支援を得て撮影所を開設したのではないだろうかと。

楚人冠が勤める朝日新聞社は、銀座滝山町（現在の銀座六丁目）にあった。藤蔭がまだ芸妓であった頃の花柳界新橋は隣町だったから、その頃からのなじみであったかと思われる。昭和三年の藤蔭の楚人冠宛の書簡から、懇意になった次第がわかる。意訳する。

「近日中に訪欧の旅に出ますので御社在パリ記者への紹介状を頂に出社せしもご病気とのことで果たせませんでした。快癒を祈ります。十月十二日　藤間静枝（この頃は藤間を名乗っていた）」

藤蔭が渡欧するのは、昭和四年の春（前年十月説もある）である。当時四九歳、単身海を渡る勇気は、その頃としては壮烈なものであったろう。藤蔭にはそれだけの理由があった。数年前から年下の愛人であった勝本清一郎を、美貌の文士、山田順子に奪われてしまったのだ。勝本は、藤蔭のかつての夫、永井荷風が創刊した『三田文学』の編集をしていて、彼女が主宰する「藤蔭会」に新鮮さ近代的な芸術性を加えるための良き指導者でもあった。勝本を失った藤蔭は、「夫だった荷風が若い時にいたパリに、どうしても一生いちど来てみたかった」と、心情を吉屋信子に吐露している。その頃の心境を託した短歌に、次のような歌がある。

鐵の扉ははたと閉せり我前途
　ふみまどふ道のこのただ中に
セーヌ河暮れず水の面かぐろきに
　想い捨てしことに心かづらふ

五か月後に帰国、心機一転、昭和六年に藤蔭流を創設して、それまでの藤間から藤蔭と改名して藤蔭流家元となる。

岡田嘉子が昭和五年に大衆キネマプロダクション撮影所を市内白山に開設したことは、近年、兵藤純二氏の研究から徐々に市民に知られてきたが、先に記したとおり、楚人冠が係わっていたとすれば、田舎町の我孫子に開設した謎が解ける。

岡田は、昭和二年、日活の大作「椿姫」のヒロインを演じていた時、共演の竹内良一と出奔して日活への賠償を背負い、各地を巡業するが、負債がかさみ、その負債の解消の相談に乗ったのが、岡田の日舞の師匠、藤蔭だった。その頃、藤蔭と昵懇であった楚人冠は、岡田の境遇を知り、撮影所の用地確保に協力したのではないだろうか。翌六年には、我孫子手賀沼べりで、写真家としても高名な資生堂社長の福原信三が関東撮影会を催して、そのモデルに岡田嘉子を起用している。銀座にある資生堂は朝日新聞社とは目と鼻の距離、楚人冠と福原は交詢社の会員とも聞く。二人の交流があっての撮影会であっただろう。藤蔭も自分の舞踊発表会を本郷の飛行会館で開催した時、岡田が制作した歌謡トーキー映画を上映して援助をしている。負債解消に尽力した藤蔭の甲斐もなく、翌七年に岡田の負債を請け負うことを条件に、大衆キネマプロダクション撮影所は、蒲田松竹キネマ撮影所に吸収される。

昭和一三年楚人冠邸内に建てられた藤蔭の家に、戦後日本の文化活動、国際交流に大きな功績を残した評論家坂西志保が、昭和二〇年一一月から二年九か月住んだ。町民たちが新しい時代を迎え当惑していた時、民主主義の意義を草の根的に知らしめることに努めた。

坂西は、明治二九（一八九六）年、北海道小樽に生まれた。大正一一年に渡米、ミシガン大学から哲学博士号を授与される。ホリンス大学助教授を経てアメリカ国立図書館勤務中に太平洋戦争が勃発、昭和一七年七月、交換船で帰国した。戦後は参議院外務委員調査室に勤め、評論家としていくつもの重責に就き活躍した。

当時、住宅に困っていた坂西に楚人冠の四男の武が、「親父がいなくなって離れが空いているが如何ですか」と我孫子に誘った。

昭和二二年暮れ、二人の友人である嘉納治五郎の子息の履方が、我孫子駅で、超満員の危険な列車から落ちて亡くなった。坂西はそれを機に、柏・我孫子・取手で町民運動をおこし、GHQに掛け合い、昭和二四年六月、取手駅までの電化に成功した。

昭和二二年四月、PTA活動が千葉県より奨励されると、坂西は自ら指針をたて、我孫子第一小学校PTA二代会長を務めて、他の町村よりも速く始動した。我孫子で最初のバザーを催して、その利益は足洗い場や放送設備の設置に用いられた。

昭和二三年八月に大磯に転居したが、女傑と呼ばれながら細やかな心配りができる人として、今も地元民に伝え語られている。

おわりに

不消化の拙文であるが、我孫子は多くの文化人と係わっていたという一端を紹介した。我孫子は都心から三〇分余の街ながら、戦前の文士たちが愛した、心を涵養する空間がまだそここに残っている。これからも多くの作品、文人たちを輩出して欲しい。

【参考および引用文献】

『東京遊行記』大町桂月
『湖畔マンスリー』深川正一郎
『百名山の人深田久弥』田澤拓也
『深田久弥事典』高辻謙輔
『愛の旅人　深田久弥と志げ子』朝日新聞社
『坂西志保さん』編集委員会　松本重治
『玻璃紅燈』小門勝二
『近代女性歌人伝』吉屋信子
『東葛楽しい事始め事典』越岡禮子
「資生堂のパンフレット」世田谷美術館

榎本家営業日誌から見た昭和恐慌の影響

原田　慶子

布佐の榎本家の営業日誌を克明に読んで行くと、地域金融業というものがどのような理念と必要によって生まれたのかに思い至る。

筆者は、金融機関からの借金の経験は、住宅ローンやクレジットカードの一括払いしかないので、借金についての概念があまり好意的でなかった。今回精読してみて、用立金とは巧い言葉であること、地主が行っている地域金融とは、ある種絶対的必要があったために生まれたものだと考えるようになった。また昭和二年九月一日からの日誌を読むと、地方地主が県議会に対しどんな期待を抱いていたのか、また国政についての関心や、選挙にどんな関わり方をしていたのか等が見えてくる。

営業日誌の記録者は榎本家の大番頭の杉野寅吉で、小作米や穀類の納入および金納、産物の売却状況、他に、金銭融通による資産管理、担保流れ不動産の地代および家賃の徴収、先代分家に対する様々な援助など、目配りはたいへんなものである。細かな物品購入や使用人の出入り、主人始め家族の動静を述べ、その健康状態まで記されている。

昭和二年からの営業日誌であるが、その前年の大正一五年五月に五〇歳という若さで十五代当主正夫が亡くなっていて、榎本次郎右衛門家を脊負って立つのは二四歳の侃一《ただかず》であった。

祖父十四代理兵衛は県議・町長・衆議院議員、父正夫は県議・衆議院議員を歴任、侃一は、その後、昭和四年一二月に、弱冠二六歳で無理押しのような形により補欠選挙で県議となったが、一期のみで、その後は急速に政治活動への興味を失った。

杉野について

榎本家の経済に通暁し、昭和二年からの金融恐慌、やがて始まった世界的大恐慌の荒波をかいくぐり、屋台骨を支えたのは、日誌の執筆者である杉野寅吉であろう。「戦後、我家は農地解放と財産税で無一物になりましたが、それを支え常に相談に乗ってもらっていました。父にとって時には兄の様に、また叔父のように親身になって考えてくれました」とは、十七代の武一氏の弁である。

杉野寅吉の前任者の番頭は斉藤唯之助であり、理兵衛と名乗り十四代を継いだ婿養子杉野徳次郎の従弟であった。彼は民俗学や歴史に興味を持ち、布佐の歴史や小字名《こあざ》の研究をしていた。市史研の諸兄は、『我孫子市史研究』第五巻などで彼の名を記憶されていると思う。杉野寅吉は彼の親戚で、主人侃一とも縁続きである。唯之助の薫陶を受け、榎本家の経営の大黒柱となり、また地域経済を円滑にする金融業とは如何なるものか熟知していた。

侃一が十六代を踏襲して以来　後顧の憂いなく主人が活動できるよう、堅実な経営をめざして邁進し、且つ主人の家族へ温かな眼を注ぎ、特に跡継ぎの坊や武一に対しては、格別な愛情をいだいていたような記述が随所にみられる。武一は大正一五年寅年の生まれだが、杉野も名前から判断すると同じ寅年ということもあり、並々ならぬ親近感を持っていたらしいと推察した。

金利比較表

年　代	種　　　目	利子率	年利子	元利合計
昭　和	銀行　預金金利（百円に付）	日歩2銭5厘	9円32銭5厘	109円32銭5厘
〃	〃　貸出金利　〃	日歩3銭5厘	12円77銭5厘	112円77銭5厘
〃	地方金融（小作人用魚肥）〃	年利1～1割2分	10～12円	110円～112円
〃	〃　（一　般）	年利1割8分	18円	118円
〃	用立金　短期（信用貸）	日歩8銭	29円20銭	129円20銭
〃	質店	月利1割	120円	220円
1,992年	無担保ローン（1万円に付）	年利54.75%	5,475円	15,475円
1,994年	〃	年利40.4%	4,040円	14,040円
2,010年	〃	年利29.2%	2,920円	12,920円
現在※	〃元本　10万円未満	〃　20%		
〃	10～100万円未満	〃　18%		
〃	100万円以上	〃　15%		

※利息制限法による20%以上の金利を得ると、行政罰プラス刑事罰に処せられる。

用立金について

　今回、日誌を精読して納得したことがある。貸金は自己資金だけでなく、銀行からの借入金で用立するものだということである。金利の付いた金を貸すためにはそれを上回る金利を取らなければ利は得られないし、貸し倒れや返済遅延などのリスクに備えての布石が担保なのであろう。

　金利についての記述をみると、預金金利日歩二銭五厘、銀行からの借入金は担保物件として定期・積立預金の通帳、国債、期日指定の債券などであり、利率は日歩三銭五厘である。金利を表にして比較してみた。

　我が家の住宅ローンの金利は年利八分八厘くらい、住宅金融公庫が五分五厘ほどだったと記憶している。最初は金利分が多く元金が少ない返済方式で、全く理解できなかったが、この営業でも、持参金額から先ず金利を引き残金を元金返済に回すような計算をしていたので、なかなか元金が減らないように思った。銀行ローンも同じパターンなのだろうから、借金を減らすには、なるべく元金を纏めて返す方式が一番なのである。複利については、素人のため論外にさせていただく。

　用立て金は緊急のときが多い。今回熟読して初めて理解したことがあった。喫緊の事業資金というものだ。土木工事や建設工事の入札時など、指名が取れたら受注金額の一割くらいを保証金としてその場で納めなければならないときがある。そのため入札者は、短期的に借用する場合がある。受注が取れない場合は一か月の期限内に返済し、指名がとれれば工事を担保に事業資金として借り直す。資金的に余裕のない事業者にとっては、地域金融の信用貸しは有難い存在だったのだろう。

　また、地方地主は財閥と見なされているから、例えば栄橋の開橋式には式典後の祝賀余興会費用として「布佐の御三家には一二〇円（現在換算約六〇万円）ずつ負担して頂く予定です」と町役場から言われれば否応なく出すとか、何かにつけて、布佐御三家といわれる斉藤、井上、榎本は、同額の寄附を当然として要請された。それが地域交流の潤滑油にもなっている。

相馬銀行と他の損害金の顛末

　昭和二年に起こった金融恐慌で最も損害を蒙った事件は、相馬銀行への金三万円の損害である。以後の経過を日誌から辿ってみたが、残念ながら、三万円が預金なのか資本参加金なのか不明であった。三万円の損害金は、仮に五千倍として現在の金額になおすと約一億五千万円にも上る大損害である。杉野は、財務に精通している筒井弁護士を頼み、相馬銀行破産申請を福島区裁判所へ申し立てた。その経過が日誌にあり、それを抜粋してみよう（句読点の一部は筆者が訂正および補っている。かっこ内は筆者の注）。

【注】物価・金額の現代との比較換算について　総理府統計局では昭和三七年度以降の物価変動資料しかないと回答があった。末尾参考文献中の週刊朝日編『値段の明治大正昭和風俗史』（正・続二冊）には全体の金高の比較はないが、個々の物価の変動は三千五百〜一万倍ぐらいあり、目安として五千倍とした。

昭和二年九月一一日　榎本秀次郎氏上京、筒井弁護士宅へ行カル（相馬銀行ノ件）。

二年九月一二日　主人ニハ榎本秀次郎ヲ連レ奥野弁護士方へ一番列車デ行カル。奥野弁護士へ依頼ノ相馬銀行ノ件ハ一段落トシ、筒井弁護士ニ頼ム。

二年九月一五日　内五十円也。相馬銀行ニ対スル強制執行ヒヲ筒井へ渡ス。

二年一〇月三日　筒井源吉へ次ノ委任状送ル。参考ノ為記シ置ク。

委任状

拙者儀　弁護士法学士　筒井源吉同等二氏ヲ以テ代理人ト定メ左ノ権限ヲ委任ス

一、申請人拙者ヨリ被申請人株式会社相馬銀行ニ対スル破産宣告申請事件ニ関スル一切ノ行為

一、右事件ニ関スル一切ノ訴訟行為・和解・抛棄・認諾・取下・弁済金品受領・供託物元利金及証拠ヒ（品）物還付受領並ニ複代理人選定ノ件　以上

千葉県東葛飾郡布佐町参千五十壱番地ノ参

榎本次郎右衛門

昭和弐年十月　日

榎秀　弁護士事務所へ行ク、筒井弁護士へ着手金参百円ヲ渡ス、筒井氏ヨリ三百円也（一五〇万円）ノ受領書持参。

二年一〇月二〇日　筒井弁護士ヨリ相馬銀行ノ件ニツキ福島区裁判所ヨリ決定書送付手続費用トシテ金五百円也ヲ予納スルノ件、本人ヨリノ手紙ニテモ申来リ残金ハ十日以内ニ納付スル事ニテ、右済次第弁論期日指定相成ベキ旨申来タル。榎本秀次郎氏モ本日松戸ヨリ上京、筒井氏ニ面会ノ件ニツキ同様ノ話アリ当該予納金ハ現金ナル事申越サレタリ。

松戸税務署ヨリ相続税ハ本月中ニ決定致シタシ、猶取引銀行ハ何銀行ナルヤ、通知ヲ持参セラレタシトノ書状参ル。

参万円という莫大な損失を取り戻すべく弁護人を換え、法の力で何とか損害を軽減したいという執念が強く感じられる。また、この頃、相続税問題では、不動産の査定額が過大であると主張して、適正に査定すべきだと松戸税務署と何回も話し合っている。

番頭の予想額は三〇万円、税務署の査定は四〇万円、双方で一〇万円の開きがある。今の貨幣価値では五億円の開きというところだ。これは税金の額か不動産の額か、文面からは不明であるが、なにしろ大金である。実際、大正一四年から米価も繭も価格が低下して、必然的に田畑の評価額も低落し始めているのだから、高値の査定は我慢できない損失になる。税務署にも圧力をかけられる人物として浮谷権兵衛を頼んで（政友会県議）、有力議員をも借りて少しでも査定の見直しを要求している

二年一〇月二七日　朝八時四十五分ニテ杉野出京ス。要件ハ筒

井弁護士ニ相馬銀行ニ対スル破産申請ノ予納金五百円也持参・及ビ松戸税務署訪問ナリ。榎秀同八時十七分ニテ本埜村役場ニ行ク、土地ノ地価金調ベノ為メナリ。同様相続税申告ニ必要ノモノナリ。斉唯（斉藤唯之助）同様ノ要件ニテ大森町役場ニ行ク。

杉野午後五時頃帰ル。筒井源吉へ相馬銀行破産申請、予約金五百円也届ケ受領書持参ス。帰途松戸税務署員、賀谷一氏ニ面会ノ上帰ル。

二年一〇月二九日　松戸税務署員、賀谷一氏来訪、要件ハ相続申告ノ件ナリ。

斉藤氏土地台帳ノ内、布鎌村南ノ田、三和ノ田及ビ宅地、原野、池沼等ノ畝歩及地価金取リ調ベノ為布鎌村役場へ行カル。

筒井源吉ヨリ破産費用予納命令書送付アル様手紙参リ先送リテ副本ヲ送ラル。

井上二郎ヨリ十一月三日開墾楸（鍬）入式行フニツキ招待状参ル。

この頃、手賀沼の開墾事業に共同事業として参加を要請されたが、杉野は開墾するべき所は既に開墾したのでこれ以上はする気がないと断り、結局、布佐の開墾事業は井上家単独での大事業となった経過は、次の記述である。

斉藤唯之助参リ相嶋新田中津氏ノ池埋立テノ件ニ付明日井上二郎宅ニテ協義アル由、井上謙ヨリ話アリ、意見如何トノコト故、自分ノ所有ノモノハ、スデニ現在田ニ相変リ居リ、別ニ金銭ヲ費シテ埋立ヲナス要ナシトノ旨代理ヲナシテ話ス様、斉唯ニ依頼ス。

二年一一月一日　布鎌村、長澤秀太郎参リ未納米整理ノ件ニツキ経過ヲ奉(報)告アリ、后ソレニツキ日ヲ撰ビ出張セラルル様申出ニツキ来タル七日本埜ヲ回リ、出向ノ由申述ブ。主人ヨリモ小作人ニ対シ、眞ニ同情アル種々ノ意見ヲ開陳ス、同人モ非常ニ喜ビ、夕食後帰ル、夜分ニツキ提灯ヲ貸与ス。

若き当主侃一は慶応大学理財科卒業生で、当時のインテリ地主と同様、民政党員としてしばしば上京して党本部で他の党員たちの意見を聴いたり、川原代の飯島亘、川上徹雄、また神崎の寺田憲等と交流、地方選挙には特に力を入れて候補者の政見発表会を開いたり、県議や国会議員の知己を得て、活動をしていた。後に眼科医院を開院した子息武一氏には、「貧乏な小作の病人を無料で診てやれる医師になるように」と常に語られていたそうである。

二年一一月一二日　榎秀出京ノ由ナレバ筒井弁護士ニ相馬銀行ニ対スル此後経画（経過と計画か）及ビ奥野弁護士ニ黒沢礼吉ニ対スル件、其ノ後延引ナス故、当方ニテ解決シ度シ旨ヲ依頼ス。

一一月一四日　主人ニハ八時四十五分ニテ柏町ニテ施行セル郡青年団運動競技へ参列ノ為出張。

一一月一八日　榎本秀次郎、相馬銀行ノ件ニテ筒井弁護士へ行カル。

侃一は青年団や町の行事には律儀なまでに出席している。

二年一一月二五日　主人は午後一時ヨリ開会ノ布佐青年団総会へ臨席ノ為小学校へ出カケラル。

榎本秀次郎氏ノ息女病気ノ為メ慶応大学病院へ入院ノ為自動車ニテ行カレタル旨話シアリ共金子参百円也、融通受ケタキ旨話シアリ。松戸町鈴木貢死去、二十九日葬儀其他ノ報ニ接ス、嗣子亮太郎。民政党千葉支所ヨリ十二月一日午後一時ヨリ定例幹事会開催ノ通知アリ、赤十字社ヨリ記念品届ク。

二年一一月二九日　主人ニハ三番列車ニテ松戸町鈴木貢葬儀参列ノ為出掛ケラレル（明治三四年、成田〜我孫子間開通）、途中上京帰途川上氏を廻ル予定ナリ、香典十円（五万円）、花代十円。

二年一一月三〇日　主人ニハ三番列車ニテ松戸税務署ヘ立寄上京ス。

市川兼吉参リ来月弐十円猶予ニ参ル（明日除隊兵帰ルニツキ）

布川町伊藤英助息勝太郎入営ニツキ餞別トシテ弐円遣ス。

未だ戦争は始まっていないが、除隊する者・入営するものが交錯して、徴兵免除への期待を込めて新四国相馬霊場二一番への願掛けが絶えないのである。除隊者への祝宴は、厄払いをこめ豪華になってしまうのだ。

二年一二月一〇日　鈴木貢ノ内儀、亮太郎貢弟古谷氏ト参リ鈴木家モ主人死亡後整理ノ都合取調ヘシ所、債権ト債務差引不足金三百五十円モアルニツキ何卒同情ニ預リ度旨申述ヘ帰ラル。

主人朝六時十九分ノ一番列車ニテ市川、浮谷権兵衛氏（政友会県会議員）宅ヘ行ク。用件ハ浮谷氏ト共ニ相続税ニ関シ税務署ニ行ク為ナリ。

地方地主たちの連帯感は、民政党であろうが、政友会であろうが私的な助け合いにおいて党派を越えてちょくちょく見られる。相続税問題は地主たちに直接関わる大きな共通問題であろうから、税務署に圧力をかけに行くのだろう。

杉野木下登記所ニ行ク、途中相続仕（資）金ノ為メ九十八布佐支店（現千葉銀行）ヨリ日本勧業銀行払壱百枚担保トシテ金四千五百円也一月十九日払ノ約手ニテ借用ナシテ行ク。

二年一二月二二日　鈴木貢相続人同亮太郎ヨリ限定相続（相続に依る債務が相続する財産の額より多い場合、相続財産で弁済し得る分だけ弁済するという留保を付けた相続の承認）ヲナセシニヨリ、貴殿ニ対シ若シ債権モアラバ昭和三年二月廿五日迄ニ種類及請求限度申出ラレタシトノ手紙参ル。依テ榎秀ニ話シ筒井弁護士方ニ行キ如何様致スベキヤヲ聞クヨウ申渡ス。筒井弁護士ヘ早速紹介（照会）問合セノ手紙ヲ出サシム。上記ノ件ハ保証人ハ古谷豊（鈴木貢ノ弟）ニテ相当資産アリ。

相馬銀行からの損害金参万円も大きな痛手なのに、降って湧いたような民政党の同志の借金参千円も危うくなってきて、杉野の対処は如何なのだろうか。

武一氏トラホームノ為メ主人コト（女中）ヲ返シ武一氏ヲ鈴木先生宅ヘ診察ニ行ク。東京ノ専門医ニ診セ療治セシ方宜敷シカルベシトノ事故、午後二時自動車ニテ立木ニ送ル。何方ガ宜シキヤ、大野六郎氏ハ眼科医故知人ハ多カルベシト思考、尋ネシニ夕六時帰宅、埼玉ニ六郎氏ノ知人ニテ非常ニ上手ノ医師居リ、立木ノ婆モ其の医院ニテ全治セシ由ニテ明後日立木古川内儀共々ニ行クトノ事ナリ。

当時水の衛生が悪く、トラホーム（トラコーマ）に罹患する者が多く、慢性化すると視力低下、失明に至ることもあった。

二年一二月二四日　主人ニハ武一氏眼病ノ為二番列車ニテ埼玉県下ヘ同人及ビコトヲ連レ出発ス。立木（母美代子の実家）古川内儀（母方の祖母）モ同行ノ筈。
筒井弁護士ヨリ二十四、二十五日来宅トノ葉書榎本秀次郎持参、明日三番ニテ上京スベキ旨申シ居レリ。

二年一二月二五日　夜十二時五分、和田金物店ヨリ出火、同一時頃鎮火ス。斉藤建具屋、杉野参ル、見舞客多数有シモ一々記シ難シ。主人ニハ二番列車ニテ千葉市憲政会支所へ開（会）議ノ為赴カル（昭和三年に民政党と改名）。

火事騒ぎの後でも青年党員は会議に出かけている。県議会やこれから始まる普通選挙対策でも議論したのであろう。青年は客気にはやっているだろうから。

榎本秀次郎三番ニテ上京ス。用件鈴木貢へ用立テ金ノ件、同人死亡相続人ヨリ限定相続セル如キ通知アリシニヨリ処理方ヲ聴取スル為筒井弁護士ヲ訪問ノ為ナリ。榎本秀次郎氏五時東京ヨリ帰ル。筒井先生ノ話ニハ証人《（ママ）》古谷へ連帯委任故、直接請求デキ得ルモノニシテ亮太郎ヘノ申出ハナスモナサザルモヨロシキ由ナリ。筒井氏ニ依頼スルナレバ簡略ニ取扱旨申居ラレタリ。

松戸税務署ニ手紙出ス、明春ナラン。

昭和三年三月九日　故鈴木貢氏ニ対スル借用金ノ件本日金千五百円持参致シタガ既ニ弁護士ニ依頼シタノデ筒井氏宅へ持参セヨトイウ。

三年四月一二日　半額壱千五百円デ解決シタ。

三年五月六日　筒井源吉ヨリ榎本秀次郎宛テニテ相馬銀行ニ対スル破産申請申立ノ件、二十七・八両日ニ亘リ、佐藤氏来訪発送同意ヲ求メラレシモ拒絶セリ。本件ハ弁論ヲ開キ書面審ニ移サレタレバ才（裁）判所書記迠通知アリ、依テ前受入ノ金参万円也損害ニ該当ニ充スル事ニナリタリ。右金引渡シタキニ付旨都合良期日来所ヲ待度キ旨書面ナリ。

三年五月九日　福島裁判所ヨリ下ノ如キ呼出状参ル。

　審問期日呼出状

　　申立人　榎本次郎右衛門

　　債務者　株式会社相馬銀行

右当事者間ノ昭和二年　第九号破産申立事件ニ付キ審問期日ヲ昭和三年五月十八日午前九時ト定メラレタルニ付キ当裁判所破産法廷ニ出頭セラレタシ、但シ正当ノ理由ナクシテ呼出ニ応ゼザルトキハ破産法第百五十四条ニヨリ引致セラルルコトアルベシ。

　　　昭和三年　五月七日

　　　福嶋区裁判所　裁判所書記

　　　　　森山善一　印

　注意本人以外代理ヲ許サズ

一、出頭ノ節ハ此ノ呼出状ヲ法廷ニ差シ出ス事
一、本件ニ付差出書面ニハ必ズ事件番号ヲ記載スル事

仍テ榎秀ヲ呼ビ明日筒井弁護士ヲ訪ヒ相談スル事ニナス、其ノ節、明後十一日亡父ノ三回忌法要ノ料理代、客分廿一人前、働キ共ノ他ノ分廿人前依頼ス、

三年五月一〇日　榎本秀次郎、朝二番ニテ上京ス。用件ハ相馬銀行事件ニテ福島裁判所ヨリ主人呼出ニナリタルニツキ筒井弁護士ニ意向ヲ伺ウ為ナリ。当日ニハ山本弁護士主人ニハ同導スル由ナリ。

三年五月一一日　此日興隆院殿ノ三周年忌法要ヲ営ナム。

来客及び徳満寺から二人、延命寺から一人の僧、大勢の手伝人が参集して厳かにまた賑やかに過ごした。父正夫の法要である。

福島裁判所ヨリ來ル十八日呼出ハ出頭ニ及バズト通知來ル。

三年五月一四日　筒井弁護士ヲ訪問セシニ不在、小平氏ニ面会ス福島裁判所へ行クト申居レリ。

三年五月一八日　筒井弁護士ヨリ手紙ニテ相馬銀行破産申請事件ニ対シ十七日斉(佐)藤富十郎来所、本月三十日ニ約束条件ヲ決断スベキ旨申出、福島裁判所ヨリ申請ヘノ同意アレバ夫レ決定ヲ乖課スベキ同意ヲ得タル由ニツキ承諾ノ上判事宛申込ヲ容ルル旨上申致シタキトノ赴キ申シ来ル。

三年六月一日　筒井弁護士ヨリ相馬銀行ノ件申来ル。本日佐藤富十郎氏ヨリ現金七百円也、約手額面二千五百円(同人振出榎本宛　満期ハ三ヶ月支払場所当事務所)一通受入破産申立取下書交附ス。右約手ハ支払ヲ得タル場合ニ判決主文ノ請求額中へ内入トスル条件残額ハ一般債権者ト同一請求権ヲ維持セ居ルルハ[呼九](呼出番号九番の破産申立事件)ヨリノ事、尚破産供託書至急取下手配可致事。

とりあえず弁護士の言に随い、現金七百円と約束手形二千五百円という結果をもたらした弁護士への着手金、裁判所への供託金五百円と合わせると既に八百円、三万円の内一割でも取り返せるのだろうか、杉野の不安は募るばかりである。焦燥の中でも相続税は一応決定してホッとしたのだろう。

三年六月八日　松戸税務署ヨリ所得税決定額及収益税ニ決定通知アリ。

所得税　壱萬六千七百六十円（現在値換算八三八〇万円）

収益税　弐千円　　（同上　一〇〇〇万円）

納税がすみ、一段落と思ったとたん、今度は七月一日に武一がまた眼病に罹患して埼玉県鴻巣にある箕田病院（かってトラコーマで入院して全治した病院）に、女中いち、婆やを連れ元吉が送って入院することになった。

三年七月一〇日　主人ニハ武一氏眼ノ手術、明十一日施行スルニツキみた《(箕田)》病院へ行ク。

眼の手術は何なのか不明だが、以前トラコーマの件で取材したとき本人に質問したことがあったが、御本人はそれが原因で眼科医になったわけではないという。将来は軍医になるにせよ、ちゃんとした学問をしておきたかったそうだ。氏の年代は学徒動員のただ中で、学業半ばで戦死した人も多かった時代である。生きて激動の時代を乗り越えてきたのだから、感慨も一入だったろう。後継ぎの洋一先生も、布佐で立派な眼科医院を開院されている。

〔閑話休題〕先に相嶋開墾について低利資金を借入希望の人がいて、有力者を保証人にたてて無担保の融資を依頼されたことがあったが、杉野は保証債務は家憲により一切出来ないことになっているからと固く断っている。借金の連帯保証人になって財産を失った人を見ているからこそ、保証人厳禁の家訓を遺したのであろう。

三年八月二一日　主人ニハ自動車ニテ榎本仙太郎ヲ連レ廻リ、病院ノ武一氏ヲ迎ニ出掛ケラル。元吉同様汽車ニテ行カル、写真器忘レシニツキ榎本之ヲ三番列車ニテ赴カシタ。

無事に眼病が治って写真を撮る段になってカメラを忘れた事に

気付き、すぐ之(ワタル)を届けにやるなど、皆がどんなに後継ぎの武一を大切に思っているのか、よくわかる記述である。

三年一〇月三〇日　筒井弁護士ヨリ例ノ佐藤富十郎振出手形に付前後ノ合意ヲ促セリ。解決セザレバ訴訟手続キノ外ナサルベクト話シ手形ハ東京地方裁判所へ頼ニ得ル筈、一応意向伺ウト申シクル。

破産申請を出したのに思惑違いで不渡りを掴まされ、相馬銀行にも、筒井にも怒りがおさまらないのだ。

三年一一月一一日　筒井弁護士ヨリ相馬銀行ノ残務切手佐藤富十郎ニタイスル件、最後通牒ヲイタセシニモカカワリモセヌ故此ノ上ハ注意ヲ促スモ無意味ニツキ訴訟手配イタシタイガ如何トノ聞キ合ワセ手紙アリ。

三年一一月一二日　筒井弁護士、佐藤富十郎振出手形ノ件訴訟手続スル様訴状ダス。

三年一一月二三日　筒井源吉へ兼ネテ委任セル相馬銀行ノ件、佐藤富十郎ヨリ振出ノ手形ニ対シ榎本秀次郎へ譲渡ノ上訴訟ノ為同人ノ告発状ヲ出ス様榎善ニタクス。

相馬銀行の動きを追ってみたら、約束手形で少しでも破産時期を延期しようと言う腹が見え見えで、依頼した弁護士が甘いのではないかと思う。杉野が約束手形を第三者である榎本秀次郎に渡して裁判に立ち向かい、どのくらい返済させるか見ものなのだが、その後の日誌などでは筒井弁護士のことは出てこない。

杉野は筒井弁護士と相馬銀行よりの参萬円の損害について、結局七百円の現金を受け取っただけで、訴訟費用は裁判所へ五百円、弁護士に手付けとして三百円支払っているので、かえって損害が広がった。榎本秀次郎へ不渡約束手形を移譲して返却を迫った。『福島県銀行史』によると、昭和六年五月に相馬銀行は解散。また『福島県金融経済の歩み』では、昭和七年三月に破産となっている。時勢がもたらした金融恐慌で多数の銀行が破産消滅したのだから、もって瞑すべきなのだろう。鈴木貢家の一件も、連帯保証人になったが為の連鎖倒産をさせず半額の弁済で和解するなど、中々人情味のある番頭さんではなかろうか。

相馬銀行の結果は赤字となることはわかっていても、番頭の職務上、裁判という形で決着するのが正攻法なのであろう。

三万円の損害がなかったら、あるいは井上家と共同で手賀沼の開墾事業を行ったかもしれない。しかし、実直な杉野は、それでも断ったかもしれない。昭和恐慌は、あらゆる所で、人の心に不安を増殖させたと思われる。

【参考文献】

『千葉県議会史』四巻
『我孫子市史研究』五
『房総農業史』大内 力著
『千葉銀行史』
『福島県銀行史』
『福島県金融経済の歩み』
『地域社会史研究』二号　クリオの会
『物価の世相一〇〇年』　岩崎爾郎
『値段の明治大正昭和風俗史』週刊朝日編
『続値段の明治大正昭和風俗史』同編

「北新田」の開拓

中澤　雅夫

国道六号線を我孫子から取手の方に行くと、我孫子警察署の少し先から左側に、利根川に沿った田園風景が拡がる。

この田園は利根川の河原を上流に向かって柏市を通り、野田市との境に至る広大なもので、我孫子市の「北新田」はそのうちの東の一部分、国道六号線から柏市の布施弁天下地先の少し手前までである。

昭和二〇年（一九四五）八月一五日、昭和天皇の玉音放送を以て第二次世界大戦が終わった。

敗戦国となったわが国は、焦土と化した国土に復員軍人、軍需工場からの失職工員、海外からの引き揚げ者、親を失った孤児などが巷に溢れ、深刻な食糧難に見舞われた。

これらに対処するため、政府は占領下にあって同年一一月九日、「緊急開拓事業実施要領」を閣議決定し、これに基づいて千葉県では「千葉県緊急開拓事業実施計画」を策定した。

この利根川流域の開拓はその一環として実施されたもので、北新田ではパラオ・満州からの引き揚げ者を中心として、地元の人々の協力を得ながらの苦闘の物語があった。その様子は『千葉県史』、『我孫子市史』、『柏市史』などの他、パラオ開拓団の『利根地区　入植二十年史』（昭和四一年三月）に記されている。

その前に、利根川と当地区の歴史を概観しておくこととする。

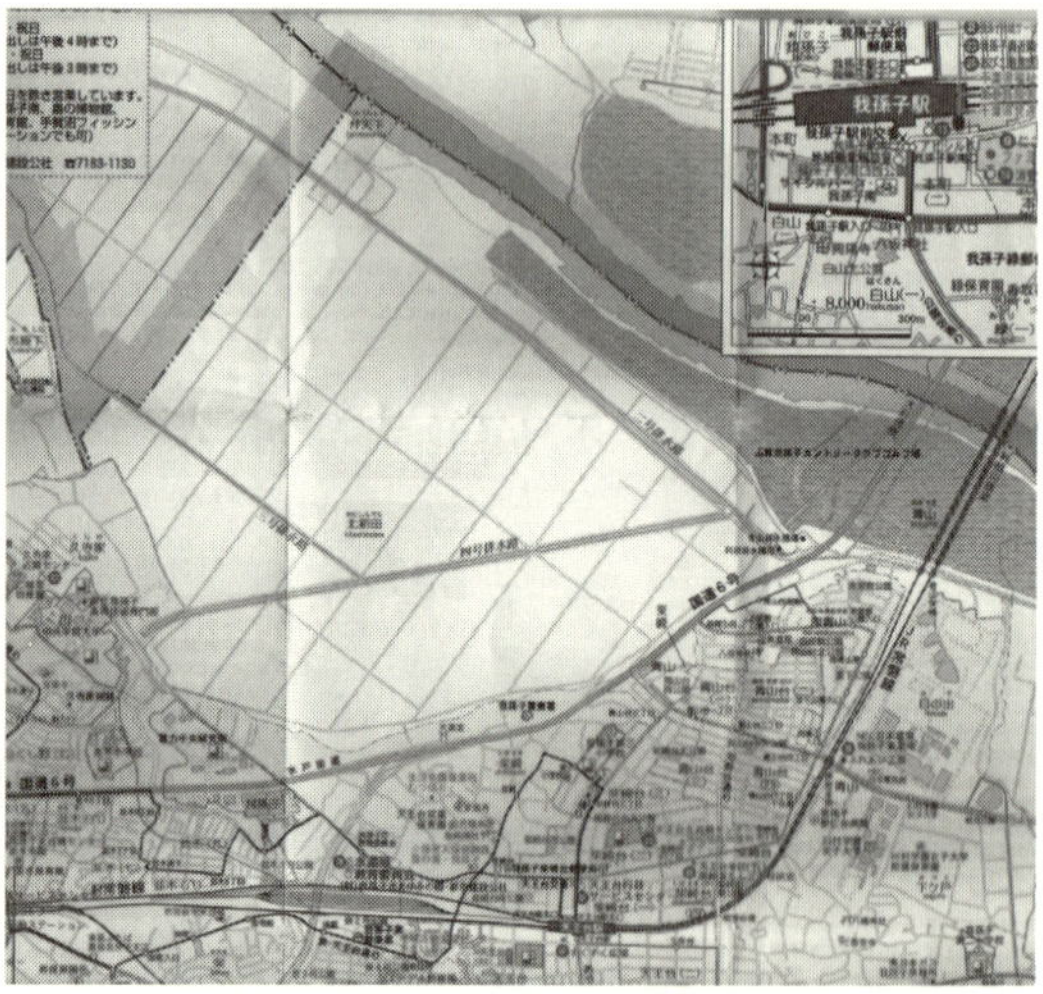

平成24年「あびこガイドまっぷ」

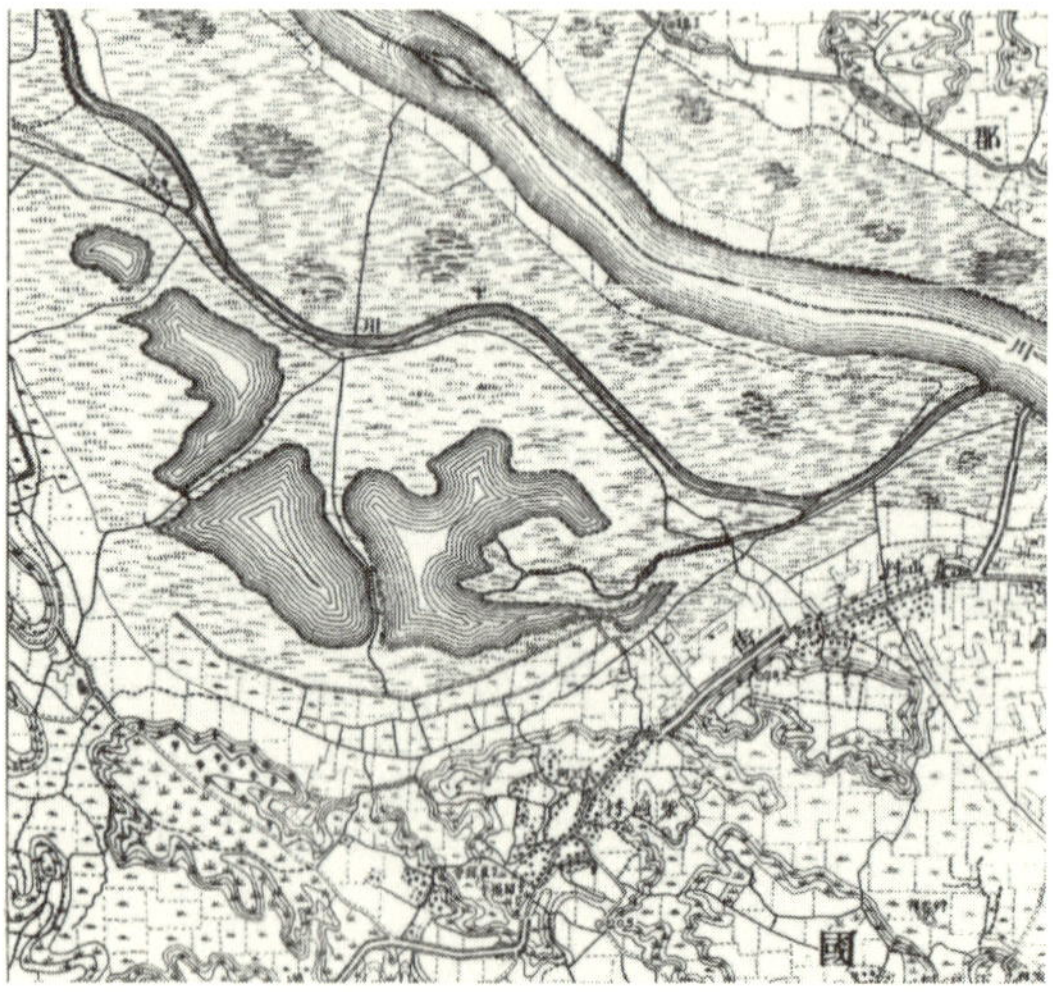

明治10年代の姿（迅速図）

一　利根川の歴史

赤松宗旦義知著『利根川図志』によると、利根川は上野国利根郡藤原の奥にある文殊山に発し、江戸川が分岐する関宿までを上利根川（約二八里、約一一〇km）、そこから小貝川が合流する布佐辺りまでを中利根川（約一六里、約六三km）、そこから河口の銚子までを下利根川（約二〇里、約七八km）としている。

一方、金井忠夫著『利根川の歴史―源流から河口まで―』などによると、利根川は群馬県最北端、新潟県との県境近くにある大水上山《おおみなかみやま》（標高一、八四〇m、利根岳とも言う）を源頭とし、同山山頂から南西に延びる三国山脈と南東に続く帝釈山地が作る八の字型の内側の急斜面を源流が流れ落ちているという。

なお、『利根川図志』にある「文殊山」を源流とする説は、大水上山から一〇kmほど下流で左岸（東側）から合流する水長沢が利根川の本流であると言われ、その左支川の文神沢左岸にそそり立つ文殊菩薩の岩から落ちる水滴が、利根川の水源であるという伝説が、明治時代まで伝えられていたことによる。

日本で最も長い川は信濃川で延長三六七km、利根川はそれに次ぐ三二二kmであるが、流域面積では、信濃川は一一、九〇〇km²で第三位、それに対して利根川は一六、八四〇km²と日本一である。

また、利根川は坂東太郎と言われ、これに次ぐ河川として、四国次郎吉野川、筑紫三郎筑後川があり、この三川を日本三大河としている。

利根川は元々江戸湾（現東京湾）に流れていたが、江戸の町の洪水を防ぎ、舟運路網を拡大し、新田開発を進めるため、利根川の水を銚子から太平洋に流すようにする「利根川の東遷事業」が行われた。

その経緯を『利根川の歴史』では次のように述べている。

「文禄三年（一五九四）の会の川（南利根）の締め切りを第一回の東遷事業として、元和七年（一六二一）の伊奈備前守忠次による新川通の開削を第二回東遷事業とし、寛永十八年（一六四一）の関東郡代伊奈半十郎忠治《ただはる》による、権現川・逆川・江戸川上流の開削を第三回東遷事業、そして、承応三年（一六五四）の関東郡代伊奈半左衛門忠克《ただかつ》による第四回東遷事業の赤堀川の開削により、鬼怒川に連絡したことによって、六〇年間を費やした瀬替工事が完了し、遂に利根川を東遷したというのが、利根川の瀬替・東遷物語の概略です。」

しかし、利根川の東遷は下利根川に洪水を集中させることとなったので、その対策と流域に新田開発を進めるため、利根川の水を霞ヶ浦に直接放流することとし、寛文二年（一六六二）から同四年にかけて新利根川を開削、同六年に布川と布佐の間を締め切った。しかし、新利根川は流れが速く、平水時は水深が浅くなって舟運に支障を来し、洪水時は一帯が内水氾濫するなど不都合であったため、翌七年から八年にかけて元に復した。

これにより、布川と布佐の下流に開発された新田は潰れ地となり、流域の新田地帯を守るために堤が築かれ、手賀沼への舟の乗り入れは出来なくなった。

ところで、治水対策には関東流と紀州流がある。

関東流は、蛇行する河川の自然地形を生かして、大水の時に一時水を溜める調整地と、一部水が溢れるように低くした堤防を要所々に造って、下流での洪水を緩和させる治水策で、関東平野を蕩々と流れる利根川の治水から発達したと言われている。

これに対して紀州流は、堤防を強固にして、直線的に海に流す治水策である。

現在北新田のある流域はその調整地の一つで、田中調整地と名付けられていた。

二　江戸時代の当地

当地は北西から北東に流れる利根川の右岸、すなわち南西に拡がる湾状の河原で、洪水時にできた押堀《おっぽり》が、大きいのが三つと小さいのが一つあり、それらと本流との間に中川と呼ばれた流れがあった。それらの周囲は湿地帯であったが、湿地帯は一様だったわけではなく、幾つかの比較的固い土地を持つ島と呼ばれる場所と深い湿原から成っていた。

この右に傾いたような湾状の湿地帯には、南東に青山村と柴崎村、南西に久寺家村と布施村があった。これらの村々にとっては、この湿地帯は家畜の飼料、農産物の肥料、燃料にする薪、屋根用などの葭や茅、魚などを得る貴重な場所で、各村の専用地域その他を取極めて入会地として活用していた。

時には村と村の間で紛争が起こったことが記録として残っている。尤も紛争が起こったので文書に残っているのであって、しょっちゅう紛争を起こしていたわけではないと思う。日常の、いつ、誰が、何を、どれだけ、採ってきて、何に使ったかなどが記録に残っていたら、当時の入会地をめぐる生活がもっとわかって良かったのにと思う。

いずれにせよ、幾つかの紛争の事例をみて、当時の様子の一端を見ることとする。なお、『資料編』には掲載されていないが、他村による襲撃、農具強奪事件などもあった。

1　悪水堀をめぐる紛争

「乍恐以書付御訴訟奉申上候」（飯田哲也蔵、『我孫子市史資料近世篇Ⅲ』より。

この一件は、青山村が一村で堀浚いをする八端堀の浚い方が十分でなかったので沼内が湛水して流作場が水腐してしまったと柴崎村、久寺家村、布施村の三か村から言われ、これが裁判沙汰に発展、仲介者が入って、八端堀の堀幅を拡げて四か村で堀浚いすることで内済したが、そのために青山村の損地が予想以上であり、しかも三か村が不法に浚っていて堀崩れも起きているので、それを止めさせて欲しい、と青山村が訴えたものである。しかしこの一件の結末については、『資料編』に記載が無いので不詳である。ただ、この一文からも、落堀（排水路）の管理が領主や当該村々にとって如何に重要であるかを窺い知ることが出来る。そして、その重要性は現在も全く同じである。

青山村名主丈助の訴訟内容は概略次の通り。

「青山村地内の字前嶋八端堀は大釜入沼の水吐け路で、他に小堀というのがあり、青山村が堀浚いをしてきた。しかし、浚い方が不行き届きなため沼水が溜まって流作場が水腐してしまったと三か村に言われた。

八端は広いので堀浚いは四か村で行うようにしてほしいと申したところ、利根川本流から沼に魚を引き入れようとする企みであろうと言われ、中川岸で築留めて八端堀を広げ、沼口と川口共、田地を潰して新規に堀を作ろうという。

流作場に水が溜まったというのはまったく偽りである。

三か村の沼中には馬草場道が三筋ある。そのうちの二筋は四尺位の悪水落としが一か所ずつ、一筋は三尺位、この三か所があるだけで、狭くて水行に支障がある筈。去る申年（文化九年（一八一二）四月、三か村が右堀浚いについて奉行所に提訴、吟味中に扱人が入って内済した。

その内容は、小堀は川口で築留め、八端堀を沼口五間、川口七間、中間六間に幅を広げ、堀浚いは四か村で行うというもので、三か村はこれで十分であったが、小村で困窮している当村は村入用にも差し支える。それほどの損地にはならないだろうと内済に及んだが、その議定以上に堀幅を広げられ、損地が増えて至極難儀している。

寛保年中（一七四一～一七四四）の村差出帳に大釜入の板橋が長さ七尺、横六尺とあるので、堀幅は四尺位もあろうか、堀浚いをする度に二間から場所により三間崩れた。内済した議定で堀幅を広げることになり、それ以上に広げたので浚い上げた土砂により潰れ地が多く、御水帳も不足になるので、その旨再度掛けあったが聞き入れられなかった。

水吐けに支障なく、潰れ地が出来ないようにするので、新たな堀崩れを止めてくれるよう、三か村に掛け合ったが、全然聞き入れてくれないばかりか、議定に相違した浚い方をされている。現地を見分して頂ければ、浚い方が不法であることがおわかり頂ける。困窮の村が至極難儀しているので、是非なく訴訟する。」

2　堤の切れ所修復をめぐる紛争

堤は、落堀（排水路）と同じく、非常に重要な施設である。

この一件は、文政七年（一八二四）、出水のため青山地内で堤が切れ、修復を国役普請で行ってほしいと要望したが断られ、領主が一部負担するものの、自普請とされたので、耕地が地続きでこの堤の恩恵を受けている柴崎村に助力を申し入れ、柴崎村は、本来青山村が一村で修復普請すべきであるが要請に応えるとして、人足を一〇〇名出すと回答した。しかし青山村はそれでは不足である、反別割合を以て負担して欲しいと再三要請、裁判となったが、文政一一年（一八二八）、堤は一村限りとする判決に終わった。

本件に関しては『我孫子市史資料　近世篇Ⅲ』に、

・文政九年（一八二六）四月付けで古山善吉代官から勘定所宛に出された覚書
・文政一〇年三月付の青山村名主丈助の訴状、
・文政一一年四月二五日付の裁定が下った柴崎村名主磯右衛門の覚書（済口証文）

が所載されている。

このうち古山善吉代官の覚書に本件の内容が詳細に記されているので、その概要を紹介することとする。

「文政九年（一八二六）柴崎村（覚）」（川村正信蔵）より
「本多遠江守殿領分下総国相馬郡青山村より、私御代官所並びに初鹿野《はじかの》河内守、新見《しんみ》忠右衛門知行分同郡柴崎村へ掛かり、青山村地内利根川通り囲い堤自普請人足助合いの義、お尋ねに御座候。

この義は、右青山村名主丈助、去る酉年（文政八年（一八二五）

七月、領主役人の添え状を持って私役所へ願い出たのは、地内利根川通り囲い堤が去る申年（文政七年）出水のため切れ所が出来たので、国役普請を願ったところ、お勘定方が検分の上、ご沙汰に及び難いと仰せられたため、領主の普請を願った。

手当はあったが、それでも行き届かないので、以前から一村普請の場所ではあるが、柴崎村は隣村で耕地が地続きなので、相応の助力で人足を出してほしいと掛け合ったところ、百人出すとのことだった。しかし、それでは普請出来難いので、水腐反別の割合で出してくれるよう再度掛け合ったが、百人の他は出し難いとのこと、柴崎村の理解を得て今後は反別割合で人足を出すよう申し付けてほしいと願書を出した。

柴崎村役人を呼び出した処、河内守忠右衛門方へも同様依頼があり、一村同様に取り計らってほしいとのことだったので、右知行所の役人共を地頭から呼び出し、続けて家来を村役人のもとへ行かせてこれまでの仕来りなどを糺させ、隣村なのだから実意を以て助け合うようにと、篤と言い聞かせた。

すると、青山村、柴崎村とも利根川通りに川除囲い堤の普請所はあるが、昔から組合普請所ではなく、一村立て御普請で来ていて、人足の助け合いは無かった。それが、去る申年、青山村の堤切れ所が自普請となり、行き届かないということで助人足の願いがあった。しかし全て自普請ということではなく、領主より手当米があり、その上助っ人を出せというのは身勝手なことである。御料私領の村役人一同で相談したところ、年々の自普請だけでも村方の人数では行き届かず、賃金を払って人足を雇う状態で、とくに右普請は農繁期でもあり、気の毒ながら断った。一年限りといっても前例を破ることとなり、今後水腐割合で差し出すようになって際限が無い。前からの仕来り通りを願う申立書を出したということであった。

以上により、強いて助力を申し付けることは難しいので、その旨願い人（青山村）にも申し聞かせ、領主役人へも返書を認めておいた。」

「此時御勘定月番は石川主水正様であったが、本多様より御月番へ人足助力願いの書面を立てられたので、右の始末、古山様にお尋ねになったので、又々古山役所より差し紙が来、出府したところ前書の始末を聞かされ、古山様より斯くの如き書面を御奉行所へ差し上げたので、古山御役所より内々に披見するよう遣わされたので長々と写してきた。左様に心得られたい。以上」

三　「北新田」の開拓

1　「緊急開拓事業実施要領」

昭和二〇年（一九四五）八月一五日、第二次世界大戦が終結した。前述したように荒廃した国土に溢れた失業者、深刻な食糧難に対処するため、政府は同年九月、農林省に開拓局を新設し、失業者の帰農促進と食糧自給化対策とを目的とする緊急開拓事業を開始し、同年一一月九日、「緊急開拓事業実施要領」を閣議決定した。その内容は次の通り。

一、五年間に内地八五万町歩、北海道七〇万町歩、計一五五万町歩を開墾する。

二、概ね六年間に湖面七万五千町歩、海面二万五千町歩、計一〇万町歩を干拓する。

三、概ね五年間に内地八〇万戸、北海道二〇万戸、計百万戸の入植を行う。

帰農入植者は、集団入植が内地三五万戸、北海道二〇万戸、計五五万戸で、一戸当たりの経営面積は、東北地方二・五町歩、東北以外の内地一・五町歩、北海道五町歩とする。

四、食糧増産目標として、

開墾地は米換算で一、四〇〇万石の米、麦、豆類、藷、雑穀類の生産を挙げる。

干拓地は米二百万石、麦三四万石の生産を挙げる。

2 千葉県の開拓事業

①下志津原《しもしつはら》開拓団、大日帰農組合

この緊急要領に基づき、千葉県でも開拓を進めることとなったが、それに先立ち、終戦直後から、下志津原《しもしつはら》（二、四〇〇haにも及ぶ旧演習場。四街道市、佐倉市、千葉市、八千代市の一部）で、周辺の旧軍関係施設を中心に復員軍人・軍属が帰農を希望して開墾を始め、九月一四日に下志津原開拓団を結成、戦死者遺家族、戦災者、引揚者、周辺農家の次三男なども集まって、旧軍建物や兵舎で寝起きし、炊事や開墾作業などを分担する共同生活を営んだ。

しかし、殆どが人力による開墾であった上、肥料が不足していて、演習場であった土地の開墾は甚だ困難であった。多くの人が農業未経験者であったこともあって離農する者も多かった。また、共同生活は軍隊の階級をそのまま残したもので、次第に内部から批判が高まり、個人経営方式へ移行する準備が進められた。

その結果、翌二一年（一九四六）四月に大日《だいにち》帰農組合を発足させ、翌二二年春に個人経営に移行した。同時に、同年度に確立された開拓者住宅建築資金制度により、大日地区（四街道市）に一六三戸の七坪住宅が建築された（『千葉県史』）。

②千葉県の罹災世帯数、引揚者数

千葉県の戦災者世帯は約一万四千世帯（うち、千葉市八、一二五世帯、銚子市四、八六七世帯）であった（小野哲《あきら》知事名で出された「戦災復興並同胞援護事業資金募集趣意書」）。

一方、敗戦時に海外にいた軍人・軍属および一般邦人は約六六〇万人とされ、昭和二二年までに日本へ帰還した者は六百万人超と推定されている。千葉県では、昭和二六年（一九五一）までに軍人・軍属約七万三五〇〇人、一般邦人約三万六〇〇〇人、計約一〇万九五〇〇人に達したという。

引揚者については、昭和二〇年一一月一日付山武地方事務所長の各町村長宛通牒「戦争終結に伴う外地及外国在留邦人引揚民に対する援護に関する件」で、上陸地の地方長官から引揚証明書を交付された者に食糧・生活必需品の配給、住宅・就職の斡旋などの対策を講じるよう示されていた。そして、引揚者・戦災者には衣料品・生活必需品・食糧品・連合軍から返還された物資などが特別配給された。

③「緊急開拓事業実施要領」による開拓

千葉県では「緊急開拓事業実施要領」に基づき、前述の下志津の他、習志野などの旧大演習場、旧軍用飛行場、各種旧軍施設等の軍用地の開拓から計画が進められた。まず、飛行場一〇か所、演習場五か所、総面積五六九七haを選定し、そのうち一〇地区は農地開発営団、五地区は市町村農業会が事業主体となって開発に当たった（『戦後県政の歩み』昭和三六年千葉県発行）。

昭和二二年、利根運河から我孫子市に至る利根川流域約千二百町歩に及ぶ遊水地の開拓が国営事業として実施されることとなり、富勢村、田中村、我孫子町の有力者等から成る社団法人利根開発協会が設立され、国営の委託事業として進められることになった。

当時の開拓政策では、関東地方の水田開拓地の一戸当たり配分面積は最高八反、地元民への還元面積は造成耕地の一割以内、とする方針であった。しかし、利根遊水地では洪水被害の頻度と、未墾地買収の際に地元町村との間で地元優先の約束が交わされていたため、地元町村の農家には一戸当たり一町一反余になるように増反面積を配分し、地元の戦災、引揚、復員者及び農家の次三男とパラオ、満州の引揚者及び東京の戦災者には一戸当たり二町歩を配分することになった（『我孫子市史　近現代篇』）。

④パラオ開拓団の『利根地区入植二十年史』より

『利根地区入植二十年史』（昭和四一年（一九六六）三月発行）には、東利根専務理事、東利根開拓農業協同組合組合長、利根土地改良区理事長を歴任した松谷俊夫氏の「利根地区開拓建設の概要」と「パラオ団の経緯」、並びに関係各氏による想い出の記が掲載されており、開墾の御苦労の一端を窺うことができる。このうち、前二者を見ることとする。以下はその要旨である。

○松谷俊夫氏著「利根地区開拓建設の概要」より

「利根開拓地は坂東太郎・利根川の中流部で、千葉県の北部、茨城県に隣接した利根川の遊水地、建設省によれば田中遊水地と称せられる地区である。

上流部は野田との境の利根運河、下流は常磐線が利根川を横断する地点、長さ一二km、幅最短五百mから広い所は二千mに及ぶ周囲二七kmの細長い地区である。

開墾の指定は昭和二二年初め、国の直轄工事の予定であったが、富勢村代議士成島勇氏を中心に田中村、富勢村、我孫子町の有志により社団法人利根開発協会が設立され、国の委託事業として進められることとなった。

この地区は一万筆以上に分筆された民有地で、地元の非常な反対もあったが、地元優先ということで、国家買収が完了した。堤防の締め切り工事、排水機場、幹線排水路などの工事は昭和二三年初めに開始されたが、非常に難工事であった。

地元三か村の一戸当たり耕地面積は平均七反余、農業従事者一人当たり二反以下と極めて貧しかった。そこで、地元には一戸当たり一町一反余になるよう増反、地元の戦災、引揚、復員者、農家の次三男と純粋の外地引揚者としてパラオ、満州、東京罹災者には一戸二町歩の土地配分計画を作って県・農林省と折衝、何とか計画通り昭和二三年入植選考を終え、入植三百戸、増反九百戸、計千二百戸が決定した。」

○「パラオ団の経緯」より

昭和二〇年八月一五日の終戦後間もなく引揚命令が出て、全員着の身着のまま、手荷物一人一個程度でアルミズ地区に集められた。

翌昭和二一年一月三一日、米国の上陸用舟艇四隻に分乗してパラオを後にし、二月八日、浦賀に到着、浦賀造船所の工員寮に収容された。落ち着き先のある者は夫々発って行き、残った者は同月二二日、後続引揚者のためにそこを引き払い、習志野の旧兵舎に移された。

引揚援護会により入植希望地などを聞かれ、千葉県内を希望した。その結果、三月一〇日、利根川流域に開拓計画を持っていた千葉県農業会連合会会長成島勇代議士との懇談の場が設けられ、堤防を構築して開拓するとの計画を伺い、築堤工事への協力を要請された。ただし、その地は民有地で、買収交渉を進めているとのことであった。そのため、最初から入植希望で工事に出ていると言わないことと賃金が一日五円で安いとのことであった。

希望を募ったところ約四〇名集まったので三月一四日に『千葉入植組合』を結成した。林組合長と伊藤副組合長が富勢村を訪問、成島氏の計らいで富勢村小学校の裁縫室を借りる手筈を整え、四月二九日に先遣隊九名が富勢村に入った。

一一月、裁縫室を宿舎としていたことに地元の批判が出てきたので、富勢村農業会長川村敏郎氏に相談、同氏所有の古材と建設省の工事場にある古鉄板の提供を受け、坂巻義治氏の大日様近くにある六反歩の土地を借りて二〇坪余の掘っ建てバラックを建てて移った。屋根が赤く錆びていたので、パラオの赤屋根御殿と呼ばれた。

この間、習志野では寮長の許可を得て周囲の空き地に野菜や馬鈴薯、甘藷などを植え付けた。甘藷の苗は県知事からの贈り物であった。一〇月には堤防工事に出ていた者も一時戻ってきて全員で芋掘りをするほどの収穫があった。

富勢村ではパラオの他に朝鮮、満州、南方からの引揚者もおり、国の援護を受ける上での必要もあって、『富勢村引揚厚生会』を結成した。

昭和二二年三月、旧連隊の空き兵舎を借りることができて習志野から全家族が引っ越してきた。生活費を補うため、他開拓地での砕土作業に出たり、南洋群島共助義会から機械を借りて甘藷煎餅の製造、販売なども行った。また、山羊の飼育も行った。

九月一二日～一四日、キャサリン台風による豪雨で開拓予定地は一面濁流の海となった。

昭和二三年二月、葭刈り場二町六反を借用、二二戸に分配開墾して馬鈴薯、豆類、野菜を作付けした。

五月、この地が国の緊急開拓に指定されたことにより、入植者の選考が行われた。我々二二名全員が受かった。

七月、日新開拓団（山形県出身の満州引揚者三三戸）と一緒になって『大利根開拓農業協同組合』を設立した。我々の『千葉入植組合』は『パラオ開拓団』と改称した。

九月一五日、アイオン台風に見舞われたが、同月三〇日付川口為之助千葉県知事名で入植適格証が交付され、土谷津地先四四町歩余の配分を受けた。

翌昭和二四年一月、二三年度分の開拓融資、住宅補助金第一回分を受領、団を三班に分けて共同開墾を計画、役馬を購入して開墾に取り掛かった。住宅用木材は三月に山形県より約千二百石買い付けることが出来、八月末までに全量到着した。

三月、当利根地区の入植者、増反者により『東利根開拓農業

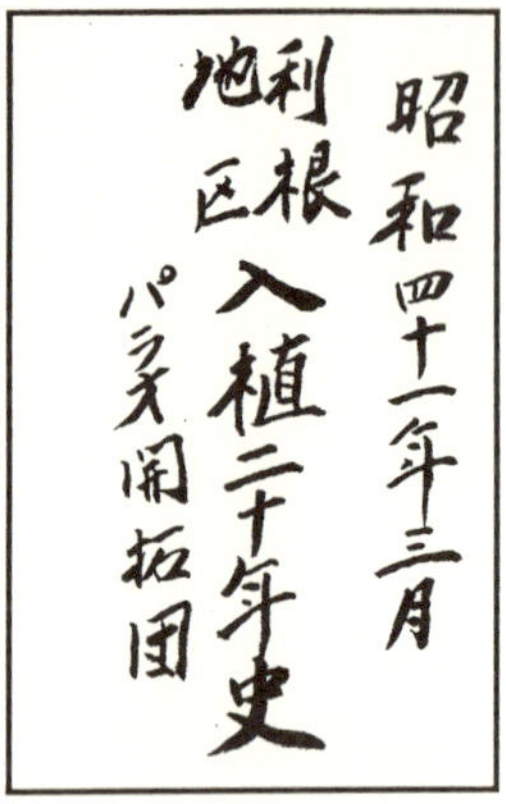

パラオ開拓団が編纂した自分たちの開拓史誌の表紙

協同組合』が設立された。

九月一日、キティ台風。陸稲、タマネギはほぼ全滅した。この後、共同耕作から個人経営となった。

昭和二五年五月、水門は殆ど完成していたが、両側の堤防が未完成だった。梅雨の長雨を五昼夜連続で防いだものの、七月二九日夜半、上流に降った豪雨により水門の両側が決壊、全耕地の作物が全滅した。しかしこの年に初めて耕作した煙草耕作の災害補償金が支給され、救われた。また、八月七日にも洪水被害に見舞われ、農林省から利根開拓中止の話が出た。熱烈に折衝し、この話は無くなった。

昭和二七年、我々の度重なる要望に応えて、漸く建設省が堤防の補強工事に着手した。八月には、各所有地を確定、団地内に耕作地を持っていた地元の人たちとの土地交換も円満に完了した。

昭和二八年、三町三反余の水稲植付が出来た。大昔からの洪水で出来た土地なので、造田は比較的容易で肥沃であった。この年にはハンド・トラクターを購入、運営規約を制定し、翌二九年一月には二八年度付帯工事として、支道延長（三千五百ｍ）、橋梁樋管等の工事を行った。他に、道路のかさ上げ、支線排水路の浚渫なども行った。」

このあと、パラオ開拓団は水との戦いと耕作地の改繕を続けながら、新しい農法の習得、優良農家の視察、新しい農産物の耕作など努力を重ね、次の記述で「パラオ団の経過」の項を終えている。これは五〇年前の記述であるが、環境が全く変わった現在の日本農業全体にとっても相通ずる理念であると考えられる。

「七月　青山水門の改築完成

昭和二十五年の洪水で、堤防が決壊、その時傾いた青山水門は利根川の増水ごとにかなりの漏水があり、排水に苦労して来たが、新水門の完成によって、その障害は一掃された。

揚水機改築、水門の完成と排水機増設の見通しもついた今日、残された幹線排水路の拡張、幹線用水路の補強等は、改良区の事業としても、われわれは、今後の経営に沿うべく耕地の基盤の整備を進め、それに伴う技術の向上も併せて高めるべきである。」

【参考文献】

『千葉県の歴史　通史編　近現代3』
『戦後県政の歩み』（昭和三六年三月、千葉県発行）
『我孫子市史　近現代篇』（平成一六年三月、我孫子市教育委員会）
『我孫子市史資料　近世篇Ⅲ』（同右）
『利根地区入植二十年史』（昭和四一年三月、パラオ開拓団）
『利根川の歴史―源流から河口まで―』（平成一一年、日本図書刊行会発行、近代文芸社発売、金井忠夫）

身近な資料から学ぶ郷土の歴史

茂木　勝己

はじめに

自分の住む地域の成り立ちや歴史、環境を知ることは、郷土に親しむことにおいても非常に大事なことである。我孫子市内でも開発が進み、日に日に山や畑が宅地や駐車場と変わり、開発地の多くは古くからの地名も失われ、〇〇台、〇丁目などに代わってきてしまった。

新しくなることや住みやすくなることを望むのは当然のことであり、否定することはできないが、太古から人々が住み、多くの生活跡を残し、与えられた自然環境の中で日々の生活があった。

身近な資料から自分たちの住む地域にいろいろな歴史があったことを知ってほしい、この思いから、著者は、小学四年生を対象とした授業を実践してきた。本論はその報告である。

一　実践

(1) 遺跡の見学を通して
(2) 身近な資料を活用して――郷土資料室および収集品について

○資料について

郷土学習において資料は重要な役割を果たす。その資料を集めることはたいへんなことである。特に写真は、日頃から地域を観察し、現状変更があったら記録に残しておくことが大切である。古くから住んでいる人や、歴史のある学校では、古い写真が保管されている場合も多く、それを生かせることが多い。

文献においても、地域の歴史書は市内でも多く発行されている。また、ある程度の知識を必要とするが、古文書も数多く残されている。これを解読することによって、その地域の生々しさを知ることができる。また、それを子どもたちに示すことによって、新たな驚きと感動を与えることができる。考古遺物の見方も必要な知識である。

地域学習は、自分から資料を集め、実際に見て、学んでいかないと、興味を持たせるのは難しい。

(1) 遺跡の見学を通して

①下ケ戸貝塚の見学から

我孫子二小から五〇〇mのところに下ケ戸貝塚がある。大規模な発掘調査が行われ大部分消滅したが、道路脇や空き地、畑などで、大量の貝がらが目につく。

発掘調査の際、多くの住居跡が見つかり、大きな集落があったことがわかっている。今でも白い貝殻にまじって縄文土器片を拾うことができる。日頃何気なく見ている風景だが、「学習の場」として課題を与えると表情が変わり、疑問が全面に出て、調べてやろうという意気込みが伝わってくる。

友だちと見せ合いながら貝がらを拾い、縄文土器片のもようをながめ、あれこれ推察している様子も見られた。集めた貝がらや破片を大事そうに袋に入れ、教室に持ち帰った。

○下ケ戸貝塚からどんなことがわかるだろう

教室でグループごとに分かれ、土器片や貝がらを水洗いし、乾かしてから、調べ学習を行う。

紙の上に並べ、図書室から借りた貝の図鑑や、家から持参した学習図鑑などを使って貝の名前を調べた。大部分が淡水のヤマトシジミであったが、アサリやサルボウなど塩分の低い砂浜に生息する貝もあった。「どうして淡水にいるヤマトシジミと、川の水と海水とがまじったところにいるアサリやサルボウが一緒に拾えるのだろう」という疑問も出た。

　当時の関東地方の海水の様子について、県から全員に配られている『水のはなし』を使って調べると、当時この辺は海だったことがわかった（資料1）。海水の退潮期に入り、海水が徐々にさがって、それまでの海水主体から淡水の貝へとかわりつつあった。このことから、この地域が海の入り江だった時代があったことを知ることができた。

　「どんな土器片が拾えただろう」の問いかけには、

・縄みたいな模様がある。
・うすくてかたい。
・もようのあるところと削ったり線を描いたりしているところがある。

　縄文時代の小学生向けの本が少ないので、詳しくは調べられなかったが、それでも特徴として、「縄目もよう」から縄文時代のものであることは確認できた。さらに、発掘調査されたときの住居跡の写真やかまどのあったことがわかる写真三枚を用意し、話し合わせた。

　多くはいわゆる縄文時代後期から晩期にかけてのもの（およそ三〇〇〇年くらい前）で、掘ノ内式とか安《あん》行《ぎょう》式とか呼ばれているものである。

　これらの調べ学習から、下ヶ戸には三〇〇〇年前には人が住んでいたことや、大量の貝がらから、貝を食べていただろうこともわかってきた。でも、もっと古いのもありそうだ。

○郷土資料室にいって大昔の生活を調べよう

資料１　推定した海（『水のはなし』より）

我孫子二小の郷土資料室（詳細は後述）には周辺で発掘された考古学関係の土器が多くあり、縄文式土器や奈良・平安頃の土師器《はじき》などが置かれていた。どのぐらい前から人が住んでいたのか、縄文時代の尖底《せんてい》土器（写真1）を使って調べることにした。

　なぜこんな形をしているのか、考えさせながら進めた。「どのように使ったかふしぎだ」「ねせておいた」などの話が出た。

　だいぶ大きいので、実際には地面に突き刺しておいて、煮炊き用としたと思われ、後に平底にかわってくる。この土器はおよそ八〇〇〇年位前の縄文時代早期のものといわれ、そのころには下ヶ戸に人が住んでいたことを示している。

　教室では、以前拾い集めておいた、縄文時代に使用されたと思われる矢じりや石おの、石皿、すり石などの石器の現物を観察させ、感想を聞いた。

・弓矢で獲物を倒したり、石おので木を切ったりすることはやさしいことではない。刃が切れそうもない。
・木の実をつぶして食料にしたようだ。
・石や土のおもり、網のあとのある土器底から、魚取りが行われていたようだ。

様々な意見が出た。

②二小裏の古墳から

　校舎すぐ裏に円墳が二基確認できる。かっては古墳群を形成していた名残である。明治時代頃、盛り土を削って校舎や校庭として使用した。すぐ脇の

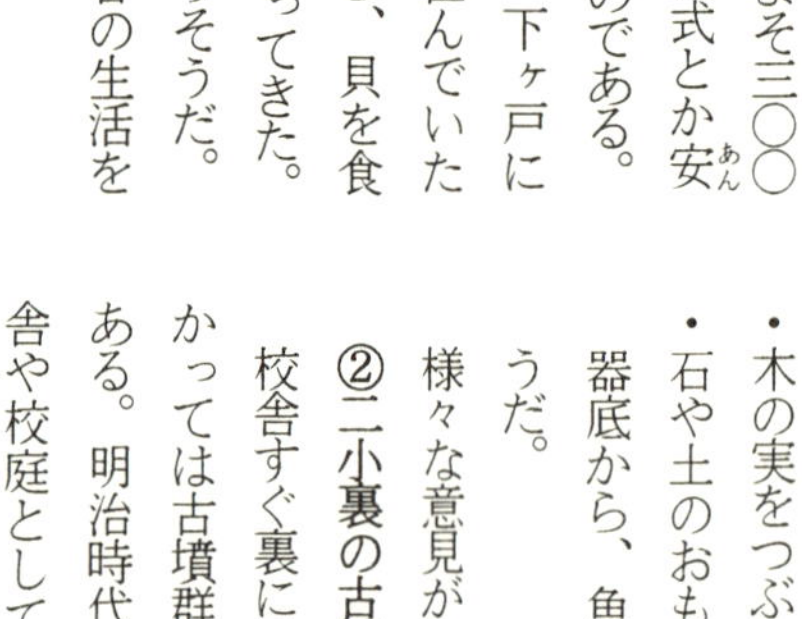

写真１　郷土資料室の考古学コーナー

狭い通学路に面した畑から円筒埴輪の破片が拾える。

裏手に一メートルほどの盛り上がりがあり、すぐ隣にも円墳が一基ある。子どもたちに古墳としての認識はなく、単なる遊び場にすぎなかったが、この場で古墳の話をすると真剣に聞いていた（写真2）。埴輪片探しや、図書室で古代の歴史の本を借りて読む子どももいた。

・どんな人が葬られているのだろう。
・どんなふうに造ったのだろう。
・古墳の中はどうなっているのだろう。
・埴輪はどんな形をしているのかな。

教科書に出てくるような大きな古墳ではないが、この地方の権力者の墓として興味をもたせることができたのではないかと思う。

写真２　古墳で埴輪をさがす

(2) 身近な資料を活用して

①水害の学習から

校舎から利根川方面を見下ろすと、すぐ近くにNECが見える。そのそばに、かつての水害の落とし子である梶池や、利根川がまだ屈曲していたころの名残りでもある旧堤防が一部残る（写真3）。NECの敷地の中に四ツ池が残る。昭和初期までは利根川の堤防が切れ、毎年のように水害に苦しめられたという記録が今に伝わっている。

写真３　旧堤防（『我孫子市立第二小学校百年史』より）

しかし、地元に住みながら旧堤防のこと、梶池、四ツ池のことはほとんど知られていない。この地の人々が水害にどれほど苦しめられてきたか、水害の学習の機会に調べてみた。

利根川が蛇行して流れていた頃にも堤防は造られていた。しかし、自然の猛威に耐えられず、たびたび決壊を繰り返してきた。そして、数百か所といわれる切《き》れ所沼《しょぬま》を生み出した。その堤防も耕地整理とともに失われ、今は一部残るのみである。

秋、調査をかねてみんなで梶池から旧堤防を通って古利根沼まで歩く。途中の四ッ池はNECの敷地の中で見学できなかったが、堤防は水田よりかなり高く、堅固な造りであった。古利根沼には木々の緑が映り込み、風情をかもし出していた。

○利根川増水時の見学

大風雨のあと、利根川もだいぶ増水していた。九月末、四年生全員でその様子を見に行った（安全のため保護者の協力を得て）。河原にあるゴルフ練習場も水没してしまって、わずかに木の先端が見えるにすぎなかった。

後日、平常の流れを見に行く。その違いに驚いていた。

○水害を学習するに当たり資料集を用意し、全員に配布する。

> 今のような、しっかりした堤防ができていなかったころの、手賀沼や利根川周辺の田や畑は、大水の時はどうなっていただろう。水害について調べてみよう

イ　利根川改修前、改修後の地図
ロ　岡発戸新田、都部の囲い堤。
ハ　旧堤防、梶池、四ツ池、古利根沼の由来など。
ニ　明治、大正期の手賀沼・利根川水害

ホ　江戸時代の都部新田の水害

ヘ　古文書（水害により破免を願い出ているもの）

ト　地元の人の話（テープ・湖北の行商）

チ　写真（航空写真）

①もし台風や大雨が何日も続いていたらどうなっていただろう。利根川が曲がっていたころの様子を調べてみよう。

明治中期の地図により、堤防は造られていたが土質が軟弱なためしばしば破られ、大きな被害をもたらしたことが推測できた。とくに、青山地区では屋根まで水につかることもめずらしくなかったという。

利根川が屈曲していることによって水があふれ、まわりの田や人家に流入して大きな被害を与えてきたことがわかった。そのため、水をすんなり流すために、明治末から利根川を真っ直ぐにする工事を始めたこともわかった。

水害研究ノート（1）

①利根川が曲がって流れていることによって、この地域の人々にどんな苦労があったろうか。（資料5）

利根川がまがっていたので川から水があふれだし田や畑が水につかってしまった。それで作物が育たなく、しゅうかくがない生活にもこまったと思う。

②利根堤防はどんな役割を果したたろうか（資料４）

利根川がまがっているのですぐこうずいなどがおきてそれをとめるやくわりをはたしたんだと思う。

ノート１　古利根沼ができたわけ

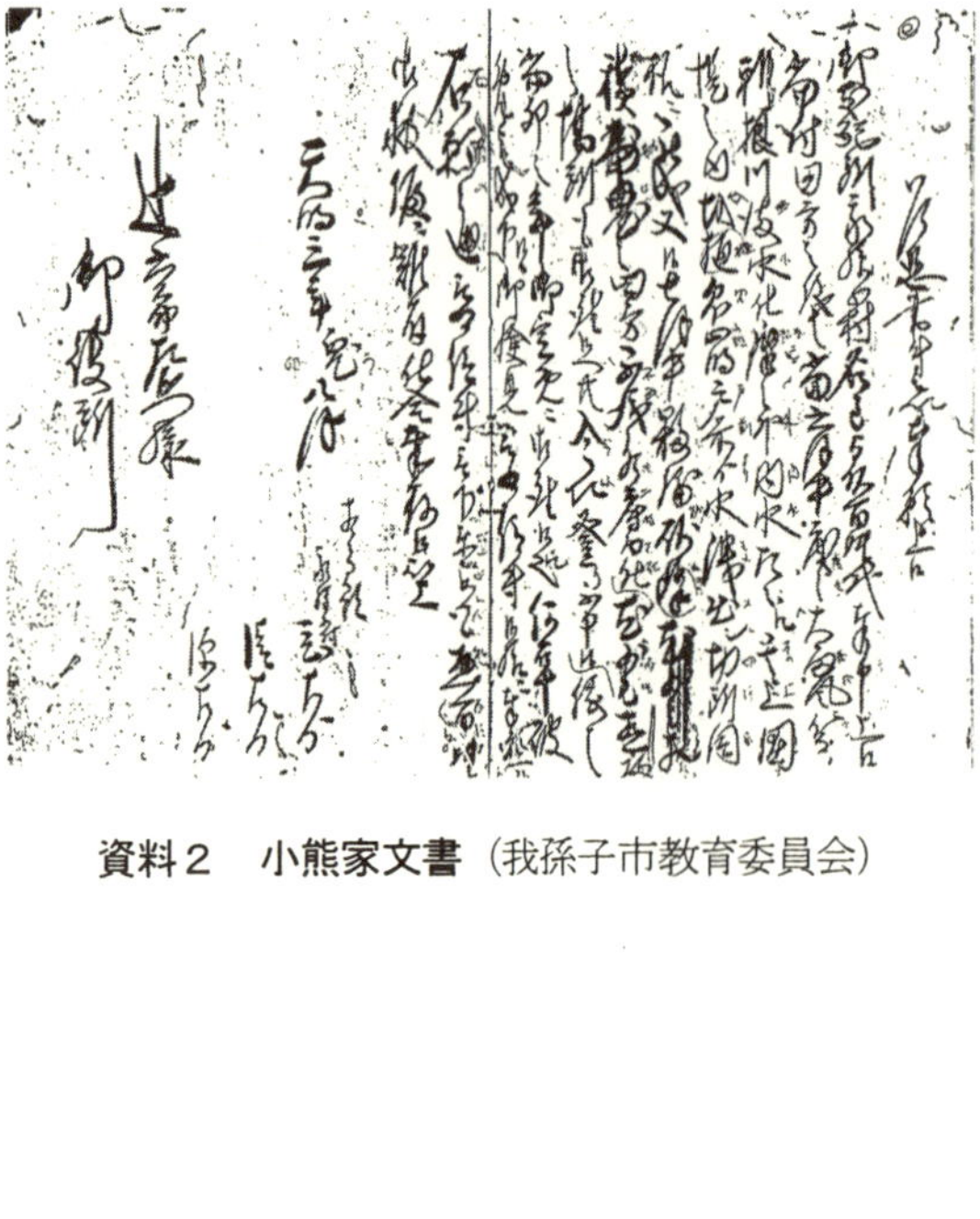

資料２　小熊家文書（我孫子市教育委員会）

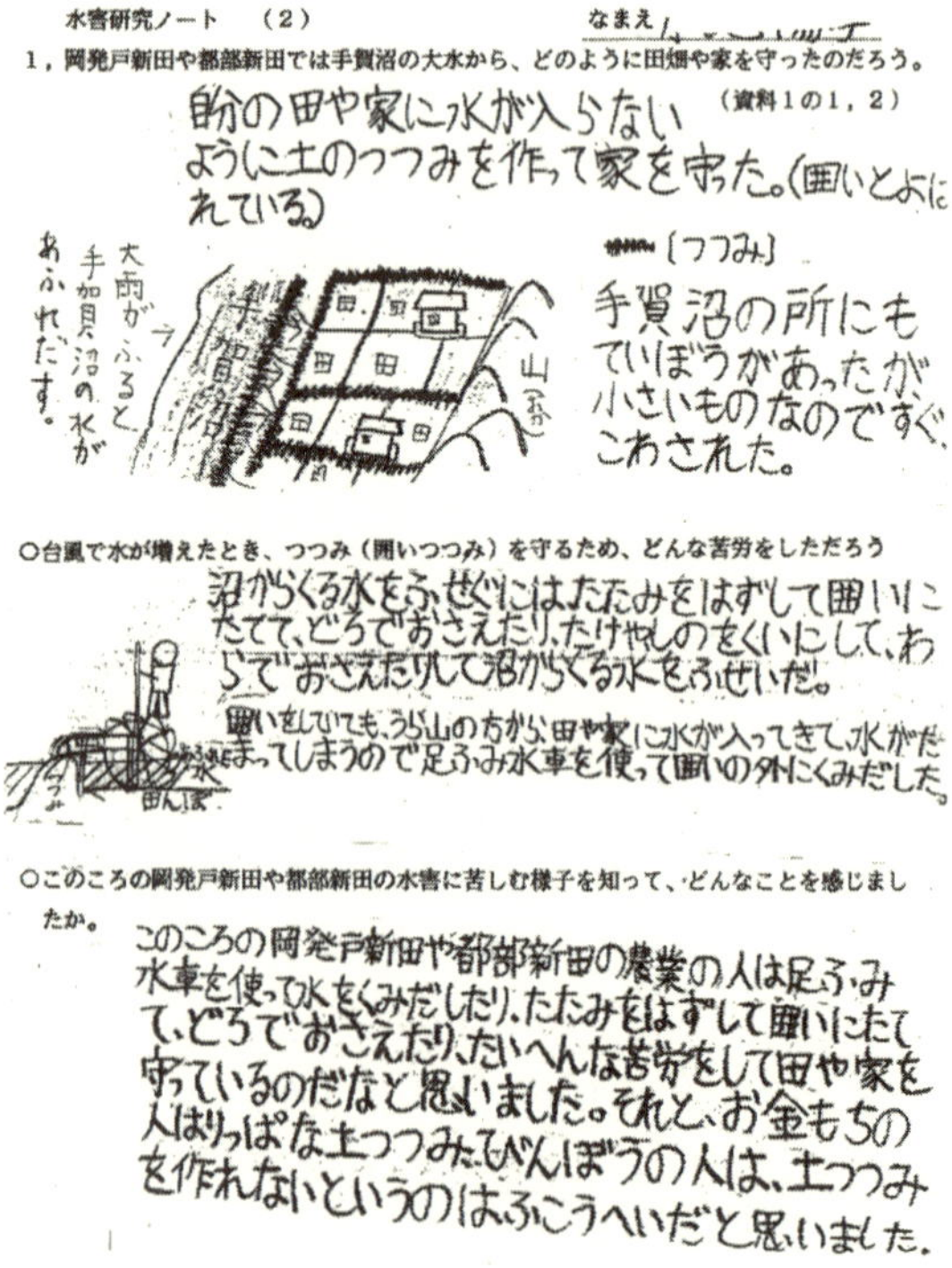

水害研究ノート　（2）　なまえ

１，岡発戸新田や都部新田では手賀沼の大水から、どのように田畑や家を守ったのだろう。（資料１の１，２）

自分の田や家に水が入らないように土のつつみを作って家を守った。（囲いとよばれている）

手賀沼の所にもていぼうがあったが小さいものなのですぐこわされた。

○台風で水が増えたとき、つつみ（囲いつつみ）を守るため、どんな苦労をしただろう

沼からくる水をふせぐにはたたみをはずして囲いにたてて、どろでおさえたり、たけやしのをくいにして、わらでおさえたりして沼からくる水をふせいだ。

囲いをしていても、うらの山の方から田や家に水が入ってきて、水がたまってしまうので足ふみ水車を使って囲いの外にくみだした。

○このころの岡発戸新田や都部新田の水害に苦しむ様子を知って、どんなことを感じましたか。

このころの岡発戸新田や都部新田の農業の人は足ふみ水車を使って水をくみだしたり、たたみをはずして囲いにたてて、どろでおさえたり、たいへんな苦労をして田や家を守っているのだなと思いました。それと、お金もちの人はりっぱな土つつみ、びんぼうの人は、土つつみを作れないというのはふこうへいだと思いました。

ノート２　大水から

②古利根沼やかじ池、四ツ池は、どうしてできたのだろう。

梶池には釣りに行ったことがあるという人も多く、校舎からもよく見えるので、名前はよく知っていたが、それが洪水でえぐられてできたことは知られていない。古利根沼は「むかしの利根川」だと知っている人もいたが、危険ということで、行ったことのない人も多かった。

この学習を通し、古利根沼やかじ池・四ツ池は洪水でつくられたことや、〝切れ所沼〟と呼ばれた洪水でできた沼がたくさんあって、ほとんどが埋められて水田になったことを調べた。

③岡発戸新田や都部新田では、手賀沼の大水からどのように田や畑を守ったのだろう。

手賀沼沿いには、長い間、大規模で統一的な堤防は造られず、各家ごとに自分の耕地をコの字形に囲い込むべく、「囲い」と呼ばれる小規模な堤防に依存してきた。しかし、ちょっとした豪雨で川沿い、沼沿いの水田はたちまち冠水してしまう。水田は低地にあるので、背後の山に降った雨水を沼水の侵入を防ぐための囲い堤の内側にため込んでしまうことになり、囲いに水車を並べて踏む。入梅ころ雨が降り出すと、朝早くからはじめ、夜は月を見ながら踏んだという（写真4）。

写真４　資料室の足踏み水車と小舟

④江戸時代の都部新田の水害による被害の様子を調べよう。

わずか六八年という間に、手賀沼では二五回も大規模な水害にあっている。それは三年に一回以上の割合になる。戸数一四戸の都部新田では、米がまったくとれない年が七回もあった。ほとんど毎年のように被害を受けていた。

このような状況から、我孫子村でも、名主から「田方不残水腐ニ而仕」（資料2）と代官に破免を願い出ている。これを示し、読み聞かせると、当時の厳しかった時代を実感できたばかりでなく、古文書そのものから江戸時代の雰囲気を味わえたようだ。

⑤水害にあった人（昭和一三年）の話を聞いて、どんなことを知りましたか（地元の人の録音テープを聴いて）

ある会で、中峠の古老の行商についての談話があり、録音する機会があった。その中に大水の時の話もあり、水害でいかに苦労したか、難しい内容ではあったが、聴かせてみた。

「秋の収穫期に、水害によって田や畑に水が入り、残ったものはさといもやさつまいもだけだった。仕事も、収入もなくなり、残ったいも類をもって行商に出かけたという。」このころから行商を始める人が非常に増えたそうだ。

⑥水害を学習しての感想

水害の学習を通して、「水害の多さ」「農民の苦しみ」の感想が多かった。とくに江戸時代から昭和にかけて毎年のようにやってくる水害から田畑を必死で守ろうとする努力が、自分たちの学区の中でも行われていたことが興味を引いた。安全な堤防に守られている現在とは想像もつかないことであった。また、日頃から親しんでいる梶池や古利根沼も、かっての水害の落とし子であったことは、子どもたちも自分の住む地域に関心を持つ機会になったと思う。

②郷土資料室、およびその収集品について

木造校舎の二階に郷土資料室がある。江戸末期から昭和の中頃まで使われた民俗資料や農具・漁具などが、数多く展示された。その後し

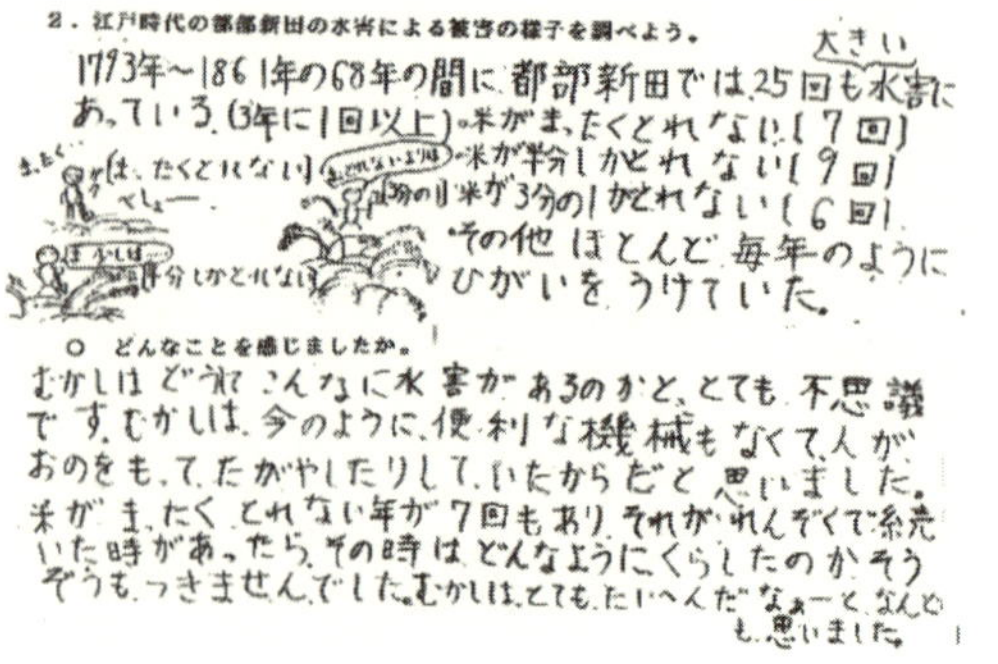

2．江戸時代の都部新田の水害による被害の様子を調べよう。

1773年～1861年の68年の間に都部新田では25回も大きい水害にあっている（3年に1回以上）米がまったくとれない［7回］

米が半分しかとれない［9回］

米が3分の1しかとれない［6回］

その他ほとんど毎年のようにひがいをうけていた。

○　どんなことを感じましたか。

むかしはどうしてこんなに水害があるのかと、とても不思議です。むかしは、今のように、便利な機械もなくて、人がおのをもってたがやしたりしていたからだと思いました。米がまったくとれない年が7回もありそれがれんぞくで続いた時があったら、その時はどんなようにくらしたのかそうぞうもつきませんでした。むかしはとてもたいへんだなぁーとなんども思いました。

ノート３　被害の様子

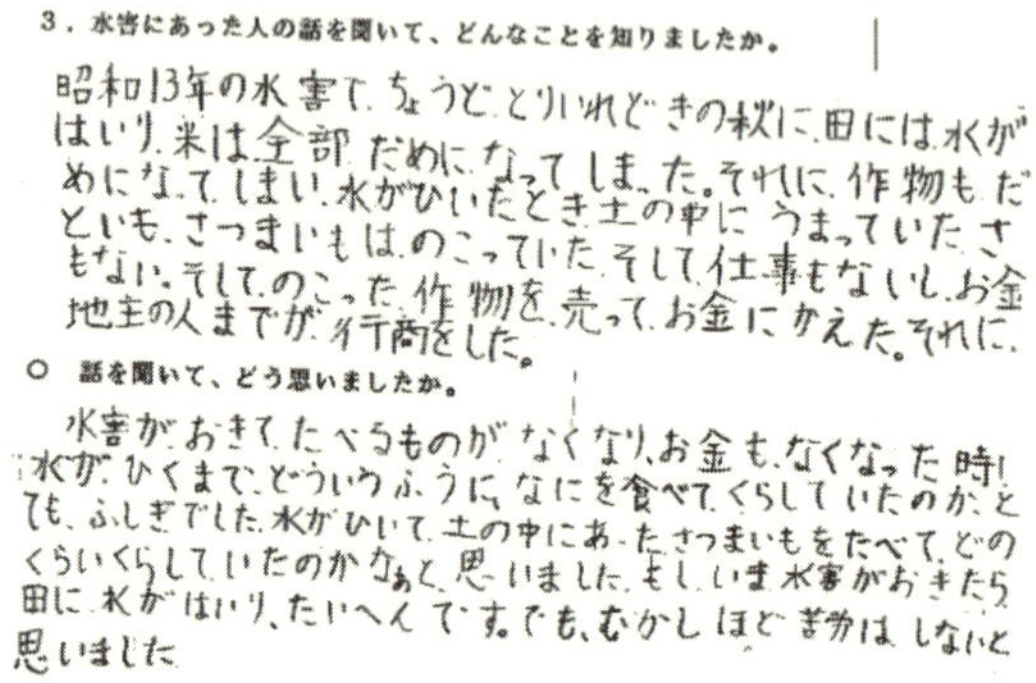

3．水害にあった人の話を聞いて、どんなことを知りましたか。

昭和13年の水害で、ちょうどとりいれどきの秋に、田には水がはいり、米は全部だめになってしまった。それに、作物もだめになってしまい、水がひいたとき土の中にうまっていたさといも、さつまいもはのこっていた。そして仕事もないし、お金もない。そして、のこった作物を売って、お金にかえた。それに、地主の人までが行商をした。

○　話を聞いて、どう思いましたか。

水害がおきて、たべるものがなくなり、お金もなくなった時に水がひくまで、どういうふうに、なにを食べてくらしていたのかとても、ふしぎでした。水がひいて、土の中にあったさつまいもをたべて、どのくらいくらしていたのかなぁと思いました。もしいま水害がおきたら田に水がはいり、たいへんです。でも、むかしほど苦労はしないと思いました

まとめ　水害を学習して

わかったこと

○江戸時代、いちぶ新田は、70年の間に25回も大きな水害にあった。

○利根川が曲がっていて、大水になるのが多いので、工事をして、利根川をまっすぐにした。

○江戸時代の人は、大水にとても苦労していた。

○かじ池が大水でできたことということがわかりました。

おどろいたこと

○大水になると、田から水をくみ出したり、小いねかりをしたり、たいへんな苦労をしていたことにおどろきました。

かんそう

○農家の人は、たいへんな苦労をして、お米をうるしょうばいをしていたのだなぁと思いました。

ノート５　まとめ

ノート４　行商の始まり

ばらく放置されていたが、昭和六一年に、筆者は縁あって二小に赴任し、地域の学習に活用すべく、休み時間や放課後に子どもたちと掃除をし、展示台をつくり、説明板を設置し、活用しやすいように整備してきた。

その後も取り壊しの農家へ軽トラックで出向き、もらい受けたりした。特に「いろり」のある居間（写真５）は当時のままの移設で、人気があった。

今回の水害を主とした学習の「囲い水」にたまる内水をくみ出すのに使った「足踏み水車」（写真４）もある。そのほかにも「田下駄」や「田舟」などもあり、いくつかは実際の授業に活用している。

また、近くの台地から沼を埋め立てるための山土を削った「鍬」や「万能《まんのう》」、沼の土をほりあげた「鋤《じょ》レン」など、手賀沼の干拓に使っていたような道具もある。手賀沼で漁業をして生活していたたくさんの人が使用した「網」、「どう」や「ビク」などの竹製品、「ウナギ鎌」や「ヤス」などもある。農具では「千歯こき・万石・足踏み脱穀機・唐箕《とうみ》」などがあり、千歯こきや縄ない機（製縄機）は、学校水田で収穫した稲の穂を千歯こきで脱穀したり、そのわらを縄ない機で縄にしてみるなどの実演もしている。それらの道具は「総合学習」にも活用され、地元の農家や専門家の指導を仰ぎながら活用されてきた。

写真５　資料室のいろり

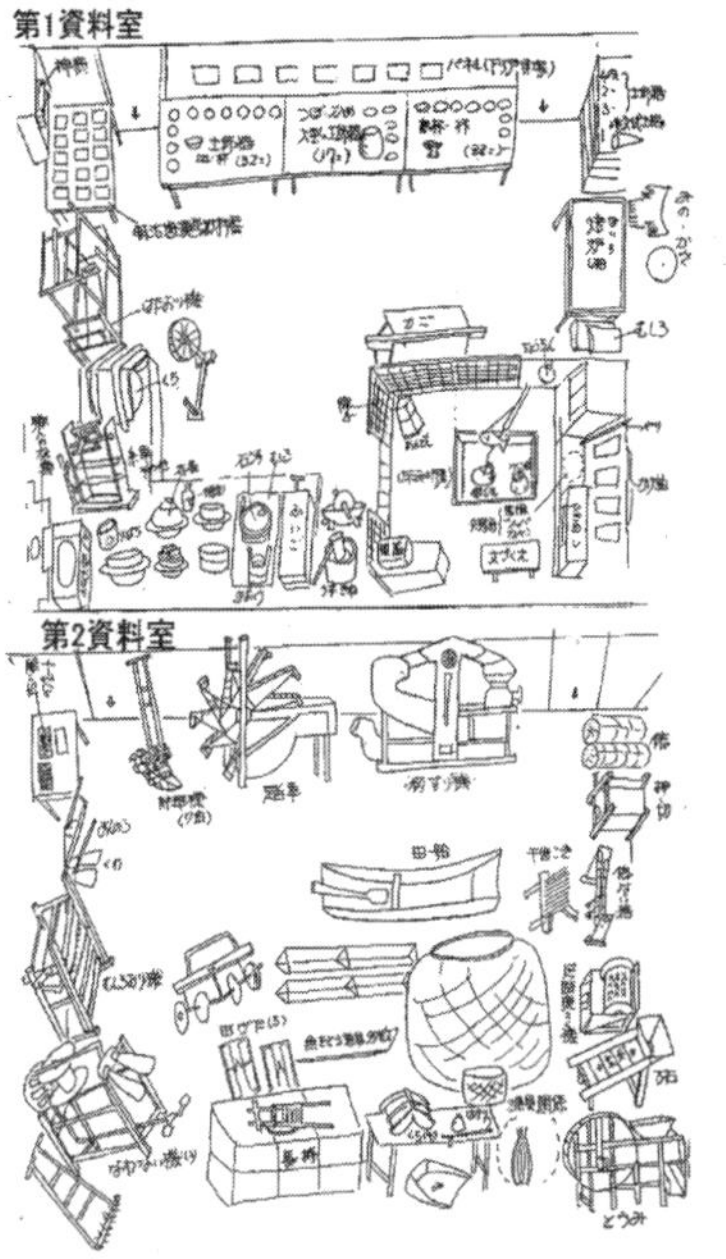

資料室展示（昭和63年・茂木作図）

二　実践のまとめ

身近な資料を活用することによって、地域の成り立ちに興味を持ち始め、郷土資料室でいろいろ見て回ることも多くなった。また、近くの畑や山へ土器のかけらを探しに行ったり、歴史の本を借りるようになったりして、古くから伝わるものへの関心を示し、大切にしようという意識も芽生えてきた。

また、水害の学習を通して、自分たちの住んでいる地域にも水害と闘った厳しい歴史があったことや、その跡を今でも見られることなどから、地域の歴史に関心を持つ子もでてきた。

おわりに

自分たちのまわりには歴史的な遺跡や遺物がまだ残っているが、それも次第に消えつつあることが気になっていた。そのため、土器片拾いや、貝塚、古墳、水害の跡の見学などを行い、地域の歴史に関心を向けるよう仕向けてきた。

また、住民にもこの郷土資料室の存在自体あまり知られていず、活用されることは少なかった。積極的に学習に活用することで、地域史を知る上で重要な施設であると思う。

この学習は、我孫子二小でほぼ同一の内容を、昭和六三年と平成一九年に四年生を対象に授業で行い、それを記録したものである。

まわりの環境は変わってきても、過去の歴史は変わらない。「自分たちの住む地域にはこういう歴史があった」ということを知り、併せて豊かな自然にも目を向ける一因となれば幸いである。

平成二四年、この市内唯一の木造校舎も取り壊され、近代的な一階建て校舎に変わっている。

【参考文献】

『我我孫子第二小学校創立百周年記念誌』　昭和六三年
我二小編『「地域の先生」と創るにぎやか小学校』　平成九年　農文協
『我孫子市教職員論文集』　我孫子市教育委員会　昭和六三年
『水のはなし』　千葉県企画部
中尾正己『手賀沼周辺の水害』　我孫子市教育委員会　昭和六一年
『我孫子の郷土史散歩』　我孫子市教育委員会　昭和五六年
『ふるさと手賀沼』　我孫子市教育委員会　平成一七年

白山の土地所有の変遷

金井　準

我孫子市白山は我孫子駅に近く、旧水戸街道沿いに東西約一・五km、南北約〇・五四kmの北に向かって台形の広い台地で、地図上の面積は約〇・四八km²である。南縁は手賀沼を眼下に見下ろし、東縁と西縁に柏木谷津と白山谷津の二つの深い谷津があるが、それ以外は平坦な土地で、我孫子市では一等地の住宅地となっている。この住宅地はいわゆる造成宅地ではなく、平坦な山林地が現在の住宅地に変貌したもので、その変遷はとても不思議なものである。

白山は我孫子町我孫子の中にあり、我孫子宿に入る街道筋に接し、地の利も良く平坦な土地であるが、集落もなく、後に白山一丁目に取り込んだ宮脇と宿の一部を除き、殆ど明治になるまで山林のままであった。それが明治以降今日までに変貌した変遷を、法務局の旧土地台帳をキーにたどってみた。

『千葉県東葛飾郡誌』三〇頁（編・発行千葉県東葛飾郡教育会大正一二年六月五日）に「……白山台地は眼界広く、背景に富む、春花秋月の風趣、新緑喧雪の雅致悉く意趣を備へ奇勝真に云う可らず、ここに沿岸八勝と称するあり」と記されている。

また、その南縁近くには、七世紀代の根戸船戸古墳群五基と白山古墳群一三基が築かれている。江戸時代から幕府領と旗本大沢・山高二氏の支配地になっていた。明治九年七月、第一三区下総国相馬郡我孫子宿百姓総代の連名で作られた「我孫子宿」粗絵図では、現在の白山二、三丁目に相当する所は殆ど全域が山林を示す緑色に塗られている。

さて、明治政府になって、官有地がどのような法令・経過によって民間に払い下げられたかを知る資料は見当たらず、現存している資料は、千葉地方法務局柏支局にある『旧土地台帳東葛飾郡我孫子町』（我孫子町役場から移管したもの）であるが、内容記載は明治三一年以降のものである。ただ、移動記録が昭和二五年までで、それ以降は電子化されていて閲覧できなかった。

明治四年に地券制度がなされ、地券発行により土地の私有がなされた。更に、明治一九年の太政官布告による不動産登記制度実施により、土地測量とその地番が決められた。その時の地番が分筆を重ねて現在まで引き継がれている。ただ、地券制度から始まる不動産登記制度にかかわる払い下げ売却資料が見つからない。

前述の『旧土地台帳』では、初欄の沿革欄に「明治三一年法律第三一号田畑地価修正法ニ依リ地価修正ニ付次欄ニ改記ス」と記したものが多く、その「所有質取主氏名」欄には、既に大半が、土地住民の氏名、または官有地と記載されている。地元の所有者としては、旧台帳の初欄には興陽寺を始め扇屋の渡辺家や鈴木屋本店の鈴木家、津川家など土地の有力者が目立つ。それ以前の土地所有の移動経歴は知ることはできない。

この『旧土地台帳』から見る土地所有の大きな動きは、明治二九年（一八九六）常磐線の開通に伴い、手賀沼へ東京からの釣り客が増え、また、手賀沼の屡々の水害で沼周辺の地価が安かったことと重なり、明治四〇年代から白山一、二丁目の沼に近い土地が、東京市在住の商店主達の別荘地としての買い取りが始まった。

それは昭和一三年頃まで続く。

　その中で特筆すべきは、嘉納治五郎が、明治四四年一〇月三一日に旧白山一丁目の南端部の一部の買い取りを皮切りに、翌年から旺盛に北上しながら土地の買収を続け、養子に出した二男の竹添履信の名義も使って買い増しし、買収は最終、昭和一三年四月九日、治五郎死亡の直前まで続いた。その総面積は約七万㎡の広大のものとなった。一丁目の西縁に添って興陽寺墓地の少し南近くまでに達し、旧一丁目の約三分の二の広さである。

　その土地取得の目的は、「幼稚園から大学まで」の学園設立であったと云われている。その敷地の中央部に南下する幅五〇mほどの並木道を作り、四重の並木を植樹したと記録にある。校門にあたる左右入り口にヒマラヤ杉二本と雑木を植えたとあり、その名残のヒマラヤ杉一本が現存している。ただ、学園設立は未だ確かな理由は分からぬが実現できず、大正八年頃、農園に切り替え「嘉納後楽農園」として経営を始め、松戸横山農園から松本久三郎を引き抜き園長にあて、近隣農家と競合しない新しい野菜や果樹の栽培を行った。

　この土地は昭和一三年五月四日に嘉納治五郎死去により長男に相続されてすぐの昭和一三年一二月二八日に、長男の住居区の東京市小石川区住所の畠中恒次郎に殆どを売却しており、その土地は更に、昭和一五年より住宅地として売りに出された。嘉納家と畠中恒次郎との関係は不明である。

　次に、大正二年一〇月一〇日から大正五年二月二九日にかけて、柏木谷津の南端、西斜面にあたる現一丁目の西南端の約四七〇〇㎡の土地を高級官僚の宮尾舜治が別荘地として買い取り、自身が自ら設計して念願の庭園を造った。当時を知る人の話によれば、今の公園通りに面して竹垣を控えた瀟洒な茅葺門を入ると斜面を登る立派な庭が続き、上に小宅があったとの由。門前には「葭霞荘」と刻んだ自然石の石柱が置かれた。主人没後の昭和二二年一二月一三日に、埼玉県鴻巣町の河村昌平に売却された。戦後、この土地は銀行管理に移り、昭和四八年より管理銀行の不動産部による大型分譲マンションの建設が始まり、その規模は七階建て一棟、四階建て二棟、計八二戸の回廊式の設計で関東でも数カ所のもので昭和四九年六月に分譲された。我孫子市での本格的分譲マンションの嚆矢である。マンション入り口の中庭に「葭霞荘」の石柱が残っている。

　日立精機（株）我孫子工場の建設着工は昭和一五年九月二〇日で、昭和一七年七月一日操業を開始した。それに伴い、白山三丁目の現在の我孫子市立第四小学校の所に会社の青年学校や診療所、その南にクラブハウス、更に南下して現在の我孫子市立白山中学校の所に管理職クラスの社宅が建てられた。

　昭和一九年一月一七日に軍需工場の指定を受け、国内有数な工作機械メーカーとして活躍したが、戦後規模縮小に伴い、青年学校やクラブハウスは市立第四小学校になり、社宅は市立白山中学校の敷地となった。会社は、国内の戦後復興・高度成長に向きあって、専用工作機械メーカーとしてトップレベルの技術力で業績をあげ、市の財政の柱となるまでになった。会社の重役や課長級の自宅が一丁目の嘉納後楽農園跡地に点在した。

　その後、市立白山中学校近辺には三洋電機の社員寮や昭和五七年二月には四階建七棟、三階建一一棟、計二八七戸の団地型の分

白山地区の平成20年（2008）空中撮影写真
（提供：国土地理院）

白山地区の昭和22年（1947）空中撮影写真
（提供：国土地理院）

譲マンションが建った。

　昭和二二年の空撮を見ると、二丁目当たりは住宅もまばらで空地が目立つが、徐々に住宅が建ち、昭和四六年の霞ヶ関・我孫子間の地下鉄開通と共に、官庁・商社等の通勤圏内として急速に立て込んできた。ただ、この住宅地は不動産会社が計画的に街作りをした所ではなく、自然の成り行きで宅地化したため、まとまりのない街並みとなっている。また、谷津の谷間も土地の形を崩す造成でなく、傾斜地を生かした宅地として、斜面の殆どに住宅が建てられている。

　更に、手賀沼を望む斜面地も住宅化して、沼の対岸から見る景観は、昭和三〇年頃まで見られた緑豊かな里山的な風情はすっかり失われた。国内経済の高度成長後、期を一にして相続が発生しだして一五〇坪、二百坪の広い屋敷も売却により細かく区切られた住宅となり、樹木も減少して、こじんまりとした特徴のない雑多な住宅地として変貌を続けている。なお、バブル崩壊後の相続売却の更地が売れず、空き地が増えている。

　この調査にあたって愕然としたことは、わずか約一四〇年前に行われた、土地所有の変革という重大な記録が残っていないことであった。歴史に携わる者としては、後世にこのような禍根を残さないように、現在の重要記録の収録と保存に注力する責務があると思う。

【参照資料】

『旧土地台帳東葛飾郡我孫子町字：白山・宿・柏木・船戸』（千葉地方法務局柏支局）
『千葉県東葛飾郡誌』
『我孫子市史資料　近世篇Ⅰ付図』
『郷土あびこ第三号』（我孫子市史研究センター）
『宮尾舜治伝』
『日立精機二十五年の歩み』

乳の潮―不知火海より手賀沼へ―
与謝野晶子と石牟礼道子の軌跡

宮川　速水

はじめに

一九八三（昭和五八）年七月一〇日、石牟礼道子さん（一九二七〜　以下道子さん）は我孫子で表題講演を行った（注1）。表題の二行目は、私の付した副題《サブタイトル》である。講演論旨は格調高く多岐に亙るが、まずは道子さんの語る哀しい「からゆきさん」を端緒に稿を起こしたい（注2）。

注1　会場は旧我孫子市民会館。講演録は『我孫子の歴史を学ぶ人のために』第Ⅲ巻収録。なお『我孫子市史研究センター年表』によれば、当日聴衆三五〇名。

注2　からゆき（唐行き）さん。『広辞苑』には、「江戸時代から第二次大戦時にかけて、日本から南方などの外地に出稼ぎに行った女性の称」とある。これが妥当で、一般的な定義か。

1　哀しい「からゆきさん」

道子さんの故郷天草地方のこととして、「女は女中奉公に行ける者は高級な方で、限られた段々畑しかなく、どこかへ行かなければならない。（中略）そうやって、たくさんのいたいけな女の子たちが出ていくわけです。人買いのような人にだまされたり、親のために働きたいと思って自分で志願したりして、（中略）石炭舟の底に詰め込まれ、（中略）どこに連れていかれるかわからないで行った先が、外地の女郎屋さんであった」というわけです。「女郎に一度売られたら（中略）真のしまいには犬の嫁御にされて（中略）できた子供は見世物小屋に（中略）犬と人間の合いの子ですから、その子からも銭を取られるげな」と、道子さんは父から聞いたという。

現実か伝聞か、ともかく生物の〝種〟の概念が覆るほどの驚きであった。世の流れに翻弄される以外に生きる術《すべ》を持たぬ彼女たち、老いてなお過酷な運命に耐え、「唐天竺は果てじゃと聞いておったけど、来てみたら、世の中の果てちゅうは、わが身のことじゃった」と述懐する「からゆきさん」がいる。

一九七三（昭和四八）年、道子さんは八五歳になる天草出身のおばあちゃんが暮らすマレーシアの養老院を訪問し、「天草に帰りましょう」と誘った。「一五歳のときにだまされて（中略）親に家を建ててやりたいばっかりに（中略）果ての果てまで来てしまって（中略）回教（イスラム教）に宗旨変えして（中略）帰るところがない。帰れない」とおばあちゃんは道子さんに語った。それは道子さんが昔聞いた、イントネーションのじつに美しい、歌のような天草弁であった。

2　与謝野晶子と「明星派」

「君死にたまふこと勿れ」を詠んだ与謝野晶子（一八七八〜一九四二　以下晶子）は、ヨーロッパ旅行の帰り、シンガポールに寄って、マレイ遊女街を覗き彼女たちを見て「あなさがな、悪しきは数え候まじ」（なんという浅ましい性《さが》の者たちがいることか、ああいう人たちは数の中に入れたくない）と〝高みから〟言い捨てたという。私が晶子に懐く、正義感あふれる人道主義者のイメージが揺らいだ。

他方、夫与謝野鉄幹（一八七三～一九三五）も「いずれを見ても天草産の唐ナス（カボチャ）ずらをしたねいもうな怪物ばかり（中略）こてこてした厚化粧と花かんざしに奇怪至極の装飾をこらし云々」と表現しているという。

「彼女らの生死《しょうじ》はこの夫婦にとって蔑《さげす》みと嫌悪の対象でしかなかった。こういう出逢いを無縁というのでしょう。（中略）人間世界を読むのが詩人・文学者ですから（中略）近代文学の一派をなした明星派は、随分人間の見方が皮相表面的ではありますまいか（中略）」と、道子さんは危惧の念を抱いている。

同じ頃、徳富蘆花（一八六八～一九二七）は同地を訪れ、「不幸なるわが姉妹たちの住むさまを見る（中略）見るに忍びず」と記し、夫人愛子は、「いく千里さまよいしはてのおくつきよ　うすももいろにネムの花咲く」と歌い、「徳富夫妻にある悲しみの切迫のようなものに打たれます」と道子さんは語っている。

歌人松平盟子（一九五四～）は、『与謝野晶子―みだれ髪燦々』で、与謝野鉄幹夫妻について、次のように記している。

「文学の潮流は、（明治）三〇年代終わり頃から浪漫主義を離れ自然主義へと激しい勢いで動いていった」

「寛《ひろし》（鉄幹の本名）は浪漫主義を標榜する立場から反論を試みるが、（中略）明星若手との摩擦が高まり、（中略）明治四一年一月、ついに白秋、杢太郎ら七名は明星脱退を表明する。これが明星の命運を決定した。失望と徒労感の下で（中略）寛は子供たちや晶子にしばしば当たった」

「明治四四年、夫婦間の齟齬と亀裂は極限にきていた。それを打開するため、寛を蘇生させるために、晶子は寛にパリ行を勧める。生活さえままならない中で、渡欧費用を捻出する困難がどれほどのものであったか、想像を絶する」。

「寛の渡欧は四四年一一月に決定。（中略）晶子が寛のもとへ自分も行こうと決意したのは、（中略）ひとえに夫恋しさが高じての死にもの狂いの行動であった」。

「大正元年五月、晶子は新橋駅から渡仏の途に出る。（中略）晶子同年一〇月帰国、（中略）寛、大正二年一月帰国」

晶子が、マレイ遊女街で「からゆきさん」を覗いたのは一九一二（大正元）年、時に三四歳。このような逆境下にあっては沈着・冷静さを時に失い、対象から目を背《そむ》けさせた一因となったのではと私は思う。

3　道子さんの足跡

ここで道子さんの略年譜を、『道の手帳　石牟礼道子』、自伝『葭《よし》の渚』などを参照し要覧しよう。

一九二七（昭和二）年　熊本県天草郡（現天草市）に生まれる。生後数か月して水俣町（現水俣市）に帰る。以後そこで育つ。

一九四〇（昭和一五）年　一三歳　このころより歌作開始。

一九五一（昭和二六）年　二四歳　このころ『令女界』歌壇に投稿、窪田空穂氏より激賞。

一九五六（昭和三一）年　三一歳　『短歌研究』新人五〇首詠に入選。

一九六二（昭和三七）年　三五歳　新日本窒素肥料㈱の安定賃

金反対闘争起こる。

一九六五（昭和四〇）年　三八歳　『熊本風土記』に「苦海《くがい》浄土―わが水俣病」（以下『苦海浄土』）初稿連載開始。

一九六八（昭和四三）年　四一歳　水俣病対策市民会議結成。

一九六九（昭和四四）年　四二歳　『苦海浄土』出版。熊本日日新聞文学賞を贈られたが辞退。

一九七〇（昭和四五）年　四三歳　『苦海浄土』に第一回大宅壮一賞が贈られたが辞退。

一九七三（昭和四八）年　四六歳　『苦海浄土』に報道・文学・創造的情報部門で優れた功績をあげたとして、アジアのノーベル賞といわれるマグサイサイ賞が贈られる。受賞のためフィリピンを訪問。先に述べた、マレーシアの養老院を訪ね「からゆきさん」に面会したのはこの時である。

一九八三（昭和五八）年　五六歳　我孫子で頭書講演を行う。

一九八六（昭和六一）年　五九歳　学術・社会文化の発展に尽力した九州ゆかりの人に贈られる西日本文化賞受賞。

一九八八（昭和六三）年　六一歳　『乳の潮』出版。

一九九三（平成五）　年　六六歳　『十六夜橋』により紫式部文学賞受賞。

二〇〇一（平成一三）年　七四歳　「環境破壊による生命系の危機を訴えた創作活動」で学術的評価の高い朝日賞受賞。

二〇〇二（平成一四）年　七五歳　国立能楽堂にて新作能「不知火」上演。

二〇〇三（平成一五）年　七六歳　『はにかみの国　石牟礼道子全詩集』により芸術選奨文部科学大臣賞受賞。

二〇〇四（平成一六）年　七七歳　熊本県近代文化功労者として表彰。

二〇一三（平成二五）年　八六歳　『石牟礼道子全集・第一六巻』刊行。全集完結。

ここに全貌は語り尽くせぬ厖大な作品群と広範な社会活動は、まさに「知の巨人」と呼ぶに相応しく、世界初のノーベル文学・平和賞のダブル受賞が是非とも望まれる。

4　晶子と道子さんのその後の点描

最近の朝日新聞の記事から抜粋して二人のその後を点描したい。

（1）晶子のその後

二〇一四（平成二六）年七月一一日、朝日新聞は「秋風やいくさ初《はじ》まり港なるたゞの船さえ見て悲しけれ」という、未発表の短歌が発見されたと報じた。第二次上海事変勃発の日（一九三七年八月一三日）、日中戦争の行方を憂え、晶子が訪れていた横浜港で扇子にしたためた短歌であるという。

続いて二〇日後の同年七月三一日、朝日新聞「天声人語」は、日中戦争の拡大を憂える一首としてこの歌を紹介し、「八年の後、破滅的敗北を喫す」と結語した。

晶子は果たしてこの歌で、女王卑弥呼のように呪術・鬼道を駆使し、八年後の日本の破滅的敗北・敗戦を予知・的中させたのであろうか。

「与謝野晶子」と聞けば直ちに刷込現象に呼応するかのように、反戦詩人を想起し、憂国象徴歌人として偶像化する知識人が多いように思われる。

ともあれ、この一首を反戦憂国詩として援用するのは軽率の誹りを免れず、慎重でなければならぬと私は思う。

文芸評論家野田卯太郎（一九〇〇〜八四　芸術選奨受賞）は著書『晶子における戦争と死』で、「（君死にたまふこと勿れ）には第二節の「旅順の城はほろぶとも」以下二行と第三節の「すめらみことは戦ひに」以下三行だけ読むと（中略）反戦詩とも受けとれるが、全体をよく読めば（中略）極めて個人的な不安を晶子流に大胆にうたった詩だということも明白である。（中略）この詩に関する限り、晶子は情熱的であっても、決して思想的反戦論者などとはいえまい」と述べている。

前述の松平盟子の『与謝野晶子・みだれ髪燦々』『晶子略年譜』によれば、「秋風や」を詠んだとされる一九三七（昭和一二年）八月は、同年三月脳溢血で倒れ約一か月臥床したという闘病後の時期にあたる。この時期感傷的な気分に浸りやすくなり得ても、心身ともに気力を要する、国家権力に楯突く戦闘的なパワーは乏しかったのではないかと私は思う。

時を経ても、晶子の国民的人気は高く、不死鳥《フェニックス》の如く蘇る。二〇一四年八月二日朝日新聞 Be ランキング「教科書に載っていた好きな詩」で、「君死にたまふこと勿れ」第三位、同第一位宮沢賢治「雨ニモマケズ」、同第二位高村光太郎「道程」。（注3）

注3　同年九月一三日朝日新聞 Be ランキング「会ってみたい歴史上の女性は?」で晶子は第一三位。第一位「卑弥呼」、第二位「クレオパトラ」。晶子は今や立派な歴史上の人物である。

（2）　道子さんのその後
翻って道子さんのその後の動向を尋ねよう。朝日新聞は二〇一三年四月三〇日、パーキンソン病で出席が危ぶまれたが、福岡市での講演会に車椅子で登壇し、水俣病患者への思いを語る道子さんの姿を伝えた。この日は「水俣病はまだ解決していない」と言い切った。

車椅子から遠くを見つめ、支援者に何度も謝意を述べ、最後に自作の詩に今の心境を託した。

いまひとたび人間に生まるるべしや
生類のみやこはいずくなりや
「今回を最後の講演にする」と道子さんは講演の最後に語った。

続いて朝日新聞は同年一〇月二八日、熊本県滞在を終え帰京する天皇・皇后両陛下を、熊本空港ロビーで車椅子から立ち上り見送る道子さんの様子を伝えた。やがて侍従らしき人が道子さんに、「くれぐれもお体を大切に」との美智子皇后からの伝言を耳打ちした。

道子さんは取材に「まなざしのやりとりでたくさんのことを読み取りました。天皇陛下も笑顔でした」と語った。

お互い魂の触れ合う一瞬を共有し、人間存在の「悲しみ」と「喜び」を共感できたのだろうと私は思う。（注4）

注4　前述の一〇月二八日空港での見送り記事を補足したい。

この記事に先立ち、同年七月、道子さんはある会合で皇后と同席し、後日「水俣病の胎児性患者と会って」という手紙を皇后に送った。

これにより、一〇月二七日水俣市で両陛下と患者との面会が実現した。道子さんの熊本空港でのお見送りは、両陛下への返礼であった。

5　手賀沼讃歌

我孫子縁《ゆかり》の人たちとの交友が深い道子さんは、いつしか我孫子と手賀沼に深い愛着と憧憬を懐くようになった。「手賀沼を、きょうちらっと拝見させていただいて、思っていたよりは手賀沼が汚れているのが残念でした。白樺派がこの周辺に別荘を建てて、ものを考えたり書いたりするのに何か源泉的な（中略）『命の水』を命のいちばん内側から、そこでもらったのではないかと思われる。その片鱗が幾らかまだ残っているに違いないと思って参りましたけれども、（中略）片鱗をなくしている手賀沼を見て、大変悲しく思いました」と講演会で語っている。

折悪しく講演当時、手賀沼の汚濁の程度を示す化学的酸素要求量（COD）は二〇・〇を示し、基準値五・〇を大きく凌駕し、最悪値に近い汚染度であった。

『我孫子市環境白書（平成二五年版）』は、「昭和二〇年代までの手賀沼は底が見えるほど水が澄んでいて、漁師は漁に出た時には、沼の水をすくって飲んだと言います」と語っている。

この漁師が掬って飲んだ水が、道子さんが言う〝命の水〟の片鱗なのではないか、「掌《たなごころ》で掬って飲める水」、「滾滾《こんこん》と湧出る生命力溢れる水」こそが魂を根底から揺さぶり、白樺派を継ぐ次の世代を手賀沼に招くのではと私は思う。

その後、二〇一四年一二月現在、COD速報値は五・一まで改善し、基準値レベルまで浄化が進んだ。もちろんCODは化学的水質目標値にすぎない。人間の作為による機械的な「浄化」から自然の作為による真の「純化」の実現が望まれる。（注5）

注5　COD（水の汚濁の程度を示す化学的酸素要求量）速報値は、千葉県ホームページより引用。

今、道子さんに甦った手賀沼をお見せすることは叶わぬ。ならばせめて蘇生しつつある手賀沼の名を不朽に高からしめる「讃歌一首」を賜ればと切に願う。

「手賀沼は私どもの方の不知火海の潮《うしお》にも非常に深く深くつながって、共に大きくこの列島のこころを養い育てているということを、皆様とともにこれからも私は考えていきたいと思っております」と語り、道子さんはこの我孫子講演を締め括った。

あり得ぬことながら、ある朝突然名歌が舞い降りてくる夢のまた夢を見て、この巨星に尽きぬオマージュを捧げたい。（注6）

注6　かって万葉の詩人額田王《ぬかたのおおきみ》は「熟田津《にぎたづ》に船乗りせむと月待てば、潮もかなひぬ今は漕ぎいでな」の歌一首で熟田津（愛媛県、道後温泉あたりか）の名を永遠に高めた。ちなみに、（注3）で述べた朝日新聞ランキング「会ってみたい歴史上の女性は?」で額田王は第一三位でランクインしている。

結び

真に勝れた創作は安易な登攀を許さぬ、屹立した高峰である。しかしその一方で、真摯な挑戦者には誰にでも寄り添う度量の広さを併せ備えていると思う。

それらは文学であれ音楽であれ、受容者として鑑賞・享受する方法・手だては多様であり、同時に微妙に変容しつつ新しい生命《いのち》を育んでいるのであろう。

　ここに『はにかみの国　石牟礼道子全詩集』より幻想的な世界を創出した詩一篇「鬼道への径《こみち》」と、それに添えて非礼と僭越を承知のうえで、私自身の解釈による同詩への伴奏を披露させていただき、本稿の掉尾を飾ることとしたい。

　願くば私のつたない伴詩が、道子さんの高邁な精神に寄り添うものであることを祈る。

鬼道への径《こみち》（原詩）

あえかな矛にさしぬかれ
乳房のくれないが
コロナのように卑弥呼をつゝんだ

祖霊の風に
韮の花ひらき

木の根を削って火を焚く
若者のあごひげに
山野の齢をしぼった露がしたたって

ほぐれぬ指の虚空に
鬼道への径《こみち》のような月

鬼道への径《こみち》（伴詩）

おずおずと若者は　手にする刃《やいば》で
乳房を刺し貫き　赤い血潮はコロナのように
卑弥呼を染めあげ　邪気を払った

白い韮の花香にさそわれて
卑弥呼の守護神たちが　祖霊の地より
風にのって　やってきた

木の根を削って火を焚き　邪神をしりぞけ
若者のあごひげに　山野から滲み出る
神の恵みが　露と化して降りそそぐ

若者のほぐれぬ指の　彼方には
神の辿る細道のような　三日月が
二人の願を　叶えるだろう

日本建築のあけぼのと東葛地域での重要建物保存状況

藤井　吉彌

1　日本建築のあけぼの

日本列島に人類が現れたのは、約四万年前の旧石器時代とされている。以後一万二千年前には縄文（紀元前一万年〜紀元前四〇〇年）土器を伴う新しい文化が現れ、北海道から沖縄まで広がった。その後になると大陸文化の影響を受け、九州北部に水稲耕作と青銅器、鉄器を使う農耕文化が広がった。

弥生時代（紀元前四〇〇年―紀元三〇〇年）は漢民族勢力が東方に広がり、多くの人が朝鮮半島から渡来することにより、大陸の最新技術、工具が我が国にもたらされた。紀元三〇〇年頃にはヤマト政権が成立し、古墳時代に入る。この時代には政権の権力を示す装置として、多くの巨大な前方後円墳などが造られた。

本節では、後期旧石器時代（三万年前〜一万二千年前）に出現した竪穴住居から、西暦六〇〇年代に創建された、世界最古の木造建築、法隆寺に至る日本建築のあけぼのについて考察する。

温暖化が進む後期旧石器時代には、それまで洞窟や岩陰を利用した住まいであったものが、平地での生活が始まり、木材を円錐形に組み、獣皮、草等で覆う住居が出現した。

縄文時代には、住居は次第に集団化し、住居区域の中に大型施設が造られていった。青森で発掘された三内丸山遺跡（五、五〇〇〜四、〇〇〇年前）はこの時代の代表的遺跡であり、集落の中央を東西に貫く道路に沿って祭殿が並びたち、祭広場、穀物倉庫を配し、周辺に竪穴住居を配する、後の環濠集落に通じる先進的な集落構成を示している。富山県小矢部市桜町遺跡からは、縄文中期（四、〇〇〇年前）の建物の部材がバラバラになって発見された。部材は保存状態が良く、柱や梁等の部材を結合するための高度な加工がこの時代に既に行われていたことを示している。

弥生時代に入ると、各地に環濠集落が出現し、そこは領主館、主祭場、高床倉庫、集会場、住居等、集団で生活する機能を備えた集落となった。佐賀県吉野ヶ里遺跡（紀元前三〇〇年―紀元三〇〇年）では、組織だった部族集団の居住地としての様々な施設が造られた。復元された高床建築を見ると、現代の木造建築の基本的な接合手法がほとんど網羅されていることがわかる。

古墳時代（紀元三〇〇〜六〇〇）には、大規模古墳の副葬品として様々な家形埴輪が造られた。細部に当時大陸から伝わった木造の意匠が精密に表現されている。伊勢神宮の社殿屋根の千木《ちぎ》、堅魚木《かつおぎ》が、家形埴輪でそっくり再現されているものがある。

日本初の寺院建築は飛鳥寺と言われている。蘇我氏は仏教導入を巡る物部氏との戦に際し（用明二＝五八七年）、我が国初の寺院建設を発願し、勝利後に本格的な寺院建設の計画をした。翌年、百済から仏舎利と共に、僧、寺工、露盤博士、瓦博士、画工等、寺院造営に必要な人員を招聘し、工事を開始、約二〇年かけて竣工した。飛鳥寺はその後焼失したが、昭和三一年から始まった本格的な現地発掘調査により、多くのことがわかってきた。伽藍の中央に塔、それを取り囲んで三棟の金堂があり、全体を回廊が囲む高句麗などに類例がある形式で、朝鮮半島の伽藍形式がそのまま持ち込まれたと推定される。塔芯礎から出土した埋葬品には、古墳に埋葬される玉、鈴などが含まれ、朝鮮半島の影響下にありながら、古墳に見られる我が国の伝統的なやり方の祭祀を行っていたことがわかる。

飛鳥寺の後、二例目の寺院として山田寺が建立された。最近の発掘調査で創建当時の部材が大量に出土し、新材を補足しながら再組立てできたほどであった。年代は七世紀中ごろで、法隆寺に比べ技術的にはシンプルかつ合理的で、法隆寺前の建築と判断される。

次に、斉明天皇（在位六五五〜六六二）の宮殿故地に唐の宮殿建築様式を取り入れた川原寺が建設され、焼失した地域から、寺の遺跡が発掘された。遺跡からは初唐様式の瓦・仏像などが出土し、建築の平面計画から、唐の新技術が使われたと推定された。この後に法隆寺の建立が続き、当時の世界水準の造形芸術が飛鳥の地に誕生した。

日本の建築はこれまで述べた経過から、大胆に想定すれば、古墳時代後期以後の発展は、仏教導入という精神的基盤の上に立ち、朝鮮半島からの物心両面の支援（僧侶、工人、技術）により、飛躍的に速まったと言える。

以後、寺院建築が主導し、宮廷建築が追随する時代を経て、寝殿造りに発展し、書院造り・武家造りとなり、さらに茶道の「わび・さび」を実現する空間として数寄屋《すきや》が現れ、曲家《まがりや》、合掌造り等の実用的な住居空間としても、また、造形芸術としても世界で高く評価される地位を獲得した。

〔参考文献〕

・太田博太郎他『日本建築様式史』二〇一〇　美術出版社
・五味文彦『山川日本史』二〇〇九　山川出版社
・宮元健次『日本の建築』二〇一〇　ＰＨＰ研究所

2　筑波山麓にある日本の故郷—地域での保存を考える

桜川市真壁は、筑波山麓の農村地帯にある。江戸時代の町割りがそのまま受け継がれている、ゆったりした、小さな街である。街中心部の規模は一㎞に満たない大きさであるが、真壁には**登録有形文化財**[*1]の町家が一〇〇軒あり、中心部は**重要伝統的建築群保存地区**[*2]に指定されている。江戸から明治、大正にかけ造られた多くの町家が今に至るまで立派に現役で保存されている理由は、ここを治めた大名、ここで起こった物流にある。

室町時代の真壁を治めたのは、常陸平氏の末裔で後に真壁氏を名乗った真壁一族であった。関ヶ原の合戦後、一族は佐竹氏家臣として秋田角館へ移り、その後豊臣五奉行筆頭の浅野長政が真壁藩主となった。江戸期に入ると真壁は笠間藩の飛び地となり、笠間藩の陣屋がおかれた。歴代の藩主は真壁の町並を整備し、周辺物資の流通拠点とした。真壁では四〇〇年前の町割りが今でもそのまま受け継がれており、東北、関東への木綿販売の拠点として大きく発展した。人々が集まると市が定期的に開かれ、さらに人が集まる好循環が生まれていった。

江戸期から昭和の始めまでが真壁の興隆期で、元禄年間（一六八八〜一七〇三）には商工業が盛んになり、毎月の市が一二日にひらかれ、酒造家は二〇軒、木綿問屋は一三軒あり、仙台との取引が七千両に及ぶ等の記録がある。明治に入ると製糸工場も建設され、新たに筑波山の石材採掘も始まり、町は大いに賑わった。真壁一の大店「鶴屋」は、明治期には、商圏が、八郷、旧筑波、大穂、岩瀬に及び、関東の三越と呼ばれるようになった。

その後常磐線、水戸線開通と共に、人、物の動きは東京中心になり、真壁は静かな田舎の街となった。しかし興隆期に集まった富は街を豊かにし、持てる資産で立派な家を建てることが、富裕層の規範になったと思われる。庭のある住宅では立派な薬医門を設ける、間口の広い商家では「見世蔵」を道路側に造り、客の見易い、入り易い店とする等、真壁町に相応しい建物を建てる慣習が広がり、今の日本で想像できないくらい豊かな田舎を残してくれている。平常は静かな街に、雛祭りの日には駐車場が無くなるほどの多くの人が押し寄せると聞いた。当日、店は古くから家に伝わるお雛様を多くの訪問客が見られるよう、贅を尽くした飾りつけをし、店頭に飾る。ハイテク時代の現代人は滅多に見られない昔の雅に吸い寄せられている。

潮田家住宅

猪瀬家住宅

真壁の代表的な文化財住宅の例を二点示す。

①潮田家住宅　江戸末期から呉服、荒物、雑貨商等を幅広く営む。道路に面した家の前は見世蔵で真壁最大。蔵の屋根を支えるため、二階に漆喰塗りの控壁を設けている。

②猪瀬家住宅　猪瀬家は元佐竹氏の家臣。真壁に残留し、明治から昭和にかけ、二代に亘り町長を務めた名家の住宅。薬医門は類を見ない彫刻が施され、町並みを代表する景観。

＊1　**登録有形文化財**　従来、文化財は国が選定し、文化財として指定してきた（国宝、重要文化財）が、それらに準じる物件を選定・保護する制度がなかったため、近代の名建築などが急速に失われていった。一九九六年、国は文化財保護法を改定し、登録制度を設け、保護の範囲を広げた。登録された物件は「登録有形文化財」と呼ぶ。二〇一四年一二月現在九九五一件登録済。

＊2　**重要伝統的建築群保存地区**　重要伝統的建造物群保存地区は、文化財保護法に規定する文化財種別のひとつ。市町村が条例などにより決定した伝統的建造物群保存地区のうち、特に価値が高いものとして国（文部科学大臣）が選定したものを指す。二〇一五年一月現在一〇九件選定。

3　我孫子市近隣地区の重要建築保存例

①柏市吉田家住宅

吉田家は小金牧の牧士《もくし》（管理者）に任命された地域の名士であり、名主でもあった。醤油醸造業、穀物問屋、金融業を営み、明治期に入り、地元の実業家として活躍した。現在残る屋敷群は一八三一年から整備が始まり、一九二七年にかけて建築された住

吉田家・母屋

染野家　駕籠を玄関につけた。

宅、倉庫、書院、長屋門である。二〇一〇年、国の重要文化財に指定された。

②取手市染野家本陣

取手は水戸街道の宿場町であり、利根川渡船場として重要な拠点であった。代々の水戸家当主は取手染野家本陣を気に入り、他に泊まらずとも取手には必ず泊まる道中であった。現在の建物は一七九五年に完成し、表門は一八〇五年にでき上がった。母屋、表門、土蔵が残っており、石造の徳川斉昭の歌碑が置かれ、当時の風情が感じられる。県登録文化財。

③野田市上花輪　高梨家

一六一三年、茂木家と高梨家が共同で始めた野田醤油の創業家の屋敷。江戸期から昭和までの長い期間、広い敷地に、造られた住居、倉庫、書院、茶室、さらに見事な庭が公開されている。二〇一〇年に昭和の庭として初めて国の名勝に指定された。

高梨家

坂野家

④常総市　坂野家住宅

坂野家が常総市に入植したのは五〇〇年前と言われている。以来有力名主として地域の発展に尽くした。一八世紀に現在の住宅の型が完成。江戸期の豪壮な名主住宅の数少ない例。平成五年に国の重要文化財に選定された。一ヘクタールに及ぶ広い敷地に、木造・茅葺屋根の農家部分と代官の宿泊用に造られた三室の座敷が豊かな庭木に囲まれ、バランスよく併存している。

⑤我孫子市　井上家住宅

近江商人出身の井上家は江戸尾張町で乾物商を営んでいたが、四代佐次兵衛の時代に、幕府の新田開発奨励策に応じ、享保一三年（一七二八）、手賀沼に入植した。以後名主として、度重なる苦難を克服しつつ着実に干拓を進めた。

一二代井上二郎は東京帝大土木科卒業後、県庁、陸軍、民間企業等で土木実務に携わり、五三歳（昭和二年）の時、実家に戻り本格的に干拓事業を進めた。それまでのモッコ、鍬、足踏み水車による人力埋め立てから、ポンプ、トロッコを使う機械化干拓により大幅に成果を上げた。

井上家住宅は江戸末期から昭和初期までに造られた典型的な名主住宅であり、最後に造られた昭和蔵は、様々な新技術が採用されている点でも、当時のこの地域では、画期的な建築と言える。

また井上家には膨大な文書が残されており、現在も我孫子市史研究センターが解読を進めている。江戸期から昭和に至る豪農の生活実態とその生活空間がわかる存在として、たいへん貴重である。

一四代井上基氏夫妻は、井上家の東葛における文化財としての重要性を強く認識され、その保存活動のため自宅を「相島芸術文化村」と名づけ、様々な美術展、米倉コンサート、相島工房陶芸展、骨董市を主催し、多くの相島ファンを集めた。井上家始め、多くの関係者の努力により、平成二〇年、有形登録文化財として文化庁により登録された。現在は我孫子市が買い取り、公開のための準備が行われている。

〔出典〕『長岡造形大学研究紀要』所収「我孫子相島新田井上家住宅昭和初期の米土蔵に見る先進性―前近代・近代民家普請の研究―」　宮澤　智士

我孫子市及び近隣地域にある重要建築を例示した。これ等を管理する主体が、建築の使われていた時代の文化がこれらの建物に凝縮されていることを認識し、地域の人々を巻き込んだ、単なる保存でなく、文化財を後世に残す、その使われていた時代の文化を次世代に継承する気概を持ち続けることが最も求められる。

井上家・母屋

井上家・昭和蔵

コラム・我孫子史散策⑥　繰り返される大降雹の惨禍

二〇一〇年三月一一日の東日本大震災を機に各地で地震が頻発し、列島の南北で火山が不気味な鳴動を初め、竜巻や突風が大きな被害をもたらすというニュースが届く。明日は何が起こるかわからないという不安におびえるこの頃だが、和歌山電鉄のねこの駅長の葬儀が営まれたというのがニュースになる平和ボケした私たちの日常でもある。

我らが我孫子市は、火山や海からは遠く、噴火や津波の被害を蒙る恐れはないが、何の前触れもなしに明日にも起こるかしれない自然災害に、〝市史研四〇年の歩み〟の中で三回も襲っている〝大降雹〟がある。一九八三年一一月市史研発行の『郷土あびこ』の特集『それぞれの故郷』に渡辺暹氏の文章、題して「60年前の雹に思い出す」が収められてあった。その一部を記す。

「大正12年10月12日午前9時頃であった。晴天と思いきや、俄かに曇り北西の方向より、黒雲が裾を赤らめもくもくと拡がった。大雷鳴と共に、息つかずの強風は吹き募り、家鳴り震動させつつ、颱風とでもいうべきか。風速30米以上の突風は、ごうっと砂塵を巻き上げ降雹となり、鶏卵大のものが、30分にわたり降り続いた。降雹量実に30糎にも達し、気温も急激に下がった。

ちょうどその時、視野に触れた光景は次の様であった。風早村（現在沼南町）箕輪より我孫子に向かい、注文された枯松葉を積んだ舟が、この疾風にあった。わが家下の岸辺に難を逃れようと辿り着いた時、転覆して船頭は水中にほうり出されてしまった。船頭は雹に頭を打たれるので、水に浸りたるまま、枯松葉を保護として被り難を逃れた。すぐ裏山の篠は見ている間に、次々と薙ぎ倒されてしまい、沼を囲む青芦は、水際より薙ぎ倒されて、瞬時に眼界の景色は変貌。意外の世界を展開していた。

家つづきの我が田は幸いにも早生米なるため大きな被害はなかった。被害を受けたのは、脱穀を待つ、中生種で稲架にかかっていたのがすっかり叩き落されて、泥中にめり込んでしまった。裏には八ツ頭の畑があり、葉茎は粉砕されたが、土中の芋は被害なく済んだ。この最中もしきりに裏山からは、ポキッポキッと音が紛れて来た。音は松の枝が折られたのを後で知った。（中略）凶聞によると、利根川河川敷の原野に生息していた鴨などの鳥類の殆どが、死骸となり無数にあったという。（中略）手賀沼も台地の森も悲惨な状態であった。寸前までの平和郷を一瞬にして奈落の底に突き落としたのだった。……」

また、『増田實家日記』中にも、大正一二年一〇月一二日の項に短いが荘重な文体で降雹の惨禍が記されている。

「朝来陰険なる天候は、午前拾時頃西北の天空には雷鳴頻りに、程なく異様な音響を立て丶突風雨の襲来せんとして、雲烟の動揺非常に物凄し。畑の整地を做し居れるも危険なるより遁走す。忽然として追来る突風は意外なる未聞の雹霰の大襲来となる、然して降続する事一時間餘中にこぶし大のを見る。家屋の為め揺動し雷鳴頻りに風雨又烈風颯然、雹は雨を混へて積する正に数寸。其の凄惨筆紙のよくする不能、歇みにし後に田圃を訪へばこは如何に。所有作物は何等の形容を止めず、その惨状言語に絶す。」

以上九二年前の事件だが、それから六〇年後の昭和五八年（一九八三）七月二七日（今から三二年前、市史研発足後の六年目）と平成一二年（二〇〇〇）五月二四日にもピンポン玉大の雹が降って窓ガラスを無数に破り、建物や車に大きな被害をもたらしている。襲う時期は五月・七月・九月と季節を問わずにである。

市史研四〇年の歩み

立ち上げと独立の時

市史研の立ち上げ

茂木　勝己

戦後、地方史の編さんが盛んになって、各地域における史実が解明されるようになってきた。我孫子市においても、自分たちの住んでいる地域、あるいは故郷の歴史を知りたいという市民の要望の高まりもあり、昭和四八年、社会教育の一環として社会教育課内に市史編さん担当が設けられ、下準備が進められてきた。

昭和四九年四月、教育委員会の中に独立した「市史編さん室」が設置された。その目的は、「本市の歴史的な変遷を系統的に記述していくとともに、市政の発展と市民の郷土に対する理解ならびに愛郷心の高揚を図る」というもので、それには学問的な市史研究の姿勢と、専門家と市民の協力を得て市民の歴史理解を深めるという二つの過程をとりながら、目的を達成するというものであった。これが市史編さんの基本姿勢であり、基本過程であった。すなわち、市民の主な研究の場として「市史研究センター」を設置し、市史編さん室と連携を密にしながら、市史を記述していくというものである。

同月、五名の市史編さん委員が委嘱され、基本計画、市史研究センターの設立にともなう準備や講演会の開催などを話し合い、また、「市民の手で創ろう我孫子の歴史」というキャッチフレーズで、毎年恒例的に講演会を開催していくこととした。

さらに、我孫子の歴史を市民とともにつくるという基本的な考え方に立って、調査研究方法や、市民の生活を向上させる我孫子の歴史を創るための指針を提示した。それには、市民の歴史理解を深めていくことであるとし、さっそく昭和四九年一一月、講師に筑波大学の芳賀登教授を迎えて、「市民が創る我孫子市史の課題」と題し、我孫子の中央公民館において第一回講演会を行った。その中で、地域社会を発展させうる市史を市民自身が創るにはどうしたらよいか、という方法論を述べられた。

同年七月、一二名の委員からなる「設立準備委員会」が発足した。そこで主に会則案、運営方法、会員募集や役員などの討議が行われた。続いて、一〇月一日から一か月間にわたって、市広報による呼びかけや委員の協力依頼などによって、第一次会員募集を実施した。研究部会は、地理、民俗、文化財、美術建築、歴史の五部会とした。顧問制度や役員の選定などをし、会則案とともに総会に提案することになった。

昭和五〇年一一月三〇日、市史研究センターの第一回総会を、講演会（第二回）を兼ねて開催した。会員数は二一七名に上り、幸先良いスタートとなった。新会長に小熊勝夫氏が就任し、他一三名の役員と一二名の顧問および会則などが承認された。

同一二月一九日に第一回運営委員会が開催され、昭和五一年度の事業計画が決定されるまでの間の、当面する運営上の問題について審議した。

昭和五一年五月、第二回総会が行われた。

昭和五一年度より、各部会とも月平均一回ないし二回の会合が持たれ、それぞれの専門的な分野の研究活動が展開されている。

市史研独立のころ

三谷　和夫

平成一四年に市史研は独立した。というのは、創立以来ずっと事務局を担当して来た市教育委員会から、会員による事務局が新たに設置され、名実ともに自主的な活動に移ったということである。連綿として発行されてきた会報によって、独立への経過を振り返ってみたい。

平成一二年度総会の記事は、昭和五一年四月に会報一号を発行以来、奇しくもちょうど通算三百号に記載されている。この年には役員改選はなく、平成一一年度選出の坂巻喜市会長、関忠夫、長谷川一両副会長以下、役員はそのまま二年目に入る。平成一二年度の研究部会の活動を九月の予定で見ると、歴史部会は、①古文書解読講座（日曜コース）、②古文書解読講座（金曜コース）、③歴史部会研究講座、「白樺文学館」館長の武田康弘さんと語り合う、合同部会、手賀沼べりの道今昔（実地調査）であった。また筑波大学助教授伊藤純郎氏の講演会、利根町史編纂委員長宮本和也氏案内の利根町史跡見学会があった。

そして翌一三年一月の会報で、突然重大な記事が載る。それは市史研事務局の移管について運営委員会などで協議中とある。三月の会報では、運営委員会からお知らせとして、事務局の移管は会則の変更となるので、四月以降の総会の承認が必要だとあり、また教育委員会からは、会員皆様の自主的運営をお願い申し上げるとして、市の補助金を受ける市民団体の事務局を、補助金を交付する行政側が担当するのは好ましくない、現事務局を担当する市史編さん室は組織再編により減員予定であるなどにより、今後は会員が事務局を担当しこれまで以上の充実した会が運営されることを確信しており、市史編さん室による会報発行は三月号が最終号となる旨の記載がある。

かくして会報発行は一年ほど途絶えた。平成一四年二月一七日、「我孫子市史研究センター会報」第一号が発行された。この会報に会正常化への総会と臨時総会の報告がのる。平成一三年度総会は遅れて一一月一八日にあり、一二年度の事業報告、決算、一三年度事業計画、予算を議決した。一二月二二日に運営委員会で慎重審議して議案書を作成し、翌一四年一月二〇日に臨時総会を開催、規約を改正、坂巻喜市会長、柴田弘武・長谷川一両副会長が、また新設の事務局長に吉田芳夫氏が選出された。

かくて平成一四年度は六月三〇日に総会開催、正常化された諸活動が展開されていく。研究部会は歴史部会、合同部会とも従前に引き続いて毎月の活動を展開し、バス見学会は一五年三月一日に益子・笠間方面を訪い、講演会は同年八月三日に大熊隆新潟大学教授を迎えて実施、また平成一五年度より我孫子市文化団体補助金を申請し承認されたのであった。

回想記

『我孫子市史研究』を読んで

相津　勝

昭和五〇年四月に我孫子市民になってから四〇年。当時は会社一筋人間で、地元のことなども全く無関心で過ごしてきたので、リタイア後、市史研究会古文書部会に入会してから十余年もお世話になっているにも拘わらず、市史研究会や市史研究センターの創立期のことはあまり知らないで過ごしてきた。このたび、記念誌への投稿を奨められた機会に、その頃のことを調べたいと思い、我が家の本棚の片隅に眠っていた『我孫子市史研究』の創刊号から三号までを丹念に読んでみた。

創刊号（昭和五一年三月三一日発行）には市史編さんへの取り組みを始めてから編さん組織体制整備までの経緯が、「市史編さん経過報告」「市史研究センター設立まで」の二編の報告文に詳述されている。

それによると、編さん事業の開始から、専門家、編さん委員会の審議などを経て、編さんの基本計画の策定までに一年半もかかったそうである。こうした事業の関係者の努力の成果が「市史編さん事業の基本精神と基本方向」にまとめられ、今日まで引き継がれて「市民の手で創ろう我孫子の歴史」というキャッチフレーズに凝縮されている。

また、この号には、昭和四九年・五〇年に開催された市主催の講演会での三人の著名な歴史学者の講演録が掲載されている。この講演録は要約でなく、全文が載せられていて、わかりやすく、講師の熱意まで感じ取れて、良質な地方史研究入門書ともいえるものである。

東京大学教授西嶋定生氏は「我孫子古代・中世史の研究課題」という演題で、また筑波大学の芳賀登教授は「市民が創る我孫子市史の課題」と題した講演で、それぞれ異なった切り口で、我孫子地域についての、これまでの研究成果、歴史像を解説されながら、地方史研究の目的、意義、課題、研究の具体的な方法論、市民による研究に期待されるものなどについて述べられている。

これらの先生方の講演が、多くの聴衆、市民に地方史研究への意欲をおおいに刺激するものであったことが推測される。

『我孫子市史研究』第二号は省略。

第三号（昭和五三年三月発行）は総ページ数三六〇頁の大研究誌となっていて、「旧湖北村のあゆみ」特集号として、市内在住の一六人の方の論文が掲載されている。執筆者の中には今現在も市史研究会の幹部として活躍中の方もおられるが、当時はほとんどの方が三〇、四〇歳代で、農業、会社勤務、教師（社会科でない）、主婦、商店経営、個人事業主など多彩な職業の一般市民であって、文字通り「市民の手による歴史研究」にふさわしい研究誌になっている。

これらの論文のどれを読んでも、我孫子湖北周辺の歴史を知る上で大変役立つものであった。中でも四四才の主婦の方の「旧湖北村・戦争と村の人びと／兵士とその家族」と題した論文にはたいへん感銘を受けた。

日中・太平洋戦争に湖北地区から出征した兵士と戦死者、その家族の実態を広範囲な資料から調べ上げ、また、墓碑、忠魂碑の所在なども明らかにし、さらに残された遺族、父母、妻、子にも直接面談して、その後の苦労、悲しみなどまで聴き取りして、当時を逃しては知ることのできなかった貴重な記録を記述している。パソコンもIC録音機もなかった時代に、これだけの資料・記録を収集分析、論文にまとめあげた力量と努力には頭が下がる。さらにこのご婦人が、ご近所の我がゴルフ友達の奥さん（六〇余才で亡くなられた）であったことも、驚きであった。

　この号の「市史編さんだより」には、「最近地域開発が急速にすすみ、貴重な資料・文化財が散逸、消滅状態に直面している。こうした問題に対処するために、昨年（五二年か）新たに「市立文書館設置」という重要課題が提起された。……、来年度から始まる第二次五ヵ年計画のなかに盛り込んで、……早期実現に努力する。」とあった。

　以上、『我孫子市史研究』三冊を読んで感じたことは、当時の市史編さんに対する市当局、市民の若さと情熱とである。さらに、この昭和五〇年代は、昭和史の中でも最も幸せな時代であった様な気までするのである。

☆五四年一一月一日発行の「広報あびこ」第五二七号には、人口九八、七三二人（対前年四、三四三人増）、世帯数二八、三七四世帯（同一、三三五世帯増）、市民会館一一月一日オープンとあった。

豪農井上家の文書整理にはじまって……

東　日出夫

平成二二年、四四年間の勤務を終えて間もない秋、関西から当地に転居した。以前から興味を抱いていた古文書の解読、この入門講座を秋に受講したが、その折、入会の誘いを受けたのが、当会との縁の始まりだった。

　その後、史跡探訪で各地を訪ねたり、古文書解読火曜部会で会員諸氏と交わるうちに、当会が「市民の手で創ろう我孫子の歴史」のキャッチフレーズに違えず、活発な活動を行っていて全国的にも有名なことを知った。さらに火曜部会で確か、近江さんの話だったと思うが、「屋根裏で埃まみれになった、時にはネズミの糞尿で汚れた古文書を拾い出し、これを解読する喜び……」などを聞き、当市にも井上家なる旧家で古文書の整理作業が進行中ということを知って、早速一員に加えてもらった。

　二百年を経た重々しい屋敷に出入りし、その一室で埃にまみれた文書を袋から出して、内容を記録紙に記入し、番号と共に記載するといった作業が続いた。作業の日々にはたくさんな思い出があるが、莫大な財産価値があったであろう、それも二〇〇枚以上はあったと思うが、今は紙くずでしかない「地券」を数えたこと。井上二郎氏にあてた柳田国男氏の直筆の手紙を発見した隣の席の人々と解読した時の興奮。江戸時代に流通したナマコ型の丁銀の実物を、ずっしりとした重みをこの手に感じたこと。ある時は作業を始めて間もなく、雪がしんしんと降り出し、広大な庭園や屋敷が瞬く間に真っ白の帳《とばり》に包まれ、二百年前もこんなであったろうとの感慨にふける間もなく、まだ車の動く間にと、急ぎ退散したこと。それらの思い出が、鮮烈な印象とともによみがえる。その作業も昨年秋に終わり、整理した井上家文書は一〇〇余の段ボール箱に入れられ、何故か今は湖北小学校の旧校舎内にある。

　ここで思うのだが、**提言①**＝これだけ市民の文化活動が盛んな我孫子市に市民会館も歴史資料館もないことに改めて驚いている。「文化の薫り高い我孫子」、「北の鎌倉」などと称されているようだが、そのどれもがないとは、〝財政難〟だけで片付けられないことではなかろうか。市史研としては改めて設立要求の声をあげ、他団体とともに運動をおこすべきではないだろうか。**提言②**＝日本社会の高齢化現象は市史研にもおよんでいる。かつて三〇代、四〇代で活躍されていた人たちも、この四〇年とともにスライドされたが、そのあとを補う世代が皆無である。歴史に対する興味はどの年齢層にもある筈だが……。市内の若者はこの市史研に魅力を感じないのか、彼らへの働きかけが乏しいのか？　何とか彼らを引き込むことができないか。

　以上、感想とともに口幅ったく問題提起を行ったが、何はともあれ、市史研は四〇年周年を迎え、伝統の衣をまた一枚重ね着た今日、その伝統が歳月とともに固定化され因習化することなく、絶えず次の時代を見据え、柔軟に環境に対する適応性を増してゆかねばならないと思う。

市史研に入会して

安藤　邦臣

市史研に入会して七年になりました。「我・孫・子」、「北の鎌倉」の名前に魅かれて我孫子市に在住してから二四年。前半の一二年間はもっぱら会社との往復で、我孫子はただ寝に帰るだけの場所でした。定年退職後「悠々自宅」の身となり、我孫子の歴史と文化についてもう少し勉強したいと思いました。

　ちょうどその頃、公募のあった「あびこ楽校協議会」（生涯学習推進を目的）の市民委員に応募し、参加させていただくことになりました。協議会でご一緒になった関口さんのお誘いで市史研の講演会に参加、山口元最高裁長官の講演を拝聴する機会がありました。山口元長官のお話とお人柄に強い感銘を受け、このような方が我孫子に在住されていることを知り、たいへんうれしく思いました。

　関口さんから市史研の幅広い活動内容を伺い、私自身の生涯学習の一環として市史研に入会させていただくことにしました。古文書初心者講座では加藤講師の「土州漂流人口書」、「毛吹草」等興味深く拝聴しました。くずし字を少しでも読めればと思い、一年前から火曜部会にも参加していますが、なかなか読むことができません。メンバーの方々がたいへん熱心でよく勉強されていることに、いつも感心しています。

　史跡訪問では、幹事さんのきめ細かい配慮により、毎回楽しく充実した一日を過ごさせていただいています。特に富岡製糸場、多胡碑、坂東市逆井城跡（スケッチ）、大山詣等が印象に残っています。

　各部会の活動内容や研究報告が紹介される毎月の会報も楽しみです。

坂東市逆井城跡

「我孫子には現在も多くの文化人が住んでおられる」ことを再認識しました。我孫子の現在について学ぶことも重要と考え、市の行革推進委員会に参加し、市の事業内容、財政等についても勉強させていただいております。

　最近体力の衰えを痛感していますが、気力の充実・維持につとめ、これからもできるだけ地域に密着し、自然、趣味等を楽しみながら生涯学習を継続していきたいと願っております。

思いつくままに

岩﨑　孝次

　四〇年前、市史研究センターが発足した二年後の七月に、図らずも私は新住民として北の鎌倉と言われた此の地を終焉の地に定めた。何時の頃か、広報を見て市史研の主催する手賀沼畔のアビスタや水道局の会議室に足を運び始めた。年表を見ると断片的に思い出すこともあるが、記憶が定かではない。そこで思いつくまま気楽に書いてみたいと思います。

　西嶋定生先生の講義には2回程出席しましたが、満員の我々の前で熱心に話される先生の気迫に圧倒されました。先生の奥さんが、「主人は冷房が嫌いで暑くても使わず、話が長くなっても休憩しようとしないので、皆さんに御迷惑をかけている」と話されていることを聞きました。私は先生の本『秦漢帝国―中国古代帝国の興亡―』を読んで、内容の充実さに感動しました。

　関忠夫先生は、庚申塔の講義の時には、その細い体から出る優しい声で、数多くの写真を次々にスライドに写しながら説明を加え、会議の後には集合写真を撮って、次回にその写真を皆に配られました。現地調査では、庚申塔を囲んでの熱心なお話に深く感銘しました。我孫子ゴルフ場の庚申塔の調査の時の写真に、先生の笑い顔が見えます。

　私は勤めていた会社のＯＢ会の一九九七年一月の会報に、次のように書いています。

　「4月頃郷土の歴史を勉強しようと月1回の中世史講座に参加し、更に民俗文化財講座で地蔵、河童などの話を聞き、それが終わると古文書講座に参加して江戸時代の文献が読めるようになるため神田まで参考書を買いに行ったりして、ほとんど日曜日がふさがる状態になりました。最近は唯講義だけではと思い城跡の見学や庚申塔の調査に出向き、束子（たわし）や巻尺を持って寒空を暗くなるまで歩き回っています。…」

高田明英先生は、古文書日曜講座での講義以外に、旅行や都内の美術館見学などに出向くことも多く、旅行では、中山道や大分などに行きました。一九九九年三月の中山道の時は、馬籠から妻籠まで峠越えを経験し、私もビデオ撮影を楽しみました。二〇〇二年三月の大分の旅では、天領日田から湯布院に入り、青の洞門や杵築城などをジャンボタクシーで廻った楽しい旅でした。振り返れば中山道で苦労しながら峠越えした原宏太郎さんも既に亡く、大分の旅で一緒だった松岡祥子さんも亡くなってしまいました。松岡さんにはその後、相馬野馬追いに行かないかと誘われましたが、一緒に行かれなかったことが心に残っています。

私自身も新四国相馬霊場八十八カ所巡りの時、秘かに、八八歳では多すぎるので、控え目にして八四歳まで健康に過ごせるようお願いしました。今年はちょうどその年になり、頃合いだと思っています。最近では近所の散歩にもあまり出ず、家に籠りがちですが、何とか活路を見出すべく頑張っています。

市史研・見学会

幸い四〇周年を迎えて優秀な役員の方々に支えられた我孫子市史研究センターがこれから先も益々充実した組織であり続けることを確信します。

最後に、二〇〇八年七月一二日に佐倉の国立歴史民俗博物館の講演会に行った時に、セルフタイマーでシャッターを切って撮った永久保存版の写真を見て下さい。

去りし人の
映りし姿変らねど
今日一日も更けて行くなり

合同部会の思い出

江澤　由紀子

一　食べたかったイチジク（鮮魚街道を歩いて）

平成九年九月六日、残暑の中、お元気だった関先生、安斉氏の案内で鮮魚街道を歩いた。三谷、松本、岩崎氏、当時の世話役だった中村氏は重たいビデオカメラを担いで参加された。女性陣は、原田、荒井さんと私の総勢九人。始めての体験だったので、今でも忘れられない。

布佐の駅から利根川の堤防を回って南下し、手賀川を渡った発作のあたりだったと思うが、田んぼのあぜ道に美味しそうなイチジクがたくさんなっていた、私は妙な正義感がはたらいて食べられなかった。今でもイチジクの季節になると思い出す。食べ物の恨みは恐ろしいと言うが、食いしん坊な私は、何年たっても覚え

ている。

浦部の百庚申の前で昼食にし、午後は鮮魚街道をそれて西方に回った。観音寺では「宇賀神」を始めて知った。ここで中村さんは、重たいカメラにダウンされて、偶然、我孫子からいらしていた方の車でお帰りになった。

阿夫利神社などをへて、鮮魚街道に戻った時は夕方になっていた。そこからバスで帰路についたが、三谷氏と何人かは鎌ヶ谷まで歩いたそうだ。今も、お元気な三谷氏には敬服する。(当時のことは、岩崎氏からアドバイスをいただきました。)

二　江蔵地の思い出

体調をくずしていた私が、再度、参加したのが江蔵地だった。娘に車で送ってもらった。娘は遠くで見ていたが、一つの石塔を囲んで、会員たちが、「あぁでもない・こうでもない」と碑文の読み取りに三〇分もやっているのには呆れたようだった。その後、彼女も私を連れて石仏巡りをするようになり、自分でも写真を撮るようになった。

学生の頃、若杉慧の写真集で弥勒様の写真に出会って以来、石仏が好きになった。二〇余年前、合同部会に入った時は、庚申塔の「こ」の字も知らなかった。まさに「継続は力なり」と思う。

これからも、体力がないので皆様に迷惑をかけながら、ついて行きます。

杉山英先生の発見

大井　正義

私が杉山英先生を知ったのは、妻と結婚して我孫子に住み、妻の生家は英先生の家であったことによるものでした。

そこで、大光寺の境内に建立されている英先生の碑を見ました。碑は大正八年（一九一九）に建立され、氏名と寄付金額が刻まれていたので、ノートに書き写すと一九一人、一五二〇円になりました。この金額は一人平均八円になり、今日では十万円になります。寄付金には我孫子町からの百円を含み、百円を寄付した教え子が三人もいたので、この基金運動は町ぐるみの大きな運動であることがわかりました。

このような大きな運動をして頂いた英先生とはどのような先生

であったのか知りたくなったのが、英先生を研究した理由でした。

英先生は寺子屋の師匠でしたので、明治五年（一八七二）に学制発布されると、小学校の先生を志しました。千葉県は当時木更津県、新治県、印旛県に分かれていました。我孫子村は印旛県の管轄地で、県庁所在地は今日の流山市にあって、ここに近代教育法を教える教員養成所の印旛官員共立学舎が設立されました。

ここに試験を受けた第一回伝習生二九名が入学し、我孫子市から杉山英、英泰輔、飯田伊右衛門、大井惣右衛門の四人が学びました。

こうして我孫子小学校（現我孫子市立我孫子第一小学校）は、我孫子市で近代教育による最初の小学校として、英先生を初代の先生として、明治六年二月二〇日に延寿院に開校しました。印旛県は三県の中で最初に教員養成所を設立したので、我孫子小学校は千葉県の近代教育のあけぼのを告げた小学校の中の一校でした。

我孫子小学校は開校しましたが、多くの生徒は弁当を持ってこられなかったので、英先生は自宅に連れて行って昼食を食べさせていました。また、授業が終わると、教室の窓一枚一枚に手を合わせ目を閉じて、今日も無事に終わり有難うございました、という感謝の想いをこめて閉めていました。

このように教育者として麗しい生き方と、すべてを子どもたちに捧げていた、子どもがいなかった英先生は、老齢のため大正六年（一九一七）に退職しました。

すると、老後を心配した教え子たちが養老基金運動を始めました。大光寺の杉山英先生之碑はこの運動の記念碑でした。

入会してよかった

小澤　冨士栄

今から何年前になろうか。そう七年前だった。広報に「秩父困民党史跡見学会」の案内を見て早速申し込んだ。その頃、私は何となく退屈な日々を過ごしていて、何か変化を求めていたような気がする。当日、指定の場所で会費を支払った時、他の人との金額の違いに気がつき、「なぜですか、」と隣にいらした方（長谷川一様）に尋ねた。その時初めて市史研の存在を知った。

こういうバス旅行は初めてだった。まず、バスの中で資料が配られ、勉強会が始まった。それは、これから行く秩父事件に関しての大切な勉強で、何の予備知識もなかった私には心に沁みるものがあった。バスの中の雰囲気は実に真面目で、熱心で、ほんとうに好感が持てた。行く先々で説明を受け、生と死のぎりぎりの所で生きている貧しい者のために、己を捨て、正義のために戦った人々……その余りにも惨めな最期を思う時、胸が痛んだ。

これが切っ掛けで私は市史研に入会することになった。

今、私は古文書の日曜コースに参加させていただいている。何年経っても進歩せず、先輩方の足をひっぱっている。でも私は辞めたいとは思わない。昔の生活、考え方を知ることは、とても楽しい。「今も昔も変わらないなあ」と思うことも度々ある。いつ迄も底辺でよいから、そこからすべり落ちることだけは要注意であると思っている。

「市民学級」での学習回顧

大杉　栄一

千葉都民として我孫子に住んで四〇年、ここが終の棲家となり、我孫子の歴史や文化に愛着を感ずる毎日です。会社も定年に近い昭和六二年、我孫子の歴史を知ろうと、市史編纂室と市史研究センターの主催で開かれていた市民学級（第八回）に参加、中央公民館で一年間、多くの仲間と共に、郷土の歴史を学びました。講師の方々の中には、既に亡くなられた方もいられますが、多くの方が、今も市史研幹部として活躍されていて、感謝の次第です。

亡くなられた高木（繁吉）先生は、市の職員として、市史研の中心的な存在でした。講座の冒頭の「あびこ一万年の歴史」で、歴史を学ぶ時の「鏡」の話があり、手賀沼が私どもの生活を映すものであれば、いつまでも、美しく、光り輝いていなければならないと、当時の沼の汚染を嘆かれました。

近くにお住まいだった小平（久）先生からは、「江戸時代の女性像」で、柴崎村名主・川村家の「おたい」さんの話を聴き、今も実在する旧家の史実として身近に感じました。川村家の蔵から出た古文書を読み解き、調査研究されたもので、先年、古文書講座で品田（制子）先生から受けた資料も、これらの一部でした。

兵藤（純二）先生の「白樺派の文学とあびこ」では、文人たちが秀れた作品を発表し、文化を形成した頃の旧蹟を訪ね、楽しい一日でした。三谷（和夫）・中尾（正己）・深山（正巳）先生からは、開発による環境の変化が我孫子のシンボルである手賀沼の水を汚す、という自然破壊に対する市民への警告をお聴きしました。

「信仰と女人講」「行商婦人」をテーマにした、飯白（和子）・水津（敦子）先生の講義は、地元の金石や古文書や統計を資料とした興味深いもので、藤掛（省吾）先生からは、「我孫子の寺子屋と学校」で中里の沼を見下ろす丘に建つ手賀沼殉難の碑文の朗読があり、感激しました。高田（明英）先生の「江戸時代の村のなりたち」では、検地と年貢の実態を身近な村の例で学び、品田先生の「元白秋夫人・江口章子」では、章子の詩文集「女人山居」の一節「手賀沼の秋」の朗読が耳に残りました。

長谷川（一）先生の「水戸街道」と「布佐河岸」では、スライドによる「水戸土浦道中絵図」を見ながら、江戸時代の街道を偲び、そして、この市民学級は終講となったのです。

今年我孫子の市史研は、設立四〇周年を迎えました。行政と市民が一体となって行われた当時の「市民学級」の講座の内容を追憶しながら、記念誌への回想文と致します。

我孫子市立博物館〈郷土資料館〉開設の夢

加藤　直道

文化都市我孫子には誇るべきものが数々ある。その最たるものは、市史の編纂に多くの市民が参加したことである。しかし、博物館（郷土資料館）のないのが玉に瑕である。

白樺文学館や鳥の博物館も博物館法に規定する博物館であるが、歴史資料館がない。大人はなくても痛痒《つうよう》を感じない。問題は、小・中学生等が郷土の歴史を学ぶ際のセンターのないことである。博物館等の活用については、小・中学校の学習指導要領には特に強調されている。その設置については、市の教育委員会が中心となって作り、運営するのが一般的である。しかし、今日の財政状況ではほとんど不可能であろう。次に考えられるのは、白樺文学館のように、資産家が私費で建物と展示資料を購入して、後に市に寄付して頂くことである。こんな虫のいい話は、バブルの再来でもない限り有り得まい。

三番目の策としては、平成三〇年一都七県の特区で開校予定の「公設民営校」を参考にして、市が、例えば小・中学校や高校等の空き教室を借りて開設し、光熱水費等を負担する、最も経費の掛る人件費等を抑えるために、民間のボランティア団体（NPO等）に運営させる、教育委員会にいられる学芸員のお知恵を拝借しながら、考古学的な資料や歴史資料を、それが土器片でもレプリカ（模造品）やコピーでもいいので、寄付を中心として収集する、というのがある。

博物館の機能は、資料の収集・保存・展示・研究・教育である。展示と教育の内容・方法が館の発展を左右する。解説や説明を工夫し、クイズや体験学習で土器・石器に触れたり作らせたりと楽しませる。市の商工会などと連携してミュージアムーショップにオリジナルグッズや飲食物も置いて、大人も子供も散歩がてらに立寄れないか。中小の博物館では、一日の入館料が職員一人の日当にも相当しない所があると聞くので、図書館のように無料化する。夢はいろいろあるが、小規模で博物館法が求める要件を満たしていないので「登録博物館」とは現状では認められないであろう。そんな中途半端な施設に、教育委員会や市議会が乗ってくれるか。法的根拠・責任の所在・組織や運営法・空き室の確保等々ハードルは多くしかも高い。

我孫子市では、将来、市役所の改築時に、市立郷土資料室開設の構想があるかもしれないのに、それを確かめずにいる。もし開館（室）したら、市史研会員の一員としてボランティアとしてお手伝いしたいと願っている者なので、思い付きを記してみた。

【参考文献】『國學院大學博物館學紀要第19輯』、「日本経済新聞」、「読売新聞」、『小六法』

くずし字解読のむずかしさ

河井　弘泰

私は古文書解読に皆様同様、児玉幸多編『くずし字解読用例辞典』を愛用してます。私にとってこれほど字引を引いたことはかつてなかったことですが、会の先輩には、この辞典がボロボロになるまで使って、既に二冊目もそろそろ替え時だという方もいられると聞き、古文書解読のとてつもない深淵さを感じています。〈これを覚えれば日常生活を送れる〉という目安に常用漢字約二一〇〇字があります。では、くずし字ではどうでしょうか。くずし字辞典は一文字当り一〇パターンほどのくずし字が掲げてあるので、恐らく二一〇〇字×一〇＝二万一千字のパターンになります。乱暴な言い方ですが、常用漢字にしても、くずし字は十倍読めねばならないことになります。

　さて、私の場合、一つの文書中恥ずかしながら読めない字が二〇%～六〇%あります。キーワードが読めないと文意もチンプンカンプンなので、推定も難しい。ならばと、くずし字辞典に助けを求めても、何処を探せばいいのかなかなか手掛かりが掴めません。くずし字辞典の配列は約六四〇〇字が部首の画数順、同一部首の漢字は部首以外の画数順配列になっているようです。そういっても、そもそも学校では部首を学びませんし、くずし字の中にはどの部分が部首なのか判別し難い上、同じ部首でも複数のそれに該当しそうなものもあります。頻出文字「候、之、被、為、無、御、儀」等はまるで記号です。その上、書く人独特のクセ字もあります。

　このように、判読はもちろん覚えるのも容易ではありませんが、その難読文字が読めた時は、中高時代に幾何証明の解き口を見つけた時の喜びを感じますが、これをサラッと読みこなす先輩諸氏には畏敬さえ覚えます。先輩は如何にしてこれを克服されたのか教えて頂きたいものです。〈急がば回れ〉、古人の教え通りひたすら多くの古文書に当たって何度も読み返すことでしょうか。

　CD-ROM版のくずし字辞書が出たようです。今やパソコンがプロ将棋士に勝る時代、もっと先を走って古文書をスキャナーで読み取り、即翻訳する機器が出現するのはそう遠くないのじゃないかと。

　樋口政則著『古文書判読入門』に

「こんな文字で相手に通じたのであろうか、文書の役割を果たしたのであろうかという文字に出会うこともある。他人に見せる必要のない記録類では殊にそれが甚だしい。だが読む側はそれを読まねばならない立場にあり、それ故古文書の判読は難しい」

傍点箇所は一番ミミが痛く自戒せねばならない。

古文書との出会い

後藤　美鈴

私が古文書に興味を持ったのは、実家に残された一対の掛け軸でした。明治期の先祖夫婦各々の肖像画と、人となりが漢文調で添えられたものです。

　そこには、後世の私達子孫に「このような立派な祖先が居たことを忘れてはならない。」と書き記してあり、これを読んで、私の見知らぬ先祖について知りたくなりました。そこで、実家にあった幕末期から昭和二七年頃までの土地や財産関係の文書や、冠婚葬祭等の控帳、和綴《わとじ》の写本、古い謡本等を譲り受け、紐解くことにしました。

　まず、和綴で美しい木版の謡本を手に取りましたが、変体仮名ばかりで読めません。わずか三・四代前の先祖が読んでいた文字が読めないことはショックでした。何とか読みたいと、辞書を片手に現代仮名に翻訳し、数年かけて一五〇曲近くを大学ノートに書き写しました。

ところが、手書きの地方文書《じかたもんじょ》は、癖字難字のオンパレードで、さっぱり手も足も出ません。読む価値のあるものか理解できませんでした。

八年前に我孫子へ越してきて、品田先生、加藤先生の古文書解読講座受講をきっかけに、二〇一一年一一月から古文書火曜部会に入会し、勉強を始めました。入会当初は、どの行を読んでいるのかさえ解りませんでした。最近は、どうやら字面は少し読めるようになってきましたが、江戸時代に関する知識がなく、言葉や内容の理解に四苦八苦。博学な先輩方がいろいろ教えて下さる話に、なるほどとうなずくばかりです。

これから、市史研で学んだことを手掛かりに、終戦後不在地主となって越後長岡の地を離れ、親の代で幕を閉じる実家の歴史をまとめたいと思っています。

見えないけど…いるんだよ。

小林　隆夫

お盆のとき門の前でおがら（麻ガラ）を焚いていると、近所の子に「何をしているの」と尋ねられた。先祖のお迎えという目に見えないことを説明すると、怪訝な顔をして立ち去った。

話しは変わるが、市史研が一昨年（平成二五年）に出された『新四国相馬霊場八十八ヶ所を訪ねる』を読ませていただき、タ札所は光音禅師とその後の江戸を含む地域と世代を超えた結びつき、奉納、信仰、育みにより現在に至っているという思いを強くした。

新四国相馬霊場のあるこの地域は、江戸期、水運で繁栄したところである。その賑わいは、赤松宗旦著『利根川図志』にある小堀《おおほり》河岸の六月二十日例祭、あるいはその岩波文庫版の巻頭言を飾る柳田國男の解題、などから読み取れる。より具体的なのは、佐賀純一著『霞ケ浦風土記』（常陽新聞社）の「水運のへそ・小堀の昔」である。明治三七年生まれの鈴木国蔵が祖父から聞いた話（昭和四七年聞取り）である。

これによると、江戸時代には、霞ヶ浦、銚子、江戸が水運でつながっていた。航行する高瀬船は、東北、北関東各地の天領の御城米や諸藩の蔵米、武士・庶民の納屋米などの廻米を積み、利根川を遡った。喫水の都合で小堀付近からは、一〇俵、二〇俵と小舟（ハシケ船）に載せ替えて曳き、関宿を過ぎて水深の増す江戸川で、再び高瀬船に移し運んでいた。また、小堀には廻米を預かる河川問屋も数多くあったという。

このようにこの辺り一帯は、水戸街道と利根川水運の二つ交通路の交差に加え、喫水の違いによる高瀬船の荷積み替え場所という立地条件が重なり、多くの人が滞在する要件を備えた特異な場所であった。中には人生の重荷を背負った人もいたかもしれない。短期間で遍路することが出来る新四国相馬霊場は、癒しの場になったことであろう。また、交通の要所であるがゆえに、江戸とその近郊からも多くの人が訪れたに違いない。

利根川を挟む近世のこの地域を〝時の旅人〟となって、当時住んでいた人々を知ることは、ここ数年来の密かに思っていたことである。古文書を直接読むことは当分出来そうにない。そこで、市史研の先輩たちが解読に関わっていた『我孫子市史資料近世篇』や『取手市史近世史料編』の宗門改帳、人別帳などから、その家族を知ることから始めよう。

冒頭の子どもとの会話に戻るが、

「この火はね、お盆で家に帰るおじさんの親が道を間違えないように焚いているんだよ。そのまた親、そのまた親もいるよね。その方たちにもよかったら来てくださいねと声をかけているんだよ。」

「ふうーん。」

と、可愛く問いかけに答えはしたもののわかってくれたかわからない。

不思議な縁　我孫子

逆井　萬吉

昭和五二年頃、市史研究の講座生となった。父が日立精機にいたから我孫子は少し知っていた。が、もっと知りたいと思い入会した。最初の会の市民会館市史編纂室、話を聞く会と思ったら、市史の課題を発掘して調査し市史研究誌に掲載するという。仰天し次回から行くまいと決めた。しかし、終わった後のおかめそば屋で、斎藤博先生がフレンドリーに酒を注いでくれた。決意が簡単に変わってしまった。

以来、利根川秣場出入り事件や、我孫子駅開業の飯泉喜雄、明治期の町村合併、その他ガイドブック的なものをけっこう手掛け指導していただいた。斎藤先生を尊敬していた。人間味があった。研修旅行の室生寺、『先生、ここは女人禁制だが男は登っていいんだよ』に、階段下でアイスクリームを舐めていた笑顔が忘れられない。羽黒山の階段も同じ。一〇〇キロ？の体で市史と酒と私ら？を愛した斎藤先生。あるとき、先生が顧問を外れた。自分にも会の連絡が届かなくなり今日に至る。しばらくして、斎藤先生の学習会クリオに入った。しかし、先生は突然帰天。エレベータまでついてきて『すぐ退院するから』と握手。柏の病院が最後の別れとなった。先生がいたから市史研は楽しみだった。でも、古文書は苦手。岡田源治先生に個人指導を頼んだら多忙とのこと。そのままにして今も相変わらず。

我孫子は将門に関わる史実が多い。自分の故郷坂東も将門終焉の地。将門伝説の多くの場所は遊び場だった。将門が、秀郷・貞盛軍に敗れたのは天慶三年（九四〇）。ちょうど一千年後の一九四〇年に自分はその坂東で生を得た。今居住する我孫子市久寺家の地名も将門影武者七人のうちの一人の名前。我孫子に関わる白樺の志賀直哉。昔、世田谷の直哉邸で孫のM氏の家庭教師をした。直哉大先生とも会ったが挨拶だけ。色紙かペアの写真、拒絶されただろうが頼めばよかったと後悔。直哉邸跡保護から立ち上げた我孫子の文化を守る会にも発会時から入った。我孫子は不思議な縁。終の住処になる我孫子、粉になって五本松に眠るはず。残された余生を有意義に送っていきたい。

古文書講座雑感

佐々木　豊

市史研が発足して平成二七年に四〇周年を迎えるという。当初からの関係者の方々は感慨深いものがあると思う。市史研にはそれぞれ調査、研究、歴史探索の分野がありそれぞれ活動しているが、地方史の研究や古文書学として専門的に研究している方もいる。私は、会員としてその中で月一回程度の古文書日曜講座に参加している程度であるが、早、十数年の歳月が過ぎた。この間参加者の出入りもあったが、先輩諸氏等から多くの示唆教示をうけた。また、個人的に所有している資料など提供してもらって活用している。

講座の内容は主に江戸時代の中期から明治初期までの近郊に伝わる近世の古文書の解読である。毎回の資料について常に感じることではあるが、古文書に出会うたびに、読解力不足ということもあり読めない字が必ずあるということである。ほとんどがくずし字であり、異体字・あて字・合字などが使われ、また特殊な用字用語も多く、文体や体裁も多種である。加えて虫損・水損など判読不能なものも多い。さらに資料としての古文書は書写あるはそのまた書写であったりして、意図的なのかあるいは単純な謬ではないかと思うものも少なからずある。また、筆跡も個件より多様である。

したがって、判読解読には相当難儀するが、メンバー相互の知恵や知識により発見するものもありその喜びも大きい。そのためにも、資料は一文書のみに拘泥することなく、複合的にみて比較検討することも必要と思っている。

古文書を学ぼうとする動機あるいは取り組み方は人によって違うと思うが、誰でも最初はくずし字そのものを読む力を養い釈文（翻刻）することが出発点であろう。専門家にいわせると、慣れることで読解は容易というが、相当の努力が必要であることを痛感している。

私の古文書に対するスタンスというか日常の基本的な取り組みがある。それは古文書とは一般的には古記録を含めた古い書き物であるという認識で十分であろうが、発信者の特定者に対する意思表示という点が古文書の本質であることを常に念頭においている。歴史愛好者として、古文書を読み且つその古文書にあらわれない文字以外の情報を得ることが歴史を学ぶ手段となっている。

当然ながらそれは、時代的に近世のものに限らず様式内容をも範囲が広くなるが、それはあくまで個人の趣味的領域にとどまっている。

市史研が、会報発行をはじめ地域にまつわる文化・生活史の調査啓蒙に脈々と続けていることに敬意を表すると共に、その構成員の一員とさせてもらっていることに感謝したい。

本物に巡りあえた喜び

佐藤　順

二五年前「横浜開港百三十周年記念展」に度々訪れるうち日本の近代国家の礎を築いたという養蚕農家の偉業を知ることとなり、北は北海道から南は兵庫県養父郡の山奥まで各地を訪ね歩いた。

我が東葛地区に関する資料のうち重要と思われるものは以下の通りである。

福島県伊達郡桑折町史より　二点

一、慶応二年二月　蚕種紙につき御公儀御触書

（御奉行所より一二ヶ村一五名宛の中に下総国布施村藤助・半平の名あり）

一、慶応二年三月　蚕種改印の肝煎人名と請書

肝煎被仰付候者名前左ニ

（二〇ヶ村二九名内一六名　右者素人と付記され、下総国布施村平兵衛・藤助も素人の中に入っている）

御奉行所様

御掛り　小栗上野介様

以上二点は長野県上田市上塩尻　原與家文書の転載である。信州上田も古くからの養蚕地であり、二九名中一六名の「右者素人」の付記は、度重なる冥加永値上げによる改印の為、新興勢力の台頭がうかがえる。幕府の係は小栗上野介であることも伝えている。

井上基家文書より　二点

一昨年一二月井上家文書整理作業の折、ついに本物と巡りあった。本物は廻状の包み紙を丁寧に画き、その中に「廻状　役所名」を記してあった。

一、

蚕種紙為取扱候肝煎のもの名前

（各領主代官所　国郡村　村役　氏名を二三ヶ村二九名記す。本田紀伊守領分下総国相馬郡布施村名主藤助・年寄半兵衛の名あり）

（慶応二年）寅四月廿八日　福田所左衛門役所

右御廻状五月二日巳上刻柴崎村より受取早刻　布佐下新田江継渡

この頃の記録者は大変几帳面で文字も優れていることも知ることができた。

これらの文書から、我が東葛地区も養蚕品の輸出に関わっていた地域であることを知り得たことは、たいへんな喜びであった。

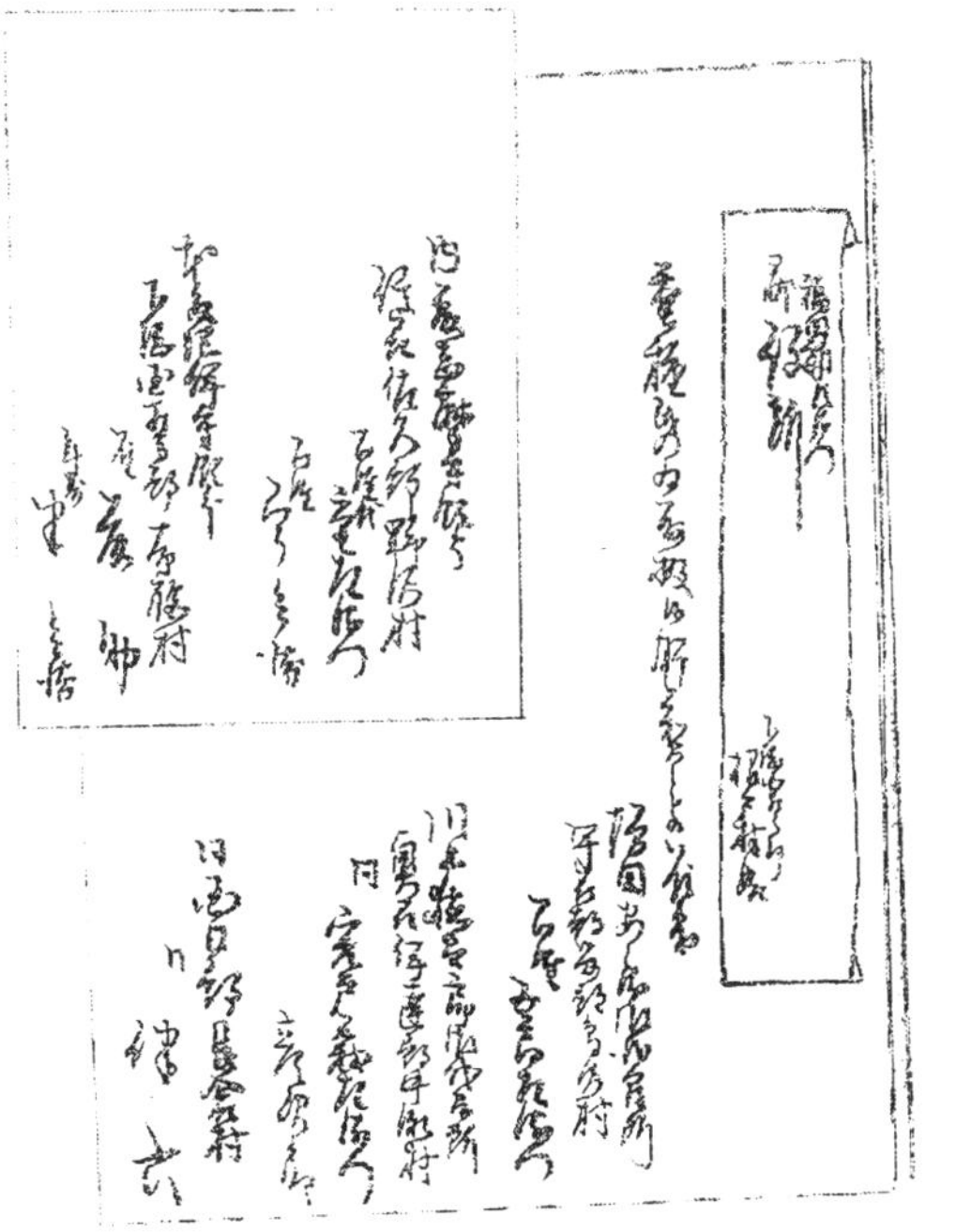

井上家文書２点

福田所左衛門
廻状　役所
下総国相馬郡
根戸村始

廻状表書きの翻刻

超後期高齢者古文書解読奮闘記

佐藤　章

ある年、日本橋のデパートで古書・古本市が開かれました。会場には勝海舟の書簡が三百万円の値札が付されて展示されていました。保存状態が良かったらしく、白い和紙に墨痕鮮やかにいきいきとした筆致でしたが、残念なことに私には何が書かれているのか、全く読めませんでした。それから関心をもって、古文書のコピーや写真を見るようになりました。外国語が読めないのは仕方がないが、昔の日本人の書いた物が読めないとは何とも情けない気持ちでした。

その後、第三の仕事をリタイアした機会に中央学院大学オープンカレッジ「くずし字で読む江戸文芸講座」を受講しました。まさに〝八十二の手習い〟でしたが、古文書に対する感触を若干得ることが出来たと思いました。その後、くずし字の「百人一首」「奥の細道」ほか二、三の解説書で独学勉強しましたが、覚えるより忘れる方が多く、まさに悪戦苦闘、大好きな健康麻雀も週一回にし、TVもニュース番組以外は見ないで勉強に打ち込みましたが、やはり効果は上がりませんでした。

何とか解読能力を高めたいと思い、二、三年前市史研主催の初心者講座を受講した機会に入会し、研鑽を積むことになりました。なお古文書解読の勉強を通じて気が付いたのですが、あまり広くもない日本の各地にそれぞれの方言があり、時には同じ日本人の会話ながら、通訳付きでないと理解困難なことです。しかし、各地に保存されている古文書、例えば触書・前書・訴状・願届さらには百姓一揆の廻状まで全国ほぼ同様の形式、文体、書体、用語で統一されているような気がしました。専門の方が仔細に検討すれば、その地方独特の表現があるのかも知れませんが、私にとって少々不思議な気持ちでした。ある日本史の学者（故人）の著書には「日本は古代の律令国家以来、近世徳川時代まで一貫して中央政府の文書主義が徹底し、一定形式の文書が各地の支配者に下され、それが百姓庶民にまで普及したと推測される。また日本人の識字率の高いことも一つの要因だろう」という趣旨の記述がありました。また、全国的な流通経済、文化、芸術などのネットワークの発達も一役買っているのではないでしょうか。

ともあれ、くずし字の勉強は外国語の習得の勉強に劣らず難しいと感じており、今でも悪戦苦闘中です。一つの漢字でも、字によっては十以上のくずし方やもとの字に似ても似つかない形になっているものがあり、変体仮名に馴れるのも現代語しか頭の中にない私にとっては、たいへんな作業です。頭の切り換えが思うようにならず、少々あせっているのが現状です。市史研に入会してまだ日が浅いのですが、毎月の会報に掲載されている論文や史蹟・古社寺の探訪記を拝読するたびに、その造詣の深さに敬服しています。

私も米寿の齢といわれる年齢に達し、頭はボケはじめ、足腰も衰え、目も耳も遠くなって、古文書を渉猟したり、史蹟や社寺の探訪もできかねますが、会員の方々のご支援を頂き、なお一層精進していきたいと思っています。幸い市史研発足四十年という節目のお目出度い年に出会いましたが、発足五十年目まで長生きして、勉強に励みたいと願っています。

古文書解読会へ参加と近況報告

篠崎　吉次

市史研の古文書会に入会したのは、確か、平成一五年頃だったと思います。

私ごとですが、昭和三四年から六〇年まで群馬県職員として富岡、渋川、高崎、桐生に勤務したころ、興味本位に県内の史跡や古墳などの見学を楽しみ、古文書講習会にも参加していました。定年後に浦和に移転し、ここでも古文書会に参加して、崩し字を学習しました。その後　平成一〇年、柏市に移転、松戸博物館の古文書講習に参加した頃、我孫子市史研での古文書講習会を知り、入会しました。

現在柏市でも市主催の古文書講習会が毎年開かれ、又少人数ですが古文書読み会を継続しています。我孫子の古文書日曜部会に参加し、平成二〇年頃、「瀬戸井村御用留帳」を解読したことを思い出します、その後、火曜日の部会にも参加、会員諸氏の読み合わせの示唆でたいへん勉強になりました。

古文書は祖先たちの残した貴重な一次史料であり、我々の祖先がどんな社会でどんな生活をしていたかをいつも考えさせられます。

平成二四年三月、突然心臓発作で倒れ、入院三か月、心臓にペースメーカーを入れて心臓の拍動を調整しています。七年前に癌と糖尿病があり、併せて在宅療養中です。歩行もやや困難で在宅。テレビと読書三昧の毎日です、

市史研の益々の御発展と会員皆様の御活躍を祈念して、近況報告と致します。

冬の時代を経験した市史研

関口　一郎

昭和四八年（一九七三）に市史編さん条例が定められ、二年後

の昭和五〇年に、住民参加の市史づくりに協力する市民団体として「我孫子市史研究センター」（以下市史研）は誕生した。研究誌『我孫子市史研究』（以下市史研究）が同五一年に創刊され、また「我孫子市史研会報」（月刊）も同年に発行された。研究会は「市史研究講座」として同五二年に月例で開講され、三十数名の講座生が参加し、旧町村部の研究成果が市民の手で発表された。地域史・自治体史の新しいあり方として全国的にも注目されはじめた。

毎年の「市史講演会」でも本多秋五、色川大吉、吉本隆明など著名な講師を招聘し、平成二年（一九九〇）の第四回「柳田國男ゆかりサミット」では、国際シンポジウムも開催した。

このように、我孫子市の自治体史づくりは関係機関で全国でも注目されていたが、順風満帆にみえた自治体史づくりは、その仕上げを前に突如混迷状態に陥った。国際シンポの翌年の平成三年頃であったろう。各研究講座は休講になり、『市史研究』も休刊(同四年)、市広報「あびこを探る」の連載も中止(同四年)、古文書整理グループの解散(同四年)など、市民がかかわってきた主要な事業が止まってしまった。T氏も他部署への異動となった。

その頃、朝日新聞主催・柏高島屋会場の「手賀沼を愛した文人展—白樺派と楚人冠たち」の催し(同四年)を市史研は依頼され、約五〇〇点の展示品の選定や大判カタログの解説などを担当し、一万人の入場者を迎えるなどの明るい話題も一時《いっとき》はあった。しかし、実態は市史研の「今後」が見えず、「歴史研究講座」も二つに分かれるという不幸が続いた(ただ勉強会や講座の継続は、その後の市史づくりに活かされているが)。こうした混迷と停滞の冬の時代のなかで、時間の経過とともに編さん委員・編集委員も高齢化し、他界される方も出てきた。

なぜこんな事態に陥ったのか、説明は容易でない。編さん委員のS氏と編さん室のT氏との間に齟齬をきたしたのであった。二人は師弟の関係にあり、Sゼミから各地の自治体史づくりに参加している卒業生のなかでもきわめて密接な関係が築かれていて、S氏は神奈川県から毎月我孫子に通ってこられ、研究講座の市民指導にも熱心に身を入れてくださっていた。

〝市史づくり〟での考えの相違であろうが、最後はどんな言葉で電話が切られたかは判らない。近くに身をおいていたひとりとして話し合いの場を何度か試みたが、まったく不可能だった。

紆余曲折ののち、『我孫子市史 現代篇』が平成一六年三月、同『原始・古代・中世篇』と『近世篇』が平成一七年三月に刊行され、事業は終わった。市史編さん条例がつくられてから完成までに三二年の歳月が費やされている。T氏は前半の一八年間は制作・進行の中心として牽引していたが、後半の一四年はノータッチの立場で、執筆の機会も与えられなかった。S氏は平成一二年、六六歳で逝去され、T氏は平成二四年に六一歳で急逝。両氏とも後半の人生は苦悩続きであったと推測される。有能なお二人にとってまことに残念なことであったが、同時に、周囲への影響も計り知れないほど大きかった。

いろいろな視点

竹森　眞直

私が市史研に入ったのは大学四年生の一〇月のことでありましたから、もうそれから二年も経過したわけであります。もうあれから二年もたったのかと思うと、ずいぶんたったものだな、と思います。

私が市史研に入ったのはひとえに「いろいろな視点に学ぼう」と思ったからであります。

私はふだん、歴史関係の学会に所属し、そこでいろいろと歴史について学んでいる者であります。もちろんそこからは、歴史学について深く掘り下げたが故にいろいろと学ぶこともできるわけでありますが、それと同時に、それ以外の視点にふれあう機会というのをなくしてしまうように感じるのであります。

市史研の魅力は、一般の市民の人たちが、地域の歴史についてそれぞれの視点から研究、考察しているというところにあると思います。しかもそれを四〇年の長きにわたってやっている。たいへんなことです。

また、市史研に入ってから今までほんとうにいろいろな方にお世話になりました。特に『字誌』制作の過程において、同じ布佐地域担当でお世話になった清水さん、関谷さん、また同じ栄・泉地区でお世話になった関口さんにはお礼の述べようもございません。また、日曜古文書会と歴史部会の両方でお世話になっている山崎さんや白神さん、いろいろなことを教えてくださる荒井さんにも感謝いたしております。

ただ、私は市史研に入って、これだけお世話になっておきながら未だに何もできておりません。

もう私は我孫子を離れ遠くに引っ越してしまいましたが、市史研には参加を続けたいと考えております。そして、いつか、歴史学を学んでいる者の目線から何かお役に立てるようになりたい、と思います。

蛇足ですが、私はこれからこの市史研のような団体がもっと増えていってくれればいい、と考えております。このように、市民の人たちがそれぞれの視点から、自分たちの暮らす地域に向き合い、専門家も交えていろいろと討論しながら地域史を書き上げていく。それこそが地域史研究の理想の姿だと考えているからであります。

そうすることによって、一般市民の目線から「地域」が見えてきて、それはふだんの生活においても様々なところで役立つはずでありますし、歴史学者にとっても歴史学以外の多方面の立場の人の視点と接する良い機会となって、刺激を与えられる。それはその地域の暮らしにも役立つだけでなく、地域史の研究ひいては歴史学の研究にも良い影響を与えるのではないでしょうか。

先述したとおり私は我孫子を離れましたが、これからもこのような考え方の下、活動していきたいと考えております。そのためにも、一刻も早く市史研に恩返しできるような人間になります。

我孫子市史研究センターに入会して

田中　由紀

昭和五六年に東京から我孫子市中峠に引っ越してきました。市広報に湖北座会の会合を見つけ、参加したいと思いつつ、東京への通勤や子育てで叶いませんでした。定年退職後市史研に入会し、また念願の湖北座会にも参加しましたが、座会最後の会合だったのは残念でした。市史研入会後初めての部会は、テーマが「字誌」の歴史部会でした。皆さんが非常に勉強家で研究熱心なのに圧倒され、とても付いていけないと思いつつ、中峠《なかびょう》、岡発戸《おかほっと》、都部《いちぶ》、日秀《ひびり》などの難解な地名にも関心があり、毎回の発表は楽しく、とても為になりました。入会する少し前から「あびこガイドクラブ」で湖北駅周辺のガイドをするようになっていましたが、自分が疑問を持った時、図書館の市史研会員の調査研究書がとても役に立ち、また部会に出席し、ようやく判ったことや納得することがたくさんありました。湖北台に島原自治会はなぜ？ 大日の○○さんって？ 芝原木綿？ 二本榎踏切？ 宿通り？ えっ鎌倉道がある？ 等々、知ったことは嬉しいし、小字《こあざ》から昔の土地のあり方がわかり、想像することも愉快です。

初めてのバス旅行は「なかみなと市・虎塚《とらづか》古墳とその周辺」でしたが、先ず車内での講義に、他のサークルとは違うと驚き、昼食時に男女ともにビールを飲むのでビール好きの私は入会して良かったと思いました（笑）。埋蔵文化財調査センターの豊富な資料を興味深く見、前方後円墳・虎塚古墳の彩色された壁画に大感動し、十五郎穴横穴墓群に大いに驚き、それぞれの見学に車内講義が非常に役立ちました。武田氏館は中世の武士の館の再現で、ドラマでしか知らない建物にウキウキし、その上甲斐武田氏と常陸佐竹氏は同じ祖・新羅三郎源義光と判り、秋田市出身の私は感慨深く感じました。

合同部会の『新四国相馬霊場八十八ヶ所を訪ねる』が出版され、今まで何気なく紹介していた大師堂が、それぞれ色々な特色があり新鮮な発見ばかりで、以後の案内にも力が入ります。近くの法岩院五一番札所の大師堂の向拝の天井に、七福神の彩色画があったのにはびっくり、もちろん説明に付け加えてます（笑）。

歴史探訪部会が発足し散策、座学、バス旅行と活動が活発に開始されてます。ますます興味津々な市史研です。これからも先人の足跡を学びつつ、年齢と共にどれだけ出来るかは定かではありませんが、自分の出来る範囲で勉強し楽しみたいものです。

『字誌』が私にくれたもの

千葉　美雪

私は今から八年ほど前に古文書解読火曜部会に入会し古文書を勉強してきました。そして、この度、市史研で出版する『我孫子の地名と歴史―わが町の字誌（あざし）』（通称『『字誌』』）の東我孫子一、二丁目の執筆を担当いたしました。

「東我孫子に住んでいる市史研のメンバーは千葉さんしかいないから」と言う理由でお誘いを受け、気軽に引き受けてしまいましたが、いざ取り掛かってみるとこれが予想以上につらくて大変な作業でした。

東我孫子にある公共施設などのおもな建物を訪ねて現在までの経緯を聞いたり、市役所や教育委員会に通って公園や自治会、一里塚や遺跡などについての情報を集めました。そして、すべての自治会の会長さん宅を訪ねて、現在の活動内容について話をうかがいました。

『字誌』の原稿の中で一番苦労したのが、東我孫子の沿革についてです。原始から近現代に至るまでの沿革を書くために図書館で文献を探しましたが、なかなか見つかりません。もともとこの場所は松林で人が住んでいなかったために、ここに関する記述が少なく、下ヶ戸や高野山などの地名は出てきますが字名までは記されていないので、確実に東我孫子に関する内容が見つからないのです（昭和五五年の住居表示で高野山、下ヶ戸、岡発戸の一部が一緒になって東我孫子となりました）。私は沿革をどのように書いたらいいのかわからず、途方に暮れてしまいました。とにかく我孫子市の歴史を網羅している『我孫子市史　近世編』を読むしかないと思い、何度も読み返すうちに、やっと一ヶ所「大窪」という小字を見つけて何とか文章にすることができました。

東我孫子は、昭和の初めに我孫子ゴルフ倶楽部がつくられた際に宅地分譲されたことから、一戸建ての多い住宅地として発展をしてきました。その当時の様子を調べるために、住民の方を何軒か訪ねました。見知らぬ人の家を突然訪ねて行って話を聞くのは、とても勇気がいりました。はじめはどなたも怪訝な顔をされます。しかし、私が一生懸命『字誌』の説明をすると、だんだんと表情がほぐれてたくさん話をしてくれました。暑い夏の日に家の中まで通され、冷たいお茶とメロンをご馳走して下さったお宅もありました。お気持ちがありがたく、大変申し訳なく思いました。『字誌』の本が出来上がったら、本を持ってお礼にうかがいたいと思います。

『字誌』は私に、今まで生きてきた中でいちばんつらく、楽しい、そして充実した時間をくれました。

市史研に入って—皆と歩く—

土井　玲子

我孫子に住んで一〇年になります。柴崎神社で江澤さんに誘われて入会し、合同部会に参加し、〝新四国相馬霊場八十八ヶ所を訪ねる〟ことになりました。二、三回参加させてもらったころ、やっと皆様が「学者」さんだと気が付いて悩みました。私とは違いすぎます。退会も考えました。

私は神社のことも、何も知らず、ただおまつりし、般若心経もただ写経してお寺に収めるだけです。そんな私が御大師様ゆかりの八十八ヶ所を何も考えず歩いています。これでよいのかといつも悩みながら…。それでもいつしか皆様と歩くことが楽しみになっています。

土の道、草々の道、畑の間の道、林をかき分けて細い道を抜けると神社の「トリイ」がみえて、まわりに田畑があり、本来の我孫子が見えて来て、いい所だなと思います。

お堂の中にはお大師様がおいでになり、お花やお水がそなえられ、般若心経もおさめられていて、信心の深さを見ることができます。昔からの人々の祈りが聞こえそうです。生きることの苦しみ、悲しみを祈りの中でお大師様を力に生きぬいたとも言えるのでしょうか。この土地とお大師様はこれから先も強いきずなをつづけて行くことでしょう。

今では我孫子は私の心の故里になりました。御大師様と会の皆様のおかげと感謝致します。

新四国相馬霊場のこと

中川　健治

東日本大震災は平成二三年三月一一日午後二時四六分、市史研四〇周年の歴史の中で起きました。

この日は、取手で二二年度第三回会員研修会が開催されました。午後二時過ぎ、取手市埋蔵文化財センター前で解散となったので、山本さんと利根川堤防の道を歩いて取手駅に向かいました。巨大地震は、ちょうど駅のホームに駆け上った時に起きたのです。ホームはガタガタと大きく揺れ、電車に乗りましたが、動きそうもないので我孫子まで歩くことにしました。途中、歩道橋、大利根橋では大きな余震もあり、6号線の信号も故障していました。

何とか無事に自宅に帰り着きましたが、この日は、忘れることのできない一日となりました。

さて、相馬霊場のことになりますが、合同部会では、二一年度の活動として、平成七年に発刊された『大師道』を参考にしながら「新版」を作成することになりました。その際、相馬霊場巡りのお誘いをいただき、その年の三月に合同部会に入会しました。寺社や仏像、霊場巡りのことなどについては何の知識もなく、調査に参加し、現地調査、編集検討会を通じて合同部会の方々にいろいろと教えていただきました。

一　本四国霊場と新四国相馬霊場

弘法大師が弘仁六年（八一五）に開創されたと伝えられる四国八十八ヶ所霊場は、平成二六年に開創一二〇〇年を迎え、各種の記念事業も実施されています。四国霊場は遠く、遍路は長く険しく、誰もが気軽に歩いて行えるものではありません。江戸時代になり、お大師さんに対する信仰が高まり、四国霊場巡りをしたいという人は増え続けました。そういった人たちの思いをかなえるため、地元の近くで誰でも四国霊場巡拝と同じ体験ができるように、全国各地に四国八十八ヶ所札所をコンパクトにした「写し霊場」が設けられました。新四国相馬霊場は、宝暦一〇年（一七六〇）頃、取手の長禅寺で修業した観覚光音禅師によって創られた「写し霊場」です。近隣には、「東葛印旛大師」や「印西大師」

等の大師講があります。東葛印旛大師の札所は、柏・鎌ヶ谷・松戸・印西・白井の五市にわたっており、南相馬の送り大師とも言われ、毎年五月一日から五日間、講員による巡行が行われています。印西大師の札所は、印西市・白井市に置かれています。「白井大師」、「吉橋大師」もありましたが、現在、大師講は行われていません。

二　新四国相馬霊場の大師参り（『大師道』、『増田實日記』）

・江戸期の大師巡拝

柴崎村の名主川村磯右衛門が、今から一六〇年程前の嘉永七年（一八五四）に一四日間かけて巡拝したという記録が残されています。当時は、徒歩で二泊三日かけて巡拝するのが順路でした。

・大正期の大師参り

①大師参りは日帰りが多かったが、相当の難行路でした。中峠の法岩院、龍泉寺には茶堂があって、湯茶の接待がありました。春の野道を白衣の善男善女が三々五々、鈴の音も軽く大師参りする姿は、中相馬の風物詩でした。

②増田實氏の日記から

・大正九年四月一日（木）快晴　今日巡回の初日にて、すげ笠、毛套姿の年寄連中、引も切らず陸続として其の数を不知。

・同年四月八日（木）快晴　先日中より巡回中の大師結願の日とあって、さすがに早朝よりすげ笠に毛套姿の老媼老翁、半信半疑的の青春男女、手拭かぶり姿の子持ち女等、陸続として織るが如し……。

・上新木地区の寿永講

昭和七年頃は、青年団の若者たち一五名くらいと女性はご婦人と若い娘さん混成で一五名くらい、世話人と同年齢の友達含めて八名くらい、合計三八名ほどでした。昭和五六年頃、取手寺田の大師宿「開運亭」が廃業になり、守谷の「白寿荘」を利用。

その後、講員の高齢化が進み歩いてお参りするのが困難になり、移動にマイクロバスを利用するようになりました。

三　大師堂と石造物

お堂の大きさはほとんどが方一間で、それより大きいのは二一番勝蔵院、七五番東源寺、七六番龍泉寺の大師堂等です。屋根の形は、切妻造、入母屋造が多いですが、二八番宝照院の大師堂は屋根が四方に注ぐ形の宝形造、五九番興陽寺の大師堂は流造りで、どちらも我孫子では唯一の形式です。東向きのお堂は、朝早く訪ねると堂の内部がよく見えます。また、大師堂等の壁面、虹梁、木鼻、懸魚、向拝等に施されたみごとな装飾、彫刻等を見ながら巡り、仏寺建築についての理解も深めることができました。特に、八一番長福寺の大師堂には、北相馬郡北方（現龍ヶ崎市）の彫刻師後藤藤太郎が腕をふるった彫刻があります。葺不合神社本殿の彫刻も同人の作で、「社殿全体が芸術作品」と称されています。

大師堂がある場所には、多くの石塔、石仏、道標等の石造物が集められており、村人のくらしや祈りが伝わってきます。何回訪ねても、その度に新たな事実の発見があり、疑問もわいてきます。

寺院で見る仏像は荘厳で近寄り難さを感じますが、石仏には心が休まり、ほっとした気持ちがして心のつながりを感じます。

道標は寂しい場所にポツンと立っており、よく注意して見ないと見過ごしてしまいます。霊場とその周辺の歴史の跡をたどることで、我孫子の史跡にも興味が深まったように感じています。

天王台駅に千代田線と快速電車を確保した住民運動

中川　満

四〇年前「市史研」が活動を始めた頃、私は何をしていたか、我孫子市とどのように関わっていたのか調べて見た。青山台に住居を構えたのは昭和四八年（以降昭和表示）、その頃の様子については、今回の『四〇周年記念誌』に報告記事が掲載されると予想されるので、私は、天王台駅に千代田線・快速電車の停車を確保した一〇年間の住民運動を中心に、報告させていただく。

当時、天王台駅付近は、国鉄（JR）が開発した土地が多く、駅が開設される以前から、南口側は、国鉄団地区画が造成されていた。北口側は、田畑、沼、雑草の生い茂る未開発地域であった。

住民運動の簡単な経過を記せば、昭和四五年四月、成田線の湖北台地域に二四二八戸の住宅ができて入居開始、四五年七月に我孫子町が市制を施行、四六年四月、天王台駅が快速電車が停車する新駅として開設、四八年に市は天王台駅北口側の農地山林造成一〇年計画を発表、その頃になって国鉄側は、「千代田線の複々線が完成すると、快速電車は天王台駅を通過させる」と青天霹靂なる計画を明らかにする。

住民・利用者は、「我孫子市自治会連合会」で話し合い、生活環境が変化する最重要課題と位置づけて、直ちに下記の抗議行動を展開した。粘り強く続く五年間にわたる闘いを続けて、遂に五三年三月、国鉄側から「千代田線開通後も快速電車も停車する」との回答を得る。

早速、国鉄側は駅舎・ホーム増設等の関連工事を開始するが、天王台―取手間の大工事は、次なる住民の協力が必要であった。青山台地区を通過していた、老朽化した鉄橋（南避溢《ひいっ》橋）を複々線化に対応させる大工事は、住民に大きな負担と協力を強いることとなる。自治会は工事関連会社と交渉する「対策専門部」を結成し、さらに四年間の協力行動と監視行動を続けた。四八年から続いた住民運動は足掛け一〇年間に及び、五七年一一月一五日、ついに念願の千代田線と快速電車の停車を実現させ、天王台駅付近を陸の孤島から救った。歴史的運動だった。

五年間かけて、やり遂げた行動

○天王台駅北口側の土地区画整理組合に、国鉄に用地を売却しないように協力をお願いした。
○運輸省、国鉄当局、国会議員、市議会に陳情運動を行った。
○国鉄全理事に住民からの陳情はがきを送った。
○天王台駅前で総決起住民一〇〇〇人集会を開いた（鉢巻、腕章、幟、棒、むしろ旗　五〇年六月、五二年一一月に実施）。渡辺藤正市長、市会議員のほとんどが参加（写真参照）。
○駅前南口、北口に、地主の協力を得て実現まで快速確保の大看板を設置した。
○市議会に住民八七〇〇名の緊急署名提出、満場一致で採択された。

たいへんお世話になったのは、当時国会議員の加瀬完氏である。昭和一三年に我孫子市立二小の校長を勤め、一七年間の教師活動後に政界へ。住民運動が始まってまもなく、国会で国鉄問題等で活躍中の加瀬氏に、私たち役員四、五名で陳情に伺った時、「快速電車は亀有、金町すら停車していないのに天王台駅停車は無理では」と状況の難しさを述べた後、「だけど国鉄は用地が手に入らなければ実施出来ない、天王台駅北口側の土地区画整理組合や地主と一緒に行動する方法もあるね」と教えて頂き、私は、その後の運動を進める基本方針としてこの教唆を大切にした。

この運動の成功は、住民、利用者、我孫子市自治会連合会、市長、市議会、党派を超えた市会議員、北口土地区画整理組合、地主、成田線複線運動の方々の協力と、一〇年間にわたる粘り強い行動と結集力だったと思う。

私は当時三一歳、快速停車運動では事務局を担当、皆で決めて皆で行動する原則を維持しながら、行動の先頭に立った。また後半の五年間は、青山台自治会工事対策専門部長の任務に就いた。

あれから四〇年——当時の協力者であった、大杉さん(九二歳)、相津さん(八四歳)とは、現在も「市史研」の会員として、古文書講座、歴史探訪などで御一緒に行動させて頂いている。

(資料は自分の活動日誌より)

昭和52年11月の決起集会

歴史探訪参加から企画・運営に携わって

長谷川　秀也

平成二三年六月、会員研修第四回沼南探訪(柏市文化課主幹案内)に参加しました。行程に手賀教会見学があり、カヤ葺の教会の中のイコン(レプリカ)は、親しみやすい慈悲あふれるお顔で、同郷(茨城県笠間市)の画家・山下りんの作品と知り、自慢したくなりました。また、手賀沼を臨む台地にある初期の古墳、神社・仏閣や、路傍の庚申塔に彫られた天邪鬼・三猿等、初めて聞く説明が盛り沢山で、その上、手賀沼の鰻は江戸の町ではブランド品として庶民にもてはやされたことも追加されました。

同年九月の会員研修第五回関宿探訪での、関宿城博物館展望台からの眺めは、関東平野の広大さを実感させてくれました。中の島公園の満開に咲いたこぶしの巨木は、平成二七年春、初めて見ることができました。

平成二四年一一月、会員研修笠間市探訪を担当しました。笠間城は、鎌倉時代(笠間時朝)によって佐白山(一八六米)に築城されました。幕末まで何回かの城主替えがあり、最後には延岡から転封してきた牧野氏が居城しました。知行高は八万石です。佐白山の頂上にある天守閣跡の石垣は、四年前の大震災で半分が崩れました。残念なことに未だ修復の目途が立たないそうです。小学生の時、此処は絶好の遊び場でした。

平成二五年四月、新たに歴史探訪部会が発足しました。同時に役員に選出され、以来企画・運営に参加しています。

同年一一月は、「大山詣・日向薬師」探訪でした。日本三大不動である大山寺の重要文化財不動明王は、近寄り難い厳しさの中にも親しく、参拝者を迎えてくれました。また、日向薬師の宝物殿で間近かに対する阿弥陀如来座像、薬師如来坐像等の国指定重要文化財は、感動するのみでした。江戸落語「大山参り」では参拝後の飲めや、唄え、踊れの宴会がたくみに表現されています。

平成二六年一二月は、「上総国府市原」探訪でした。国分寺七重の塔は、隣接する現在の市原市庁舎を凌ぐ高さ（六三m）以上あった事に驚かされました。帰途、飯香岡八幡宮では、年末の紅葉狩りができました。

二五年、二六年、二年間で下野、常陸、上総の各国府を探訪しました。二七年は武蔵国府を探訪する予定です。

「歴史探訪部会の活動」は実行日前月の会報に詳細を掲載します。皆さんの部会活動へのご参加をお待ちしています。なお、部会活動の充実のため、是非ご意見・ご提案をお願します。

市史研三七年前のこと

藤掛　省吾

『我孫子市史研究』創刊号は、一九七六年。内容は主に講演録で、

・我孫子古代・中世史の研究課題（西嶋定生）
・市民が創る我孫子市史の課題（芳賀登）
・地方史研究の意義と課題（井上幸治）

と、「市史編さんだより」として、市史編さん経過報告と我孫子市史研究センター（以下略して「市史研」）の設立であった。

第二号は一九七七年「特集―中世・相馬御厨と相馬氏をめぐって―」として、

・中世相馬御厨に関する覚書（岡田清一）
・相馬郡と相馬氏について（森田洋平）
・相馬御厨の四至の変遷について（柳　晃）
・根戸城遺跡の問題点（古宮隆信）

と、講演録「手賀沼の自然・歴史と郷土史研究」（栗原東洋）などであった。執筆者はいずれも歴史学の専門の大学教授陣であった。

そして第三号が一九七八年に発行され、この号から初めて本会のモットーであった「市民の手で創ろう我孫子の歴史」がはじまった。

我孫子の歴史を市民の手で書こう、地域社会のあゆみを市民自身の立場でつくってみよう、という想いをこめて、まず最初に、「旧湖北村のあゆみ」の市史研究講座（講座生は約二〇名か）がはじまった。テキストは大正九年旧湖北村役場発行の『湖北村誌』の復刻版で、一九七七年九月から七八年三月までの七カ月間、毎月第三土曜日の午後一時から四時までの三時間をフルに使っての学習会であった。講座の進行役は独協大学教授の故斉藤博、編さん室職員の故高木繁吉であった。また、この学習会と並行して、各講座生は自分に興味のありそうなテーマを見つけ、調査研究そ

して発表を行い、講座最終回までに全員が何らかの形で第三号の「特集」に論考を発表することができた。

因みに、現在市史研に籍をおいている人の作品のタイトルと執筆者名をあげておく。

- 旧湖北村小字の研究（長谷川一）
- 旧湖北村の水害史—その編年史と具体像—（中尾正己）
- 幕末における旗本財政の考察—「古戸村名主日記」にみる川口氏の場合—（高田明英）
- 湖北七ッ井戸の研究—生活農業用水と手掘り工法—（岡本和男、藤掛省吾、〈林 義男、片倉新一郎、深山 治の三名は他界された〉）
- 河川敷区有金事件—明治末期小作農の住民運動—（三谷和夫）
- 菅井敬之助論—『湖北村誌』執筆者の人と思想—（柴田弘武）

古文書講座との出会い

古内 和巳

「ボー」発車しまーす。シューシュッとミニ機関車が動き、幼児たちの歓声が上がる。窓の外は鉄道ミニ公園である。間もなく「乍恐以書付奉願上申候下総国相馬郡柴崎村……」千葉忠講師による古文書解読の講座が始まる。

当時の会場は小学校の分教場を思わせる我孫子市中央公民館で、現在のアビスタ駐車場辺りであったろうか。木造廊下付、ガラス窓障子の教室、中庭の向いは多用途の広間で、ピアノによる女性コーラスが聞こえてくるといった環境の中で講座が始められていたのである。難解の「くずし文字」はゆっくりと筆順を板書して説明され、古文書特殊用語についてもわかりやすく解説をしていただいた。こうしたご指導の基礎的知識をもとに挑戦したが、浅薄な理解では解読に通用しないことを改めて認識した。当時の講座開催日は一日単位で、テキストも当日に配布されたので、予習時間もなく、専ら講義を受けるのみで初心者の私には鉛筆を走らせることが精一杯で、辞書の活用さえも侭ならず、焦るのみであった。そこで厚かましくも直接に先生の勤務先、市史編纂室へ休憩時間にお伺いして指導を頂いたりした。また初心者向きの辞書等も紹介して下さった等、忘れられない有難い記憶がある。今にして思うと赤面の至りである。

その後、施設の建替えで会場は文化会館（現・名戸ヶ谷病院敷地）の小部屋で講座が開かれたこともあったが、その機会には恥も外聞もなく、先輩の皆さんに教えを乞うことにしたので、たいへんご迷惑であったろうと反省している。今でもこの癖が抜けきらず、行き詰まるとお世話になるが、お願いした皆さんは心よく導いて下さるので有難い。将《まさ》に「出会いは宝」「継続は力」である。今では辞書に頼りながらも、一人歩きができそうになった。しかし、古文書解読は奥深く、私にとって「日暮れて道遠し」だが、継続するのみである。こうしてお世話になりながら市史研四〇周年の半分を過ごさせて貰ったことになるが、受益のみで貢献できなかったことを反省している。我孫子市史研が組織的に運営され、内容も幅広く、各部門活動も充実していることを頼もしく、また誇りに思う。今後、益々の発展を祈念申し上げます。四〇周年おめでとうございます。

合同部会の市外探訪

松本　庸夫

筆者の知る『大師道』調査の頃から、合同部会は毎月第三土曜日午後を定例日としていた。庚申塔調査に続く沿べり歩きを続ける中で、年に一度は市外にも出て見ようということになり、その一環として平成一五年（二〇〇三）五月一七日、目黒区下目黒・中目黒・目黒地区の庚申塔を訪ねた。『我孫子の庚申塔』をまとめた後で、他地域の庚申塔を見学するのも有意義だろうと考えた。世話役がかつて住んでおり、関連情報を多数持っていたのでコース選定が容易だったこともある。ＪＲ目黒駅から恵比寿駅まで山手線の外側４㎞ほどのコースだったが、この間で合計二三基の庚申塔を見学できた。参加者は少なかったが、当日の部会活動報告が会報第一五号（二〇〇三年五月）に、また三谷和夫会員の短歌による記録「庚申塔目黒行脚」が会報第一九号、二三号にある。

最後に訪ねた目黒区民センター横で、覆い屋内の庚申塔群を清掃している婦人に声をかけたところ、「目黒の秋刀魚」話のもとになった「爺が茶屋」の子孫とわかり、一時話がはずんだ。その情景を三谷氏は、〝誇らしげに媼は言へり「将軍様お成りの図」いまも家に蔵すと〟と詠まれた。

この辺の中心は目黒不動で、今も門前町が健在。毎月二八日の縁日は賑わう。境内にある青木昆陽顕彰碑の大きさには目を見張るが、それとは対照的に質素な「甘藷先生之墓」も裏山にある。墓石文字は自筆と言い、国指定史跡になっている。

当日のコースとそれぞれに所在する庚申塔の数などを別表に示す。

下目黒・中目黒・目黒地区の庚申塔・史跡探訪先

〔平成一五年（二〇〇三）五月一七日〕

探訪先（順路）	庚申塔	備考	地区
①大円寺	3	石造五百羅漢	下目黒
②五百羅漢寺	1	木造五百羅漢、庚申塔は入口に	下目黒
③蛸薬師（成就院）	1	笠付（一六九六）	下目黒
④目黒不動尊		龍泉寺（甘藷先生青木昆陽顕彰碑）	下目黒
⑤大鳥神社	4	隣接の大聖院にキリシタン灯籠	下目黒
⑥十七ヶ坂上	2	この内一基は宝篋印塔（一六二六）	目黒
⑦馬喰坂上	4	一基は板碑形	目黒
⑧長泉院塀外	1	某家の庭から発掘という、記名四〇	中目黒
⑨目黒区民センター横	6	覆い屋内、地蔵一基と並立	目黒
⑩田道《でんどう》橋西詰め	1	⑨の近く、道標を兼ねる	目黒
庚申塔数　計	23		

「我孫子市史研究センター設立四〇周年」おめでとうございます。

森　春枝

今　私は七〇歳なので、市史研設立後、五～六年経過したころに入会したようです。

自分が三五歳になっても子供に恵まれないので、学生時代に興味をもった古文書解読の勉強にすすみたいと願っていました。そのころ、岡田源治先生（私が卒業した足立区立五反野小学校の当時の校長）が、足立区読書週間古文書講演会で、講話をされました。その終了後、私は先生に相談したところ、「我孫子で古文書の勉強会をしているので、来なさい」と言って下さいました。

毎月第二日曜日、一三時からの古文書講座は二〇人前後の出席者で、品田制子さんを初めとして、若くて熱気にあふれる年齢層が多かったです。我孫子市内の旧家に残る古文書の解読は、江戸時代なかばころからの、庶民の生活が垣間見られるいきいきとした史料でした。

古文書講座会員から、自動的に市史研究センター会員となりました。当時は、教育委員会・市史編纂室のバリバリの高木さんの指導下で、毎年『我孫子市史研究』が出版されていました。「市民で創ろう我孫子の市史づくり」をスローガンに、歴史好きの趣味以上のかなり踏み込んだ研究テーマを持ち、本史料と関係史料の発見、解読、執筆などと、手間と時間のかかる研究でした。そうして、私が寄稿できたのは『我孫子市史研究八号』（一九八四年）でした。

このあと、私は夫の労働災害事故と介護で、我孫子から離れることになりました。平成六年、五〇歳で未亡人となり、その後、品田さんが私を我孫子へ呼んでくださり、なつかしい人たちとの勉強会が再開しました。岡田源治先生の後任は高田明英さんでした。

平成一〇年ごろ、『我孫子市史　近世編』編纂が決定して、執筆分担に参画することになりました。それから五年かけて、皆それぞれに、担当部分の執筆のために関連書籍の読破、地理的調査、本史料の古文書解読、執筆に年月を費やして、苦労と楽しさを味わいながら、やっと執筆を完成させたのです（平成一七＝二〇〇五年三月二五日発行）。

さて、市史研の仲間と各地史跡めぐりの旅もしました。東北、関西、北陸など、平成一五年三月は石見銀山、津和野方面へ、同年七月は湖北座会による相馬野馬追い祭バス旅、同一七年一一月は琵琶湖一周の旅などでした。

今、我孫子の皆様との活動が、私の人生において、とても輝かしい年月だったことがわかりました。また、この市史研事務局を長い間なさってきて毎月の会報発行を継続されている岡本さんには、敬意と感謝の念を抱いてきました。ほんとうに皆様、ありがとうございました。私は現在、平成七年からの東京足立区の民生委員として、区福祉行政の下でのボランティア活動に邁進しています。

健さん、文太さんの死に思う

柳町　敬直

二〇一四年一一月、高倉健さんと菅原文太さんが、相次いで亡くなった。八三歳と八一歳だった。

健さんは、二〇一三年文化勲章を受章、死の直前まで次の仕事の準備をしていたという。また文太さんは、一一月初旬には、沖縄入りして知事選の応援演説を精力的にこなしていた。

映画の中のこの二人からは、どこか懐かしい侠気、義理、人情が感じられる。

その原点は、どこにあったのだろう。私自身がすごした「昭和二〇年代～三〇年代」という「時代」の影かもしれないし、そんな時代を経験している人間だから、より強く感じたのかもしれない。

＊

私は、健さんとは接点はなかったが、実は文太さんには、本を書いてもらえないかというオファーを出していたのだ。これは、まったく偶然なのだが、二〇一三年の今ごろ、長岡龍作著『仏像―祈りと風景』のオビ文を依頼した。お寺の仏像を見上げる文太さんをテレビか何かで見たような気がしてお願いしたのだが、あとで聞くと、そんな経験は一度もないという。

オビ文は断わられてしまったが、奥様の文子さんとは、この一年間、手紙とメールで結構なやりとりがあった。刊行のたびに本を贈呈すると、丁寧なご返事を頂戴した。

文太さんは、俳優業をほとんど引退し、山梨県北杜市で農園を営んでいた。有機野菜を栽培しながら、原発に反対し、戦争に反対するなど、社会問題にも取り組み、発言をしていた。

九月の初旬に文太さんの農園を訪ねたが、そのときは講演のため不在で、「一一月になったら、紅葉を見がてらおいでください」と言われていたので、一一月になってすぐ連絡を入れた。しかし、体調を崩されていたのか、ついに「その時」が来ることはなかった。

＊

私はいま、「歴史と文化」をテーマに本づくりを続けているが、私の考えている重要テーマのひとつは「昭和」である。貧しくても夢があったあの時代を、いま一度さまざまな角度から検証する必要があると思っている。

二十数年前、石原裕次郎さんと美空ひばりさんが五〇歳代前半の若さで亡くなったとき、「昭和は終わった」と言われたが、今度は「昭和は完全に終わった」との思いが強い。

市史研の皆さんは、幸いにも「昭和まっ只中」を生きてこられた方々だと思う。しかも、我孫子市ばかりでなく、日本各地で幼少期を過ごした方も多いはずだ。

月に一回とは言わないが、子供、学校、暮らし、政治、経済、文化などについて、プラス面、負の面など、喧々諤々議論をするというのはどうだろう。もちろん酒を飲みながら……。そして、まとまったら本にしませんか。

新四国霊場の調査に参加して

山本　包介

我孫子に転居したのは四〇年前、勤めていた時は我孫子の歴史に全く疎かった。定年後の平成一九年七月、古文書講座への参加をきっかけに入会した。市史研四〇年の歴史からみると未だ七年目の新参者である。合同部会の一員として、平成二一年五月から新四国相馬霊場の調査に参加させてもらった。利根川を挟んで取手・我孫子・柏にまたがり、二百年も前に霊場が創られたということを初めて知った。

この調査を契機に、平成二六年四月から本場四国の巡拝を始めた。歩き遍路が望ましいが、全道程約一四四〇㎞、健脚の人で四〇～六〇日を要し、時間・体力・費用などからバス巡拝とした。先達の案内でお遍路の作法に従い、阿波・土佐・伊予・讃岐の順にお参りする。

(1) 山門前で合掌・一礼し左側から入門、水屋で手・口を清める。

(2) 本堂で納め札・お灯明・線香・賽銭を納め、以下の順で読経。①開経偈　②懺悔文　③三帰　④三竟　⑤十善戒　⑥発菩提心真言　⑦三摩耶戒真言　⑧般若心経　⑨御本尊真言　⑩光明真言　⑪大師宝号　⑫廻向　(⑥、⑦、⑨、⑩、⑪は三遍)

(3) 大師堂で(2)と同様の要領でお参り。

(4) 山門を出ると合掌・一礼。

(5) 食事のときは感謝の心で食前に偈の文を唱える。

四国霊場を巡拝して感じたこと

(1) 開創一二〇〇年ということもあって、たいへんな参拝者の数である。

(2) 難所が多い。12番焼山寺、20番鶴林寺、21番太龍寺、27番神峰寺、44番大宝寺、60番横峯寺、65番三角寺、66番雲辺寺などは登山である。また、37番岩本寺から38番金剛福寺の間は一〇〇㎞、43番明石寺から44番大宝寺までは九五㎞もある。

これらの難所は「へんろころがし」と言われており、体力がないと歩き遍路は厳しい。

(3) いずれも立派な古刹である。今年は記念の年にあたり秘仏の開帳があり有難かった。

49番浄土寺で絵心経を手に入れた。手拭いに般若心経が絵と平仮名で描いてある。お経の冒頭にある摩訶《まか》は逆さまの釜の絵、およそお経の意味とは全く関係がないものだ。霊場を参拝する多くの人々は理屈抜きでただ手を合わせてきた。ある住職が「今の人は般若心経の意味を知ろうとするが唱えようとしない。昔の人は意味が分からなくても暗誦していた」と話されていた。参拝者にとってお経は唱えることに意義があり、漢字で書かれた文字にはあまり意味がないということだろう。寺社は多くの参拝者によって存続している。調査・研究で寺社を訪ねるときも参拝者の気持ちになって臨んでいきたい。

市史研との出会いと将来の構想

吉田　茂寿

市史研との出会いは、我孫子市柴崎にある曹洞宗の青龍山東源寺にありました。この禅寺は、戦国時代に小田原城主であった北條氏康により創建されました。また、相馬霊場七五番の札所で、四国八十八ヶ所・弘法大師空海の誕生の地である讃岐の国（現在の香川県）善通寺の「写し寺」です。井上英紀・副住職により、毎月「坐禅会」と「写経会」が開催されています。

今でも忘れはしませんが、平成二六年三月一一日に当寺院で写経会があり、写経会の後、境内で石像、石碑などを眺めておりました。この折り、青山台の大杉栄一さんに話しかけられ、寺院や史跡の話題に話が及びました。歴史や石仏などに興味があるならば「我孫子市史研究センター」なるものがあり、それへの参加を打診されました。事務局の岡本和男さんが入会の取扱いをしている、とのことで連絡を取っていただきました。それがきっかけで四月より入会する運びとなり、今日に至っています。なお市史研に入会後わかったことですが、大杉さんのほかに柴崎台の土井玲子さんと高野山の長谷川秀也さんも、写経会に参加していました。

現在、部会は中澤雅夫さん担当の「合同部会」と荒井茂男さんの「歴探部会」に参加しています。まだ、一年足らずではありますが、振り返って見ると、興味や関心を持つ対象に関し、各人の役割分担と積極的参画意識が、「市史研四〇周年」を迎えられた原動力になっているように思われます。

将来は、四国霊場遍路及び秩父観音、坂東観音、西国観音の日本百観音巡礼を通して、地域の寺院や相馬霊場の堂宇の建築物などに関して、実務的比較をテーマの一つとしたいと思っています。

正面：東源寺本堂　左側堂宇：大師堂　　大師堂手前の巨木は、光音禅師お手植えの樹齢250年「カヤ」の木

また、「郷土取手」の現況については、取手市及び県最南四市町（利根町、龍ヶ崎市、つくばみらい市、守谷市）に及ぶ、利根川・小貝川・鬼怒川河畔の「梵鐘・堂宇・樹木の会」を発足させました。会の趣旨は、郷土の樹木・花木のウォーキングを通して「健康づくり」と「生きがいづくり」を図る、そして、共有の資源として、家族や地域社会の「絆づくり」を目的に、簡単な冊子を作成する、というもの。まず、地域振興の一助として、取手の寺院二五か寺、堂宇四六か所、神社五七社及び史跡二〇か所に焦点を当て、アタックし始めたところです。

古文書解読・日曜コースに寄せて

吉田　とし子

　停年退職後我孫子に住むことに決め、さあこれから何をしようかといろいろ考えて絵を勉強したり、その他様々な事をしては止めてしまったものが多々ある中で、唯一続いているのか古文書の日曜コースである。その理由は個々の能力に関わらず、参加者が皆で助け合って読み解くことで、評価も成績も無い、その自由な時間と古文書を学ぶというアカデミックな雰囲気が、私の心を充たしているからだと思う。学生時代以来このような時間を過ごしたことの無い私には、皆さんの熱心に勉強される姿は大変刺激的であり、新鮮なものであった。

　古文書は江戸時代に周辺村々で起きた事件を訴状や請状などに書き記されており、我孫子でも非常に身近な出来事が訴訟の原因となり、代官所、奉行所へ訴え出たことが書かれており、その時代背景が見えてくる。

　手漉きの和紙に筆と墨と人の手によって記録された文書は書き手の癖も墨の濃淡もあり、特に変体仮名や異体字は私には何年経っても難解である。新しい教材を頂いて、少し予習をと思ってもなかなか読めない。前に出てきた文字も忘れて思い出せない。

　そんなことで遅々として進まぬ古文書の勉強が続いているのは、文書に書かれた内容はもとより、紙の虫食い、墨の掠れそのものが歴史を物語っており、古文書の内容をより深く生きた歴史の証人として物語っているからだろうか。日進月歩の機械文明に囲まれた私たちの今の生活はその中で溺れそうな気さえしてくるが、古文書は、その渦中からひと時気持ちを救い出してくれる安定剤であると考える。書き手により異なる崩し字を字典で苦労しながら探しあて、一字一句でも読めた時の喜びはまた特別なものである。

　とはいえ、歴史を探るなどと難しいことより、遠く江戸時代の人々の暮らしも、現在の政治や経済の在り方も、さして変わることもない日常が営まれ、些細な争い事、軋轢があったことも古文書を通して見えてくる。

　古文書を学ぶことで、今の我孫子の歴史や来歴を多少でも知ることもでき、街を歩きながら道端に建つ句碑や碑文を一句でも読めた時の心地は、何とも言えず喜ばしいものである。多くの先輩の中で、追いつかずとも、一歩でも前進できればと希いつつ勉強を続けたいと思っている。

各部会の歩みと現在

合同部会（地理、民俗、文化財、美術・建築）について

市史研の発足時、歴史、民俗、地理、文化財、美術・建築の五部会が設置された。このうち文化財と美術・建築両部会は昭和五三年から一緒に活動するようになり、翌五四年一一月、これに地理部会が加わり、五五年五月に民俗部会も加わって四部会が合同して活動するようになった（下図参照）。

この四部会の活動内容は次の通りであった。

民俗部会＝市内各地の年中行事、人生儀礼等の研究、聞き込み。
地理部会＝利根川周辺地形調査、小字研究、渡船場調査など。
文化財部会＝市内各地の神社仏閣などの文化財、金石文の調査。
美術・建築部会＝仏像の見分け方、市内の寺院や民家の建築調査。

共同調査に移ってからの活動は、まず、文化財、美術・建築両部会は寺院の調査を続け、地理部会が加わった後は同調査を行うとともに三部会合同の研究懇談会を開催した。

昭和五五年五月一一日、民俗部会も加わった四部会合同で野田市博物館を見学した。以後四部会は合同で活動するようになった。

同年度は、歴史展「郷土あびこの年輪」見学、布佐・新木の石造物と信仰、下ヶ戸の民家調査報告、墨書銘文の研究、我孫子の古道の研究などを行った。

昭和五六年度に入り、新四国相馬霊場八十八ヶ所の調査を開始し、取手の七福神見学、市内社寺調査などを続けた。同六〇年五、六月には「社寺要覧」を作成、以後も相馬霊場調査を続けた。

平成元年度は掛け軸鑑賞、文化財調査を行い、平成二年度には相馬霊場調査、文化財講座の合間を縫って九月に鮮魚街道を歩いた。平成三、四年度はほとんど相馬霊場調査に費やし、年度末に『新四国相馬霊場　大師道』の編集を終えて同五年三月に利根運河周辺を歩いた。冊子の刊行は同七年三月になった。

平成五年度は将門研究講座を開催、同六、七年度は社寺調査の他、上野国立博物館見学などを行った。

平成八年度からは、関忠夫先生のご指導で「庚申塔」調査を行い、『我孫子の庚申塔』を同九年一二月に中間報告、同一二年一〇月に最終版を刊行した。

平成一二年度からは「沼べりの道」を調査、平成一五年三月に『手賀沼べりの道今昔』を刊行した。

平成一四年一月二〇日、臨時総会で会則変更が行われ、四部会は「地理、民俗、文化財、美術・建築合同部会」と、一部会になった。

平成一六年度、地域を分担して石造物を記録整理し、年度末（一七年三月）に『我孫子の石造物』として刊行した。

平成一八年度からは「ハケの道」を中心に市内各地の調査を行

合同部会（地理、民俗、文化財、美術・建築）の変遷（S＝昭和）

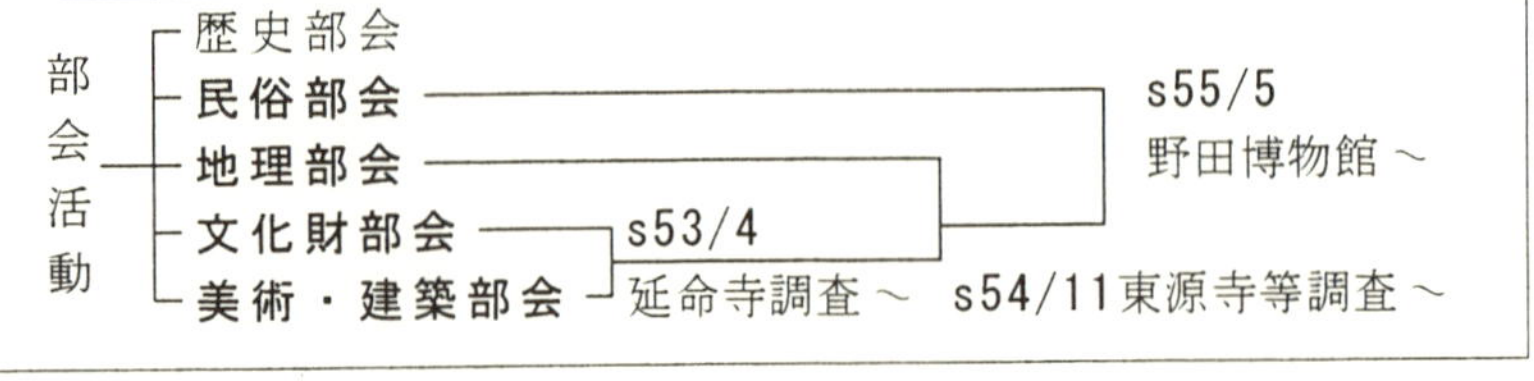

い、併せて石岡その他、近郊の史跡、社寺見学を行った。

平成二一年度から「新四国相馬霊場」の調査に入り、同二五年一月、『新四国相馬霊場八十八ヶ所を訪ねる』を（株）つくばね舎から発行した。

平成二五年度からは「我孫子市の社寺」調査を行っている。

（中澤　雅夫）

井上家文書研究部会について

井上家文書解読講座の経緯は、「湖北座会」三〇周年の歩みを記した『湖北に生きる』の「古文書だより」に報告されている。

昭和五八年に湖北座会が発足してから一五年後の平成一〇年、座会の講座の一つに、「地域の歴史」を学ぶということから、古文書講座を加えていただいた。解読してきたテキストを記す。

中峠の大井実家文書、表題は摩耗して判読できないが、携帯に便利な大きさで、村政運営を記した貴重な資料である。『大井実家文書』として平成一六年に刊行している。古戸の阿曽一郎家文書「名主日記」も、名主役務に必要とされる記事と、それ以外の事柄も含まれている。新木の高田勝禧家文書は、主に手賀沼に関する資料が多い。布佐下の増田恒雄家文書（柏市高島家所持）は、井上家文書にも関連している訴訟文書がほとんどである。

次に使用する資料は、井上家文書にしたいとの思いから、井上家を数度にわたり訪問し、文書の拝借をお願いしたのであるが、教育委員会にコピーがあるのだからと断わられ続けた。

当時、井上家文書は市史編さん委員である斉藤博先生が、文書の整理および研究の責任者であり、閲覧することは叶わなかった。しかし、二〇〇四年斉藤先生が亡くなられたことと、市史研究センター事務局長、岡本和男氏の尽力もあり、井上家から使用承諾書を得ることができた。市教育委員会文化・スポーツ課の協力もあり、ようやく平成一九年（二〇〇七）から使用することができた。けれども、平成二四年三月、湖北座会が閉会となった。井上家文書解読を継続したいという仲間の意見から、数か月の間、会費を出しあって講座を進めてきた。そして同年九月、市史研究センター歴史部会の一講座に加わり、現在にいたっている。

井上家文書の解読は仮目録から年代順に進め、これまで慶安～寛延までが終わり、宝暦に差し掛かっている。今までになかった江戸の資料や手賀沼開発などの貴重な資料がある。

この講座は単に解読するだけではなく、毎月、会報で研究会報告のごとく、年貢などの表を事前に講座生が作成してくださり、文書の内容を分かりやすく読み解くことができている。こうした支えがあってこそ講座が成り立っていることを痛感している。さらに、今回の四〇周年記念誌には、論文を数本発表するまでになっている。宝暦以降の文書も、手賀沼に関わる訴訟文書や水害の影響で収穫のない年貢割付・皆済など、多様な資料があり楽しみである。

（品田　制子）

古文書解読火曜部会の歩み

「市民の手で創ろう我孫子の歴史」というスローガン通りに活動するならば、市民が主体となって地域にうずもれている資料を発掘し、その研究に取り組むことが肝要となる。そのためには市民に古文書への理解と価値を勉強してもらうことが先決となる。以下に編年式にその歩みをたどる。

昭和五一年六月　教育委員会主催の第一回古文書解読講座が、石岡市在住の笹目蔵之助氏を講師に迎え、毎週土曜日に都合七回開催された。教材は「旧我孫子町・小熊勝夫家文書」であった。以後、毎年二回初心者向けに開講される。

五八年七月～五九年三月　市史研歴史部会の「日曜古文書講座」の他に、教育委員会の委託を受けた「水曜古文書講座」(毎月第一・第三水曜日)が開講された。

五九年五月　「水曜古文書講座」生が中心となって、毎週水・木曜日に編さん室の「古文書整理作業」に協力。「水曜古文書講座」は毎月第一火曜日に変更となり、以後「火曜古文書講座」として継続される。

平成四年　講師の岡田源治氏の体調不良につき講座を休講。

五年五月　再開される。

六年一〇月　「火曜古文書講座」も歴史部会の講座となり、世話人に五井忠雄氏が就任。「日曜古文書講座」は、星野静夫氏が世話役に就任する。

八年　火曜講座が金曜日に開催されるようになる。

一四年　当時、日曜講座は「落穂集」を、高田明英氏を講師に解読。九月から金曜講座が火曜日に変更なり、千葉忠氏を講師に地方文書を解読。

二〇年　「金井家文書」(見附市)「井上家文書」を解読

二二年　「桜井克己家文書」(取手市)を解読

二三年　小笠原流礼法「万躾方次第」を解読

二四年　「自警集」(川村一夫家文書)を解読

二五年　「堀田騒動記」、井上家文書「五人組前書帳写」を解読

二六年　「済口証文」・「御用留」(いずれも井上家文書)を解読

二七年　「露西亜漂流水主帰着吟味口書」(永田家文書)を解読

《現在の活動状況》

現在会員は三五名を数えてこれだけを一堂に収容する会場探しに苦労している。しかし「三人寄れば文殊の知恵」どころか三〇人余も集まれば、何らかの読みにたどり着くもので、ベテラン会員を軸に講師無しで、四班に分け、月ごとに輪番で読みに当たる方法で賑やかにやっている。

発足当初の目的である——古文書への理解を深め、市史への興味を増進する——ことを根底に置きつつ、最近はストーリーをもった文書を楽しみながら読むというスタンスで、漂流物や事件物を扱っている。どんな性格の文書を紐解いても、そこには往時の人々の息づかいと体温が伝わってくるようである。「読書百遍、意自ずから通ず」というごとく決して手っ取り早い方法があるわけでない。基本の積み重ねこそ解読の近道という一念で取り組んでいる。

〔東　日出夫〕

古文書解読日曜部会のあゆみ

(経過)

日曜部会は、今から三九年前の昭和五一年(一九七六)に、歴史部会の中に古文書講座として発足しました。この講座は岡田源治先生の指導のもと、中央公民館などで、月一回のペースで日曜

日に開催してきました。

平成六年（一九九四）一〇月、市史研の歴史部会の中に古文書解読日曜コースと火曜コースの二つのコースが設立されます。

同八年（一九九六）一〇月、日曜コースの指導は高田明英先生に引継がれます。その後、毎月第二日曜日を定例日に、「壬生藩御用留帳」などの多くの近世文書の解読をすすめていきました。

同二一年（二〇〇九）頃、先生の体調不良によりご指導が中断され、やむをえず日曜コースの学習は、講習形式から会員相互による共同学習形式に転進します。それ以降も、教材などは従来どおりの我孫子周辺の近世文書を解読しています。

同二二年（二〇一〇）四月、市史研の会則変更があり、現在の名称の「古文書解読日曜部会」になっています。


（創設期の理念）

岡田先生および高田先生から教えを授かった方は一様に、「岡田先生は、市史研に古文書解読の将来の指導者を養成すること、高田先生は、古文書の文字の解読だけでなく、文書の内容や背景を学ぶことを意図されていました。古文書の読解力を養うことから歴史に親しみ、学習する楽しさを教えていただいた」と回想されています。

（現在の活動）


現在の日曜部会は、会員一五名が毎月第二日曜日を開催日と定め、アビスタ学習室などの市の施設を会場にして活動中です。

その内容は創設時の講座形式ではなく、会員の共同学習方式により自主的な運営であります。解読は会員が交替でおこない、意見交換、疑問点の解明などをつうじて研鑽を積んできております。

私たちにとっては、江戸時代に「常識」であった文字が、皮肉にも「研究」しなければ読めないものになっています。古文書解読には「くずし字」を覚えることは必要ですが、それよりも歴史そのものを勉強する必要性を感じています。内容に関する知識が豊富であれば、たとえ読めなくとも書かれていることが少しずつ判読でき、文字そのものが読めてしまうことが時々あります。「忍」の一字といい得ます。

これからも、古文書解読日曜部会は伝統を踏襲しながら、着実な進歩を図っていく所存です。

〔山崎　章蔵〕

歴史探訪部会の歩み

市史研は発足以来、地域史の調査研究と論文発表などアカデミックな活動を続けてきました。他の歴史サークルと比べ、やや硬い印象を与えていました。会員相互の交流と、より歴史を楽しく学べ気軽に参加できる事業が大切と考え、有志で歴史探訪グループを作りました。平成二四年度、グループは会員制で一年間各地探訪と座学（室内学習）を開催し好評でした。平成二五年度から全会員が参加でき、市史研のさらなる充実を図る目的でグループを部会に昇格させ、新たに「歴史探訪部会」ができました。部会は月一回（八月、翌年二月休会）の活動をすることになりました。（総会で承認）

役員　部会長　荒井茂男
事務局長　長谷川秀也
会計　田中由紀　茂木勝巳

幹事　金成典知　土井玲子　中川満

平成二五年度の活動

活動費は参加料で対応。各事業が順調で部会活動費(三万円)は返却。さらに、余剰金(約六千五百円)を市史研会計に寄付しました。

探訪は、六月七日「城下町古河を歩く」、一一月六日「大山(阿夫利神社)紅葉を愛で楽習」、一二月四日・電車「野田市周辺をめぐる」の三回と、市史研編集『新四国相馬霊場八十八ヶ所を訪ねる』の出版を記念した、四月一八日・九月四日・翌年三月五日の三回の「相馬霊場の札所参り」を実施しました。また、一〇月一七日には、市史研主催史跡見学会「小江戸栃木への誘い」の企画・運営を担当し、内容の充実に努めました。

座学は、五月一日「街道歩き鎌倉街道そのⅡ」、七月三日「ユーラシアの中の日本」、一〇月四日「我孫子市周辺の大山信仰」、翌年一月一〇日「伊勢講と伊勢参り」の四回を実施しました。役員会は座学終了後と翌年二月七日に開催。今後の事業充実と次年度活動方針を検討しました。

平成二六年度の活動（役員全員留任）

活動費は参加料で対応しましたが、今年度からバス借上料の大幅アップで能率のよいバス探訪の再検討(参加料、経路、車種等)が必要になり、苦労しました。

探訪は、四月一四日・電車「石岡市の歴史と文化」、六月一三日「坂東を訪ねる」、一二月一二日「上総国府市原を訪ねる」の三回と、前年度同様に相馬霊場の札所参りを、五月一四日・一一月一四日・翌年三月一一日の三回、実施しました。また、一〇月一一日には市史研主催史跡見学会「東国三社参り香取・鹿島・息栖神社」の企画・運営を担当し、内容の充実に努めました。その帰途には、伊能忠敬家菩提寺で日本三大厄除大師の「観福寺」も見学できました。

座学は、七月九日「北総のえみし」、九月一〇日「ユーラシアの中の日本そのⅡ」、翌年一月一四日「我孫子での白樺三人衆―柳・志賀・武者小路」の三回を実施しました。役員会は座学終了後と翌年二月一三日開催。今後の事業充実と次年度活動方針を検討しました。

〔長谷川　秀也〕

歴史部会の歩み

我孫子市史研究センター(以下、市史研)の会員募集は昭和五〇年(一九七五)一〇月一日から行われ、同五一年三月には会員数は二一七名に達した。そのうち歴史部会の会員数は九三名で、全体の約四三％。同五四年三月では会員数は二六七名となり、歴史部会会員は一二七名、会員全体の四八％となった。おそらくこの年が会員数のピークであった。

なお、歴史部会の昭和五一年度（初年度）の事業は、「古文書講座」、「我孫子通史概説講座」、「史跡めぐり」の三コースが実施され、なかでも「通史概説講座」の「古代の我孫子について」西嶋定生氏、「中世・近世の我孫子について」高梨輝憲氏、「明治・大正・昭和の我孫子」小熊勝夫氏の三氏の講座には、他部会からの参加も多く盛会であったと報告されている。次年度以降は、市内文書の解読を中心とした「古文書講座」のコースのみに絞ることになった。これは、教育委員会主催の催しと市史研の自主活動を区別するためであったと思われる。

以後、歴史部会は古文書講座を続けながら、『郷土あびこ』創刊号（昭和五四年）、第二号（同五五年）の発行に協力。歴史部会の活動報告に、「古文書講座」では岡田源治講師による小熊家文書の解読を通して、助郷などの宿駅制度の勉強が行われたとの記事もある。昭和五五年には、十二名の部員が、旧布佐町・延命寺の文書整理に参加し、この作業の成果は、同五六年一月に『旧布佐町・延命寺資料目録』として刊行された。

以降も、市史研は、『郷土あびこ』第三号（同五六年）『北総我孫子の郷土史散歩』、第四号（同五七年）『我孫子の生業《なりわい》』、第五号（同五八年）『それぞれの故郷』を特集発行し、第六・七号（同六〇年）では、『THE　アビコ―郷土史の遊びと研究―』「地名と姓」のテーマで全国の「アビコさん」探しを行い、一二年後の平成九年（一九九七）には『増補版 THE　アビコ』を刊行してきている。そして、歴史部会は、これらの発行事業に積極的に関与してきた。

- 「古文書解読講座」（日曜日）と並行して、昭和五一年（一九七六）から、「初心者向け古文書講座」が、五八年には「ウイークデー古文書解読講座」が教育委員会所管で始められた。
- 昭和五七年から平成五年（一九九三）まで、市の広報紙「広報あびこ」の正月特集号に、歴史部会は、企画構成、資料提供、執筆等の協力をした。
- 市史研では、『郷土あびこ』に加えて、昭和六一年六月に『郷土史の窓』（B5判8頁）を発行した。市史研のおもな事業や会員の小論文、会員の近況報告などを掲載し、入会案内書の性格も持たせたもので、第五号（平成元年　三月）まで刊行。
- 平成二年三月『手賀沼周辺を訪ねる』を刊行。
歴史部会は、原稿作成に協力、多くの会員も参加した。
- 平成四年一〇月には朝日新聞社主催・柏高島屋会場の「手賀沼を愛した文人展」で出品資料の選定、カタログの解説・編集等の協力を、歴史部会を中心に行った。
- 平成八年一〇月から、歴史部会では新たに「研究講座」を始め（部会長星野静夫氏）、会員の研究テーマの発表や外部講師による講座も行われた。
- 平成一七年三月、我孫子市史通史『近世篇』が発行された。歴史部会研究講座では「我孫子市史を読む講座」を開催し、『近世篇』をテキストに使った。平成一九年三月で終了。
- 平成一八年一一月『いほりのちり　江戸後期下総布施村　中尾嘯花句集』を、歴史部会会員で刊行。
- 平成一九年四月、「字誌」の第一回研究講座を開催し、平成二七年二月、第六七回をもって「字誌」の研究講座を最終とした。この年晩秋には、『我孫子の地名と歴史―わが町の字誌（あざし）』として研究成果を公刊。

〔関口　一郎〕

本会を導いてくださった人びと

我孫子市史研究センターの今日までの歩みの中で、多くの方々の尽力があったことは言うまでもないが、ここに、故人となられた元会長・元顧問および多大な恩恵を受けた方々を簡略ながらも紹介し、感謝の誠を捧げる。私たちの研究活動に無私の情熱を傾けてくださった方々に恵まれたこと、今さらながらの感慨である。

一色　勝正氏（一九一〇～一九九二）

金石文の研究家である先生は、お弁当と調査用具一式を自転車に積み、石造物を独力で調査され『金石文篇全三巻』に纏められた。文化財調査の折に触れ、博学な先生のご教示を受けられたことは幸いであった。

井上　幸治氏（一九一〇～一九八九）

先生は本会発足に当たっての講演「地方史研究の意義と課題」（『市史研究』1号）で、ブルクハルトの「郷土史も世界史の立場から行わなければならない」との言葉を紹介して、私たちに研究の指針を与えて下さった。

岡田　源治氏（一九〇七～一九九五）

我孫子市中峠出身。足立区立五反野小学校校長時代、筆者六年生の時、校長室清掃により懇意となった。校長退職後、同区教育委員会に勤務、かたわら「足立史談会」の重鎮であった。我孫子市史研究センターの古文書部会講師として、ながく指導して下さった。

小熊　勝夫氏（一九〇七～一九九三）

明治四〇年我孫子宿天領の名主小熊甚左衛門家に生まれ、昭和八年流山郵便局に就職、同四二年我孫子郵便局長退任まで、種々の公職も兼任、杉村楚人冠等、文化人との交流にも尽力、同五〇年当研究センター初代会長に就任。

齋藤　博氏（一九三四～二〇〇〇）

「市民の手で創ろうあびこの歴史」の市史づくりのため、「市史研究講座」を指導され、多くの市民研究者を育成された。平成一二年急逝（六六歳）。先生との市史研旅行は、忘れられない思い出となっている。

酒井　正行氏（一九二六～二〇一一）

都部の前正泉寺住職。合同部会で正泉寺を訪れた時、血盆経や秘仏等まで懇切丁寧に説明いただいた。「兵隊上がりだから」と言い、いつも威勢が良く親切だった。子供の頃は皆から「あーちゃん」と呼ばれていた。

坂巻　喜市氏（一九二八～二〇〇六）

昭和三年に我孫子町青山に生まれる。同二七年、布佐町職員となり、同六〇年から平成七年まで三期一一年、渡辺藤正・大井一雄市長の助役を務めた。我孫子市史研究センターの第二代会長を平成七年から逝去の一八年まで務め、市民団体として自立した一三年以降は、行政との調整役として活躍。

関　忠夫氏（一九一三～二〇〇七）

合同部会の庚申塔調査がいくらか進み、報告書を作成しようとの機運が盛り上がった時、一言でも皆が何かを書くように勧めてくださった。その結果、中間報告には初体験の感激が多く載せられ、珠玉の記録が残った。

髙木　繁吉氏（一九五〇～二〇一一）

好漢は姿を隠してしまったが、『地域史探求』は永久に遺る。『市史』と併行して「手賀沼を愛した文人展」の企画力・実行力、『手賀沼周辺を訪ねる』の構成力と、手賀沼をめぐるムーブメントをつくり上げた。そして「背丘面水」「背林面水」の風水思想で風土景観を絶讃した……が。

西嶋　定生氏（一九一九～一九九八）

氏は我孫子古墳群の調査を企画、十余年参加し、同書をまとめた。東大教授として我孫子市史編纂委員、また逝去まで市史研顧問であった。『THEアビコ』に我孫子の地名について著述あり、晩年会員のために史記を講義した。

芳賀　登氏（一九二六～二〇一二）

愛知県生。筑波大学副学長・東京家政学院理事長。専攻は近世庶民史。微視と巨視の複眼で歴史から学ぶ姿勢を持論とし、その姿勢そのままに、我孫子市史研究センターに個人として積極的に関与され、市民による史学研究のパイロットを務めてくださった。『地方史の思想』は、地域史研究の金字塔たる名著。

増田　義二氏（一九〇八～一九九一）

元市史編纂委員。我孫子市史のなかで湖北地域の歴史を研究するに欠かせない著作である『湖北村誌』の最初の復刊を主導された。また、中里薬師堂の復興、地元の名医であった田口静先生の顕彰を唱導されるなど、地元湖北区域の発展に心を傾け力を尽くされた方である。

松岡　文雄氏（一九〇一～一九九八）

一九七五年から市史編さん委員長であった松岡文雄先生は、明治三四年生まれ、柳田国男の甥として、医師として、編さん委員長として、個性のある豊富な才能を発揮する、個人の一貫性を保った人であった。生涯現役を通した。

渡辺　藤正氏（一九一三～一九九九）

大正二年に我孫子宿の扇屋に生まれる。旧制東葛飾中学校、慶応大学を卒業。昭和三八年、我孫子町議員となり、同四五年は初代市議会議長。翌四六年から四期一六年市長を務め、「田園教育文化都市」を掲げ、急激な人口増のなか、教育・福祉・住環境の整備に尽力した。市民参加の歴史づくりを推進、平成二年に名誉市民。

渡辺　義雄氏（一九一四～一九八四）

渡辺氏は発足以来、土地勘、知友を生かし、地理部会での実地の活動に貢献した。会員を手賀沼、利根川ほか各所に案内し、漁業、野鳥、水草を見学し、各地で聞き取りのうえ、長谷川一会員の湖北村の小字地図作成を援助した。

歴代会長・副会長・事務局長・顧問

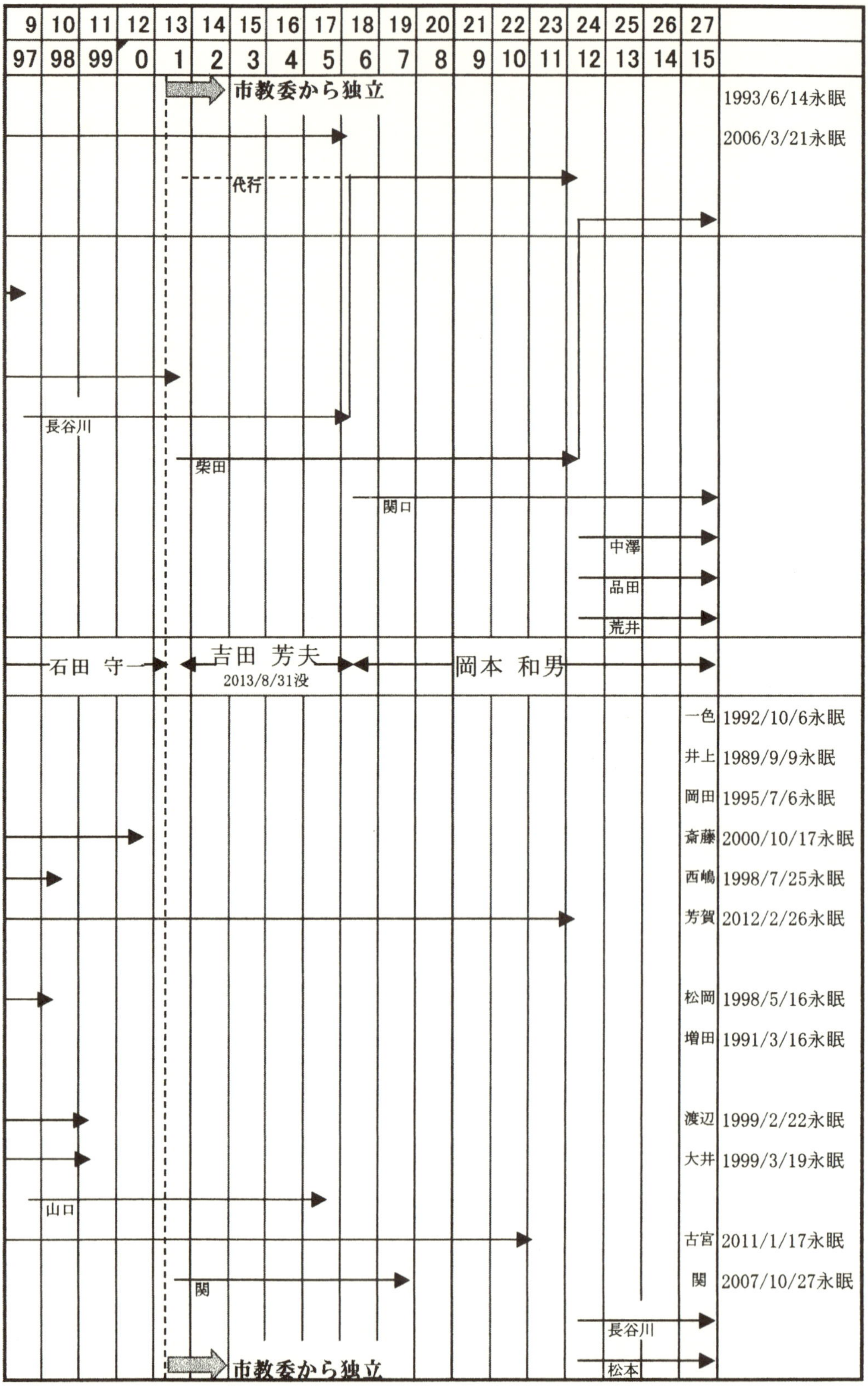

	和暦年	S50	51	52	53	54	55	56	57	58	59	60	61	62	63	H1	2	3	4	5	6	7	8
	西暦年	75	76	77	78	79	80	81	82	83	84	85	86	87	88	89	90	91	92	93	94	95	96
会長	小熊　勝夫																						
	坂巻　喜市																				代行		
	長谷川　一																						
	柴田　弘武																						
副会長	石井　英朗																						
	山口　巽																						
	坂巻　喜市												坂巻										
	関　忠夫																						関
	長谷川　一																						
	柴田　弘武																						
	関口　一郎																						
	中澤　雅夫																						
	品田　制子																						
	荒井　茂男																						
事務局(長)									高木　繁吉 2011/12/18没									岡田登志男			新田茂人		
顧問	一色　勝正																						
	井上　幸治																						
	岡田　源治																						
	斉藤　博																						
	西嶋　定生																						
	芳賀　登																						
	古谷　治																						
	松岡　文雄																						
	増田　義二																						
	森田　洋平																						
	渡辺　藤正																						
	大井　一雄												大井										
	山口　巽																						
	古宮　隆信												古宮										
	関　忠夫																						
	長谷川　一																						
	松本　庸夫																						

アルバム　市史研創設のころ
～学びの場

●古文書解読講座

（講師：笹目蔵之助氏　昭和 61 年 7 月）

●筑波大学公開歴史講座「郷土史教室」

（毎週水曜日 8 回　昭和 56 年 10 月～）

●古文書補修講座

●民俗・文化財入門講座

（講師：一色勝正氏　昭和 51 年 7 月）

●民俗講座

（講師：千葉徳爾氏　昭和 55 年 5 月）

●拓本講座

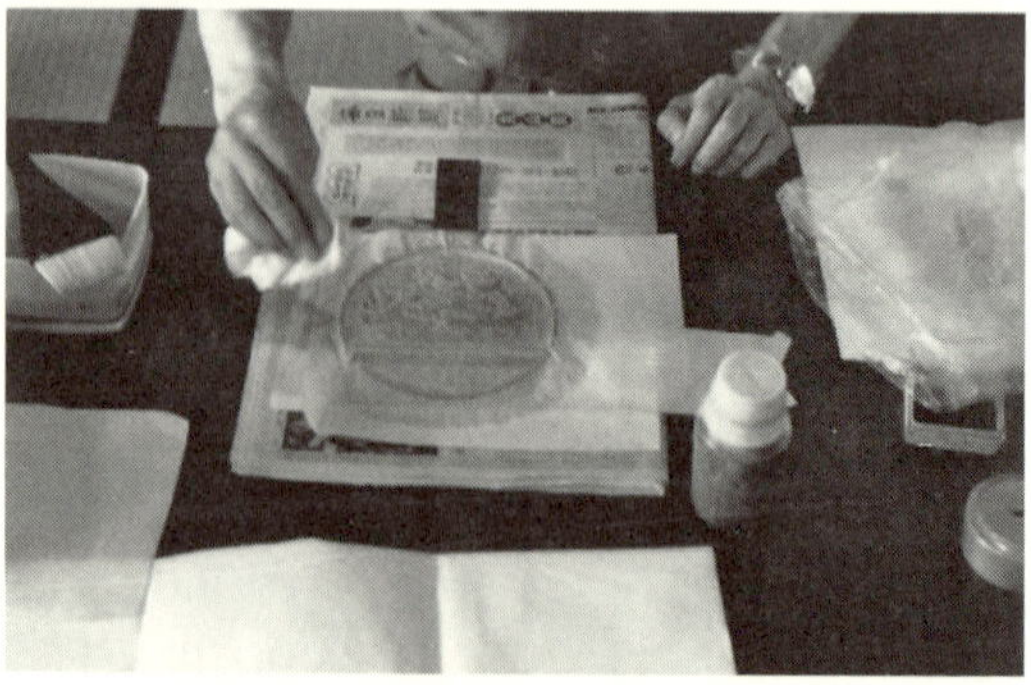

（講師：一色勝正氏　昭和 60 年）

交流の場

～よく遊び

●利根川下り（昭和 56 年 5 月）

●市史研農園（昭和 57 年 7 月）

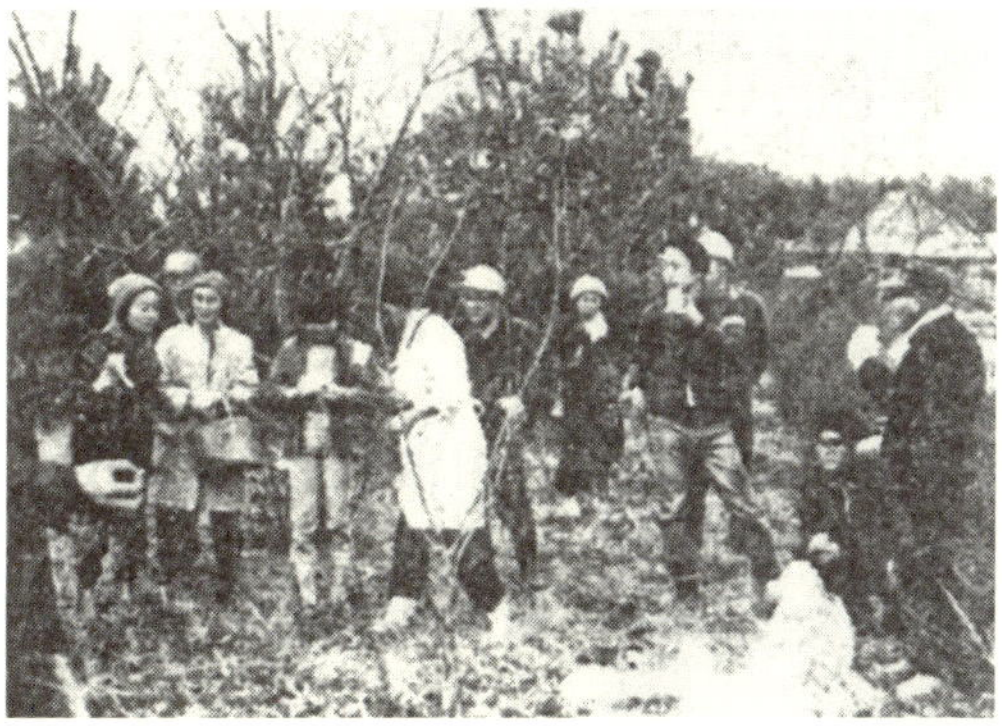

●市史研旅行　出羽三山参り

羽黒山神社
国宝五重塔を背に
（昭和 58 年 7 月 30 日）

出羽三山参拝
記念碑建立
（緑・香取神社）

●懇親会ー『郷土あびこ』5 号出版記念

（昭和 56 年 12 月 24 日 富桝旅館にて）

●合同部会鎌倉見学会

（二階堂・覚園寺 昭和 61 年 3 月 3 日）

●懇親会ー第 16 回講演会（平成元年 7 月 9 日）

（左：網野善彦氏 右：小熊勝夫会長）

市史講演会

第 10 回 講師：石牟礼道子氏

（昭和 58 年 7 月 10 日）

第 12 回 講師：谷川健一氏

（昭和 60 年 7 月 7 日）

第 14 回 講師：吉本隆明氏

「わが歴史論 柳田思想と日本人」

（昭和 62 年 7 月 5 日）

第 2 回 講師：西嶋定生氏

（昭和 50 年 11 月 30 日）

第 3 回 講師：栗原東洋氏

（昭和 51 年 5 月 30 日）

（左）
第 8 回 講師：色川大吉氏
（昭和 56 年 6 月 28 日）
（下）
第 9 回 講師：鶴見和子氏
（左から高木繁吉氏・鶴見和子氏・松岡文雄顧問・小熊勝夫会長 昭和 57 年 7 月 18 日）

‘公開パネルディスカッション’90「柳田サミットへの提言」’開催のあと

松岡文雄顧問の米寿を祝う

平成元年3月12日　於 我孫子市民会館

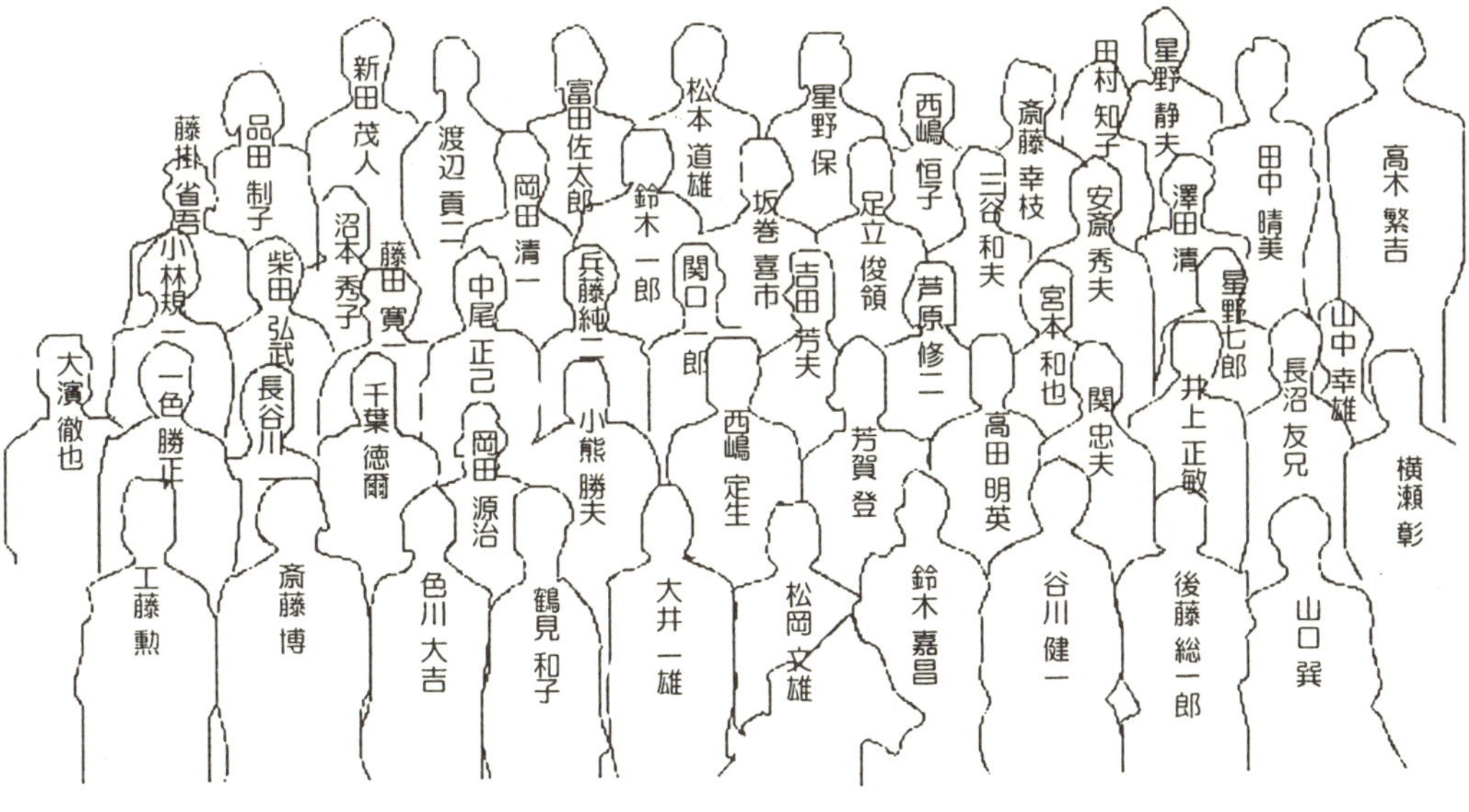

〔本項写真は、我孫子市史研究センター蔵、同会員蔵以外は、我孫子市教育委員会提供〕

年表——我孫子市史研究センター40年の歩み

年度/会員数	年月日	主な出来事	我孫子市の出来事
S48(1973)	3月1日		我孫子市史編さん条例制定
S49(1974)	4月		4. 市史編さん室設置 11. 講演会「市民がつくる我孫子市史の課題」（芳賀登）
S50(1975)	3月 4月		3. 市史編さん事業計画 4. 市史編さん委員委嘱　松岡文雄（委員長）小熊勝夫（副委員長）西嶋定生、岡田源治、増田義二
	7月31日	我孫子市史研究センター設立準備委員会発足、編さん委員学校関係、足立俊領、古谷治、関忠夫、中野六郎　計12名	7. 編さん室が資料調査開始
S50／217 男165 女 51 (1977)	11月 12月	市史研第1回総会（会長小熊勝夫、副会長石井英朗、山口巽、会計山根孝裕、監査坂巻喜市、西嶋恒子、顧問一色勝正、井上幸治、岡田源治、斎藤博、西嶋定生、芳賀登、古谷治、松岡文雄、増田義二、森田洋平、渡辺藤正）歴史部会・民俗部会・地理部会・文化財部会・美術建築部会の5部会を設置する 第1回運営委員会開催、運営上の諸問題審議	11. 講演会 「我孫子古代、中世史の研究課題」（西嶋定生） 「地方史研究の意義と課題」（井上幸治） 広報に郷土史欄「あびこを探る」連載始まる 3.『我孫子市史研究』創刊号刊行
S51／219 (1976)	4月 6月 10月 11月	我孫子市史研究センター会報第1号　発行 歴史部会は古文書講座と研究講座の2つに分けて運営。 相馬方面史跡探訪会（県郷土史研究連絡協議会主催）に参加 茨城県岩井・守谷方面「将門史跡」巡り	5. 講演会「手賀沼の自然・歴史と郷土研究」（栗原東洋） 6.市史編さん室中央公民館に移転 3.『我孫子市史研究』2号刊行
S52／245 (1977)	5月 6月 2月	総会　会費500円を1000円に改定 講演会「常総地方と江戸」（芳賀登） 「湖北の伝統行事」（岡田源治） 茨城県歴史館バス見学	5. 講演会「金石文・その調査と考察」（関忠夫） 7. 編さん室主催古文書解読講座 11.藤沢市立文書館 見学 3.『我孫子市史研究』3号刊行
S53／ (1978)	4月 5月 7月	房総風土記の丘バス見学 日秀西遺跡見学会 流山市立資料館バス見学	5. 中世史講座開講 6. 講演会「我孫子近現代史の課題」（大濱徹也） 6. 市史研究講座開講 8.　我孫子高校全国野球大会に出場 12.『小熊勝夫家資料目録』刊行 1.『飯泉茂武家資料目録』刊行
S54／264 (1979)	6月 9月 12月 3月	『郷土あびこ』創刊号刊行 志賀直哉邸跡地保存に関し請願 講演会「志賀直哉と我孫子」（本多秋五） 史跡見学会千葉県立大利根博物館	6. 講演会「柳田国男と郷土研究」（千葉徳爾） 10. 市史編さん室市民会館に移転 12. 湖北地区の野外調査 3.『市史資料・湖北村誌』刊行 『我孫子市史研究』4号刊行

S55／233 (1980)	4月 7月 8月 9月 12月 3月	歴史部会、古文書整理に参加 公民館主催市民講座に講師派遣 市教委の史蹟文学遊歩道づくり計画に参加 「我孫子市史運動の回顧と展望ー大洗」研修一泊合宿 『郷土あびこ』2号刊行 下ヶ戸宮前遺跡ー縄文時代をたずねてーに参加	4. 旧志賀直哉邸跡保存決定 5. 中世史講座-本土寺過去帳を基に 5. 民俗講座開講（千葉徳爾） 7. 市制十周年記念行事 ー古代から現代へ展示会 7. 講演会「北総我孫子史の地域像」（斎藤博） 7.『市史資料金石文篇』1刊行 1. 我孫子市市民憲章制定 2. 講座開講ー郷土史研究法（井上幸治）
S56／ (1981)	6月 9月 2月 3月	総会で会費2000円に改定 利根川下り・水郷巡り 市史研農園開園 郷土あびこ3号『北総我孫子の郷土史散歩』刊行	6.『我孫子市史研究』5号刊行 講演会「関東の自由民権と地域文化」 （色川大吉） 9. 市史編さん室、水道局4Fに移転 10. 筑波大学joint公開歴史講座「郷土史教室」 11. 手賀沼に響け郷土のおはやし
S57／ (1982)	4月 5月 7月 8月 11月 2月	長塚節生家・資料館見学会 利根川下り・水郷巡り 郷土史フェア・市史研農園収穫祭 第1回市史研旅行（長野・小布施・野尻湖） 郷土あびこ4号（『我孫子の生業』）刊行 市内の資料存在基礎調査実施に協力	4. 市史編集委員　西嶋定生　甘粕健　芳賀登 森田洋平　長沼友兄　井上幸治　岡田清一 斎藤博　大濱徹也　高田明英　長谷川一 関忠夫　千葉徳爾　一色勝正　井上正敏 7. 講演会「水と土と人と」（鶴見和子） 10.「民俗学講座」（千葉徳爾）
S58／ (1983)	4月 5月 7月 12月 12月 2月	NHK千葉FM「市史研の活動」が報道される 第3回利根川下り（朝日新聞・雑誌『太陽』『旅』に掲載さる） 市史研旅行（出羽三山詣り） 郷土あびこ5号『それぞれの故郷』出版 市史研出羽三山記念碑建立　会報100号に到達 国立歴史民俗博物館見学	4.『我孫子市史研究』7号刊行 『市史資料金石文篇』Ⅲ刊行 7. 大降雹による被害 7. 講演会「乳の潮ー不知火海より手賀沼へ」 （石牟礼道子） 12. 記念講演会「我孫子近在の絵馬」 （千葉徳爾） 12.『我孫子の史跡を訪ねる』刊行
S59／211 (1984)	4月 6月 8月 9月 11月	合同部会、市内社寺調査に協力 武者小路実篤生誕100年バス見学会 市史研旅行（伊勢・高野山めぐり） 全国のアビコ姓・アビコ地名調査実施 武者小路実篤生誕100年/秩父事件100周年記念バスツアー	5.『我孫子市史研究』8号刊行 『旧湖北村田口是久家・高田勝禧家資料目録』刊行 7. 講演会「地域史を掘る」（甘粕健）
S60／242 (1985)	6月 7月 8月 2月 3月	第5回利根川下りと霞ヶ浦横断　75名参加 『THEアビコ』出版 市史研旅行（平泉・遠野めぐり）　19名参加 布佐榎本家資料整理に参加 史跡見学会（水戸・大洗）	4.『我孫子市史研究』9号刊行 『本土寺過去帳年表』刊行 7. 講演会「地名の話」（谷川健一）
S61／218 (1986)	6月 7月 8月 10月	「郷土史の窓」創刊 市史研旅行（佐渡・越後豪農家めぐり） 千葉TV「水戸街道」特集に協力 市史研農園　味噌作りに挑戦	6.『我孫子市史研究』10号刊行 7. 講演会「下総台地に生きた人々」 （安良城盛昭） 11. 座談会「地域史を語る」（西嶋定生・児玉幸多・井上幸治） 3.『我孫子市史資料古代中世篇』刊行
S62／219 (1987)	8月 1月	市史研旅行（近江・琵琶湖・湖東めぐり）　16名参加 広報あびこお正月特集号「白樺派の三人衆」に協力	5. 第1回柳田国男ゆかりサミット開催 （於遠野市） 6.『我孫子市史研究』11号刊行 7. 講演会「わが歴史論ー柳田国男と日本人」 （吉本隆明） 11.座談会「地方史と民衆史」 （芳賀登・色川大吉・斎藤博） 2. 志賀直哉の書斎移築復元

S63／ （1988）	4月 5月 3月	我孫子の市史づくりが日本地名研究所の「第7回風土研究賞」に輝く バスツアー「柳田国男ゆかりサミットin飯田市」に参加 柳田国男ゆかりサミットに向けて史跡巡り 第1回「布佐と柳田、松岡兄弟」	6.『我孫子市史研究』12号刊行 7. 講演会「文書館と地域の社会的記憶」（安澤秀一） 7.『あびこ版水戸土浦道中絵図』刊行 11. 第2回柳田国男ゆかりサミット開催（於飯田市） 3. 公開パネルディスカッション'90　「柳田サミットへの提言」（井上幸治・鶴見和子・谷川健一・色川大吉 ・後藤総一郎 司会斎藤博） 3.『我孫子市史資料　近世篇 I 』刊行
H 1／ （1989）	5月 7月 9月 9月	柳田国男ゆかりサミット史跡巡り第2回 －布川時代と柳田少年― 同　上　第3回－手賀沼周辺と柳田国男－ 同　上　第4回－白樺派と柳田国男－ あびこ版新編『利根川図志』編集に協力	5. 第3回柳田国男ゆかりサミット開催（於福崎町） 6.『我孫子市史研究』13号刊行 7. 講演会「中世常総の民衆世界」（網野善彦） 8. 第4回柳田国男ゆかりサミット実行委員会発足　委員長大井一雄我孫子市長 ・副委員長鈴木嘉昌利根町長 10. 古代・中世史講座開講 3.『市史資料・民俗文化財篇』刊行
H 2／ （1990）	4月 9月 9月	『手賀沼周辺を訪ねる』刊行 定価1000円 中央学院大学オープンC「手賀沼周辺の地域史」会員協力 合同部会「鮮魚街道」（布佐～高柳）を歩く	5. 第4回柳田国男ゆかりサミット開催（於我孫子市・利根町） 6.『我孫子市史研究』14号刊行 7. 我孫子市制20周年記念式典 8. 講演会「地域史と世界史」（鹿野政直） 11.講演録『我孫子の歴史を学ぶ人のために』第3集刊行
H 3／ （1991）	4月 5月 7月	小熊会長第4回ヌーベル文化賞受賞（地域文化に貢献） 小熊会長よりヌーベル文化賞副賞30万円御本人よりの30万円計60万円の寄付を受ける 総会後、小熊会長受賞記念と『我孫子市史研究』第15号出版記念のパーティ開催	5. 第5回柳田国男ゆかりサミットに参加（於沖縄県・平良市） 6.『我孫子市史研究』15号刊行 7. 講演会「地域にきづく歴史像」（林英夫） 2. 初心者向け古文書解読講座開講 3. 中里市民の森開園
H 4／ （1992）	9月 10月 3月	史跡見学会（常陸太田市周辺）　40名参加 朝日新聞主催「手賀沼を愛した文人展」に参加（於・柏高島屋） 市史研農園閉園　10年間ありがとう	5. 第6回柳田国男ゆかりサミット（於愛知県渥美町） 10. 講演会「地域の歴史と民俗学」（福田アジオ）
H 5／ （1993）	6月 10月 11月	小熊勝夫会長（86）永眠 後任会長選任につき会議、 山口・坂巻副会長が代行に決定 史跡見学会（歴民博10周年記念「装飾古墳の世界」）33名参加	7. 第7回柳田国男ゆかりサミット開催（於宮崎県・椎葉村） 10. 講演会「郷土史・地方史・地域史」（木村礎）
H 6／ （1994）	10月 11月 11月	歴史部会に古文書解読講座日曜コースと火曜コースを設ける 史跡見学会（野田上花輪歴史館と松戸市立博物館） 講演会「女性から見た戦後50年」（中村恭子）	10. 第8回柳田国男ゆかりサミット開催 湖北座会がサミット賞受賞（於世田谷区） 3. 講演会「シルクロードの鉄」（窪田蔵郎）
H 7／ （1995）	4月 5月 6月 6月 2月	会報236号から題字を「我孫子市史研究センター」に、同時に横書きに改編 合同部会『新四国相馬霊場・大師道』刊行 定例総会にて坂巻喜市氏が会長に就任 講演会「吉宗から260年余手賀沼に夢をかけた井上家」（是永定美） 史跡見学会（関宿城博物館・茨城県立博物館・国王神社）　40名参加	5.「二十一仏板碑」が市指定文化財（第1号）に決定 10. 第9回柳田国男ゆかりサミット開催（於岩手県遠野市） 12. 戦後50年企画展「戦争・我孫子の証言」 記念講演「戦争体験を問う場」（大濱徹也）

H8／108 (1996)	6月 7月 12月 2月	市史研会報250号となる 我孫子市史研究センター編集委員選任(長谷川一、高田明英、高木繁吉、水津敦子、飯白和子、事務局) 史跡見学会(大原幽学記念館・香取神宮)　26名参加 講演会「洪水と水神信仰」(辻野弥生)	11.第10回柳田国男ゆかりサミット開催(於長野県飯田町) 3. 市史資料近現代篇別冊『戦争・我孫子の証言』刊行 3. 講演会「倭国の始まり一日本国家の起源」(西嶋定生)
H9／93 (1997)	6月 9月 11月 12月	会長坂巻喜市、副会長関忠夫・長谷川一を選任 『THEアビコ』増補版刊行 見学会(江戸東京博物館「皇女和宮と幕末の朝廷」) 合同部会『我孫子の庚申塔(中間報告)』刊行	7. 第11回柳田国男ゆかりサミット開催(於兵庫県福崎町) 10. 市史資料近現代篇別冊『増田實日記』Ⅱ刊行 2. 講演会「あびこの旧石器時代」(安蒜政男)
H10／102 (1998)	11月	史跡見学会(茨城県立歴史館・好文亭・徳川慶喜展示館)　28名参加	5. 第12回柳田国男ゆかりサミット開催(於茨城県利根町) 6.『我孫子市史研究』16号刊行
H11／ (1999)	7月	史跡見学会(千葉県立総南博物館・千葉薬草園)　24名参加	4. 我孫子市補助金が公募制となる 11.市史近世篇編集委員・執筆者合同会議開始(会員多数参加) 11.講演会「我孫子中世史の新視点」(岡田清一)
H12 ／63 (2000)	3月 3月 10月	「市史研会報」307号で終結 史跡見学会(利根町歴史資料館・柳田国男記念公苑・徳満寺) 『我孫子の庚申塔』刊行	5. 降雹による大被害 7. 我孫子市公式HP開設 1. 白樺文学館開館 1. 講演会「我孫子の小学校」(伊藤純郎) 3. 旧村川別荘の土地建物を購入
H13／60 (2001)	4月 7月 11月 1月 2月	市史研、市教育委員会市史編纂室から独立 市補助金200千円受ける 13年度総会　会長坂巻喜市・副会長長谷川一柴田弘武・事務局長吉田芳夫・会計品田制子・会則変更　事務局を事務局長宅に置く 臨時総会　会則変更，編集委員会の設置 復活「市史研会報」1号発行　以後、毎月欠かさず発行	6. 市民活動支援センター開設 10. 仁阿弥道八作「陶製仁王像」が市指定文化財に決定
H14／87 (2002)	3月	史跡バス見学会(益子、笠間陶芸)　28名参加	4. 生涯学習センター(愛称アビスタ)開館 7. 裁縫雛形が市指定文化財に決定 8. 手賀沼　水質ワーストを脱出
H15／89 (2004)	4月 8月 2月 3月	市史研ホームページ開設 講演会「利根川治水の変遷と水害」(大熊孝) 市民活動フェアinあびこ2004に参加　展示「水戸土浦道中絵図の我孫子宿」「黒船来航と陣羽織」「幻のオリンピック漕艇場」「庚申塔と三猿」 史跡見学会(流山市博物館・学芸員による案内)　12名参加	4. 教育委員会HP開設 6. 地名・人名墨書土器が市指定文化財に決定 11.「あびこ楽校」運営開始 3.『我孫子市史近現代篇』刊行
H16／88 (2004)	8月 2月 3月 3月 3月	講演会「常総を旅する女たち」(柴桂子)　140名聴講 史跡バス見学会(真壁町)　32名参加 市民活動フェア参加「明治初年我孫子宿街並み研究」から展示 市史編さん室閉鎖に関連して地域歴史資料保存及び活用に関する要望書を市長並びに教委に提出 合同部会『我孫子の石造物(所在地リスト)』を刊行	3.『我孫子市史原始・古代・中世篇』刊行 『我孫子市史近世篇』刊行

H17／84 (2005)	12月 2月 3月 3月 3月	我孫子市史刊行記念歴史講演会「戦国の世の我孫子と相馬地域」 （平野明夫） 市民活動フェアinあびこに参加「鮮魚（なま）街道をたどる」 公募補助金不採択の通知あり、以後市史研独自の才覚で運営を図る 史跡バス見学会（足利学校・史跡金山城・大光院） 47名参加 市制35周年記念市政功労者表彰で教育文化功労部門7団体の一つとして受賞	4. 市史編さん室閉鎖 3. 中里薬師堂が市指定文化財に決定
H18／85 (2006)	5月 7月 10月 11月 3月 3月	総会　会長長谷川一、副会長柴田弘武・関口一郎、事務局長 岡本和男、会計中澤雅夫 手賀沼文化拠点整備計画委員会に品田制子運営委員を派遣 講演会「古文書が歴史を語るまで」（白水　智） 古文書解読入門講座開設　（以後毎年2～3回開催） 市民活動フェアinあびこに展示参加「古代相馬郡の中心地湖北」 史跡バス見学会（明治17年自由を求めて蜂起した秩父困民党事件のあとを辿る）（柴田弘武）	7. 我孫子市民活動ネットワーク設立参加 8. 県複合施設けやきプラザオープン 10. 第18回国勢調査で人口131205人に
H19／90 (2007)	5月 11月 3月 3月	文化課依頼により岡田武松文書整理作業 講演会「近代我孫子の教育と文化—柳田国男・岡田武松・中野治房などに触れながら—」（伊藤純郎） 市民活動フェアinあびこに展示参加「我孫子の野仏」 講演会「柳宗悦を我孫子で語る—白樺から民藝へ—」（鶴見俊輔） 教育委員会と共催・日本民藝館・白樺文学館後援	5. 旧村川別荘が市指定文化財に決定 7. 手賀沼文化拠点整備計画の策定
H20／90 (2008)	7月 9月 11月 2月 3月	史跡見学会（国立歴史民俗博物館 「旅—江戸の旅から鉄道旅行へ」）15名参加 あびこ楽校フェスティバル2008に参加　市史研企画「古文書を楽しむ」21名参加　講師品田制子・清水千賀子会員 講演会「江戸の旅と宿場」（安藤義雄） 121名参加 市民活動フェアinあびこ2009に参加「1世紀前に書かれた郷土史—『湖北村誌』とその草稿—」菅井敬之助ゆかりの品々を展示 史跡バス見学会（木更津市郷土博物館と君津市久留里の城址） 33名参加	7. 古戸里神楽が市指定文化財に決定
H21／89 (2009)	5月 9月 12月 3月 3月	文化スポーツ課との研究会「古文書等生活文化財の保管・活用設備の整備について」を開く。以降2011年6月まで毎月開催し、古文書保存について具体的に検討 あびこ楽校フェスティバル2009に参加　市史研企画「古文書に習う」 35名参加　講師関口一郎・近江礼子会員 講演会「新井白石の裁判観—手賀沼漁猟の裁許状をめぐって—」 （山口繁） 110名参加 市民活動フェアinあびこ2010にパネル参加「手賀沼周辺の鳥猟」 史跡バス見学会（銚子に舟運・醤油づくり・文人たちの跡を追う旅） 31名参加	4. 白樺文学館、市に寄贈 1. 旧杉村楚人冠邸が市指定文化財に決定
H22／87 (2010)	4月 9月 10月 10月 10月 11月 3月	総会　会則の大幅変更 「目的」の変更、「研究部会」を実態に合わせ4部会とし、部会長と部会委員を設け、運営委員とする。事務局次長を設ける。運営推進基金の明文化　会長長谷川一、副会長柴田弘武・関口一郎、事務局長岡本和男,会計金成典知、日曜部会長佐々木豊火曜部会長金井準、合同部会長中澤雅夫、歴史部会長高木繁吉 会員研修　我孫子市周辺の史跡探訪第1回「千住宿」 古文書初心者講座始める（以後毎年開催） 講演会「地名の話—日本語になった縄文語」（鈴木健） 99名参加 史跡バス見学会（利根川中流域の町・行田市） 44名参加 井上家文書Ⅱの整理目録化作業を当会と我孫子の文化を守る会とで開始 会員研修　市周辺の史跡探訪第3回「取手宿」 この解散直後に3・11東日本大震災発生	3. 志賀直哉邸跡書斎が市指定文化財に決定 3.11東日本大震災発生 市内布佐地区被害大

H23／97 (2011)	6月	会員研修　沼南探訪　24名参加	
	9月	会員研修「関宿—城下町と舟運」 24名参加	
	10月	古文書初心者講座「古文書を初体験」講師加藤直道会員	
	11月	史跡バス見学会(ひたちなか市「虎塚古墳と周辺) 47名参加	
	11月	川瀬巴水版画展「手賀沼」制作80周年記念展開催・林望講演会に協力	
	12月	会員研修「旧木下河岸」(以後歴史探訪部会が計画実行)	
	1月	新部会「歴史探訪部会」正式発足決定	11. 杉村楚人冠記念館開館
	2月	講演会「村からみた江戸時代」(渡辺尚志) 141名参加	3. 葺不合神社が市指定文化財に決定
H24／108 (2012)	4月	総会　会長柴田弘武、副会長関口一郎・中澤雅夫・品田制子・荒井茂男、事務局長岡本和男、会計金成典知、日曜部会長佐々木豊、火曜部会長金井準、合同部会長中澤雅夫、歴史部会長関口一郎、顧問長谷川一・松本庸夫	
	10月	史跡バス見学会(上毛の史跡を訪ねる) 46名参加	
	12月	我孫子市民フェスタ2012に展示参加『新四国相馬霊場八十八ヶ所を訪ねる』	12. 旧井上家住宅(相馬新田)が市指定文化財に決定
	1月	『新四国相馬霊場八十八ヶ所を訪ねる』刊行	
	2月	講演会「水戸街道と我孫子宿」(吉田俊純) 150人超参加	
	3月	史跡探訪「柏花野井地区」 36名参加	
H25／119 (2013)	4月	井上家文書Ⅱの整理目録化作業が終了	
	4月	ふれあい塾我孫子との共催『新四国相馬霊場八十八ヶ所を訪ねる』刊行記念講座 講師中澤雅夫・近江礼子会員	
	4月	総会　終了後『新四国相馬霊場八十八ヶ所を訪ねる』刊行記念パーティ挙行	5. 旧井上家住宅の一部が公開
	7月	『字誌』刊行のため市の公募補助金申請を行う	
	10月	史跡バス見学会(小江戸・栃木) 41名参加　4500円	
	11月	我孫子市民フェス2013に展示参加「我孫子の平将門伝説」とミニ講演	
	12月	第1回創立40周年記念誌「市史研40年のあゆみ」(仮称)編集委員会	
	1月	我孫子市公募補助金採択通知書(『我孫子の地名と歴史—わが町の字誌—』)	2. 日立精機2号墳市指定文化財に決定
	2月	講演会「平将門と我孫子の古代」(川尻秋生)	
	2月	井上基家文書Ⅰ目録整理作業終了	
H26／119 (2014)	4月	史跡探訪「石岡市の歴史と文化」 25名参加	
	4月	「字誌」第1回編集会議(11回を重ね翌3月に台割表完成・確認)	
	7月	根戸船戸遺跡見学会に参加	
	8月	手賀沼アートウォークにボランティア参加　荒井茂男会員担当	5. 根戸船戸遺跡・1号墳から「頭椎大刀」、鉄剣大刀(3本)などが発掘さる
	9月	第1回我孫子市民活動メッセに展示参加　終了後レセプション	
	10月	史跡バス見学会(東国三社詣り—鹿島神宮・香取神宮・息栖神社) 44名参加	7. 根戸船戸1号墳の見学会開催
	2月	講演会「我孫子の城館跡あれこれ」(沢木敬一郎) 128名参加	
H27／130 (2015)	10月	史跡バス見学会(深谷市「渋沢栄一と日本の近代化の足跡を訪ねる」)	
	10月	新版古文書初心者講座開講	
	11月	『我孫子の地名と歴史—わが町の字誌(あざし)』刊行	7. 市制45周年記念式典開催
	11月	創立40周年記念式典挙行	7. 手賀沼親水広場を市に移管
		40周年記念誌『市民による我孫子市研究』刊行	

我孫子市史研究センター既発行文献一覧

我孫子市史研究センターでは、独自の出版として、以下の書籍を刊行してきている。①～⑭は、出版社を通さない自家出版であり、現在ではその多くは在庫がない。ただし、⑦は、崙書房に発売先をお願いして、書店経由でも購入できるようにした。

①『郷土あびこ　創刊号』一九七九年
会誌としてシリーズ刊行を期して刊行。左記の通り、7号まで刊行して休刊となった。
②『郷土あびこ　2号』　一九八〇年
③『郷土あびこ　3号　北総我孫子の郷土史散歩』一九八一年
④『郷土あびこ　4号　我孫子の生業』一九八二年
⑤『郷土あびこ　5号　それぞれの故郷』一九八三年
⑥『郷土あびこ　6・7合併号　THEあびこ』一九八五年
⑦『手賀沼周辺を訪ねる』一九九〇年　崙書房発売　定価一〇〇〇円（税別）
⑧『新四国相馬霊場　大師道』一九九五年
我孫子市史研究センターの一部会である合同部会刊。
⑨『THEあびこ　増補版』一九九七年
⑩『我孫子の庚申塔（中間報告）』一九九七年　合同部会刊
合同部会で一九九四年から始めた市内庚申塔調査の中間報告としてまとめたもの。
⑪『我孫子の庚申塔』二〇〇〇年　合同部会刊
前掲書を最終的にまとめたもの。
⑫『手賀沼べりの道 今昔』二〇〇三年　合同部会刊
⑬『我孫子の石造物』（所在地別リスト）』二〇〇五年　合同部会刊
⑭『いほ里のち利』二〇〇六年　歴史部会刊
江戸時代の布施の俳人中尾嘯花《しょうか》（号雪月庵）の句集。旧家に保存されていた先祖の書き残した俳句集を解読、翻刻したもの。
⑮『新四国相馬霊場八十八ヶ所を訪ねる』二〇一三年　つくばね舎刊　定価一八〇〇円（税別）
合同部会が三年間をかけて新四国相馬霊場八十八ヶ所を調査・研究して、『新四国相馬霊場　大師道』を土台にしてまとめあげた一書で、我孫子市史研究センター初の公刊書。
⑯『我孫子の地名と歴史―わが町の字誌（あざし）』二〇一五年　崙書房刊
b5判三二〇頁の大部の書、我孫子市域を三五地区（取手市小堀を含む）地区に分けて、各地区の地誌を調査研究して、論述。
○『郷土の窓』一九六一年六月（第一号）～一九八九年三月（第五五号）
○会報『我孫子市史研究センター会報』
一九七六年四月に第一号、以後今日まで毎月刊行、本年一〇月で通算四七一号、現行の発行体制になってからでは一六四号を数える。会の情報の他、会員の研究報告・小論文を掲載してきた。

編集後記

この記念誌は四〇周年記念事業検討委員会で、長らく市史研から発信してこなかった「小論文」と「回想文」を中軸にしてまとめ上げようと決められ、平成二六年度定例総会で報告された。そして、会員諸氏に会報145号や各部会の集まりで投稿を呼びかけたところ、瞬く間に多くの会員が応じてくださった。もちろん、二六年末の原稿締切に間に合わなかった会員も少なくなかったし、決められた原稿の字数や図版の数がオーバーしてしまった方もいて、編集担当を悩ませたが。

さて記念誌を発刊するにあたり、同時並行で進めている『我孫子の地名と歴史―わが町の字誌（あざし）―』の編集出版もあり、記念誌編集が不慣れな当会において、なるべく大きな負担にならぬよう、現役の出版人でもある谷田部隆博会員が出版を引き受けてくださることになった。永年貯めこんだ運用基金も少しは残っており、ここに出版作業をスムーズに進められる環境が整った。編集委員は会長・副会長・事務局と各部会長、部会委員、創立初期からの先輩諸会員で構成し、編集長には谷田部会員があたった。

本記念誌の構成には編集長の発案で、市内各地域の根生いの会員諸氏と当会会長によるかつての我孫子、これからの我孫子を語る座談会を加え、小論文もできるだけ古代から近現代にわたる広い視野で我孫子を追究できるよう論文を集めることになった。また、会員が回想文を書きやすいように、創立以来の「市史研年表」を品田制子、茂木勝巳、荒井茂男、柴田弘武、岡本和男各編集委員が分担して作成し、予め会員に配った。この年表は東日出夫委員を中心に簡略化して本誌に掲載することにした。さらに、この四〇年間の各部会の生立ちや活動の様子を各部会長に、そして創立のころと教育委員会から純然たる民間団体への船出のころのことを先輩会員に綴っていただいた。また、創立時からの多くの諸先輩についても短文で思い出など紹介し、そのころの会の活動やご指導いただいた方々の懐かしい写真集も、飯白和子委員が集めて盛り込んだ。そして、歴代の役員とご指導いただいた顧問の方々の年次表や当会発行書籍紹介を加えた資料集となった。

最終的な校正、編集は谷田部編集長、中澤雅夫委員を中心に行い、予定より早く完成することができた。

かつて、「会誌」の性格を持ったものとして『郷土史の窓』や七号まで続いた『郷土あびこ』シリーズ（最後が『THEアビコ』）があった。だから「会誌」の意味では今回が初めてではない。しかし、教育委からの独立後、研究論文を載せた会誌発行は、財源、編集技術両面でハードルが高かった。三〇年誌も出せなかった。それが二五年一月に『新四国相馬霊場八十八ヶ所を訪ねる』を発刊して以来、会員の執筆意欲が高まり、出版にも自信がついたようだ。

財源も余力があって、ここに四〇年記念誌を刊行できることはご同慶の至りである。今後も数年おきにでも会誌を発行したいものである。

（事務担当　岡本和男）

我孫子市史研究センター

1975年（昭和50）11月、「市民の手で創ろう我孫子の歴史」の理念の元に設立された。当初は、我孫子市教育委員会に事務局を置く、我孫子市の市民研究組織という形態で、会員は広く市民から募り、創立時は会員数217名を数えた。

2002年（平成14）、市から、会員による自主運営をとの要請があり、独自に事務局を設け、我孫子市から独立して活動を続けることにし、今日に至っている。

月１回の会報を配布、また、古文書講読講座、歴史講演会、歴史見学会などを会員外にも開放する活動を続けている。また、研究結果を世に問うべく、書籍も発行してきている。

入会には資格制限はない。会員のほとんどは我孫子市民で、現在の会員数は130余名。

◎本書編集委員

〔編集委員〕東日出夫　荒井茂男　飯白和子　近江礼子　岡本和男〔事務担当〕　金成典知　品田制子　柴田弘武　清水千賀子　関口一郎　中澤雅夫　長谷川秀也　三谷和夫　茂木勝己　山崎章蔵　谷田部隆博〔編集長〕

市民による我孫子史研究──我孫子市史研究センター40周年記念誌

平成27年11月30日　第１刷発行

編著者　**我孫子市史研究センター**
http：//www.geocities.jp/abikosisiken/
会長　柴田弘武

発行所　**株式会社つくばね舎**
〒277-0863　千葉県柏市豊四季379-７
電話・Fax　04-7144-3489
http：www1.ttcn.ne.jp/~tukubanesya/
E-mail：tukubanesya @ mx3.ttcn.ne.jp

発　売　地歴社
〒113-0034　文京区湯島2-32-6
電話　03-5688-6866　　Fax　03-5688-6867

印刷・製本　　モリモト印刷株式会社

ＩSBN 978-4-924836-80-8